高职高专教育国家级精品规划教材
普通高等教育"十一五"国家级规划教材
中国水利教育协会策划组织

实用水法学

（第2版）

主　编　樊万辉　杜守建　胡　楠　汪明霞
副主编　何　继　王飞寒　徐文秀　陈吉琴
　　　　张　翼　张　峰　张营营
主　审　李　静

黄河水利出版社
·郑州·

内容提要

本书是高职高专教育国家级精品规划教材，是普通高等教育“十一五”国家级规划教材，是按照教育部对高职高专教育的教学基本要求和相关专业课程标准，在中国水利教育协会的精心组织和指导下编写完成的。本书依据现行的《中华人民共和国水法》及相关部委最新颁布的水利法律法规，以水资源、水工程、水土保持、防汛抗洪为主线，系统阐述了水行政立法、水行政执法、水政监察、水事纠纷的处理、水事违法案件的调查与处理、水行政复议、水行政诉讼以及水行政赔偿等。本书还针对河道的管理与保护、水工程的管理与保护、水费与水资源费的征收、防汛抗洪等水利执法的重点内容，列举了实际生产中发生的案例，以案说法，对重点案例配有评析，由相关专家进行了清晰透彻的分析。

本书可作为高职高专和职大水利水电类专业学生的教材，亦可作为水利水电工程技术人员的继续教育培训教材。

图书在版编目(CIP)数据

实用水法学/樊万辉等主编. —2 版. —郑州：黄河水利出版社，2016. 6

高职高专教育国家级精品规划教材

ISBN 978-7-5509-1324-0

Ⅰ. ①实… Ⅱ. ①樊… Ⅲ. ①水法-法的理论-中国-高等学校-教材 Ⅳ. ①D922. 661

中国版本图书馆 CIP 数据核字(2016)第 130931 号

组稿编辑：王路平 电话：0371-66022212 E-mail：hhslwlp@163. com

出 版 社：黄河水利出版社 网址：www. grcp. com

地址：河南省郑州市顺河路黄委会综合楼 14 层 邮政编码：450003

发行单位：黄河水利出版社

发行部电话：0371-66026940、66020550、66028024、66022620(传真)

E-mail：hhslcbs@126. com

承印单位：河南承创印务有限公司

开本：787 mm×1 092 mm 1/16

印张：20

字数：460 千字 印数：1—4 100

版次：2008 年 9 月第 1 版 印次：2016 年 6 月第 1 次印刷

2016 年 6 月第 2 版

定价：40. 00 元

第 2 版前言

本书是贯彻落实《国家中长期教育改革和发展规划纲要(2010 ~ 2020 年)》、《国务院关于加快发展现代职业教育的决定》(国发〔2014〕19 号)、《现代职业教育体系建设规划(2014 ~ 2020 年)》和《水利部教育部关于进一步推进水利职业教育改革发展的意见》(水人事〔2013〕121 号)等文件精神,在中国水利教育协会的精心组织和指导下,由中国水利教育协会职业技术教育分会高等职业教育教学研究会组织编写的高职高专教育国家级精品规划教材。该套教材以学生能力培养为主线,体现出实用性、实践性、创新性的教材特色,是一套理论联系实际、教学面向生产的精品规划教材。

本书第 1 版教材自 2008 年 9 月出版以来,经过 2011 年和 2013 年的修订重印,因其通俗易懂,全面系统,应用性知识突出,可操作性强等特点,受到全国高职高专院校水利类专业师生及广大水利类专业从业人员的喜爱。随着我国水利法规不断地实践、完善与发展,为进一步满足教学需要,应广大读者的要求,编者在第 1 版的基础上,根据我国水利法规的更新变化,对原教材内容进行了全面修订、补充和完善。

全书共十九章,分为水法概论、水资源的管理体制及开发利用、防汛抗洪、水资源保护、河道和水工程的管理保护、取水许可与有偿用水、水土保持、水行政执法、水政监察、水事纠纷的处理、水事违法案件的调查与处理等。

本书内容深入浅出,通俗易懂。为了方便学习和工作,书后选编了常用的水利法律法规。具体使用时可根据施教对象,结合本地区的地方性法规和规章有侧重地介绍。

本书编写人员及编写分工如下:黄河水利职业技术学院胡楠编写第一、二、四章,黄河水利职业技术学院王飞寒编写第三章,黄河水利职业技术学院张营营编写第五章,黄河水利职业技术学院樊万辉编写第六、八章,黄河水利职业技术学院汪明霞编写第七章,山东水利职业学院杜守建编写第九、十章,安徽水利水电职业技术学院何继编写第十一、十二章,山西水利职业技术学院徐文秀编写第十三章,长江工程职业技术学院陈吉琴编写第十四、十五章,河南水利与环境职业学院张翼编写第十六章,安徽水利水电职业技术学院张峰编写第十七章,中国水利水电第五工程局张波编写第十八章,四川二滩国际工程咨询有限责任公司许育轩编写第十九章,水利法律法规由黄河水电工程建设有限公司高晓晓选编。全书由樊万辉、杜守建、胡楠、汪明霞担任主编,樊万辉、胡楠负责全书统稿;由何继、王飞寒、徐文秀、陈吉琴、张翼、张峰、张营营担任副主编;由重庆水利电力职业技术学院李静担任主审。

本书在编写过程中,参考与引用了国内同行的著作、教材及有关资料,为此,谨对所有文献的作者深表谢意!

由于编者收集的资料和水平有限,书中一定存在不足之处,恳请读者提出宝贵意见,以便修订时改进。

编　者

2016年5月

目 录

第一章 法学基础

第一节 法的起源与发展

法分两种,一种是以自然为基础的不变的自然法,属自然科学的研究范畴;另一种是由人们制定的人定法,属社会科学的研究范畴。我们讨论的范畴属于人定法,即社会科学的研究范畴。

一、法的概念和特征

(一)法的概念

我国对法的概念定义为:法是由国家制定或认可,体现统治阶级意志,并以国家强制力保证实施的行为规范的总和。

(二)法的特征

我国的法具备以下特征:

(1)法由国家制定或认可并具有普遍的约束力,在所有的社会规范中只有法是由国家制定或认可的。

(2)法是以国家强制力保证其实施的规范。任何社会规范的实施都有赖于某种强制力,但除了法,没有任何社会规范是以国家强制力来保证实施的。

(3)法是规定人们权利和义务的规范。法律上的权利,通常表现为允许人们作为或不作为。法律上的义务,是法律指令人们必须作为或不作为。

(4)法对全体社会成员具有普遍的约束力。这一点与宗教有所不同,某种宗教仅对对本宗教有信仰的成员有约束力。

二、法的起源

我国古代的法字为"灋",右边的上部为"廌"(音 zhí),传说为古代的一种独角兽,性格刚直,遇到不平的地方硬是用角将其抵直,"氵"偏旁的意思为法平如水,即法对任何人都是公平的,右边的下部为"去",即是驱不直而去之。"灋"字的组合充分反映了我们祖先对法所寄托的美好愿望,同时也定义了法的功能。而法的内容则是人们在长时期的生产与生活实践中发展、进步和完善起来的。法之起源说法有多种,下面作简单介绍。

(一)法是因人的习惯而形成的

这种说法认为,人们在长期的生产生活中自觉地形成了一些行为习惯,由习惯而形成行为准则,久而久之这些行为准则便成为人们的一种共同的自觉遵守的准则,进而上升成为法律。

(二)天讨天济说

这种说法认为,在古代,因科学不发达,人们对一些自然现象解释不了,总觉得有一种力量在支配着,这种力量一定是神的力量了。于是人们就迷信上苍,认为之所以受难是做了坏事,得到了老天爷的惩罚,之所以得到利益是办了好事,受到了老天爷的奖赏,是天意。认为法源于神的意志,并有意识地将这一现象引入对人的制裁。古代的法主要是刑法。其审判和行刑也多以迷信为基础,方式有溺水、火焚、炮烙、活埋等。

(三)刑出于兵

最早的刑法据说是因部队统治而形成的,如违抗军令当斩等,时至今日,战争仍是最大的刑罚。

(四)定纷止争

这种说法认为法是人们在平息纠纷、制止争端时产生的规则。

法的产生经历了一个漫长的复杂过程。最初的法是由奴隶制国家认可的,对奴隶主阶级有利的习惯,即所谓的不成文的习惯法,后来逐渐出现了由奴隶制国家制定的成文的法律规范。

三、法的发展

法的发展是先有刑法,后有商法、民法。由单行法到诸法合一,又到单行法。西方有比较早的商法。

(一)我国奴隶时期的五刑

我国奴隶时期的五刑是:墨、劓(音 jí)、膑、宫、大辟。

"墨"刑,即在人的脸上刺字,以警示人们此人犯过罪。这是当时最轻的一种刑罚方法。

"劓"刑,即割掉人的鼻子,其刑罚重于墨。

"膑"刑,即剔掉人的膑骨(膝盖骨)。剔掉膑骨人将无法行走。我国古代军事家孙膑,因遭庞涓迫害而受过此刑。

"宫"刑,即毁坏人的生殖系统,常在宫廷中使用。

"大辟",即死刑,是最严厉的刑罚方法。

(二)我国封建时期的五刑

我国封建时期的五刑是:笞、杖、徒、流、死。

"笞"刑,即用鞭子抽,受皮肉之苦,而不伤筋骨。行刑时有鞭打20、鞭打40等,是封建时期最轻的刑罚方法。

"杖"刑,即用棍子打,不仅伤皮肉,也伤筋骨。行刑时有杖20、杖40、杖80等,重则毙命。

"徒"刑,即关押起来。根据犯罪的轻重不同,关押的时间有1.5年、2年、3年等。

"流"刑,即流放。主要是将犯罪的人送到荒无人烟的偏远地带。根据犯法的轻重,有流1 000里[1]、流1 500里、流2 000里等。

"死",即死刑,是封建时期最重的刑罚方法。死刑的执行方法有活埋、车裂、弃市(处

---

[1] 1里=0.5千米,全书同。

死后将人的尸体抛于闹市区示众）等。

在古装戏中我们经常会看到县太爷判案行刑的场景，因为在古代行政和审判是合二为一的，即县太爷既是县官又是法官。

（三）我国现代的五刑

我国现代的五刑是：管、拘、有、无、死。

"管"，即管制。

"拘"，即拘役。

"有、无、死"，分别为有期徒刑、无期徒刑和死刑。

1. 管制

管制，是对犯罪分子不予关押，但限制其一定自由，交由公安机关管束和群众监督改造的刑罚方法。管制是主刑中最轻的一种刑罚，适用于罪行较轻而又不需要关押的犯罪分子。管制的期限是三个月以上两年以下，数罪并罚时最高不能超过三年。

2. 拘役

拘役，是由人民法院判处短期剥夺犯罪分子人身自由，并强制劳动改造的刑罚方法。被判处拘役的犯罪分子，由公安机关就近执行，每月可以回家一至两天。拘役也是一种较轻的刑罚，适用于罪行较轻的犯罪分子。拘役的期限为一个月以上六个月以下。数罪并罚时最高不超过一年。

3. 有期徒刑

有期徒刑，是剥夺犯罪分子一定期限的人身自由，并就近实行劳动改造的刑罚方法。有期徒刑是我国刑罚中适用最广泛的一种强制措施，对罪行较重或较轻的犯罪分子都可适用。有期徒刑的期限为六个月以上十五年以下，死缓、无期徒刑减为有期徒刑以及数罪并罚时，有期徒刑的刑期可超过十五年，但最高不能超过二十年。

4. 无期徒刑

无期徒刑，是终身剥夺犯罪分子自由，并强制劳动改造的刑罚方法。主要适用于那些罪行严重，但还不必判处死刑，又需要与社会长久隔离的犯罪分子。无期徒刑从性质上讲是一种终身监禁的刑罚，但如果在劳动改造中确有悔改或有立功、重大立功表现的，可以依法减刑、假释，也有可能赦免释放。

5. 死刑

死刑，是剥夺犯罪分子生命的一种刑罚，它只"适用于罪行极其严重的犯罪分子"（《刑法》[1]第四十八条），死刑包括立即执行和缓期两年执行，即死缓。死缓是死刑的一种执行方法，不是独立的刑种。死刑是我国刑法中最严厉的一种刑罚方法。我国适用死刑是实行严格控制的。

（1）对死刑判决核准权的严格规定：死刑除依法由最高人民法院判决的外，都应当报请最高人民法院核准。死刑缓期执行的，要由高级人民法院判决或核准。

（2）从犯罪主体上控制适用死刑的规定：《刑法》第四十九条规定："犯罪时不满十八周岁的人和审判的时候怀孕的妇女，不适用死刑。"

---

[1] 本书中法律、法规如无特别说明，均指我国的法律、法规，名称前省去了"中华人民共和国"，后同。

(3)从执行上控制死刑的规定:对判处死刑的犯罪分子,如果不是立即执行,可以宣告缓期两年执行。在死缓期间,如果没有故意犯罪,两年期满后,减为无期徒刑;如确有重大立功表现,两年期满后,减为十五年以上二十年以下有期徒刑。死刑的执行方式有枪决和打针。

第二节 法的层次及创制机关

一、法律

广义的法律,是指一切规范人们行为的法律规范的总和。

狭义的法律,仅指由全国人大及其常务委员会制定的法律规范。狭义的法律分为根本法、基本法律和一般法律(或其他法律)。

(一)根本法

根本法主要指《宪法》,是规定国家的根本制度和根本原则的法律,法的效力最高。它是由全国人大全体与会代表的三分之二以上表决同意才算通过。修改则由五分之一以上的代表提议,三分之二以上通过。

(二)基本法律

基本法律是指规定国家的政治、经济、文化及其他社会生活中的某些基本的和主要的社会关系的法律规范。其效力仅次于宪法,全国人大代表半数以上通过即可,全国人大常委会可以补充和修改。如《刑法》《民法通则》《刑事诉讼法》《民事诉讼法》《行政诉讼法》等。

(三)一般法律

一般法律是规定国家的政治、经济、文化及其他社会生活中某个方面社会关系的法律规范,其制定和修改由全国人大常委会委员半数以上通过即可。如《水法》《矿产资源法》《森林法》《公路法》《治安管理处罚法》,等等。

二、法规

广义的法规,指宪法、法律、法规及其一切法律规范的总和。狭义的法规,仅指某些国家机关制定的法律规范。这里主要是讲狭义的法规。

法规分为行政法规、地方性法规、自治条例、单行条例和特别行政区法规。

(一)行政法规

行政法规是指由国务院制定或认可的法律规范。《立法法》第五十六条规定:“国务院根据宪法和法律,制定行政法规。”

(二)地方性法规

地方性法规的制定机关分两种:

(1)省、自治区、直辖市的人民代表大会及其常务委员会。《立法法》第六十三条第一款规定:“省、自治区、直辖市的人民代表大会及其常务委员会根据本行政区域的具体情况和实际需要,在不同宪法、法律、行政法规相抵触的前提下,可以制定地方性法规。”

(2)另一种是“较大的市”的人民代表大会及其常务委员会。《立法法》第六十三条第二款规定："较大的市的人民代表大会及其常务委员会根据本市的具体情况和实际需要，在不同宪法、法律、行政法规和本省、自治区的地方性法规相抵触的前提下，可以制定地方性法规，报省、自治区的人民代表大会常务委员会批准后施行。"

"较大的市"共有49个，名单如下：①我国现有省、自治区的人民政府所在地的市27个：哈尔滨、长春、沈阳、石家庄、呼和浩特、太原、济南、合肥、南京、杭州、南昌、福州、郑州、武汉、长沙、广州、南宁、海口、乌鲁木齐、兰州、银川、西安、西宁、成都、贵阳、昆明、拉萨。②经国务院批准的较大的市18个。这些较大的市分别是：1984年批准的唐山、大同、包头、大连、鞍山、抚顺、吉林、齐齐哈尔、无锡、淮南、青岛、洛阳，1988年批准的宁波，1992年批准的淄博、邯郸、本溪，1993年批准的徐州、苏州。重庆市1984年被批准为较大市，1997年3月升为直辖市。③经济特区所在地的市4个，为深圳、汕头、厦门、珠海。

（三）自治条例和单行条例

自治条例和单行条例是由民族自治地区，包括自治州、自治县的人大制定的有关民族自治的规范性文件。

（四）特别行政区法规

《立法法》第六十五条规定："经济特区所在地的省、市的人民代表大会及其常务委员会根据全国人民代表大会的授权决定，制定法规，在经济特区范围内实施。"

三、规章

规章分为行政规章和地方政府规章。

（一）行政规章

行政规章是指由国务院各部委制定的法律规范。如由水利部制定的《水政监察工作章程》和《水行政处罚实施办法》，等等。

（二）地方政府规章

由省、自治区政府及其所在地的市和较大的市的政府制定。

四、其他规范性文件

其他规范性文件，是指由除直辖市、较大的市以外的市和县的人大及其常委会及政府制定的规范性文件。

第三节　法律规范基本格式

《立法法》第五十四条规定：法律根据内容需要，可以分编、章、节、条、款、项、目。编、章、节、条的序号用中文数字依次表述，款不编序号，项的序号用中文数字加括号依次表述，目的序号用阿拉伯数字依次表述。

法的章和节是对某一具体制度的概括，条是立法文件的基本单位，足以概括完整的法律规范才能称条，款、项、目是条的组成部分，通常不具有独立的适用意义。现作以下简要说明：

（1）根据法律规范内容的需要，有的法律一般既有章又有节和条。如《水行政处罚实施办法》和《国家赔偿法》等。

(2)有些法律规范由章和条组成,不分节。如《水法》共分八章八十二条,中间不分节。

(3)在法律规范的内容不多时可以不分章和节,仅由条组成。

(4)法律的款、项、目是很重要的概念,在法律实践中往往讲某某人的行为违反了某个法律的第几章第几条第几款第几项,等等。章和条的标注一般都很清楚,而初接触法律的人对于款、项、目则不太明白。

一、款

款,是指条中的段落,一段即是一款。如《水法》第四十三条:

"国家对水工程实施保护。国家所有的水工程应当按照国务院的规定划定工程管理和保护范围。

国务院水行政主管部门或者流域管理机构管理的水工程,由主管部门或者流域管理机构商有关省、自治区、直辖市人民政府划定工程管理和保护范围。

前款规定以外的其他水工程,应当按照省、自治区、直辖市人民政府的规定,划定工程保护范围和保护职责。

在水工程保护范围内,禁止从事影响水工程运行和危害水工程安全的爆破、打井、采石、取土等活动。"

这一条中共有4款。四段分别排序为:第一款、第二款、第三款和第四款。

二、项

项,是指条或段内的"(一)、(二)、(三)、……"。如《水法》第七十五条:

"不同行政区域之间发生水事纠纷,有下列行为之一的,对负有责任的主管人员和其他直接责任人员依法给予行政处分:

(一)拒不执行水量分配方案和水量调度预案的;

(二)拒不服从水量统一调度的;

(三)拒不执行上一级人民政府的裁决的;

(四)在水事纠纷解决前,未经各方达成协议或者上一级人民政府批准,单方面违反本法规定改变水的现状的。"

在这一条中共有4项,即(一)、(二)、(三)、(四)。

三、目

目,是指项下面的"1、2、3、…"。

如《行政复议法》的第五章第二十八条:

"行政复议机关负责法制工作的机构应当对被申请人作出的具体行为进行审查,提出意见,经行政复议机关的负责人同意或者集体讨论通过后,按照下列规定作出行政复议决定:

(一)具体行政行为认定事实清楚,证据确凿,适用依据正确,程序合法,内容适当的,决定维持。

（二）被申请人不履行法定职责的，决定其在一定期限内履行。

（三）具体行政行为有下列情形之一的，决定撤销、变更或者确认该具体行政行为违法；决定撤销或者确认该具体行政行为违法的，可以责令被申请人在一定期限内重新作出具体行政行为：

1. 主要事实不清、证据不足的；

2. 适用依据错误的；

3. 违反法定程序的；

4. 超越或者滥用职权的；

5. 具体行政行为明显不当的。

（四）被申请人不按照本法第二十三条的规定提出书面答复，提交当初作出具体行政行为的证据、依据和其他有关材料的，视为该具体行政行为没有证据、依据，决定撤销该具体行政行为。

行政复议机关责令被申请人作出与原具体行政行为相同或者基本相同的具体行政行为。”

这一条中包含有款、项、目，其中第三项中分为五个目，即“1、2、3、4、5”。

内容多而长的法律有时分编，如《刑法》设总则和分则两编，共10章452条。

第四节　法的效力

法的效力，是指法在什么地方、对什么人、在什么时间内有效，以及是否溯及既往。通常分空间效力和时间效力。

一、法的空间效力

法的空间效力包括法对地域的效力和对人的效力，即法适用于哪些地区和适用于哪些人。

（一）地域效力

地域效力是采用属地原则，即以地域为标准。如凡在本国领域内从事开发、利用、保护、管理水资源和防治水害的活动，无论主体是哪国人都适用我国水法，这是维护国家主权、保护国家利益的需要。

在属地管辖中，水法也对一些特殊问题作了特别规定。如《水法》第七十八条规定：“中华人民共和国缔结或者参加的与国际或者国境边界河流、湖泊有关的国际条约、协定与中华人民共和国法律有不同规定的，适用国际条约、协定的规定。但是，中华人民共和国声明保留的条款除外。”这是尊重国际惯例的做法，有利于处理涉外水事关系的国际合作。

（二）对人的效力

法对人的效力是指法律对什么人有效，无论是自然人还是法人，无论是中国人、外国人还是无国籍人。如《水法》规定凡是在我国领域内开发、利用、管理、保护水资源和防治水害的活动都适用我国《水法》。

二、法的时间效力

法的时间效力是指法的生效时间、失效时间以及法是否适用于生效前所发生的行为，即是否有溯及既往的效力问题。

（一）法的生效时间

法的生效时间一般有两种规定：一种是法律一经公布即开始生效实施。如1988年6月10日中华人民共和国国务院第3号令发布施行的《河道管理条例》第五十一条规定："本条例自发布之日起施行。"另一种是法律公布后，经过一定期限再生效实施。如新的《水法》是2002年8月29日颁布的，为了对公众进行宣传教育，使其能了解掌握新《水法》的内容，以便正确地适用和遵守，《水法》第八十二条规定："本法自2002年10月1日起施行。"又如《行政诉讼法》，自1989年4月4日颁布到1990年10月1日实施，其间让人们熟悉的过程有近一年半的时间。

（二）法的失效

法的失效，就是法的效力的终止。终止某一法律的效力，一般都是由立法机关决定的。本着新法优于旧法的原则，在新法颁布实施后，确认与新法相抵触的法律、法规即行失效；有的是由于某项立法的特殊条件已经消失，该法自然失效；有的是由新的法律代替了同类内容的原有法律，原有法律即自行失效。根据这一原则，自新《水法》的生效期2002年10月1日起，凡是与之相抵触的水法规及其规范性文件即行失效。再如《水政监察工作章程》第二十六条规定："本章程自发布之日起施行。1990年8月15日发布水利部令第1号《水政监察组织暨工作章程（试行）》同时废止。"等等。

（三）法的溯及力

法的溯及力，是指法对其生效以前所发生的行为是否适用，若适用，法即具有溯及力，否则就不具有溯及力。关于法的溯及力的规定一般有从新原则、从旧原则、从新兼从轻原则、从旧兼从轻原则。我国水法采用从旧兼从轻的原则，即原则上适用行为时的法律（从旧），新法不具有溯及既往的效力，但对过去的行为新法律的处罚较旧法轻时可适用新法（从轻）。所以，我国新《水法》对其生效以前的行为不适用，一般只适用于2002年10月1日后的行为。而此前至1988年7月1日之间的违法行为的处罚适用1988年《水法》。在处理水事方面的历史遗留问题时往往要注意法的溯及力的问题。

三、不同层次法律规范的效力

法律体系中，等级层次的规定是很严格的，较高层次的法律规范往往是较低层次的法律规范的制定依据。如《宪法》是制定《刑法》《民法通则》《刑事诉讼法》《民事诉讼法》《行政诉讼法》等基本法律的依据。再如，《水法》是制定《河南省〈水法〉实施办法》的依据，等等。因此，较低层次的法律规范必须服从较高层次的法律规范，不能与之相抵触，否则较低层次的法律规范中与较高层次的法律相抵触的部分将不具有法律效力。这一点在立法和作法律解释时是很重要的，一定要注意。

第二章 水法概论

我国的成文水法早在春秋战国时期就已有了,以后历代都有不同的发展。我国现行《水法》(简称02《水法》)于2002年8月29日第九届全国人民代表大会常务委员会第二十九次会议修订通过,于2002年10月1日开始实施。自1988年的《水法》(简称88《水法》)颁布实施以来,全国人大常委会、国务院和各地方机构相继制定了一批水利方面的法律规范,形成了我国的水法规体系。

第一节 我国历史上的水法简况

一、春秋战国时期的水利法规

春秋战国时期,各诸侯国开始大兴水利,修筑堤防,通渠灌田,但是他们各自为政,在剧烈的兼并战争中频频使用水攻,危害极大。同时又相互结盟,盟国之间为避免各种水事矛盾,就制定了一些共同遵守的规则。在诸侯国之间的盟约中,常常是禁止以邻为壑的行为,如"无曲防""毋壅泉"就是禁止修建不顾全局、危害他国的水利工程,避免兴洪泛滥。这些规定形成了当时的水利法规。

二、秦武王二年的《田律》

在公元前309年,即秦武王二年,秦国制定了《田律》,对农田水利作了具体的规定,如"春二月,毋敢伐材山林及壅堤水"。因为春二月是春耕农忙季节,又是枯水季节,必须保持水道的畅通,不允许壅堤阻水和堵塞河道。且有"十月为桥,修防堤,利津隘"的规定,同时还规定下级政府要及时上报农田受灾情况等。

三、西汉时期的《水令》与配水协议

西汉时期已修建了大型水利灌溉工程和渠道,水管理和配水也成为地方官员的主要职责,并制定了《水令》,这是西汉时期灌溉管理的法规,即"汉倪宽,定《水令》,以广溉田"。后来南阳太守召信臣大兴水利,为了发挥工程效益,召信臣"为民作均水约束,刻石立于田畔,以防纷争"。即制定配水协议,刻在石头上,并立在地头,以规范用水行为,防止发生用水冲突。

四、唐代的《水部式》

唐朝时期水的开发利用更加普及,水利工程数量较前代显著增加,同时有效地进行了管理。唐代设置了专门机构,配有专职官吏,并制定了一部系统的水利法规,就是著名的《水部式》,这是见于文献记载的由中央政府作为法律颁布的我国第一部专门的水利法

典,有学者评价它为“我国现代水法的先驱”。其内容包括农田水利管理、用水量的管理、运河船闸的管理及维护、桥梁管理及维护、内河航运船舶及水手的管理、海运管理等。如《水部式》规定:“用水灌溉之处,皆要斗门,斗门不得私造”“不得当渠造堰”,即使是应当修造的水工程也得按律进行。同时还规定,河流可以用作竹木流放,也可从中取水灌溉,但不得妨碍水运,渠上原有的水磨要安装闸门节约用水,并且要在渠长和斗门长监督之下用水。

《水部式》原为唐代写本,因年代久远,原件早已亡佚。直到清末 1899 年时,才在甘肃敦煌鸣沙山千佛洞所藏文献中发现了《水部式》的一个残本。后被法国人掠去,现藏于法国巴黎国家图书馆。近代学者罗振玉搜集整理敦煌遗书,将《水部式》残卷影印件收进《鸣沙石室古佚书》中。

五、北宋时期的《农田利害条约》

北宋王安石变法时期制定了《青苗法》和《农田利害条约》,后者又称《农田水利约束》。其包括三项主要事项:一是兴复水利以便灌溉;二是奖励副业以增生产;三是耕种废田以居贫民。公元 1068 年遣使察农田水利,于是,司农寺“请立法发行之开封”。

六、金代的《河防令》

金泰和二年,即公元 1202 年修订颁布了《河防令》,是目前见到的最早成文的专门防洪法令。《河防令》共十一条,主要是关于黄河和海河水系各流域河防修筑的内容。

七、清代的水利法规

到了清代,荆江大堤的防洪制度与法律规定更加具体和详细,清代的《大清律》中有“河防”4 条。当时不但有全国性的律文,而且还有地方性法规,道光十年(公元 1830 年)在湖北任职的林则徐主持制定了专用于防洪的《修筑堤工章程》等水利法规。

八、民国时期的《水利法》

1942 年 7 月 7 日,当时的民国政府颁布了《水利法》,共 9 章 71 条。其中第一章,总则,3 条;第二章,水利区及水利机关,9 条;第三章,水权,11 条;第四章,水权之登记,17 条;第五章,水利事业,10 条;第六章,水之蓄泄,7 条;第七章,水道防护,9 条;第八章,罚则,3 条;第九章,附则,2 条。为了配合《水利法》的实施,1943 年 3 月又制定了《水利法实施细则》,共 9 章 62 条。《水利法》的制定是近代历史上水利界的有识之士汪胡桢、茅以升、孔祥榕、李仪祉等多年努力的结果,为当时水利事业的发展起到了很大的促进作用。

第二节　水法的概念

一、广义的水法

广义的水法是指调整水事关系各类法律规范和行政法规的总称，其内容包括四方面：

(1)宪法、刑法、民法、行政法和其他法律中有关调整水事关系的条文，如《宪法》中关于水资源属国家所有的规定，《民法通则》中关于在不动产的相邻地方截水、排水等问题的规定，《环境保护法》中关于水体保护的规定，《刑法》中关于"决水罪"的规定，等等。

(2)有关水方面的专项法律，如《水法》《防洪法》《水污染防治法》《水土保持法》等等。

(3)由国务院颁布的有关水管理的行政法规，如《河道管理条例》《航道管理条例》《水土保持法实施条例》等。

(4)有关水管理的地方性法规，如《山西省水利工程水费标准和管理办法》《甘肃省实施〈水法〉办法》等。

二、狭义的水法

狭义的水法专指《水法》。

第三节　现行《水法》的主要内容

2002 年 8 月 29 日第九届全国人民代表大会常务委员会第二十九次会议修订通过了《水法》(简称 02《水法》)，并于 2002 年 10 月 1 日实施。02《水法》共八章八十二条，按具体内容可分为八个部分。

一、总则部分

02《水法》的总则部分从第一条到第十三条，主要规范了以下内容：

(1)《水法》的立法目的、立法依据和适用范围。

(2)我国水资源的国家所有权，开发利用水资源的总原则，以及水资源的基本管理制度。

(3)开发利用水资源应节约用水，建立节水型社会。

(4)开发利用水资源应防止污染，防止水土流失和保护生态环境。

(5)国家对水资源实行流域管理与行政区域管理相结合的管理体制，以及各级水行政主管部门的管理职责。

二、水资源规划

《水法》中的第二章，从第十四条到第十九条，共 6 条，规定了水资源规划的分类，不同类别的水资源规划的相互关系，以及不同区域水资源规划编制的部门、职责和程序等。

三、水资源开发利用

水资源开发利用为《水法》的第三章,从第二十条到第二十九条,共有10条,主要规定了水资源开发利用的原则,各项水资源开发利用的项目及各项目在开发利用时要相互兼顾,开发利用水资源过程中的工程建设问题等。

四、水资源、水域和水工程的保护

水资源、水域和水工程的保护为《水法》第四章的内容,从第三十条到第四十三条,共有14条,规定了水资源的主管部门、水质净化、防止水污染和水源枯竭、保护水环境,以及水功能区划分、地下水的保护、江河湖等水域的保护、水工程及其设施的保护等。

五、水资源配置和节约使用

水资源配置和节约使用为《水法》第五章的内容,从第四十四条到第五十五条,共有12条,规定了不同级别水资源规划的制定机关、制定程序和原则,水量分配方案的制定程序,取水许可制度和水资源的有偿使用、节水措施和水费的缴纳等。

六、水事纠纷处理与执法监督检查

《水法》的第五十六条到第六十三条,共8条,系统地规定了水事纠纷的调处方法和程序,水利执法人员在执法时的责任、职权和原则等。

七、法律责任

法律责任为《水法》第七章的内容,从第六十四条到第七十七条,共有14条之多,规定了违反水法规应受到的处罚,根据不同的违法行为,规定了详细的处罚方式和罚款额度,并规定对严重违法者应受治安管理处罚和刑法处罚。

八、附则

第七十八条到第八十二条是《水法》的附则部分,规定了涉外水事活动的处理和海水的开发利用问题,以及《水法》的生效日期等。

第四节 水法规体系

水法规体系,是指不同层次、不同类别的水利法规所组成的水利方面行为规范的集合。自从88《水法》颁布实施以来,至今我国已经建立了较为完善的水法规体系,包括水利法律、法规、规章和其他规范性文件。如《水污染防治法》《防洪法》《水土保持法》《河道管理条例》《取水许可和水资源费征收管理条例》《水库大坝安全管理条例》等。

从横向来讲,水资源的开发、利用、节约、保护和防治水害的各个方面专门的水利法规也更加全面和系统。我国的水法规体系按不同的专项罗列如下。

一、水污染防治方面

《水污染防治法》(1984 年 5 月 11 日第六届全国人民代表大会常务委员会第五次会议通过,根据 1996 年 5 月 15 日第八届全国人民代表大会常务委员会第十九次会议《关于修改〈中华人民共和国水污染防治法〉的决定》修正)、《水污染防治法实施细则》,各地方制定的有关水污染防治方面的法规和规章。

二、防汛抗洪方面

《防洪法》(1997 年 8 月 29 日第八届全国人民代表大会常务委员会第七次会议通过,1997 年 8 月 29 日中华人民共和国主席令第 88 号公布,1998 年 1 月 1 日施行)、《防汛条例》(1991 年 7 月 2 日国务院发布)、《防洪预案编制要点(试行)》、《蓄滞洪区安全与建设指导纲要》(1988 年 10 月 27 日国务院发布)、《蓄滞洪区运用补偿暂行办法》(2000 年 5 月 27 日国务院发布)、《省级行、滞洪区若干问题规定》,部分省制定的《实施〈中华人民共和国防洪法〉办法》和《实施防汛条例细则》等。

三、水域和水工程的保护

《河道管理条例》(1988 年 6 月 3 日国务院第七次常务会议通过,1988 年 6 月 10 日中华人民共和国国务院令第 3 号发布施行)、《水利水电工程管理条例》(1983 年 4 月 20 日水利电力部发布)、《河道管理范围内建设项目管理有关规定》、《河道采砂收费管理办法》、《水库大坝安全管理条例》(1991 年 3 月 23 日国务院发布)、《长江河道采砂管理条例》(2001 年 10 月 10 日国务院第 45 次常务会议通过,2001 年 10 月 25 日中华人民共和国国务院令第 320 号发布,自 2002 年 1 月 1 日起施行)。各地方制定的有关水保护方面的法规和规章,如广东省《河道堤防管理条例》、山东省《河道工程维护管理费征收使用管理办法》、河南省《〈水库大坝安全管理条例〉实施细则》、河南省《〈河道管理条例〉实施办法》,等等。

四、水资源管理方面

《取水许可和水资源费征收管理条例》(国务院令第 460 号发布,自 2006 年 4 月 15 日起施行)、《取水许可申请审批程序规定》(1994 年 6 月 9 日水利部令第 4 号)、《取水许可监督管理办法》(1996 年 7 月 29 日水利部令第 6 号),各地方制定的有关水资源管理方面的法规和规章,如《河南省取水许可制度和水资源费征收管理办法》等。

五、水土保持方面

《水土保持法》《水土保持法实施条例》,以及各地方制定的有关水土保持方面的法规和规章。

六、水行政执法方面

《行政处罚法》、《水行政处罚实施办法》、《取水许可和水资源费征收管理条例》、《水政监察工作章程》(2000年5月17日水利部令第13号),水政监察证件、标志管理办法及各地方制定的水利执法规章,如《河南省水政监察规定》、《福建省水政监察条例》,等等。

七、水行政司法

水行政复议是按照《行政复议法》的规定进行的。

八、水利经济方面

水利产业政策,水利产业政策实施细则,以及各地方制定的有关水利经济、水利产业和水利经营方面的规章等。应该说明的是,水利经济方面的发展是今后我国水利事业的发展方向,是我国水资源管理向企业化转变的象征,目前我国已经成立了大量的水务机构,它强调水资源的服务性和商品特点,更有利于我国水利事业的发展。

第三章　水资源的管理体制

第一节　国家与地方行政机关的水资源管理

一、国家水资源管理权的规定

国家对水资源拥有所有权是一种世界趋势。《水法》第三条规定:“水资源属于国家所有。水资源的所有权由国务院代表国家行使。”这一规定明确了统一管理水资源的机构是国务院水行政主管部门。为了进一步完善对水资源的统一管理,《水法》第十二条第一款和第二款又规定:“国家对水资源实行流域管理与行政区域管理相结合的管理体制。”“国务院水行政主管部门负责全国水资源的统一管理和监督工作。”

国务院水行政主管部门负责全国水资源的统一管理和监督工作。即在全国范围内,水利部作为国务院的水行政主管部门,是全国水资源的统一管理机构,也就是国家统一的用水管理机构。

国务院水行政主管部门在国家确定的重要江河、湖泊设立的流域管理机构,在所管辖的范围内行使法律、行政法规规定的和国务院水行政主管部门授予的水资源管理与监督职责。七大江河湖泊的流域机构依照法律、行政法规的规定和水利部的授权在所管辖的范围内对水资源进行管理与监督。

水利部作为国务院的水行政主管部门,是国家统一的用水管理机构。

二、地方水资源管理权的规定

《水法》第十二条第四款规定:“县级以上地方人民政府水行政主管部门按照规定的权限,负责本行政区域内水资源的统一管理和监督工作。”地方水资源的管理和监督工作按照职责分工由县级以上各级地方人民政府的水利厅(局)负责。

第十三条第二款规定:“县级以上地方人民政府有关部门按照职责分工,负责本行政区域内水资源开发、利用、节约和保护的有关工作。”在地方,除依照法律规定按职责分工由其他部门承担一部分用水管理工作外,一般情况下,各级政府的水利厅(局)是地方的用水管理机构,依法单独行使或者会同其他有关部门行使用水管理权。

第二节　水资源的流域管理

一、流域管理的概念

(一)流域管理

流域管理,就是遵循水的自然规律,将流域视为封闭稳定的水的自然管理区,在国家利益的基础上以流域的整体利益为目标，在流域内统一开发、利用、保护和管理水、水域及水工程，并统一防治水害。

水资源的流动特性和利害双重性，使得人类在开发、利用、节约、保护水资源的过程中所产生的社会关系远比因开发其他自然资源所产生的社会关系复杂得多。水的流动特性使得因自然因素形成的流域不能与由社会因素形成的行政区域相统一，国家对水难以按现存的行政区划进行管理。而将流域作为水的自然管辖区对水进行管理被公认为是最符合客观规律的管理方式。

(二)流域机构

流域机构，是国务院水行政主管部门在国家确定的重要江河、湖泊设立的流域管理机构。我国已按七大流域设立了流域管理机构，有长江水利委员会、黄河水利委员会、海河水利委员会、淮河水利委员会、珠江水利委员会、松辽河水利委员会、太湖流域管理局。七大江河湖泊的流域机构依照法律、行政法规的规定和水利部的授权在所管辖的范围内对水资源进行管理与监督。

二、流域机构在水资源管理和监督方面的主要职责

《水法》授权流域管理机构在水资源管理和监督方面的主要职责有以下几个方面：

(1)负责《水法》等有关法律法规的实施和监督检查，拟订流域性水利政策法规，负责职权范围内的水行政执法和查处水事违法案件，负责调处省际间水事纠纷。

(2)组织编制流域综合规划及有关的专业或专项规划并负责监督实施。

(3)统一管理流域水资源。负责组织流域水资源调查评价；组织拟订流域内省际水量分配方案和年度调度计划，以及旱情紧急情况下水量调度预案，实施水量统一调度；组织指导流域内有关重大建设项目的水资源论证工作；在授权范围内组织实施取水许可制度，组织指导流域的水文工作，发布流域水资源公报。

(4)组织流域水功能区划，审定水域纳污能力，提出限制排污总量的意见，负责省界和重要水域的水质水量监测。

(5)组织指导流域内江河、湖泊水域及岸线的开发、利用、管理和保护。

实行流域管理可减少水事纠纷的发生，加强流域管理有利于水事纠纷的解决。因此，各国都在积极发展和完善水的流域管理体系。

三、我国在流域管理中存在的问题

流域内水事矛盾增多，其原因是多方面的。其一，近些年由于地方自主权的增加，在从事水事活动时往往考虑对方利益较少，经常采取单方面行动，使许多矛盾尖锐化和复杂化。其二，地区之间因经济等各方面发展不平衡，财力强弱不一，对水利的重视程度也不同，在水事活动中多干与少干、先干与后干，都会产生和激化矛盾。其三，经济的发展、人口的增多、生活的改善等对水的需求也大为增加，发展带来的水污染问题，有关水的开发建设不能统一等也常常产生水事矛盾。

四、发展与完善流域管理

流域管理是一种行之有效的水管理方式，这在国内外的实践中均已得到肯定，因此要大力发展和积极完善流域管理。具体要从以下几个方面考虑：

(1)要加强和巩固流域水管理机构的法律地位，流域机构是国务院水行政主管部门中相对独立的水行政管理机构，在其流域范围内是一个具有行政管理职能的国务院水行政主管部门的组成部分。

(2)流域机构在流域内具有制定发布水行政管理规章的职权，其所发表的规章的效力应高于流域内有关地方政府制定发布的规章。流域机构可依据《水法》制定流域法规，经水利部审查并报国务院批准后施行。

(3)流域机构对流域内省际间发生的水事纠纷应具有调处权。

(4)流域机构对本流域内水资源的调查、评价、开发、利用、保护、水害防治和管理等具有检查监督权，流域机构在其流域内要发挥统一调查评价、统一规划开发、统一防治水害、统一综合利用、统一综合管理的主导作用。

英国法律规定对公共土地上的河流、小溪，天然航道中的水流，以及沿一定已知流向的地下水，任何人没有所有权。而私人土地上的地表水和地下水，属地产者所有。这一点给水资源的统一管理带来了很大的不便，与单纯以行政区划进行水资源管理所产生的弊端非常相似。

第三节　水务管理

一、概念

水务管理，即涉水事务的统一管理，包括水资源管理和其他涉水事务管理，是对水资源的开发、利用、配置、节约和保护的规划、计划、调度及组织、协调、监督等方面的管理。

20世纪90年代以来，深圳、上海等一些城市率先打破条块分割界限，建立了城市水务局，对城乡防洪、排涝、供水、用水、节水、污水处理及回用等涉水事务实行统一管理。这一水管理体制的改革受到各级政府的重视，发展很快，全国成立水务局或实施水务管理的市、县达2 000余个。虽然2002年修订《水法》时未对此作出规定，但实践证明，水务管理体制代表了水管理体制改革的发展方向。

二、城市水务管理的主要任务

(一)防洪

堤防建设达标。根据来年水平衡综合考虑决定是否弃水。还应考虑在保护水源地的前提下，提高水库的经济利用效率。

(二)水资源的配置与管理

制订水资源的中长期供求计划与配置方案，制订年度用水计划，进行取水许可的审批与监督管理；对城市的地表水与地下水、外来水源进行统一调配。协调城市与所在流域的水资源配置关系,建立满足城市生产、生活、生态需求的水资源供给体系;组织或协调建设满足城市需求的水源工程、给水工程,并对这些工程进行直接运营与管理,或进行行业管理。

(三)水源地的建设与保护

负责水源地的建设与保护,负责监测上游供水的水质与水量,负责提出与上游水源地优势互补、共同可持续发展的方案。

(四)供水(输水)的保证

负责市内输水沿线的水质、水量监测与保护,保证达到水质要求的水量进入自来水厂,达不到标准就进行来水的预处理。

(五)排水的保证

保证城市排涝,保证污染物达标排放进入河道或污水处理厂。排水是供水的延伸,供水和排水统一管理是现代化城市水管理的基本经验。

(六)污染处理

根据污染总量合理布局建立污水处理厂,并根据水供需平衡有偿提供达标的污水回用量,提高污水利用率,使污水处理厂经济自持运行。大力开发治污技术,尤其是生物治理等高新技术。

(七)水环境与生态保护

依据水功能区划分要求,保护水环境与生态,对航运、旅游、养殖等所有改变(破坏)水环境与生态的活动建立补偿恢复机制。

建立城市水环境保护体系;划定水域功能区,进行水域纳污总量控制,监测城市水域水质;组织或协调建设满足城市水环境要求的水环境工程(包括城市河湖清淤、河道整治、截污导流、调水工程等)、污水处理工程,并对这些工程进行直接运营与管理或进行行业管理;进行地下水合理开采的总量控制、目标管理,地下水污染的防治,维护良好的水文地质环境。

维持城市河湖适宜的水量、达标的水质;建设与恢复自然的河流,使河势自然、水流舒畅、水体清澈、水影辉映;建设与恢复适宜的河湖湿地;种植丰富物种的水边植物带,恢复城市水域水生生物的多样性,使水域能形成良好的、稳定的水生生态系统。

(八)组织开展节约用水工作

制定行业、生活与生态用水定额,使之逐步达到贫水国家标准,大力开发节水技术,尤其是高新技术。

(九)制定水价

适时适度提出水价提高方案,做到优水优价,累进水价,不同用途不同价格。主要考虑水资源费、自来水厂成本利润、节水投入、污水处理厂运行费用。以用水价为杠杆调控水资源优化配置。

(十)制定法规

及时提出水资源的法规或管理条例草案,重点在于制定适度的罚则,经人大或政府批准后依法行政。

（十一）水安全保障（防洪排涝）

建立城市防洪安全保障体系，建立城市完整的排涝系统，使城市达到应有的设防标准；组织建设、运营、管理防洪排涝工程；研究并实施防洪排涝的非工程措施。

（十二）水经济建设

城市水土资源开发（包括从源水到成品水的水商品经营、水工程管理范围内土地资源的合理开发利用、水利旅游、水产品种养等），科学合理的水价形成机制的研究与建立，水利或水务资产的运营，水资源开发、节约、保护所需要的设施和设备研究、开发、经营与市场管理。

（十三）水文化建设

水务精神的树立与弘扬，水务形象的设计与塑造，水务人榜样的树立与宣传，水务经验的总结与应用，水务传统的继承与发扬，以及水景观的规划与建设，水古迹的恢复与修复。

第四章 水资源规划

第一节 水资源考察评价与水规划

一、基本概念

《水法》第十四条规定:“国家制定全国水资源战略规划。

开发、利用、节约、保护水资源和防治水害,应当按照流域、区域统一制定规划。规划分为流域规划和区域规划。流域规划包括流域综合规划和流域专业规划;区域规划包括区域综合规划和区域专业规划。”

(一)综合规划和专业规划

《水法》第十四条第三款定义了水资源的综合规划为:根据经济社会发展需要和水资源开发利用现状编制的开发、利用、节约、保护水资源和防治水害的总体部署。

《水法》第十四条第三款定义了专业规划为:防洪、治涝、灌溉、航运、供水、水力发电、竹木流放、渔业、水资源保护、水土保持、防沙治沙、节约用水等规划。

(二)流域规划、区域规划、专业规划和综合规划的关系

《水法》第十五条规定:“流域范围内的区域规划应当服从流域规划,专业规划应当服从综合规划。

流域综合规划和区域综合规划以及与土地利用关系密切的专业规划,应当与国民经济和社会发展规划以及土地利用总体规划、城市总体规划和环境保护规划相协调,兼顾各地区、各行业的需要。”

二、依法有组织地进行水资源调查与评价

要进行水规划必须先进行水资源调查,顾名思义就是要算水账,要弄清水资源的来量和用量,要弄清来量、用量的现状以及今后发展的预测。要在遵循自然规律的前提下,有组织、有步骤地搞好水资源的考察和调查评价工作。

《水法》第十六条关于水资源考察评价的内容规定有以下三款。

第一款规定:“制定规划,必须进行水资源综合科学考察和调查评价。水资源综合科学考察和调查评价,由县级以上人民政府水行政主管部门会同同级有关部门组织进行。”

水资源的调查评价是编制水规划的前提。编制水规划,首先必须弄清水资源的可开发量、水资源利用现状,以及未来发展对水资源需求量预测,在此基础上才能进行水规划的编制,否则将无从下手。

水资源综合科学考察和调查评价涉及社会的各个方面,包括气象、地理、人口、环境等,涉及土地部门、地矿部门、农林牧渔业部门、环境部门、市政工程,等等。强调政府的领

导,由各级政府组织进行,有利于工作的顺利开展。因此,《水法》规定县级以上人民政府水行政主管部门是进行水资源调查评价的主管机关。

第二款和第四款分别规定:“县级以上人民政府应当加强水文、水资源信息建设。县级以上人民政府水行政主管部门和流域管理机构应当加强对水资源的动态监测。

基本水文资料应当按照国家有关规定予以公开。”

进行水资源分析,基本资料的监测、搜集和整理是必不可少的,各水文勘测部门对此负有不可推卸的责任。地方水文勘测部门和流域机构水文勘测部门应当加强基本资料的搜集和整理工作。

三、水资源考察评价的主要内容

水资源考察评价的主要内容有:考察或调查区内的气象、地理、人口、社会等环境条件,地下水、地表水资源的分布、数量估算和总体的平衡分析,水资源循环过程的特点,开发利用现状,污染和破坏状况,开发利用与保护水资源及防治水害的措施和建议,水资源供需关系的现状及预测,地表水资源可利用量确定、地下水可开采量确定,水资源可利用总量,水资源开发利用现状调查以及耗水量估算、水需求预测,等等。

四、水功能区划

建立水功能区划是02《水法》新增加的内容,是对多年来水资源保护工作实践经验的总结,并通过法律的形式加以固定。水功能区划,就是通过在流域范围内,按照水资源可持续发展的要求,根据国民经济发展规划和水资源综合利用规划,划定各水域的主导功能和功能顺序,确定水域功能不遭破坏的水资源保护目标。根据水功能区划确定的水域功能,以及该功能对水质的要求和水体的自然净化能力,核定水域纳污能力。按照水域纳污能力与现实排污状况,确定限制排污的总量,作为水污染防治的依据。1998 年以来水利部在全国组织了水功能区划工作,水功能区划按照两级区划、十一分区进行。

2012 年获国务院批准的《全国重要江河湖泊水功能区划(2011—2030 年)》(简称《区划》),为全面落实最严格的水资源管理制度,做好水资源开发利用与保护、水污染防治和水环境综合治理工作提供了重要依据。编制和实施水功能区划,就是要根据我国水资源的自然条件和经济社会发展要求,确定不同水域的功能定位,实现分类管理和保护,以处理好水资源开发利用和保护、整体和局部的关系,统筹河流上下游、左右岸、省区间关系,促进经济社会发展与水资源承载能力相适应,保障经济社会可持续发展。

水资源短缺、水污染严重是我国经济社会可持续发展的主要瓶颈。截至 2012 年,全国多年平均总缺水量为 536 亿立方米,主要是河道外供水不足、超采地下水和挤占河道内生态环境用水所致。一些地区水资源开发已经接近或超过当地水资源承载能力,引发一系列生态环境问题。水污染状况十分严重,2010 年监测评价的 3 902 个水功能区中,水质达标率仅为 46%;17.6 万千米河流中,38.6% 的河长水质劣于Ⅲ类;339 个省界断面中,有 48.7% 劣于Ⅲ类。

《区划》范围包括国家重要江河干流及其主要支流,主要涉水国家级及省级自然保护区、国际重要湿地和重要的国家级水产种质资源保护区,跨流域调水水源地及重要饮用水水源地,国家重点湖库水域,主要省际边界水域、重要河口水域。

《区划》分为两级体系。水功能一级区分四类,即保护区、保留区、开发利用区、缓冲区。二级区划在一级区划的开发利用区内,具体划分为饮用水源区、工业用水区、农业用水区、渔业用水区、景观娱乐用水区、过渡区、排污控制区七类。全国一、二级水功能区总计4 493个,81%的水功能区水质目标确定为Ⅲ类或优于Ⅲ类。

《区划》明确在保护区内禁止进行影响水资源保护、自然生态系统及珍稀濒危物种保护的开发利用活动;保留区作为今后水资源可持续利用预留的水域,原则上应维持现状水质;在缓冲区内进行开发利用活动,原则上不得影响相邻水功能区的使用功能。如果对相邻水功能区水资源质量产生影响,需履行必要的审批或论证程序,流域机构应提出处理意见。

第二节　水资源规划的制定和审批

《水法》对水资源规划的编制机关、编制程序、审批机关和审批程序均作了具体规定。

一、水资源规划编制前的科学考察和调查评价

制定规划,必须进行水资源综合科学考察和调查评价。水资源综合科学考察和调查评价,由县级以上人民政府水行政主管部门会同同级有关部门组织进行。科学考察和调查评价是制定水资源规划的技术业务性工作,具有特殊重要性。这是由于水是自然环境中最敏感、最活泼的要素,防止水害和开发利用水资源的工程,就是要通过人工手段改变天然的水流状况,从时间和空间上重新安排水的布局。随着水资源开发利用程度的提高,往往涉及复杂的工程技术、社会经济和生态环境问题,采用常规的勘测设计程序已经不够,必须进行多学科的综合考察和调查评价,全面系统地掌握客观实际,按客观规律办事,才能保证水资源规划的科学性。

二、水资源规划的编制和审批

《水法》对水资源的编制和审批作了明确的规定,主要包括如下内容。

(一)重要江河规划的制定和审批

《水法》第十七条第一款规定:"国家确定的重要江河、湖泊的流域综合规划,由国务院水行政主管部门会同国务院有关部门和有关省、自治区、直辖市人民政府编制,报国务院批准。"

(二)跨省、自治区、直辖市江河规划的制定和审批

《水法》第十七条第一款规定:"跨省、自治区、直辖市的其他江河、湖泊的流域综合规划和区域综合规划,由有关流域管理机构会同江河、湖泊所在地的省、自治区、直辖市人民政府水行政主管部门和有关部门编制,分别经有关省、自治区、直辖市人民政府审查提出意见后,报国务院水行政主管部门审核;国务院水行政主管部门征求国务院有关部门意见后,报国务院或者其授权的部门批准。"

(三)其他江河、湖泊的流域综合规划和区域综合规划的制定

《水法》第十七条第二款规定:"其他江河、湖泊的流域综合规划和区域综合规划,由

县级以上地方人民政府水行政主管部门会同同级有关部门和有关地方人民政府编制，报本级人民政府或者其授权的部门批准，并报上一级水行政主管部门备案。”

（四）专业规划的制定和审批

《水法》第十七条第三款规定：“专业规划由县级以上人民政府有关部门编制，征求同级其他有关部门意见后，报本级人民政府批准。其中，防洪规划、水土保持规划的编制、批准，依照防洪法、水土保持法的有关规定执行。”

（五）规划的修改

《水法》第十八条规定：“规划一经批准，必须严格执行。

经批准的规划需要修改时，必须按照规划编制程序经原批准机关批准。”

（六）建设水工程，必须符合流域综合规划

《水法》第十九条规定：“建设水工程，必须符合流域综合规划。在国家确定的重要江河、湖泊和跨省、自治区、直辖市的江河、湖泊上建设水工程，其工程可行性研究报告报请批准前，有关流域管理机构应当对水工程的建设是否符合流域综合规划进行审查并签署意见；在其他江河、湖泊上建设水工程，其工程可行性研究报告报请批准前，县级以上地方人民政府水行政主管部门应当按照管理权限对水工程的建设是否符合流域综合规划进行审查并签署意见。水工程建设涉及防洪的，依照防洪法的有关规定执行；涉及其他地区和行业的，建设单位应当事先征求有关地区和部门的意见。”

以上这些规定，对制定流域（区域）综合规划和专业规划提供了法律基础，对指导规划工作的进行具有重要的现实意义。

三、规划同意书制度

随着市场经济体制的建立，投资主体多元化以后，更需要法律法规来规范监督程序。因此，为了切实保障水资源规划的执行，加强对规划实施的监督管理，《水法》规定了规划同意书制度，其第十九条规定：“在国家确定的重要江河、湖泊和跨省、自治区、直辖市的江河、湖泊上建设水工程，其工程可行性研究报告报请批准前，有关流域管理机构应当对水工程的建设是否符合流域综合规划进行审查并签署意见；在其他江河、湖泊上建设水工程，其工程可行性研究报告报请批准前，县级以上地方人民政府水行政主管部门应当按照管理权限对水工程的建设是否符合流域综合规划进行审查并签署意见。”这一规定对建设水工程实行规划同意书制度，进一步落实有关规划的规定起到保障作用。

四、水资源论证制度

为促进水资源合理配置和可持续利用，保障建设项目的合理用水要求，《水法》第二十三条规定：“国民经济和社会发展规划以及城市总体规划的编制、重大建设项目的布局，应当与当地水资源条件和防洪要求相适应，并进行科学论证。”水利部和国家原发展计划委员会已经发布了《建设项目水资源论证管理办法》，对论证工作作出了具体的规定。

直接从江河、湖泊或地下取水并需申请取水许可证的建设项目，业主单位应当委托具备相应资质的单位进行建设项目水资源论证，编制建设项目水资源论证报告书。论证报告书的主要内容应包括建设项目取水水源论证、用水合理性论证、运(持)水情况及其对水环境影响分析、对其他用水户权益的影响分析以及其他事项等。建设项目水资源论证报告书审查意见是审批取水许可(预)申请的技术依据。未提交建设项目水资源论证报告书的,受理单位不得受理取水许可(预)申请。

五、水中长期供求规划的编制程序和原则

(一)规划的编制和审批权限

《水法》第四十四条第一款规定:“国务院发展计划主管部门和国务院水行政主管部门负责全国水资源的宏观调配。全国的和跨省、自治区、直辖市的水中长期供求规划,由国务院水行政主管部门会同有关部门制订,经国务院发展计划主管部门审查批准后执行。地方的水中长期供求规划,由县级以上地方人民政府水行政主管部门会同同级有关部门依据上一级水中长期供求规划和本地区的实际情况制订,经本级人民政府发展计划主管部门审查批准后执行。”这一规定明确了规划的法律效力、审查程序和批准权限。

(二)规划制定的依据和原则

《水法》第四十四条第二款规定:“水中长期供求规划应当依据水的供求现状、国民经济和社会发展规划、流域规划、区域规划,按照水资源供需协调、综合平衡、保护生态、厉行节约、合理开源的原则制定。”这一规定明确了规划制定的依据和规划制定的原则。编制水中长期供求规划的原则强调了以下五个方面:

(1)供需协调。结合需水预测、供水预测,进行水资源供需分析,在分析计算中,对各种数据的分类口径和数值应保持协调。

(2)综合平衡。要合理地抑制各种需求、增加有效供给,采用保护生态环境的措施与方案进行综合分析和协调平衡。

(3)保护生态。要统筹协调生活、生产和生态用水,通过供求规划对区域之间、用水目标之间、用水部门之间水量和水环境容量的合理分配,实现水资源开发利用、流域或区域经济社会发展与生态环境改善的协调,改善生态环境质量。

(4)厉行节约。要把节水放在突出位置,把推广节水灌溉作为一项革命性措施,结合产业结构调整,全面推广和普及节水技术,提高水的利用效率,实现水资源利用从粗放型向集约型方式的转变,发展节水经济,壮大节水产业,建立节水型社会。

(5)合理开源,要做到合理开发地表水,科学利用地下水,对地表水与地下水进行联合调度,科学论证跨流域调水,积极开发利用多种水源,实现水资源合理配置,增加可供水量,缓解水资源供需矛盾。

六、江河水量分配方案

(一)水量分配的依据

《水法》第四十五条第一款规定:“调蓄径流和分配水量,应当依据流域规划和水中长期供求规划,以流域为单元制定水量分配方案。”这一规定明确了江河水量分配方案制定的依据和基础。

（二）水量分配方案的制定程序

根据《水法》第四十五条第二款的规定，水量分配方案的制定程序为："跨省、自治区、直辖市的水量分配方案和旱情紧急情况下的水量调度预案，由流域管理机构商有关省、自治区、直辖市人民政府制订，报国务院或者其授权的部门批准后执行。其他跨行政区域的水量分配方案和旱情紧急情况下的水量调度预案，由共同的上一级人民政府水行政主管部门商有关地方人民政府制订，报本级人民政府批准后执行。"

《水法》第四十五条第四款规定："在不同行政区域之间的边界河流上建设水资源开发、利用项目，应当符合该流域经批准的水量分配方案。"

（三）黄河水量分配方案

黄河是我国七大江河中第一个制定水量分配方案的流域。国家计委和水利部在1987年制订了黄河水量分配方案，规定在南水北调工程实施之前的黄河水量分配方案如下：

（1）多年平均水资源总量580亿立方米。

（2）合理安排最基本的生态环境用水量210亿立方米（其中冲沙水量150亿立方米，枯季生态基流50亿立方米，下游河道蒸发渗漏10亿立方米）。

（3）水资源总量扣除生态环境用水量，可供生活和生产用水的水量为370亿立方米。

（4）根据沿黄9个省级行政区域的气候、地理条件和水资源条件，人口数量，耕地面积，GDP总产值，产业结构比例，经济、技术发展水平，现状用水效率与用水指标，节约用水潜力等综合因素，合理分配区域的用水量。

南水北调工程建成通水后，黄、淮、海三大流域之间的水量调配和黄河的水量分配方案将要进行适当的调整。

从2000年7月开始，水利部和有关地方政府，按照批准的河流分水方案，进行统一调度，向下游应急输水。在塔里木河先后3次向下游累计输水7亿立方米，水流到达塔里木河尾闾台特马湖，接济下游岌岌可危的生态系统，下游干旱几十年的河道沿线重新出现了生机。

七、旱情紧急期水量调度预案和年度水量分配方案

我国降水量时空分布不均，经常出现连续枯水和特枯水的年份，为减轻特枯水年所造成的灾害损失，各流域和大中城市要制订相应的对策措施与应急方案。对策措施和应急方案包括强化管理、挖掘潜力、临时调水、人工增雨等。《水法》第四十五条第二款规定了对跨省级区域的旱情紧急情况下的水量调度预案，由流域管理机构商有关省、自治区、直辖市人民政府制订，报国务院或者其授权的部门批准后执行。对其他跨行政区域的旱情紧急情况下的水量调度预案，也作了相应的规定。旱情紧急情况下的水量调度预案一经批准，有关地方人民政府必须执行。

制订旱情紧急期水量调度预案，要分析历史上由于气象、水文等自然因素出现的特殊旱期的成因、规律和损失情况。对旱情紧急期应制订应急对策预案，包括必要的应急工程措施和非工程措施。在制订预案时，应优先保证城乡人民生活用水，兼顾关系国计民生的重要工矿企业、对人类生存环境起决定性影响的生态用水等，各地应根据当地实际情况确定应急用水的优先次序和相应的对策。

第五章　水资源的开发利用

第一节　外国水资源开发利用简介

了解与研究外国水资源的开发利用和管理情况,以借鉴经验,吸取教训,使我国的水资源得到更好的利用和管理。

一、加拿大联邦水政策

加拿大是个丰水国家。人均年占有水资源量为13万立方米,居世界第一位,是我国人均占有量的50倍。正是由于拥有如此丰富的水资源,水在加拿大是最受轻视的自然资源,人们滥用水、污染水,以及水费过低等政策上的原因,致使加拿大已经没有一个地方具有充足的水量和良好的水质供人们使用。

1988年5月,国际水资源第六届大会在加拿大召开。这一年加拿大遇到几十年不遇的干旱。中西部的广大农田成了一片片白花花的盐碱地,小麦严重减产。会议上加拿大环境部送给与会者每人一本《联邦水政策》,证明其已把水看作是环境的关键和具有真正价值的稀有商品。这本《联邦水政策》总的目标是鼓励有效、正确地利用水资源。同时考虑到未来社会经济和环境的需要,要求全社会认识水的真正价值,鼓励全体人民参与水资源管理。《联邦水政策》的内容包括两个目标和五项策略。两个目标,一是保护和改善水质,二是促进明智而有效地管理和用水;五项策略为水费、科学的领导、统一规则、立法、公众意识。并订立了25项具体政策,其中包括水质管理、地下水污染、渔业水域管理、城市供水和污水处理、跨流域调水、灌溉用水、水能开发、国家水权、国际水关系、对研究工作的领导,等等。

二、荷兰饮用水供应

荷兰位于欧洲西北部,总面积4.1万平方千米,人口1 500万人,是世界上人口密度比较高的国家之一。荷兰紧靠大西洋,气候温和,降雨均匀,年降水量775毫米。由于荷兰地势较低,地下水埋藏较浅,90%的地区冬季地下水位不足1米,夏季不足2.5米。

在荷兰,除了一些大型河流,比如莱茵河、默兹河由中央政府管理,其他河流都由各省管理,各省也负责地下水水质和水量的管理。荷兰早期饮用水主要取自河沟和池塘,这些水源常常受到污染,造成疾病流行,危害人们的身体健康。1854年,第一个供水网在荷兰的阿姆斯特丹建成投产,水源来自哈莱姆(Haarlem)南部沙丘区,靠一条3 500米长的水渠集水,通过23千米的铸铁管道输送到阿姆斯特丹市。其他大城市,比如鹿特丹和海牙,也于1874年建成了供水系统。此后,荷兰公共饮用水供应发展很快,1900年全国就有60家供水公司,但主要位于城市;20世纪初,地区性供水公司开始成立,农村开始享用安全卫生水。到1940年,荷兰75%的城市都建成了公共自来水网,这个比例在欧洲是最高的,1975年99.9%的家庭都用上了公共自来水,剩余的0.1%仍使用自己的水源。

为了保证饮用水的持续供应,荷兰中央政府通过立法形式加强供水部门的职能,要求各省政府对公共饮用水供应部门重新组建。1975年全国有111家供水公司,到2000年重组合并为20家。

三、日本水资源的开发利用和污染

日本的灌溉早期主要是学习中国的灌溉技术,发展以池塘蓄水为主的水稻灌溉技术,后引进荷兰、美国的农田灌溉、排水技术。1961年制定了《农业基本法》。日本人均每年拥有淡水5 500立方米,是我国的2倍多,但日本非常重视节水,每年有一周为水周。第二次世界大战后,日本经济快速复兴,然而,由于忽视了对水污染的治理,经常出现因水污染而造成的事端。1958年江户川沿岸造纸厂排出的各种有机物污水,使江户川遭受严重污染,鱼贝类大量死亡。渔民因捕不到鱼而闯入造成水质污染的工厂,引起流血事件。

1958年日本制定了《水质保护法》和《下水道法》,1967年颁布了《公害对策基本法》,但水质的污染仍未得到有效控制。20世纪70年代日本经济高速发展,水污染达到相当严重的程度,鱼贝类出现畸形和死亡,甚至造成居民中毒死亡。1971年日本成立了环境厅,负责环境保护工作。对公害的处罚日本规定为:对损害人体健康的公害事件的肇事者处7年以下徒刑或500万日元以下的罚款。

为了防治洪水,日本制定了一套对付洪水的基本对策,即"综合治水,总体防灾",包括防灾、抗灾、防洪、洪泛区管理等。

四、英国的水法

1963年,英国颁布了《水资源法》。1973年改为《水法》,共10章137节692条。英国《水法》侧重于流域水资源管理和用水管理方面,对防洪和综合利用规定的较少。另外,大量的条款是规定机构权限、授权、程序、经济关系等。英国《水法》的调整范围是:任何供水水源的水,包括内陆水和各层地下水,不泄入其他内陆水体的湖泊、池塘或水库的除外。英国公共土地上的河流、小溪,天然航道中的水流以及沿一定已知流向的地下水,任何人没有所有权;私人土地上的地表水和地下水,属地产者所有。这一点对水资源的统一管理带来了很大的不便。英国水资源的主管机关是由住房和地方部长大臣组成的水资源委员会,全国设10个流域水务局。

五、以色列与俄罗斯的节水

以色列的淡水资源很贫乏,人均淡水为370立方米,仅为我国人均的1/6;亩均252立方米,仅为我国的1/5。但由于采用了节水的喷灌、滴灌技术,使灌溉面积由1948年的45万亩发展到375万亩,其中喷灌占2/3,滴灌占1/3,自流漫灌已经绝迹。

俄罗斯在节水方面也采取了一些措施:实行渠系管道化和衬砌技术,将渠水利用系数提高到0.85,减少了渗漏损失,并采用喷灌和滴灌技术,利用污水处理后灌溉。城市生活用水,安装水表计量可节水30%~40%,有些地区饮用水和非饮用水分开供应和管理。

第二节　开发利用水资源与环境保护

一、任意开采水资源造成的环境危害

截至2002年,我国水资源平均开发利用率为20%,但北方主要河流已超过50%,其中海河流域和黑河流域已超过90%。由于过度开发,大量挤占生态环境用水,导致河流断流、湖泊萎缩、湿地消失、天然植被遭破坏等一系列生态环境问题。地下水过量开采,造成地下水位持续下降、地面沉降、海水入侵、水源枯竭、水质恶化等环境问题。

二、有关开发水资源应保护环境的法律规定

(一)充分考虑生态环境用水

《水法》第二十一条规定:"在干旱和半干旱地区开发、利用水资源,应当充分考虑生态环境用水需要。"第二十二条规定:"跨流域调水,应当进行全面规划和科学论证,统筹兼顾调出和调入流域的用水需要,防止对生态环境造成破坏。"为保障生态环境用水的需求,要根据水资源开发利用模式和经济结构特点,分析流域水环境系统的承载能力,综合考虑水量和水质,对流域水资源承载力进行综合分析,提出各流域可用于生态环境的水量,在水资源合理配置基础上,统筹安排生活、生产、生态用水,制订保持生态用水需要的实施方案,研究制定生态环境保护法律法规。

(二)调节好环境用水量

《水法》第四条规定,开发、利用、节约、保护水资源要"协调好生活、生产经营和生态环境用水"。生态环境用水量是指生态环境修复与建设或维护现状生态环境质量不致下降所需要的最小需水量。根据维护生态环境功能和生态环境建设的要求,可将生态环境用水分为河道内用水和河道外用水两类。河道内生态环境用水是指为维持河道基本功能和河口生态环境用水;河道外生态环境用水一般为湖泊湿地生态用水、城市景观用水、地下水回补和水土保持用水等方面。

(三)污水排放必须遵守的环境保护规定

《水污染防治法》第十七条规定:"新建、扩建、改建直接或间接向水体排放污染物的建设项目和其他水上设施,必须遵守国家有关建设项目环境保护管理制度。

建设项目的环境影响报告书,必须对建设项目可能产生的水污染和对生态环境的影响作出评价,规定防治的措施,按照规定的程序报经有关环境保护部门审查批准。在运河、渠道、水库等水利工程内设置排污口,应当经过有关水利工程管理部门同意。"

三、水环境保护的战略重点

由于气候条件变化,经济社会发展,人类活动加剧,不合理的水土资源开发使我国生态环境恶化十分突出,已严重影响了经济社会的可持续发展。水环境保护的战略重点位置为:

(1)流经城市的河流及其地下水。

(2)城市供水水源地。
(3)缺水地区。
(4)省际边界水事纠纷的地区。
(5)重要的风景名胜旅游地。

第三节 开发利用水能资源

一、我国水能资源开发利用概况

我国河流的水能蕴藏量为6.8亿千瓦,年电能为5.9万亿千瓦时,可开发水能资源总装机容量3.8亿千瓦,年电能1.9万亿千瓦时。无论是水能蕴藏量,还是可开发的水能资源,我国在世界各国中都占第一位。

20世纪60年代初期始建的丹江口水电站,仅自1968年第一台机组发电至1993年5月8日已累计发电900亿千瓦时,总产值71.1亿元,相当于工程建设投资的7倍。可见水电效益十分明显。

水电是可再生的能源,一经开发利用,每年就可节省大量煤炭或石油能源,以火力发电的标准煤耗每千瓦时350克计算,我国可能开发的水能源相当于每年可以提供6.7亿吨标准煤,接近或超过目前全国能源的总消费量。但我国的水能资源开发率还很低,至2002年也只有20%;而一些发达国家的水能资源开发利用程度已接近40%,有的则高达80%~90%。所以,我国开发水能资源的潜力还很大。

二、有计划地进行多目标的梯级开发

《水法》第二十六条规定:"在水能丰富的河流,应当有计划地进行多目标梯级开发。"

水能资源的梯级开发,是沿河流选定若干适宜的坝址,把河流分成若干段,分级集中落差,通过梯级建库,提高蓄水储能的调节能力,逐段地利用河流的水能资源,使各级电站都能立足于常年高出力的发电运行。对水能丰富的河流,应依照法律规定做好河流上、中、下游各个河段的勘察工作,分步实施梯级开发,充分挖掘河流的水能资源。

长江水力资源丰富,有26 800万千瓦,干流已规划14~15个梯级巨型电站。

三峡工程总库容393亿立方米,总装机1 768万千瓦,年发电量可达840亿千瓦时。三峡总投资1 800亿元人民币。2009年,即全部建成后的第二年,就已经收回全部投资。

利用三峡电站位置居中、装机容量大、有水库调节的特点,可承担调峰(荷)的任务。目前我国大多数地区缺电,特别是缺少峰荷用电。以三峡为中心组成全国大电网,对改造全国电网结构,提高电能质量,将起重要作用。为此于右岸坝脊下设6台机组的地下厂房,容量420万千瓦,供扩大装机用。

三峡水电站年平均发电量900亿千瓦时,经济效益十分显著。主要向华中、华东地区供电,少部分供给川东(目前也向华南供电),将为经济发达,但能源不足的华中、华东地区提供大量廉价电源。每年可代替火电站燃煤5 000万吨,减少CO_2污染1亿吨、SO_2污染200万吨、CO污染1万吨及大量灰尘。

第四节 开发利用水运资源

一、我国水运资源概况

水运资源,就是提供船舶、排筏进行运输活动的水资源,包括江河、湖泊、水库、人工运河以及可供船舶、排筏行驶、停泊的水域。我国是一个水运资源丰富的国家,流域面积在1 000平方千米以上的河流有5 800多条,全国河流总长42万千米,有1平方千米以上水域面积的湖泊2 600多个,还有大约1.8万千米长的海岸线。这些河流、湖泊大多数冬季不冻,水量丰裕,具有开发水运的良好条件。

与公路、铁路、航空等运输方式相比,水运具有量大、价廉、节省能源三大优点。从水运资源的分布状况看,我国的水运资源主要集中在淮河和秦岭以南地区。这一地区的长江、淮河、珠江三个水系的通航里程占全国的82.3%,内河货运量占全国的96.4%。而淮河和秦岭以北地区,即东北、西北、华北三地区由于干旱季节水源枯竭、河流冬季封冻等原因,水运利用就很困难。

二、开发利用水运资源存在的问题

就目前情况来讲,我国在开发利用水运资源方面还存在许多问题,主要表现在以下几个方面。

(一)灌溉用水影响

在过去几十年的水利建设中,由于过分强调灌溉和发电,给航运事业带来了一定的损失。如湘江的支流涟水,全长259千米,原通航里程为230千米,1966年建成一灌区后,从涟水引走45立方米每秒的水量,使得下游100千米只剩下20立方米每秒的水量,出现了基本断航的局面。此外,有些水电站运行时,没有兼顾航运需要,河道水量不稳定也影响了航运。

(二)碍航闸坝多

全国通航河流上有碍航闸坝13 000多座,有些闸坝建成后,没有修建相应的过船设施,或者过船设施能力不足,通航建筑物标准太低,影响了航运。如资江上的某水电站,没有修建过船设施,致使该处断航20多年,后来补建了一个30吨的升船机,使原来可通过300吨级船的航运能力没能得到充分发挥。

(三)河道阻塞影响航运

几十年来,仍可通航以及尚未开发的水运资源受到不同程度危害的情况时有发生。如在20世纪70年代建设某铁路及公路干线时,把施工中的大量废石渣倾入长江支流的汉江河道,影响了航道的畅通。

三、《水法》有关开发水运资源的具体规定

《水法》第二十七条第一款规定:“国家鼓励开发、利用水运资源。在水生生物洄游通

道、通航或者竹木流放的河流上修建永久性拦河闸坝，建设单位应当同时修建过鱼、过船、过木设施，或者经国务院授权的部门批准采取其他补救措施，并妥善安排施工和蓄水期间的水生生物保护、航运和竹木流放，所需费用由建设单位承担。”

《水法》第二十七条第二款规定：“在不通航的河流或者人工水道上修建闸坝后可以通航的，闸坝建设单位应当同时修建过船设施或者预留过船设施位置。”《水利水电工程管理条例》第十四条规定：“航运及放木河道，工程管理单位应尽可能为航运及放木提供便利条件，航运及放木部门应爱护工程，防止损毁工程设施。”

第五节　开发利用水资源应保护渔业资源

渔业，指鱼、虾、蟹、贝、藻类及其他重要的水中生物的水产养殖业。近几十年我国修建了不少水库闸坝，改变了河流、湖泊的天然状态，水文特性和水环境都产生了一系列变化，对淡水渔业带来重大影响。闸坝的修建对渔业的发展带来了严重的不利影响。

《水法》第二十七条对开发利用水资源应保护渔业资源已作了规定，见本章第四节。

一、修建水库闸坝对渔业生产的不利影响

水利水电工程特别是大型水利枢纽和水电站，对渔业生产的不利影响主要是隔断了鱼类的洄游通道。洄游是指某些水生动物由于环境影响、生理习性的要求形成定期定向的规律性移动。按洄游的目的不同，可分为三类：

（1）产卵洄游。指水生动物按一定路线游向适宜水域进行产卵的移动。例如闻名于世的中华鲟，其产卵和孵化是在长江上游和金沙江一带，幼鱼孵成后顺江而下，进入大海。它在近海生长发育，至 4～5 岁时开始性发育，之后进入长江口，沿江溯流而上至四川境内产卵。产卵完毕，又顺流而下进入大海。

（2）索饵洄游。指水生动物向饵料丰富的水域进行的索饵移动。

（3）越冬洄游。指水生动物向适温水域进行的越冬移动。

事实证明，阻断洄游通道会给渔业资源造成严重的危害。例如，葛洲坝水利枢纽工程建成后，截断了中华鲟的洄游通道，影响其繁殖发育，使其数量锐减。海河口建闸后，白洋淀著名的胜芳螃蟹濒临绝迹。还有新安江水库建成后，富春江具有春季到珠江、长江、钱塘江等河流中产卵习性的鱼类资源衰竭，等等。这些都提醒人们在开发利用水资源的同时必须重视对渔业资源的保护与管理，对于不利渔业生产的工程应当采取适当措施进行补救。

二、水工程影响渔业生产的补救措施

（一）建立鱼道

建立鱼道，就是在水工程上建设或另辟鱼类洄游的通道。据资料介绍，日本有鱼道 35 座，西欧各国有 100 多座，美国、加拿大有 200 多座。我国江苏省有鱼道 29 座。但由于

鱼类习性复杂,鱼道的水力学条件难以适应多种鱼类的需要,大多数鱼道并未取得预期效果。如江苏的29座鱼道中过鱼效果好的仅有3座。因此,采用鱼道应当慎重,应当进行大量充分的科学论证,包括对鱼类的试验研究和对水工学、水力学的试验研究

(二)开闸纳苗

开闸纳苗主要是通过合理的调度运用,把开闸期安排在鱼类洄游期。开闸纳苗是经济易行的办法,在长江沿岸春季3~4月份开闸纳苗,效果最好。在沿海一些挡潮闸春季开闸纳苗,也能收到好的效果。

(三)人工放流

人工放流是指用人工的办法增投饵料和投放鱼苗,这是增殖湖泊水产资源最有效的措施,也是发展集约型精养、达到稳产高产的途径。例如葛洲坝建成后至1991年人工繁殖中华鲟鱼苗185万尾,基本恢复到建坝前的数量。再如江苏三河闸建成后,洪泽湖的胜芳螃蟹几乎绝迹,从1969年起开始投放蟹苗,投放1千克蟹苗,一般可产蟹400千克,产量大幅度增加。

三、渔业资源的增殖和保护

《渔业法》对保护渔业资源作了专门规定。

《渔业法》第三十条规定:“禁止使用炸鱼、毒鱼、电鱼等破坏渔业资源的方法进行捕捞。禁止制造、销售、使用禁用的渔具。禁止在禁渔区、禁渔期进行捕捞。禁止使用小于最小网目尺寸的网具进行捕捞。捕捞的渔获物中幼鱼不得超过规定的比例。在禁渔区或者禁渔期内禁止销售非法捕捞的渔获物。重点保护的渔业资源品种及其可捕捞标准,禁渔区和禁渔期,禁止使用或者限制使用的渔具和捕捞方法,最小网目尺寸以及其他保护渔业资源的措施,由国务院渔业行政主管部门或者省、自治区、直辖市人民政府渔业行政主管部门规定。”

《渔业法》第三十二条规定:“在鱼、虾、蟹洄游通道建闸、筑坝,对渔业资源有严重影响的,建设单位应当建造过鱼设施或者采取其他补救措施。”

《渔业法》第三十三条规定:“用于渔业并兼有调蓄、灌溉等功能的水体,有关主管部门应当确定渔业生产所需的最低水位线。”

《渔业法》第三十四条规定:“禁止围湖造田。沿海滩涂未经县级以上人民政府批准,不得围垦;重要的苗种基地和养殖场所不得围垦。”

《渔业法》第三十五条规定:“进行水下爆破、勘探、施工作业,对渔业资源有严重影响的,作业单位应当事先同有关县级以上人民政府渔业行政主管部门协商,采取措施,防止或者减少对渔业资源的损害;造成渔业资源损失的,由有关县级以上人民政府责令赔偿。”

《渔业法》第三十六条规定:“各级人民政府应当采取措施,保护和改善渔业水域的生态环境,防治污染。渔业水域生态环境的监督管理和渔业污染事故的调查处理,依照《中华人民共和国海洋环境保护法》和《中华人民共和国水污染防治法》的有关规定执行。”

第六节 合理开发各种水源

《水法》第二十四条规定:“在水资源短缺的地区,国家鼓励对雨水和微咸水的收集、开发、利用和对海水的利用、淡化。”此外,还规定“按照地表水与地下水统一调度开发、开源与节流相结合、节流优先和污水处理再利用的原则,合理组织开发、综合利用水资源”;“加强城市污水集中处理,鼓励使用再生水,提高污水再生利用率”。

一、污水处理回用

污水处理回用,可以用作城市绿化用水、工业冷却水、环境用水、建筑业用水和农田灌溉用水等。2000 年全国污废水排放量为 620 亿吨,预计 2030 年我国废污水排放量可能达到 1 100 亿吨。对日益增多的污废水进行处理,不仅是生态环境保护的基本要求,而且使经处理后的污废水成为可用于农业灌溉和城市绿化用水的再生资源。

二、海水淡化利用

直接利用海水做工业冷却、生活冲洗、城市绿化和环境用水,以替代淡水资源,已成为我国不少沿海城市解决淡水资源紧缺的一条重要途径。

2000 年我国直接利用海水 141 亿立方米,比 1995 年增加 1.2 倍。利用海水的企业包括发电、化工、石油化工、水产养殖、冶金、造船和纺织等行业,主要用作工业冷却、清洗及生活杂用等。由于海水淡化投资的成本高,每吨成本为 5 ~ 8 元,近期还难以普及应用。

三、雨水集蓄利用

在陕西、山西、甘肃、宁夏等黄土高原地区,河南、河北、内蒙古等干旱、半干旱缺水地区,以及东北的缺水旱地农业区,四川、广西、贵州等西南土石地区,通过修建水窖、水柜、旱井、蓄水池等小型、微型水源工程,发展和建设集雨节灌的雨水集蓄利用工程,结合水土保持建设基本农田,提高农业生产水平,改善农民生活条件。

四、微咸水利用

根据国内外试验资料,作物可以吸取水分和养分的土壤溶液浓度的极限值为15 ~ 20 克每升。在田间持水率为 60% 时,灌溉水的浓度一般不宜超过 5 ~ 6 克每升。河北省水科所在南皮乌马营试区利用半咸水和微咸水进行了小麦、玉米两茬作物的轮灌与混灌试验,10 年平均每公顷产量分别达到了 6 960 千克和 8 355 千克。据估算,华北平原半咸水和微咸水拥有量分别为 36.3 亿立方米和 20 亿立方米,另外,黄河流域的微咸水资源量约 50 亿立方米,西北内陆区也有比较丰富的微咸水储量。我国微咸水利用具有较大的开发潜力。

五、跨流域调水

跨流域调水应当进行全面规划和科学论证,统筹兼顾调出和调入流域的用水需要,防止对生态环境造成破坏。这是对跨流域调水问题的原则规定。水资源的开发利用,一般都是以流域为自然单元,统一规划,统筹安排。随着经济的发展,一些重要城市和经济较发达地区,依靠当地和本流域水资源已经不能满足需要,因此长距离跨流域调水,已经成为当前和今后水利建设的重要任务。已经建成的引滦济津、引黄济青、引黄济津、引青济秦等工程,以及引黄入晋、引大入秦、引淞入辽等都是具有战略意义的巨型工程。这些工程涉及的问题更为复杂,涉及的面更为广阔,因此必须坚持全面规划、科学论证、统筹兼顾、保护生态环境的原则。

南水北调工程是我国的战略性工程,是指把长江流域水资源自其上游、中游、下游,结合中国疆土地域特点,分东、中、西三线抽调部分送至华北与淮海平原和西北地区水资源短缺地区。

工程方案构想始于1954年国家主席毛泽东视察黄河时。在历经分析比较50多种方案后,调水方案获得一大批富有价值的成果。工程规划区涉及人口4.38亿人,调水规模448亿立方米。工程规划的东、中、西线干线总长度达4 350千米。东、中线一期工程干线总长为2 899千米,沿线六省市一级配套支渠约2 700千米。

南水北调工程主要解决我国北方地区,尤其是黄淮海流域的水资源短缺问题。推荐东线、中线和西线三条调水线路。通过三条调水线路与长江、黄河、淮河和海河四大江河的联系,构成以"四横三纵"为主体的总体布局,以利于实现中国水资源南北调配、东西互济的合理配置格局。

长1 432千米、历时11年建设的南水北调中线一期工程已于2012年12月12日正式通水,北京、天津、河北、河南4个省市沿线约6 000万人直接喝上水质优良的汉江水,间接惠及人口近1亿人。水源地丹江口水库,水质常年保持在国家Ⅱ类以上,"双封闭"渠道设计确保沿途水质安全。通水后,每年可向北方输送95亿立方米的水量,相当于1/6条黄河,基本缓解北方严重缺水局面。

2016年1月8日10时南水北调东线台儿庄泵站开机运行,标志着东线一期工程2015—2016年度供水开始。

第六章　水资源保护

水资源保护包括水质保护和水量保护，水质和水量的保护又包括地表水保护和地下水保护。1984 年 5 月 11 日第六届全国人民代表大会常务委员会第五次会议通过了《水污染防治法》，1996 年 5 月 15 日第八届全国人民代表大会常务委员会第十九次会议进行了修正。2008 年 2 月 28 日第十届全国人民代表大会常务委员会第三十二次会议再次修订。2000 年 3 月 20 日国务院令第 284 号发布了《水污染防治法实施细则》。这些水利法规的颁发和修改为水资源保护提供了更加完善的依据和可靠保障。

第一节　概　述

一、水污染的基本概念

(1)水的保护。根据我国的法律规定，一切与水事活动有关的单位和个人都必须防止水质污染，防止水源枯竭，防止水流阻塞和水土流失，保护水和水域的良好生态环境，保证水工程的安全和正常运用，以保障兴利除害，实现水、水域和水工程的社会效益、经济效益和环境效益。水质保护主要是防治水污染。

(2)水体，是指存在于江河、湖泊、水塘及地下等水域中的水。水体的保护包括地表水和地下水的保护、水质和水量的保护。

(3)水域，即江河、湖泊、水库、池塘、渠道等，既包括水体，也包括水体存在必需的环境条件，如河床、堤防等。

(4)水污染，《水污染防治法》第九十一条规定："本法中下列用语的含义：

(一)水污染，是指水体因某种物质的介入，而导致其化学、物理、生物或者放射性等方面特性的改变，从而影响水的有效利用，危害人体健康或者破坏生态环境，造成水质恶化的现象。

(二)水污染物，是指直接或者间接向水体排放的，能导致水体污染的物质。

(三)有毒污染物，是指那些直接或者间接被生物摄入体内后，可能导致该生物或者其后代发病、行为反常、遗传异变、生理机能失常、机体变形或者死亡的污染物。

(四)渔业水体，是指划定的鱼虾类的产卵场、索饵场、越冬场、洄游通道和鱼虾贝藻类的养殖场的水体。"

决定水污染程度的因素有污水排入总量、污水中污染物的种类和浓度及纳污水体总量。

二、水污染的分类

水污染可分为物理性污染、化学性污染、生物性污染和放射性污染。

(1)物理性污染,是指一些工厂、热电站、核电站等排放出的热水和放射性物质对水体的污染。

(2)化学性污染,主要是指工厂排出的含化学毒物废水的污染,比如电镀、冶炼、化工、农药、纺织等工厂排出的含酚、苯、油类等物质废水的污染。

(3)生物性污染,主要是指含病原体等物质的废水的污染。医院及制革厂、制药厂、屠宰场等都有可能成为这一类污染源。

(4)放射性污染,因放射性物质的介入导致的水体污染。

水体遭到污染后会给人类的生产生活带来很大的危害。有些工业产品的质量会下降,用不合格的污水灌溉农田会使农作物减产或绝收,污染的水会影响水生植物和鱼类的生长,等等。最为严重的是,水污染会直接或间接地危害人体的健康,引起多种疾病。

三、水体污染物及其主要来源

水污染以有机污染为主。污染物进入江河、湖泊、海洋等水体后,便发生一系列化学、物理和生物等方面的变化。若污染物的排放量超过了水体的自然净化能力,使水体失去了某种功能或实用价值,则说明水体受到了污染。在许多河流中,河水浑浊,有的发黑变绿,有的泛出泡沫并发出种种臭味,便是常见的污染现象。水污染的来源很多,主要有工业废水、生活污水,还有从使用农药、化肥的农田排出的灌溉水和城市排出的雨水,等等。常见的各类污染物及来源介绍如下。

(一)病原微生物污染

生活污水、医院排放的污水和污物及制革、洗毛、屠宰场的废污水是水体中病原微生物的主要来源。常见的病原微生物有病菌、病毒、寄生虫三大类。

(二)需氧有机物污染

需氧有机物包括碳水化合物、蛋白质、油脂、氨基酸、脂肪酸、醋类等有机物质。这些物质本身没有毒性,在生物化学作用下易于分解,分解时消耗水中的溶解氧,故称需氧有机物。排入水体的需氧有机物主要来自工业废水,特别是制浆造纸、食品、纤维和化学四个行业排出的污水所占的比重最大。

(三)植物营养物质污染(富营养化污染)

水体接纳了大量的能刺激植物生长的氮、磷等营养物质,会引起藻类及其他浮游生物迅速繁殖。其主要来源有生活污水(有机质、洗涤剂)、农业排水(化肥、农家肥)、工业废水、垃圾,等等。

(四)油污染

水体油污染主要是由炼油和石油化学工业排放的含油废水、运油车船和意外事件的溢油及清洗废水、海上采油等引起的。

(五)热污染

发电厂和工矿企业向水体排放高温废水,使水体温度增高,溶解氧减少,导致鱼类死亡,影响鱼类的生存和繁殖。

（六）有毒物质污染

有毒物质主要是重金属和难分解的有机物，还有少量的易分解的有机毒物。主要有以下几种：

（1）汞。水体中的汞污染，主要是由化工厂、塑料厂、氯碱厂、汞仪表厂、造纸厂、汞冶炼厂、灯泡厂、干电池厂及矿物开采等单位排放的含汞废水和使用含汞农药的田间排水造成的。

（2）镉。水体中镉污染的主要来源是工业"三废"，如铅矿、有色金属冶炼厂、电镀、塑料、试剂、印染、照相器材、陶瓷、印刷、电视工业的荧光粉，以及含镉农药等。

（3）铬。水体中铬的主要来源是钢铁冶炼、耐火材料、电镀、制革、颜料和化工等工矿企业排出的"三废"。

（4）砷。农田施用的含砷农药，以及工业生产的含砷废水、废渣进入水体后引起水体污染。

（5）铅。铅矿开采、冶炼及与铅制品有关的生产，向天然水体排放含铅的污废水，造成铅污染。

（6）酚。酚类化合物是我国地表水最常见的污染物之一。水体中酚的主要来源有焦化厂、炼油厂、合成纤维制造厂、染料厂、煤气站、制药厂和防腐剂制造工业等的废水。

（7）氰化物。主要来源于工业含氰废水，如化工、冶金、电镀、洗涤和选矿等。

（8）有机氯农药。主要来自于广大农业区、林业区的农田排水和地表径流。

（9）多氯联苯（PCB）。水体中的 PCB 主要来源于生产和加工 PCB 工厂排出的废水、废弃物。

（10）氟。工业"三废"，如氟化氢、氟化酸、氟化镉等水溶性物质，是水体氟污染的重要来源。

（七）无机物污染

无机物污染包括酸、碱、无机盐类和无机悬浮物的污染。冶金、金属加工的酸洗工序和人造纤维、酸法造纸、制酸等工业排出的含酸废水是水体酸污染的来源之一。碱法造纸、化纤、制碱、制革、炼油等工业废水是水体碱污染的重要来源。

第二节　水污染防治

一、人民政府是水污染防治的主管机关

水污染的主管机关依据《水污染防治法》第四条规定为："县级以上人民政府应当将水环境保护工作纳入国民经济和社会发展规划。

县级以上地方人民政府应当采取防治水污染的对策和措施，对本行政区域的水环境质量负责。"

这一条明确规定了水污染防治的主管机关是"县级以上地方人民政府"。

二、防治水污染的基本原则

(一)以防为主,防治结合,综合治理的原则

"防"是核心,防患于未然,治患于根源;"治"是必要的补充,在"防"的基础上对已产生的水污染必须制订计划,加速治理;"综合治理"是有效手段,在一定的范围内,统一采取经济、行政、法律、技术、教育等各种有效手段,控制水污染的形成和发展,恢复并保持水体较高的利用程度。

(二)经济建设与水污染防治协调发展的原则

经济建设与水污染防治具有相互制约的一面,又有相互促进的一面。经济建设,尤其是发展中国家的经济建设,其防治水污染的能力较低,一般都会产生水污染问题,而经济发展需要有良好的环境作为物质基础,水污染防治能力的提高又需要有一定的经济条件。建设项目投入生产或者使用的时候,其水污染防治措施必须经过环境保护部门的检验,达不到规定要求的,该建设项目不准投入生产或使用。《水污染防治法》第九条、第十条、第十一条的规定也体现了这一原则。

(三)排污收费原则

排污收费,是指水污染防治主管机关,根据《环境保护法》《水污染防治法》《排污费征收使用管理条例》及有关水利法规,对排污单位按照排放污染物的数量和浓度征收排污费。《水污染防治法》第二十四条规定:"直接向水体排放污染物的企业事业单位和个体工商户,应当按照排放水污染物的种类、数量和排污费征收标准缴纳排污费。"第四十四条规定:"收取的污水处理费用应当用于城镇污水集中处理设施的建设和运行,不得挪作他用。"

三、水质标准

水质标准,是指依照法律规定而设立的,反映污染的形成、水体状况和用水要求的标准,水质标准是一切水污染防治活动的依据。水质标准是衡量水质是否适合某一用途的尺度,是环境管理、水资源管理和工业设计的重要依据,它是按照法律规定,通过一定的程序,由国家、地方政府或行业主管部门颁布施行和监督执行的。根据《水污染防治法》的规定,国家水环境质量标准是国家污染物排放标准制定的依据之一。

水质标准一般分为综合性标准和专业性标准两种。综合性的标准适用面比较广泛,但规定比较粗,只规定了一些常见的污染物质;专业性的标准适用面比较狭窄,但规定比较细,常常对某些特定的污染物质作出规定。

四、防治水污染的监督管理制度

(一)划定重要用水保护区制度

《水污染防治法》第六十四条规定:"县级以上人民政府可以对风景名胜区水体、重要渔业水体和其他具有特殊经济文化价值的水体划定保护区,并采取措施,保证保护区的水质符合规定用途的水环境质量标准。"这一制度根据防治水污染的经济性和合理性,将重要水体和一般用水水体区别对待,重点设防。对那些可能或已经导致保护区的水质标准

不符合规定用途的排污单位,采取禁止设排污口、限期治理,直至关、停、并、转、迁等措施。

(二)环境影响评价制度

环境影响评价制度,是指一项开发建设项目在动工兴建之前,对其选址、设计、建设施工过程中和建成投产后,可能对环境造成的影响进行预测和估价。具体是依法编制和审批环境影响报告书。为此,《水污染防治法》第十七条第一款和第二款规定:

“新建、改建、扩建直接或者间接向水体排放污染物的建设项目和其他水上设施,应当依法进行环境影响评价。

建设单位在江河、湖泊新建、改建、扩建排污口的,应当取得水行政主管部门或者流域管理机构同意;涉及通航、渔业水域的,环境保护主管部门在审批环境影响评价文件时,应当征求交通、渔业主管部门的意见。”

(三)“三同时”制度

“三同时”制度,是指一切可能造成水污染的工程建设,其防治水污染的设施,必须与主体工程同时设计、同时施工、同时投入使用。《水污染防治法》第十七条第三款规定:“建设项目的水污染防治设施,应当与主体工程同时设计、同时施工、同时投入使用。水污染防治设施应当经过环境保护主管部门验收,验收不合格的,该建设项目不得投入生产或者使用。”

(四)排污许可制度

《水污染防治法》第二十条规定:“国家实行排污许可制度。

直接或者间接向水体排放工业废水和医疗污水以及其他按照规定应当取得排污许可证方可排放的废水、污水的企业事业单位,应当取得排污许可证;城镇污水集中处理设施的运营单位,也应当取得排污许可证。排污许可的具体办法和实施步骤由国务院规定。

禁止企业事业单位无排污许可证或者违反排污许可证的规定向水体排放前款规定的废水、污水。”

排放的污染物种类、数量和浓度有重大变化,应及时再行申请,以便尽快采取防治措施。如拆除或者闲置污染物的处理设施,应提前申报,并征得所有地环境保护部门的同意。

(五)限期治理制度

限期治理主要适用于污染严重又不积极治理的单位,对此应由有关政府按照法定程序作出有期限要求的强制治理的决定。

(六)强制应急措施制度

强调应急措施,主要适用于生活用水水源受到严重污染,威胁供水安全等紧急情况。遇到紧急情况应责令有关企事业单位减少或停止排放污染物。

(七)现场检查制度

现场检查制度,是指各级政府的环保部门和有关监督管理部门,有权对管理范围内的排污单位进行现场检查,被检查的单位必须如实反映情况,提供必要的资料。对拒绝环保部门或有关监督部门现场检查,或弄虚作假的排污单位,环保部门或交通部门的航政机关可根据不同情节,给予警告或处以罚款。

五、城镇水污染防治

近些年,我国一直都在加快推进城镇化建设。城镇的水环境质量直接关系到公众的身体健康和我国经济社会可持续发展,所以新修订的《水污染防治法》,将城镇水污染防治专列一节,共三条,强调了我国城镇化建设过程中对水污染的防治。《水污染防治法》第四十四条规定:"城镇污水应当集中处理。

县级以上地方人民政府应当通过财政预算和其他渠道筹集资金,统筹安排建设城镇污水集中处理设施及配套管网,提高本行政区域城镇污水的收集率和处理率。

国务院建设主管部门应当会同国务院经济综合宏观调控、环境保护主管部门,根据城乡规划和水污染防治规划,组织编制全国城镇污水处理设施建设规划。县级以上地方人民政府组织建设、经济综合宏观调控、环境保护、水行政等部门编制本行政区域的城镇污水处理设施建设规划。县级以上地方人民政府建设主管部门应当按照城镇污水处理设施建设规划,组织建设城镇污水集中处理设施及配套管网,并加强对城镇污水集中处理设施运营的监督管理。

城镇污水集中处理设施的运营单位按照国家规定向排污者提供污水处理的有偿服务,收取污水处理费用,保证污水集中处理设施的正常运行。向城镇污水集中处理设施排放污水、缴纳污水处理费用的,不再缴纳排污费。收取的污水处理费用应当用于城镇污水集中处理设施的建设和运行,不得挪作他用。

城镇污水集中处理设施的污水处理收费、管理以及使用的具体办法,由国务院规定。"

第四十五条规定:"向城镇污水集中处理设施排放水污染物,应当符合国家或者地方规定的水污染物排放标准。

城镇污水集中处理设施的出水水质达到国家或者地方规定的水污染物排放标准的,可以按照国家有关规定免缴排污费。

城镇污水集中处理设施的运营单位,应当对城镇污水集中处理设施的出水水质负责。

环境保护主管部门应当对城镇污水集中处理设施的出水水质和水量进行监督检查。"

第四十六条规定:"建设生活垃圾填埋场,应当采取防渗漏等措施,防止造成水污染。"

六、农业和农村水污染防治

《水污染防治法》从第四十七条到第五十一条分别规定了农药、化肥、养殖、灌溉等方面的水污染防治问题。

第四十七条规定:"使用农药,应当符合国家有关农药安全使用的规定和标准。

运输、存贮农药和处置过期失效农药,应当加强管理,防止造成水污染。"

第四十八条规定:"县级以上地方人民政府农业主管部门和其他有关部门,应当采取措施,指导农业生产者科学、合理地施用化肥和农药,控制化肥和农药的过量使用,防止造成水污染。"

第四十九条规定："国家支持畜禽养殖场、养殖小区建设畜禽粪便、废水的综合利用或者无害化处理设施。

畜禽养殖场、养殖小区应当保证其畜禽粪便、废水的综合利用或者无害化处理设施正常运转，保证污水达标排放，防止污染水环境。"

第五十条规定："从事水产养殖应当保护水域生态环境，科学确定养殖密度，合理投饵和使用药物，防止污染水环境。"

第五十一条规定："向农田灌溉渠道排放工业废水和城镇污水，应当保证其下游最近的灌溉取水点的水质符合农田灌溉水质标准。

利用工业废水和城镇污水进行灌溉，应当防止污染土壤、地下水和农产品。"

为了落实这一法律规定，国务院在《水污染防治行动计划》中强调要推进农业农村污染防治，防治畜禽养殖污染。科学划定畜禽养殖禁养区，依法关闭或搬迁禁养区内的畜禽养殖场（小区）和养殖专业户。要求现有规模化畜禽养殖场（小区）要根据污染防治需要，配套建设粪便污水贮存、处理、利用设施。散养密集区要实行畜禽粪便污水分户收集、集中处理利用。

农业农村水污染问题突出，一个重要原因是化肥、农药施用过度，以致农业面源污染严重。每年因不合理施肥造成的肥料投入损失达 1 300 亿元。解决的办法是"两减"，即减少化肥和农药使用量。《水污染防治行动计划》明确提出：推广低毒、低残留农药使用补助试点经验，开展农作物病虫害绿色防控和统防统治。畜禽养殖污染已成为水污染的重要来源。我国畜禽养殖业的化学需氧量、氨氮排放量分别达到 1 148 万吨、65 万吨，占全国排放总量的比例分别为 45%、25%，分别为工业源排放量的 3.23 倍、2.30 倍。全国有 24 个省份的畜禽养殖场和养殖专业户化学需氧量排放量，占到本地农业源排放总量的 90% 以上。

畜禽养殖污染造成水环境质量下降。有关研究表明，年出栏量 10 万头的养猪场，污染半径可达 5 千米。

农村水污染有 40% 以上来自农业灌溉，发展高效节水灌溉可以大幅减少农业污水排放。农业部数据显示，目前我国 1 立方米灌溉水只能生产 1 千克粮食，低于发达国家 1∶1.2 至 1∶1.4 的水平。农业节水办法之一是实行高效灌溉，办法之二是调整种植业结构与布局。

七、防治水污染的具体法律规定

根据《水法》、《水污染防治法》、《水污染防治法实施细则》等法律规范的规定，防治水污染的具体法律规定归纳如下。

（一）禁止性规定，即依照法律绝对禁止的行为

（1）禁止向水体排放油类、酸液、碱液或者剧毒废液。

（2）禁止在水体清洗装贮过油类或者有毒污染物的车辆和容器。

（3）禁止将含有汞、镉、砷、铬、铅、氰化物、黄磷等的可溶性剧毒废渣向水体排放、倾倒或者直接埋入地下。

（4）禁止向水体排放、倾倒工业废渣、城市垃圾和其他废弃物。

(5)禁止在江河、湖泊、运河、渠道、水库最高水位线以下的滩地和岸坡堆放、存贮固体废弃物和其他污染物。

(6)禁止向水体排放或者倾倒放射性固体废弃物或者含有高放射性和中放射性物质的废水。

(7)船舶的残油、废油必须回收,禁止排入水体;禁止向水体倾倒船舶垃圾。

(二)附条件排污的限制性规定

《水污染防治法》以采取必要防治措施,符合相应的水环境标准为条件,分别对向水体排放含放射性物质的废水、含热废水、含病原体的污水和向农田灌溉渠道排放工业废水和城市污水,以及污水灌溉、运输及存贮农药、处置过期失效农药和船舶排放含油污水、生活污水等行为作了限制性的规定。

(1)向水体排放含热废水,应当采取措施,保证水体的水温符合水环境质量标准,防止热污染危害。

(2)排放含病原体的污水,必须经过消毒处理,符合国家有关标准后方准排放。

(3)向农田灌溉渠道排放工业废水和城市污水,应当保证其下游最近的灌溉取水点的水质符合农田灌溉水质标准。

(4)利用工业废水和城市污水进行灌溉,应当防止污染土壤、地下水和农产品。

(5)使用农药,应当符合国家有关农药安全使用的规定和标准。

(6)运输、贮存农药和处置过期失效农药,必须加强管理,防止造成水污染。

(7)县级以上地方人民政府的农业主管部门和其他有关部门,应当采取措施,指导农业生产者科学、合理地施用化肥和农药,控制化肥和农药的过量使用,防止造成水污染。

(8)船舶排放含油污水、生活污水,必须符合船舶污染物排放标准。

(9)从事海洋航运的船舶,进入内河和港口的,应当遵守内河的船舶污染物排放标准。

(10)船舶装载运输油类或者有毒货物,必须采取防止溢流和渗漏的措施,防止货物落水造成水污染。

(三)对严重污染水环境的企业和落后工艺、设备实行淘汰制度

《水污染防治法》第四十条规定:"国务院有关部门和县级以上地方人民政府应当合理规划工业布局,要求造成水污染的企业进行技术改造,采取综合防治措施,提高水的重复利用率,减少废水和污染物排放量。"

第四十一条规定:"国家对严重污染水环境的落后工艺和设备实行淘汰制度。

国务院经济综合宏观调控部门会同国务院有关部门,公布限期禁止采用的严重污染水环境的工艺名录和限期禁止生产、销售、进口、使用的严重污染水环境的设备名录。

生产者、销售者、进口者或者使用者应当在规定的期限内停止生产、销售、进口或者使用列入前款规定的设备名录中的设备。工艺的采用者应当在规定的期限内停止采用列入前款规定的工艺名录中的工艺。

依照本条第二款、第三款规定被淘汰的设备,不得转让给他人使用。"

第四十二条规定:"国家禁止新建不符合国家产业政策的小型造纸、制革、印染、染料、炼焦、炼硫、炼砷、炼汞、炼油、电镀、农药、石棉、水泥、玻璃、钢铁、火电以及其他严重污染水环境的生产项目。”

第四十三条规定:“企业应当采用原材料利用效率高、污染物排放量少的清洁工艺,并加强管理,减少水污染物的产生。”

(四)关于在江河、湖泊新建、改建或者扩大排污口的审批

根据有关水法规的规定,新建、改建、扩建直接或者间接向水体排放污染物的建设项目,必须遵守国家有关建设项目环境保护管理的规定。在运河、渠道、水库等水利工程内设置排污口,应当经过有关水利工程管理部门同意。对在江河、湖泊新建、改建或者扩大排污口的审批未作明确规定。新《水法》对这一问题作了明确规定,即:“在江河、湖泊新建、改建或者扩大排污口,应当经过有管辖权的水行政主管部门或者流域管理机构同意,由环境保护行政主管部门负责对该建设项目的环境影响报告书进行审批。”

《河道管理条例》第三十四条规定:“向河道、湖泊排污的排污口的设置和扩大,排污单位在向环境保护部门申报之前,应当征得河道主管机关的同意。”

(五)关于对水质状况的监测

根据《水污染防治法》的规定,国家确定的重要江河流域的水资源保护工作机构,负责监测其所在流域的省界水体的水环境质量状况,并将监测结果及时报国务院环保部门和国务院水利部门及流域水资源保护领导机构。《水法》对水质状况的监测问题予以进一步明确,即县级以上地方人民政府水行政主管部门和流域管理机构应当对水功能区的水质状况进行监测,发现重点污染物排放总量超过控制指标的,或者水功能区的水质未达到水域使用功能对水质的要求的,应当及时报告有关人民政府采取治理措施,并向环保部门通报。《河道管理条例》第三十五条规定:“河道主管机关应当开展河道水质监测工作,协同环境保护部门对水污染防治实施监督管理。”

(六)防止地表水的污染

有关防止地表水的污染在《水污染防治法》中有专门规定。

(1)在生活饮用水源地、风景名胜区水体、重要渔业水体和其他有特殊经济文化价值的水体的保护区内,不得新建排污口。在保护区附近新建排污口,必须保证保护区水体不受污染。《水污染防治法》公布前已有的排污口,排放污染物超过国家或者地方标准的,应当治理;危害饮用水源的排污口,应当搬迁。

(2)排污单位发生事故或者其他突然性事件,排放污染物超过正常排放量,造成或者可能造成水污染事故的,必须立即采取应急措施,通报可能受到水污染危害和损害的单位,并向当地环境保护部门报告。船舶造成污染事故的,应当向就近的航政机关报告,接受调查处理。造成渔业污染事故的,应接受渔政监督管理机构的调查处理。

(3)禁止向水体排放油类、酸液、碱液或者剧毒废液。

(4)禁止在水体清洗装贮过油类或者有毒污染物的车辆和容器。

(5)禁止将含有汞、镉、砷、铬、铅、氰化物、黄磷等的可溶性剧毒废渣向水体排放、倾倒或者直接埋入地下。存放可溶性剧毒废渣的场所,必须采取防水、防渗漏、防流失的措施。

(6)禁止向水体排放、倾倒工业废渣、城市垃圾和其他废弃物。

(7)禁止在江河、湖泊、运河、渠道、水库最高水位线以下的滩地和岸坡堆放、存贮固

体废弃物和其他污染物。

(8)禁止向水体排放或者倾倒放射性固体废弃物或者含有高放射性和中放射性物质的废水。向水体排放含低放射性物质的废水,必须符合国家有关放射防护的规定和标准。

(9)向水体排放含热废水,应当采取措施,保证水体的水温符合水环境质量标准,防止热污染危害。

(10)排放含病原体的污水,必须经过消毒处理;符合国家有关标准后,方准排放。

(11)向农田灌溉渠道排放工业废水和城市污水,应当保证其下游最近的灌溉取水点的水质符合农田灌溉水质标准。利用工业废水和城市污水进行灌溉,应当防止污染土壤、地下水和农产品。

(12)使用农药,应当符合国家有关农药安全使用的规定和标准。运输、存贮农药和处置过期失效农药,必须加强管理,防止造成水污染。

(13)县级以上地方人民政府的农业管理部门和其他有关部门,应当采取措施,指导农业生产者科学、合理地施用化肥和农药,控制化肥和农药的过量使用,防止造成水污染。

(14)船舶排放含油污水、生活污水,必须符合船舶污染物排放标准。从事海洋航运的船舶,进入内河和港口的,应当遵守内河的船舶污染物排放标准。

船舶的残油、废油必须回收,禁止排入水体。禁止向水体倾倒船舶垃圾。

船舶装载运输油类或者有毒货物,必须采取防止溢流和渗漏的措施,防止货物落水造成水污染。

第三节 地下水保护

我国多年平均降水总量为6.2万亿立方米。其中除有56%的降水通过蒸发回归大气外,形成地表径流的约有近2.7万亿立方米,约有8 000亿立方米渗入地下成为地下水。目前,地下水是我国很重要的供水水源。

地下水保护,是指一切开发利用地下水资源及其他经济建设和生产活动,都必须依照法律规定,遵循地下水运动的客观规律,合理开采和防治污染,以确保地下水水量水质的长期稳定。

一、地下水的补给方式

地下水的补给通常指地下水的自然来源,但从地下水保护的角度看,地下水的补给既包括自然补给,也包括人工补给。通过补给一方面恢复、更新、充实地下水体,另一方面也有可能污染地下水。了解地下水的补给方式,有助于防治地下水污染,保护地下水资源。

地下水的补给方式主要有以下四种。

(一)降水入渗补给

这种补给主要取决于当地降水量、表层岩性和地下水埋深等因素。降水是我国水资源的基本补给来源,它不仅增加了地下水水量,而且也增加了可利用的水资源量,但降水入渗补给有可能将大气污染物和地表污染物带入地下水体。

（二）地表水体入渗补给

地表水体入渗补给，是指以河道、渠系及其他蓄水体和田间回归渗漏等形式由地表水向地下水转化，这种补给作用随着地表水开发利用的方式和程度变化。同时，地表污染物也可通过这种回归渗漏的方式带入地下水体中。

（三）地下径流侧渗补给

地下径流侧渗补给，是指不同地下水体之间的水量交换。这种补给形式一般发生在压力相差较大的相邻水体及山丘与平原地下水体，它能减轻因地下水开采失当而造成破坏的程度。

（四）人工回灌补给

人工回灌补给，即人工给地下水体充水补给。这主要是对浅层地下水而言。深层地下水是良好的储备水体，与地表水和浅层地下水相比，水质标准高，水位稳定，可靠性强。但一旦超采，难以自然恢复，且会造成地面下陷的危害。因此，通常对深层地下水要严格控制开发利用，只有极端缺水时才允许开采，并应千方百计地对深层地下水进行人工回灌。

二、地下水污染的途径

地下水的污染相当严重，污染面已达50%。如海河流域和辽河、淮河流域内许多城市和农村的地下水遭受了不同程度的污染。另外，由于用水量不断增加和地面水污染越来越重，只有靠大量抽取地下水来满足工农业和人民生活的需要，因此造成地下水位下降严重。如河北沧州市深层地下水位降落漏斗面积达2 225平方千米。

地下水水质的保护，就是防止地下水污染。地下水水质的恶化，主要有三种途径。

（一）地表污染物下渗进入地下水体

这一途径包括地表污染水体的下渗、含有污染物的降水下渗及人为直接向地下排污三种情况，是造成地下水水质污染和恶化的最普遍、最主要的方式。为此，《水污染防治法》明确规定禁止利用入渗条件直接排放污染物，禁止利用无良好隔渗地层又无防止渗漏措施的沟渠、坑塘等排放或贮存含有污染的废水和含病原体的污水及有毒废弃物，以防止毒物下渗，污染地下水源。

（二）开采方式不适当而降低水质

地下水的各含水层的水质因各自所处的地质环境和形成过程不同而有差异，有的差异很大，并且各含水层的水体受污染的程度也不同。因此，若不分层次地混合开采，必然造成原来水质较好的含水层的水质下降。所以，地下水的开采首先要搞好地下水资源的调查评价，制订统一的开发利用规划，在开发过程中要加强计划管理，实行科学开采，严格监督制度。

（三）人工回灌

在人工回灌补给地下水时，所用的回灌水为污染水，或回灌的水质标准低于地下水水质标准而恶化地下水水质。

三、地下水超采

我国在地下水保护方面的主要矛盾是超量开采严重，年超采量达67亿立方米，形成了164个地下水超采区，部分地区出现地面沉降、海水入侵等问题。

据调查，河北省地下水水位下降严重，形成的漏斗40余处。沧州地区因超采地下水造成的漏斗面积达3 200平方千米，漏斗中心深达76米，成为全国最大的超采漏斗。山西的太原市因超采，地下水水位平均每年下降3米，漏斗中心深达71米，地面最大下陷量达1.83米。在沿海地区因超采地下水引起海水倒灌，海水的倒灌曾使某沿海城市的人吃了一个月的咸水。近些年来，山东省的300多千米长的海岸线海水入侵面积达863平方千米，使地下水的矿化度增高，含盐量增加，影响饮水和灌溉。地下水的严重超采，已造成区域水位下降、资源衰竭和地面沉降等一系列环境地质问题。近几年来，因乡村工业发展，广大农村也纷纷打井抽取地下水，更加剧了这一趋势。近30年来，我国北方地区特别是黄、淮、海三片，地下水用水比例不断上升，成为这些地区的重要水源。地下水开采量超过补给量。连年过量开采地下水，地下水水位大幅度下降，形成区域地下水降落漏斗，而且不断扩大。京广铁路两侧，大部分地区地下水埋深已从大量开采前的2～3米，下降到10～31米；东部平原不得不从地下200～300米深处抽取难以补给的深层地下水。

四、保护地下水的法律规定

按照法律规定，地下水保护和管理的中心任务是合理开发，合理用水，加强监督管理，加强动态观测预报，对超采的地区严格禁止开采，防止水量衰竭和水质恶化。对地下水的开采，应在调查评价的基础上与地表水统一规划；在开采过程中要密切监测地下水的动态变化以及由于开发利用地下水可能出现的各种环境问题，对兴建地下工程以及其他工程而导致水位下降，造成水源枯竭、地面塌陷并给其他单位和个人造成损害的，都必须依照法律规定采取措施进行补救，并赔偿其经济损失。对已超采的地区，除限制其开采外还应进行人工回灌补给。同时应设立地下水的管理机构，执行管理法规。

（一）地下水水量的保护

《水法》第三十六条规定："在地下水超采地区，县级以上地方人民政府应当采取措施，严格控制开采地下水。在地下水严重超采地区，经省、自治区、直辖市人民政府批准，可以划定地下水禁止开采或者限制开采区。在沿海地区开采地下水，应当经过科学论证，并采取措施，防止地面沉降和海水入侵。"

《取水许可管理办法》第十一条规定："申请人应当向具有审批权限的审批机关提出申请。申请利用多种水源，且各种水源的取水审批机关不同的，应当向其中最高一级审批机关提出申请。申请在地下水限制开采区开采利用地下水的，应当向取水口所在地的省、自治区、直辖市人民政府水行政主管部门提出申请。"

《取水许可管理办法》第十六条规定："申请在地下水限制开采区开采利用地下水的，由取水口所在地的省、自治区、直辖市人民政府水行政主管部门负责审批；其中，由国务院或者国务院投资主管部门审批、核准的大型建设项目取用地下水限制开采区地下水的，由流域管理机构负责审批。"

依照法律规定，许多地区都根据本地的具体情况加强了对地下水的保护与管理。如天津市在地下水管理中制定了三项细则和办法，即《天津市地下水资源暂行管理办法》、《天津市地下水资源费征收管理办法》和《天津市地下水资源费征收管理实施细则》。曲阜市对地下水的开采实行了三证管理,即:凿井许可证用于规范在曲阜市辖区内井队的凿井行为,凿井施工许可证规范需要凿井的单位的行为,取水许可证用以规范取水单位按照批准的水量进行取水。

(二)地下水水质的保护

《水污染防治法》第三十五条规定:"禁止利用渗井、渗坑、裂隙和溶洞排放、倾倒含有毒污染物的废水、含病原体的污水和其他废弃物。"

第三十六条规定:"禁止利用无防渗漏措施的沟渠、坑塘等输送或者存贮含有毒污染物的废水、含病原体的污水和其他废弃物。"

第三十七条规定:"多层地下水的含水层水质差异大的,应当分层开采;对已受污染的潜水和承压水,不得混合开采。"

第三十八条规定:"兴建地下工程设施或者进行地下勘探、采矿等活动,应当采取防护性措施,防止地下水污染。"

第三十九条规定:"人工回灌补给地下水,不得恶化地下水质。"

(三)饮用水水源保护

《水污染防治法》第五十六条规定:"国家建立饮用水水源保护区制度。饮用水水源保护区分为一级保护区和二级保护区;必要时,可以在饮用水水源保护区外围划定一定的区域作为准保护区。

饮用水水源保护区的划定,由有关市、县人民政府提出划定方案,报省、自治区、直辖市人民政府批准;跨市、县饮用水水源保护区的划定,由有关市、县人民政府协商提出划定方案,报省、自治区、直辖市人民政府批准;协商不成的,由省、自治区、直辖市人民政府环境保护主管部门会同同级水行政、国土资源、卫生、建设等部门提出划定方案,征求同级有关部门的意见后,报省、自治区、直辖市人民政府批准。

跨省、自治区、直辖市的饮用水水源保护区,由有关省、自治区、直辖市人民政府商有关流域管理机构划定;协商不成的,由国务院环境保护主管部门会同同级水行政、国土资源、卫生、建设等部门提出划定方案,征求国务院有关部门的意见后,报国务院批准。

国务院和省、自治区、直辖市人民政府可以根据保护饮用水水源的实际需要,调整饮用水水源保护区的范围,确保饮用水安全。有关地方人民政府应当在饮用水水源保护区的边界设立明确的地理界标和明显的警示标志。"

第五十七条规定:"在饮用水水源保护区内,禁止设置排污口。"

第五十八条规定:"禁止在饮用水水源一级保护区内新建、改建、扩建与供水设施和保护水源无关的建设项目;已建成的与供水设施和保护水源无关的建设项目,由县级以上人民政府责令拆除或者关闭。

禁止在饮用水水源一级保护区内从事网箱养殖、旅游、游泳、垂钓或者其他可能污染饮用水水体的活动。"

第五十九条规定:"禁止在饮用水水源二级保护区内新建、改建、扩建排放污染物的建设项目;已建成的排放污染物的建设项目,由县级以上人民政府责令拆除或者关闭。

在饮用水水源二级保护区内从事网箱养殖、旅游等活动的,应当按照规定采取措施,防止污染饮用水水体。"

第六十条规定:“禁止在饮用水水源准保护区内新建、扩建对水体污染严重的建设项目;改建建设项目,不得增加排污量。”

第六十一条规定:“县级以上地方人民政府应当根据保护饮用水水源的实际需要,在准保护区内采取工程措施或者建造湿地、水源涵养林等生态保护措施,防止水污染物直接排入饮用水水体,确保饮用水安全。”

第六十二条规定:“饮用水水源受到污染可能威胁供水安全的,环境保护主管部门应当责令有关企业事业单位采取停止或者减少排放水污染物等措施。”

第六十三条规定:“国务院和省、自治区、直辖市人民政府根据水环境保护的需要,可以规定在饮用水水源保护区内,采取禁止或者限制使用含磷洗涤剂、化肥、农药以及限制种植养殖等措施。”

(四)特殊水体保护

《水污染防治法》第六十四条规定:“县级以上人民政府可以对风景名胜区水体、重要渔业水体和其他具有特殊经济文化价值的水体划定保护区,并采取措施,保证保护区的水质符合规定用途的水环境质量标准。”

第六十五条规定:“在风景名胜区水体、重要渔业水体和其他具有特殊经济文化价值的水体的保护区内,不得新建排污口。在保护区附近新建排污口,应当保证保护区水体不受污染。”

第四节　水污染防治的法律责任

一、《水污染防治法》规定的法律责任

《水污染防治法》从第六十九条至第九十条共 22 条,详细规范了以不同的方式污染水资源应承担的法律责任。现摘录如下:

第六十九条　环境保护主管部门或者其他依照本法规定行使监督管理权的部门,不依法作出行政许可或者办理批准文件的,发现违法行为或者接到对违法行为的举报后不予查处的,或者有其他未依照本法规定履行职责的行为的,对直接负责的主管人员和其他直接责任人员依法给予处分。

第七十条　拒绝环境保护主管部门或者其他依照本法规定行使监督管理权的部门的监督检查,或者在接受监督检查时弄虚作假的,由县级以上人民政府环境保护主管部门或者其他依照本法规定行使监督管理权的部门责令改正,处一万元以上十万元以下的罚款。

第七十一条　违反本法规定,建设项目的水污染防治设施未建成、未经验收或者验收不合格,主体工程即投入生产或者使用的,由县级以上人民政府环境保护主管部门责令停止生产或者使用,直至验收合格,处五万元以上五十万元以下的罚款。

第七十二条　违反本法规定,有下列行为之一的,由县级以上人民政府环境保护主管部门责令限期改正;逾期不改正的,处一万元以上十万元以下的罚款:

(一)拒报或者谎报国务院环境保护主管部门规定的有关水污染物排放申报登记事项的;

（二）未按照规定安装水污染物排放自动监测设备或者未按照规定与环境保护主管部门的监控设备联网，并保证监测设备正常运行的；

（三）未按照规定对所排放的工业废水进行监测并保存原始监测记录的。

第七十三条　违反本法规定，不正常使用水污染物处理设施，或者未经环境保护主管部门批准拆除、闲置水污染物处理设施的，由县级以上人民政府环境保护主管部门责令限期改正，处应缴纳排污费数额一倍以上三倍以下的罚款。

第七十四条　违反本法规定，排放水污染物超过国家或者地方规定的水污染物排放标准，或者超过重点水污染物排放总量控制指标的，由县级以上人民政府环境保护主管部门按照权限责令限期治理，处应缴纳排污费数额二倍以上五倍以下的罚款。

限期治理期间，由环境保护主管部门责令限制生产、限制排放或者停产整治。限期治理的期限最长不超过一年；逾期未完成治理任务的，报经有批准权的人民政府批准，责令关闭。

第七十五条　在饮用水水源保护区内设置排污口的，由县级以上地方人民政府责令限期拆除，处十万元以上五十万元以下的罚款；逾期不拆除的，强制拆除，所需费用由违法者承担，处五十万元以上一百万元以下的罚款，并可以责令停产整顿。

除前款规定外，违反法律、行政法规和国务院环境保护主管部门的规定设置排污口或者私设暗管的，由县级以上地方人民政府环境保护主管部门责令限期拆除，处二万元以上十万元以下的罚款；逾期不拆除的，强制拆除，所需费用由违法者承担，处十万元以上五十万元以下的罚款；私设暗管或者有其他严重情节的，县级以上地方人民政府环境保护主管部门可以提请县级以上地方人民政府责令停产整顿。

未经水行政主管部门或者流域管理机构同意，在江河、湖泊新建、改建、扩建排污口的，由县级以上人民政府水行政主管部门或者流域管理机构依据职权，依照前款规定采取措施、给予处罚。

第七十六条　有下列行为之一的，由县级以上地方人民政府环境保护主管部门责令停止违法行为，限期采取治理措施，消除污染，处以罚款；逾期不采取治理措施的，环境保护主管部门可以指定有治理能力的单位代为治理，所需费用由违法者承担：

（一）向水体排放油类、酸液、碱液的；

（二）向水体排放剧毒废液，或者将含有汞、镉、砷、铬、铅、氰化物、黄磷等的可溶性剧毒废渣向水体排放、倾倒或者直接埋入地下的；

（三）在水体清洗装贮过油类、有毒污染物的车辆或者容器的；

（四）向水体排放、倾倒工业废渣、城镇垃圾或者其他废弃物，或者在江河、湖泊、运河、渠道、水库最高水位线以下的滩地、岸坡堆放、存贮固体废弃物或者其他污染物的；

（五）向水体排放、倾倒放射性固体废物或者含有高放射性、中放射性物质的废水的；

（六）违反国家有关规定或者标准，向水体排放含低放射性物质的废水、热废水或者含病原体的污水的；

（七）利用渗井、渗坑、裂隙或者溶洞排放、倾倒含有毒污染物的废水、含病原体的污水或者其他废弃物的；

（八）利用无防渗漏措施的沟渠、坑塘等输送或者存贮含有毒污染物的废水、含病原体的污水或者其他废弃物的。

有前款第三项、第六项行为之一的，处一万元以上十万元以下的罚款；有前款第一项、第四项、第八项行为之一的，处二万元以上二十万元以下的罚款；有前款第二项、第五项、第七项行为之一的，处五万元以上五十万元以下的罚款。

第七十七条　违反本法规定，生产、销售、进口或者使用列入禁止生产、销售、进口、使用的严重污染水环境的设备名录中的设备，或者采用列入禁止采用的严重污染水环境的工艺名录中的工艺的，由县级以上人民政府经济综合宏观调控部门责令改正，处五万元以上二十万元以下的罚款；情节严重的，由县级以上人民政府经济综合宏观调控部门提出意见，报请本级人民政府责令停业、关闭。

第七十八条　违反本法规定，建设不符合国家产业政策的小型造纸、制革、印染、染料、炼焦、炼硫、炼砷、炼汞、炼油、电镀、农药、石棉、水泥、玻璃、钢铁、火电以及其他严重污染水环境的生产项目的，由所在地的市、县人民政府责令关闭。

第七十九条　船舶未配置相应的防污染设备和器材，或者未持有合法有效的防止水域环境污染的证书与文书的，由海事管理机构、渔业主管部门按照职责分工责令限期改正，处二千元以上二万元以下的罚款；逾期不改正的，责令船舶临时停航。

船舶进行涉及污染物排放的作业，未遵守操作规程或者未在相应的记录簿上如实记载的，由海事管理机构、渔业主管部门按照职责分工责令改正，处二千元以上二万元以下的罚款。

第八十条　违反本法规定，有下列行为之一的，由海事管理机构、渔业主管部门按照职责分工责令停止违法行为，处以罚款；造成水污染的，责令限期采取治理措施，消除污染；逾期不采取治理措施的，海事管理机构、渔业主管部门按照职责分工可以指定有治理能力的单位代为治理，所需费用由船舶承担：

(一)向水体倾倒船舶垃圾或者排放船舶的残油、废油的；

(二)未经作业地海事管理机构批准，船舶进行残油、含油污水、污染危害性货物残留物的接收作业，或者进行装载油类、污染危害性货物船舱的清洗作业，或者进行散装液体污染危害性货物的过驳作业的；

(三)未经作业地海事管理机构批准，进行船舶水上拆解、打捞或者其他水上、水下船舶施工作业的；

(四)未经作业地渔业主管部门批准，在渔港水域进行渔业船舶水上拆解的。

有前款第一项、第二项、第四项行为之一的，处五千元以上五万元以下的罚款；有前款第三项行为的，处一万元以上十万元以下的罚款。

第八十一条　有下列行为之一的，由县级以上地方人民政府环境保护主管部门责令停止违法行为，处十万元以上五十万元以下的罚款；并报经有批准权的人民政府批准，责令拆除或者关闭：

(一)在饮用水水源一级保护区内新建、改建、扩建与供水设施和保护水源无关的建设项目的；

(二)在饮用水水源二级保护区内新建、改建、扩建排放污染物的建设项目的；

(三)在饮用水水源准保护区内新建、扩建对水体污染严重的建设项目，或者改建建设项目增加排污量的。

在饮用水水源一级保护区内从事网箱养殖或者组织进行旅游、垂钓或者其他可能污染饮用水水体的活动的，由县级以上地方人民政府环境保护主管部门责令停止违法行为，处二万元以上十万元以下的罚款。个人在饮用水水源一级保护区内游泳、垂钓或者从事其他可能污染饮用水水体的活动的，由县级以上地方人民政府环境保护主管部门责令停止违法行为，可以处五百元以下的罚款。

第八十二条　企业事业单位有下列行为之一的，由县级以上人民政府环境保护主管部门责令改正；情节严重的，处二万元以上十万元以下的罚款：

（一）不按照规定制定水污染事故的应急方案的；

（二）水污染事故发生后，未及时启动水污染事故的应急方案，采取有关应急措施的。

第八十三条　企业事业单位违反本法规定，造成水污染事故的，由县级以上人民政府环境保护主管部门依照本条第二款的规定处以罚款，责令限期采取治理措施，消除污染；不按要求采取治理措施或者不具备治理能力的，由环境保护主管部门指定有治理能力的单位代为治理，所需费用由违法者承担；对造成重大或者特大水污染事故的，可以报经有批准权的人民政府批准，责令关闭；对直接负责的主管人员和其他直接责任人员可以处上一年度从本单位取得的收入百分之五十以下的罚款。

对造成一般或者较大水污染事故的，按照水污染事故造成的直接损失的百分之二十计算罚款；对造成重大或者特大水污染事故的，按照水污染事故造成的直接损失的百分之三十计算罚款。

造成渔业污染事故或者渔业船舶造成水污染事故的，由渔业主管部门进行处罚；其他船舶造成水污染事故的，由海事管理机构进行处罚。

第八十四条　当事人对行政处罚决定不服的，可以申请行政复议，也可以在收到通知之日起十五日内向人民法院起诉；期满不申请行政复议或者起诉，又不履行行政处罚决定的，由作出行政处罚决定的机关申请人民法院强制执行。

第八十五条　因水污染受到损害的当事人，有权要求排污方排除危害和赔偿损失。

由于不可抗力造成水污染损害的，排污方不承担赔偿责任；法律另有规定的除外。

水污染损害是由受害人故意造成的，排污方不承担赔偿责任。水污染损害是由受害人重大过失造成的，可以减轻排污方的赔偿责任。

水污染损害是由第三人造成的，排污方承担赔偿责任后，有权向第三人追偿。

第八十六条　因水污染引起的损害赔偿责任和赔偿金额的纠纷，可以根据当事人的请求，由环境保护主管部门或者海事管理机构、渔业主管部门按照职责分工调解处理；调解不成的，当事人可以向人民法院提起诉讼。当事人也可以直接向人民法院提起诉讼。

第八十七条　因水污染引起的损害赔偿诉讼，由排污方就法律规定的免责事由及其行为与损害结果之间不存在因果关系承担举证责任。

第八十八条　因水污染受到损害的当事人人数众多的，可以依法由当事人推选代表人进行共同诉讼。

环境保护主管部门和有关社会团体可以依法支持因水污染受到损害的当事人向人民法院提起诉讼。

国家鼓励法律服务机构和律师为水污染损害诉讼中的受害人提供法律援助。

第八十九条 因水污染引起的损害赔偿责任和赔偿金额的纠纷,当事人可以委托环境监测机构提供监测数据。环境监测机构应当接受委托,如实提供有关监测数据。

第九十条 违反本法规定,构成违反治安管理行为的,依法给予治安管理处罚;构成犯罪的,依法追究刑事责任。

二、《水污染防治法实施细则》规定的法律责任

《水污染防治法实施细则》对水污染应承担的法律责任进行了进一步的完善和细化,从第三十八条至第四十八条共有11条,现摘录如下:

第三十八条 依照水污染防治法第四十六条第一款第(一)项、第(二)项、第(四)项规定处以罚款的,按照下列规定执行:

(一)拒报或者谎报国务院环境保护部门规定的有关污染物排放申报登记事项的,可以处1万元以下的罚款;

(二)拒绝环境保护部门或者海事、渔政管理机构现场检查,或者弄虚作假的,可以处1万元以下的罚款;

(三)不按照国家规定缴纳排污费或者超标排污费的,除追缴排污费或者超标排污费及滞纳金外,可以处应缴数额50%以下的罚款。

第三十九条 依照水污染防治法第四十六条第一款第(三)项规定处以罚款的,按照下列规定执行:

(一)向水体排放剧毒废液,或者将含有汞、镉、砷、铬、氰化物、黄磷等可溶性剧毒废渣向水体排放、倾倒或者直接埋入地下的,可以处10万元以下的罚款;

(二)向水体排放、倾倒放射性固体废弃物、油类、酸液、碱液或者含有高、中放射性物质的废水的,可以处5万元以下的罚款;

(三)向水体排放船舶的残油、废油,或者在水体清洗装贮过油类、有毒污染物的车辆和容器的,可以处1万元以下的罚款;

(四)向水体排放、倾倒工业废渣、城市生活垃圾,或者在江河、湖泊、运河、渠道、水库最高水位线以下的滩地和岸坡存贮固体废弃物的,可以处1万元以下的罚款;

(五)向水体倾倒船舶垃圾的,可以处2 000元以下的罚款;

(六)企业事业单位利用溶洞排放、倾倒含病原体的污水或者其他废弃物的,可以处2万元以下的罚款,利用渗井、渗坑、裂隙排放含有毒污染物的废水的,可以处5万元以下的罚款;

(七)企业事业单位使用无防止渗漏措施的沟渠、坑塘等输送或者存贮含病原体的污水或者其他废弃物的,可以处1万元以下的罚款,使用无防止渗漏措施的沟渠、坑塘等输送或者存贮含有毒污染物的废水的,可以处2万元以下的罚款。

第四十条 依照水污染防治法第四十七条规定处以罚款的,可以处10万元以下的罚款。

第四十一条 依照水污染防治法第四十八条规定处以罚款的,可以处10万元以下的罚款。

第四十二条　依照水污染防治法第五十二条第一款处以罚款的，可以处20万元以下的罚款。

第四十三条　依照水污染防治法第五十三条规定处以罚款的，按照下列规定执行：

（一）对造成水污染事故的企业事业单位，按照直接损失的20%计算罚款，但是最高不得超过20万元；

（二）对造成重大经济损失的，按照直接损失的30%计算罚款，但是最高不得超过100万元。

第四十四条　不按照排污许可证或者临时排污许可证的规定排放污染物的，由颁发许可证的环境保护部门责令限期改正，可以处5万元以下的罚款；情节严重的，并可以吊销排污许可证或者临时排污许可证。

第四十五条　违反本细则第十一条的规定，未按照规定设置排污口、安装总量控制监测设备的，由环境保护部门责令限期改正，可以处1万元以下的罚款。

第四十六条　违反本细则第二十三条第一款的规定，在生活饮用水地表水源二级保护区内新建、扩建向水体排放污染物的建设项目的，或者改建项目未削减污染物排放量的，由县级以上人民政府按照规定的权限责令停业或者关闭。

违反本细则第二十三条第二款的规定，在生活饮用水地表水源二级保护区内，超过国家规定的或者地方规定的污染物排放标准排放污染物的，由县级以上人民政府责令限期治理，可以处10万元以下的罚款；逾期未完成治理任务的，由县级以上人民政府按照规定的权限责令停业或者关闭。

违反本细则第二十三条第三款的规定，在生活饮用水地表水源二级保护区内，设立装卸垃圾、油类及其他有毒有害物品码头的，由县级以上人民政府环境保护部门责令限期拆除，可以处10万元以下的罚款。

第四十七条　违反本细则第三十三条第（四）项的规定，利用储水层孔隙、裂隙、溶洞及废弃矿坑储存石油、放射性物质、有毒化学品、农药的，由县级以上地方人民政府环境保护部门责令改正，可以处10万元以下的罚款。

第四十八条　缴纳排污费、超标排污费或者被处以警告、罚款的单位，不免除其消除污染、排除危害和赔偿损失的责任。

第七章 河道的管理与保护

第一节 概 述

一、基本概念

(一)河道

狭义的河道,是指河流,包括江河、湖泊和人工河、人工渠等行水通道。

广义的河道,是指江河、湖泊、水库、渠道及行洪、蓄洪、滞洪区。

(二)河道保护

河道保护,是指为避免人类活动的破坏,以便安全和正常运用,通过法律对人们在河道的一定范围内的活动所作的限制。它明确规定了在某一特定的范围内,不得从事某些行为以及应该从事某些行为。

(三)河道的构成

河道的构成,包括两岸堤防及其堤防之间的主河槽、河滩、沙洲、岸线、两堤外的护堤地以及按照历史最高洪水位划定的无堤防河道的安全保护范围。

河道不仅包括水流与河床,还包括河床范围以内及其边缘的附属物。因为,河流本来是自然物,但人类社会为了整治江河,防治水害,开发利用河流的自然资源,修建大量水工程以后,河流已经不完全是天然物了,经过人工的整治和改造,堤防、护岸及河道内的各项工程,已经成为河道不可分割的组成部分。

(四)河道管理的范围

河道管理的范围,是指为保证河道的正常运用而划定的区域,《防洪法》第二十一条第三款规定:“有堤防的河道、湖泊,其管理范围为两岸堤防之间的水域、沙洲、滩地、行洪区和堤防及护堤地;无堤防的河道、湖泊,其管理范围为历史最高洪水位或者设计洪水位之间的水域、沙洲、滩地和行洪区。”据此,河道管理的范围主要取决于河道设防(堤防)的情况和河道洪水水位。

河道管理的具体范围,依河道的级别由县级以上地方政府负责划定。《河道管理条例》第六条规定:“河道等级标准由国务院水利行政主管部门制定。”

河道按不同的情况分为五个级别,又按不同的级别划分保护范围和管理范围。

二、划定河道管理范围和保护范围的权限

(一)划定河道管理范围的权限

《防洪法》第二十一条第四款规定:“流域管理机构直接管理的河道、湖泊管理范围,由流域管理机构会同有关县级以上地方人民政府依照前款规定界定;其他河道、湖泊管理

范围,由有关县级以上地方人民政府依照前款规定界定。”

(二)划定河道保护范围的权限

河道的保护范围是指为保障河道的安全而划定的区域。《河道管理条例》第二十六条规定:“根据堤防的重要程度、堤基土质条件等,河道主管机关报经县级以上人民政府批准,可以在河道管理范围的相连地域划定堤防安全保护区。”

(三)河道管理与土地管理的关系

在河道管理范围内,土地管理主要是对可耕地和其他可以利用的土地的地籍管理,即土地的权属管理。河道管理范围内的地籍管理一般分4种情况:

(1)河床经常过水的部分及河滩,作为河道的基本组成部分,不纳入地籍管理范围,完全依照河道管理有关规定进行管理与保护。

(2)不经常过水的耕地和可利用土地,纳入土地部门的地籍管理,河道管理则是对其耕作和利用方式实施必要的限制。例如,禁止种植高秆作物及进行其他妨碍行洪、污染水质的活动。

(3)对于国家管理的堤防和水工程,由地方人民政府划定工程管理范围,在管理范围内,土地由工程管理单位占有和使用,其他部门和单位不得侵占。但在实践中,这部分土地的使用经常发生争议。因此,水利部门应当依法向土地管理部门办理定权发证,确定权属。有的地方一时划定管理范围有困难的,可以先划定管理范围预留地,以此作为行使管理职权的依据。

(4)堤防背水坡管理范围以外的一定距离内,应当划为保护范围,其土地所有权和使用权不变,但应按照河道管理法规的规定,限制那些影响堤防防洪安全的活动。这里所说的保护范围,不是堤防保护的地域范围,而是为了保护堤防本身的安全所需要控制的范围。

三、河道与航道管理的关系

河道管理是对河道多种功能的综合管理,航道管理是为保护和发展航运而进行的专业管理。一般来说,只要河道行洪畅通,对航运安全必将起到积极作用。但有时两者也有矛盾。如为了确保航道畅通,需修筑丁坝,抬高水位,但从水利角度来说,可能造成河势改变,对堤防构成威胁。因此,在《河道管理条例》中规定,交通部门进行航道整治,应当符合防洪安全要求,并事先征求河道主管机关对有关设计和计划的意见。水利部门进行河道整治,涉及航道的,应当兼顾航运的需要,并事先征求交通部门对有关设计和计划的意见。

四、城镇规划与河道

《河道管理条例》第十六条规定:“城镇建设和发展不得占用河道滩地。城镇规划的临河界限,由河道主管机关会同城镇规划等有关部门确定。沿河城镇在编制和审查城镇规划时,应当事先征求河道主管机关的意见。”

《河道管理条例》第十七条规定:“河道岸线的利用和建设,应当服从河道整治规划和航道整治规划。计划部门在审批利用河道岸线的建设项目时,应当事先征求河道主管机关的意见。

河道岸线的界限,由河道主管机关会同交通等有关部门报县级以上地方人民政府划定。”

第二节 河道保护的法律规定

一、《水法》中有关河道保护的具体规定

《水法》第三十七条规定:“禁止在江河、湖泊、水库、运河、渠道内弃置、堆放阻碍行洪的物体和种植阻碍行洪的林木及高秆作物。

禁止在河道管理范围内建设妨碍行洪的建筑物、构筑物以及从事影响河势稳定、危害河岸堤防安全和其他妨碍河道行洪的活动。”

《水法》第三十八条规定:“在河道管理范围内建设桥梁、码头和其他拦河、跨河、临河建筑物、构筑物,铺设跨河管道、电缆,应当符合国家规定的防洪标准和其他有关的技术要求,工程建设方案应当依照防洪法的有关规定报经有关水行政主管部门审查同意。

因建设前款工程设施,需要扩建、改建、拆除或者损坏原有水工程设施的,建设单位应当负担扩建、改建的费用和损失补偿。但是,原有工程设施属于违法工程的除外。”

《水法》第四十条规定:“禁止围湖造地。已经围垦的,应当按照国家规定的防洪标准有计划地退地还湖。

禁止围垦河道。确需围垦的,应当经过科学论证,经省、自治区、直辖市人民政府水行政主管部门或者国务院水行政主管部门同意后,报本级人民政府批准。”

二、《河道管理条例》中有关河道保护的规定

《河道管理条例》第二十一条规定:“在河道管理范围内,水域和土地的利用应当符合江河行洪、输水和航运的要求;滩地的利用,应当由河道主管机关会同土地管理等有关部门制定规划,报县级以上地方人民政府批准后实施。”

《河道管理条例》第二十二条规定:“禁止损毁堤防、护岸、闸坝等水工程建筑物和防汛设施、水文监测和测量设施、河岸地质监测设施以及通信照明等设施。

在防汛抢险期间,无关人员和车辆不得上堤。

因降雨雪等造成堤顶泥泞期间,禁止车辆通行,但防汛抢险车辆除外。”

《河道管理条例》第二十三条规定:“禁止非管理人员操作河道上的涵闸闸门,禁止任何组织和个人干扰河道管理单位的正常工作。”

《河道管理条例》第二十四条规定:“在河道管理范围内,禁止修建围堤、阻水渠道、阻水道路;种植高秆农作物、芦苇、杞柳、荻柴和树木(堤防防护林除外);设置拦河渔具;弃置矿渣、石渣、煤灰、泥土、垃圾等。

在堤防和护堤地,禁止建房、放牧、开渠、打井、挖窖、葬坟、晒粮、存放物料、开采地下资源、进行考古发掘以及开展集市贸易活动。”

《河道管理条例》第二十五条规定:“在河道管理范围内进行下列活动,必须报经河道主管机关批准;涉及其他部门的,由河道主管机关会同有关部门批准:

（一）采砂、取土、淘金、弃置砂石或者淤泥；

（二）爆破、钻探、挖筑鱼塘；

（三）在河道滩地存放物料、修建厂房或者其他建筑设施；

（四）在河道滩地开采地下资源及进行考古发掘。"

《河道管理条例》第二十六条规定："在堤防安全保护区内，禁止进行打井、钻探、爆破、挖筑鱼塘、采石、取土等危害堤防安全的活动。"

《河道管理条例》第二十七条规定："禁止围湖造田。已经围垦的，应当按照国家规定的防洪标准进行治理，逐步退田还湖。湖泊的开发利用规划必须经河道主管机关审查同意。

禁止围垦河流，确需围垦的，必须经过科学论证，并经省级以上人民政府批准。"

《河道管理条例》第二十九条规定："江河的故道、旧堤、原有工程设施等，非经河道主管机关批准，不得填堵、占用或者拆毁。"

《河道管理条例》第三十条规定："护堤护岸林木，由河道管理单位组织营造和管理，其他任何单位和个人不得侵占、砍伐或者破坏。

河道管理单位对护堤护岸林木进行抚育和更新性质的采伐及用于防汛抢险的采伐，根据国家有关规定免交育林基金。"

《河道管理条例》第三十一条规定："在为保证堤岸安全需要限制航速的河段，河道主管机关应当会同交通部门设立限制航速的标志，通行的船舶不得超速行驶。

在汛期，船舶的行驶和停靠必须遵守防汛指挥部的规定。"

《河道管理条例》第三十二条规定："山区河道有山体滑坡、崩岸、泥石流等自然灾害的河段，河道主管机关应当会同地质、交通等部门加强监测。在上述河段，禁止从事开山采石、采矿、开荒等危及山体稳定的活动。"

《河道管理条例》第三十三条规定："在河道中流放竹木，不得影响行洪、航运和水工程安全，并服从当地河道主管机关的安全管理。

在汛期，河道主管机关有权对河道上的竹木和其他漂流物进行紧急处置。"

三、河道保护与防洪

《河道管理条例》第十二条规定："修建桥梁、码头和其他设施，必须按照国家规定的防洪标准所确定的河宽进行，不得缩窄行洪通道。桥梁和栈桥的梁底必须高于设计洪水位，并按照防洪和航运的要求，留有一定的超高。设计洪水位由河道主管机关根据防洪规划确定。跨越河道的管道、线路的净空高度必须符合防洪和航运的要求。"

河道是降雨径流的汇集地，又是排水、泄洪的通道，兼有输水、航运、养殖等多种功能。由于河流两岸有优越的水土资源、便利的交通，河流、湖泊沿岸大多成为人口密集、经济文化发达的地区。因此，河道的防护和治理是防洪工作的重点。

四、河道保护存在的问题

在河道保护中主要存在以下问题：

（1）由于滥砍乱伐森林、滥垦荒地，水土流失加剧，造成河道、湖泊淤积，使河道行洪断面减小。

(2)在城乡建设和经济建设中,一些地方与水争地,向河道倾倒大量垃圾、废渣等固体物,淤塞河道,侵占河道建设各种建筑物,围垦河流、湖泊等,造成河流泄洪不畅,调蓄洪水能力下降。

(3)乱采滥挖河道砂石,影响河势稳定,危及堤防和工程安全。

(4)在河道内种植高秆阻水作物,设置阻水鱼网,影响行洪等。

五、涉河建设项目的审批与管理

涉河建设项目是指在河道管理范围内,修建的闸坝、桥梁、码头和其他拦河、跨河、临河、穿河的建设项目。

(一)与河道相关的工程建设应当符合国家标准和技术要求

《防洪法》第二十七条规定:"建设跨河、穿河、穿堤、临河的桥梁、码头、道路、渡口、管道、缆线、取水、排水等工程设施,应当符合防洪标准、岸线规划、航运要求和其他技术要求,不得危害堤防安全、影响河势稳定、妨碍行洪畅通;其可行性研究报告按照国家规定的基本建设程序报请批准前,其中的工程建设方案应当经有关水行政主管部门根据前述防洪要求审查同意。"

(二)与河道相关的工程建设应当经河道主管机关的批准

《河道管理条例》第十一条规定:"修建开发水利、防治水害、整治河道的各类工程和跨河、穿河、穿堤、临河的桥梁、码头、道路、渡口、管道、缆线等建筑物及设施,建设单位必须按照河道管理权限,将工程建设方案报送河道主管机关审查同意后,方可按照基本建设程序履行审批手续。"在动工兴建之前,建设单位应当经有关水行政主管部门对该工程设施建设的位置和界限进行审查,批准后方可依法办理开工手续;安排施工时,应当按照水行政主管部门审查批准的位置和界限进行;水行政主管部门有权对工程建设依法检查,被检查者应当如实提供有关情况和资料;工程设施竣工验收时,应当有水行政主管部门参加。

(三)对涉河建设项目的监管

《河道管理条例》第十四条规定:"堤防上已修建的涵闸、泵站和埋设的穿堤管道、缆线等建筑物及设施,河道主管机关应当定期检查,对不符合工程安全要求的,限期改建。在堤防上新建前款所指建筑物及设施,必须经河道主管机关验收合格后方可启用,并服从河道主管机关的安全管理。"

六、河道保护的具体规定

(一)禁止性规定

(1)禁止围湖造田。

(2)禁止修建围堤、阻水渠道、阻水道路。

(3)禁止倾倒土、石、尾矿、废渣、垃圾和其他妨碍行洪、通航、渔业、竹木流放等物质。

(4)不得种植阻碍行洪的林木和高秆作物。

(5)禁止在航道内弃置沉船,设置碍航渔具,种植水生植物。

(6)禁止向江湖排放超过国家规定标准的污水。

(7)禁止在河道中散放竹木。

(8)在堤防和护堤上禁止建房、放牧、开渠、打井、挖窖、葬坟、晒粮、存放物料、开采地下资源、进行考古发掘以及开展集市贸易活动。

(9)禁止毁损堤坝、闸门、水工水文观测设备及通信、照明等附属性设施。

(10)禁止非管理人员操纵闸门、干扰管理单位正常工作。

案例一　向河道倾倒废石、废渣,阻碍行洪,影响测报

案情简介:1990 年上半年,××煤矿将采矿废石废渣弃置于××水文站下游,阻碍河道行洪,影响××水文站正常水文测报工作。

处理过程:1990 年 7 月,××水文总站水政室接到××水文站报案后,即函示××水文站,可根据 88《水法》第二十四条和《河道管理条例》第二十四条规定向该煤矿要求清障。

处理结果:××水文站根据水政室函示精神,与××煤矿矿方进行交涉,要求清除障碍,保证水文站水文测报工作的正常进行。经多次交涉,矿方清除了障碍。

案例二　散放木料引起河堤坍塌

广东某木材加工厂,将自己顺流而下运来的木料散堆于河道中,占压河道宽度的 2/3 以上,形成壅水,致使对岸河堤坍塌。而同时又将对岸河堤上原有数间非法房屋租赁给他人,用于开商店。因此,木材加工厂辩说是商店压垮了河堤,工程恢复费应由商店负担。

法院经核实依法作出判决:由木材加工厂负担工程恢复费的 72%,商店作为违法建筑负担工程恢复费的 28%。

案例三　管理范围内植树影响水文测验

案情简介:1990 年 4 月,陕西省米脂县某村在黄委××水文站测验断面范围内滩地植树,阻碍水文站测验断面通视,影响水文站水文测验。

处理过程:黄委××水文总站水政室接黄委××水文水资源勘测队报案后,即刻函示××水文水资源勘测队可根据 88《水法》第二十四条和《河道管理条例》第二十四条规定,会同该水文站与当地政府协商解决。

处理结果:黄委××水文水资源勘测队根据黄委××水文总站水政室的函示精神,于 1990 年 5 月会同××水文站到米脂县防汛指挥部交涉此事。在米脂县防汛指挥部的帮助下,该村清除了水文站水文测验断面范围内的树木。

结案分析:××水文站及时反映和处理在测验河段的植树问题,维护了行业权益,保障了工作条件,值得我们借鉴。若等到树木成林,时过境迁,再来清障,事情就复杂多了。

(二)限制性规定

(1)不得擅自掘取地下资源。

(2)未经有关主管部门批准,不得在河床、河滩内修建建筑物。

(3)在行洪、排涝河道和航道范围内开采砂石、砂金,必须报经河道主管部门批准,按照批准的范围和作业方式开采,涉及航道的,由河道主管部门会同航道主管部门批准。

(4)禁止围垦河流,确需围垦的,必须经过科学论证,并报请省以上人民政府批准。

(5)不得擅自修建房屋及其他建筑物。

(6)蓄洪、滞洪湖泊的圩堤不得擅自加高。

(7)河道的旧岸、旧堤,不经河道主管机关批准,不得任意拆毁。

案例四　擅自拆毁防洪堤用做自家宅基地

某村村委会干部认为防洪堤几十年都没有用过,已是无用之堤,于是擅自将村口靠河道上游的防洪堤平毁作为自家的宅基地。后经地方水行政主管部门进行查处,使其恢复了工程原貌。

案评:防洪堤是全村群众的救命堤。尽管几十年都没用过,但并不能肯定河道再不会发大洪水。一旦大洪水来到,防洪堤将会起到保护全村村民的生命和财产安全的作用。河道的旧堤旧岸,不经河道主管机关批准,不得任意拆毁。对于防洪工程,宁可备而不用,不可用而不备。

第三节　河道清障与采砂管理

一、概念

障即阻水物,分自然形成和人为形成两种。自然形成的如自然堆积的沙丘、自然生长的植物等障碍物;人为形成的如建筑物、树木、高秆作物、垃圾、废渣、尾矿矿渣、杂物及其他设施等。

河道清障,是指清除河道中违反《水法》规定人为设置的阻碍物,恢复河道的畅通状态,保持其过水能力,以确保河道渔业、通航、竹木流放和输水等功能的正常运用,尤其是确保防洪的安全。

依照法律规定,河道清障的原则为:谁设障,谁清除。清障工作由地方各级政府负责制订计划、监督实施并组织验收。

案例一　武汉××实业有限公司××工程侵占长江河滩80亩

2001年11月19日中央电视台《焦点访谈》栏目报道的湖北省武汉市××工程建设就是一例。武汉市××工程是武汉江滩开发项目,位于汉阳区东门外滩、长江大桥桥头上游200米至1 050米处,占滩长850米,占滩宽度60~80米,占滩约80亩;由武汉××公司投资开发,项目总投资1.15亿元,于1997年4月开始施工,目前已经建完,并已售出部分商品房。据了解,该项目是经湖北省、武汉市有关领导同意和武汉市有关部门批准立项的,1995年9月省政府专题纪要明确将其作为武汉市规划"两桥"开发的启动项目。按照河道管理范围内建设项目的审批权限,该项目应经湖北省水利厅初审,报长江水利委员会审查同意后,方可按照基本建设程序履行审批手续。实际情况是:湖北省水利厅在2000年6月才对该项目作了批复,也未报长江水利委员会审查。

二、河道清障归责原则和费用负担

《河道管理条例》第三十六条规定:"对河道管理范围内的阻水障碍物,按照'谁设障,谁清除'的原则,由河道主管机关提出清障计划和实施方案,由防汛指挥部责令设障者在规定的期限内清除。逾期不清除的,由防汛指挥部组织强行清除,并由设障者负担全部清障费用。”

《河道管理条例》第三十七条规定:“对壅水、阻水严重的桥梁、引道、码头和其他跨河工程设施,根据国家规定的防洪标准,由河道主管机关提出意见并报经人民政府批准,责成原建设单位在规定的期限内改建或者拆除。汛期影响防洪安全的,必须服从防汛指挥部的紧急处理决定。”根据这些规定,河道清障的归责原则是“谁设障,谁清除”。

三、采砂许可制度

(一)有权发放河道采砂许可证的机关

《长江河道采砂管理条例》第九条规定:“国家对长江采砂实行采砂许可制度。

河道采砂许可证由沿江省、直辖市人民政府水行政主管部门审批发放;属于省际边界重点河段的,经有关省、直辖市人民政府水行政主管部门签署意见后,由长江水利委员会审批发放;涉及航道的,审批发放前应当征求长江航务管理局和长江海事机构的意见。省际边界重点河段的范围由国务院水行政主管部门划定。

河道采砂许可证式样由国务院水行政主管部门规定,由沿江省、直辖市人民政府水行政主管部门和长江水利委员会印制。”

(二)申请河道采砂许可证的条件

依据《长江河道采砂管理条例》第十条的规定,从事长江采砂活动的单位和个人应当向沿江市、县人民政府水行政主管部门提出申请;符合条件的,由长江水利委员会或者沿江省、直辖市人民政府水行政主管部门,审批发放河道采砂许可证。

申请采砂许可证的条件为:

(1)符合长江采砂规划确定的可采区和可采期的要求;

(2)符合年度采砂控制总量的要求;

(3)符合规定的作业方式;

(4)符合采砂船只数量的控制要求;

(5)采砂船舶、船员证书齐全;

(6)有符合要求的采砂设备和采砂技术人员;

(7)长江水利委员会或者沿江省、直辖市人民政府水行政主管部门规定的其他条件。

(三)河道采砂许可证的审批程序

(1)市、县人民政府水行政主管部门应当自收到申请之日起 10 日内签署意见后,报送沿江省、直辖市人民政府水行政主管部门审批。

(2)属于省际边界重点河段的,经有关省、直辖市人民政府水行政主管部门签署意见后,报送长江水利委员会审批。

(3)长江水利委员会或者沿江省、直辖市人民政府水行政主管部门应当自收到申请之日起 30 日内予以审批;不予批准的,应当在作出不予批准决定之日起 7 日内通知申请人,并说明理由。

(4)从事长江采砂活动的单位和个人需要改变河道采砂许可证规定的事项与内容的,应当重新办理河道采砂许可证。

(四)河道采砂许可证的内容

依据《长江河道采砂管理条例》第十一条的规定,河道采砂许可证应当载明船主姓名(名称)、船名、船号和开采的性质、种类、地点、时限以及作业方式、弃料处理方式、许可证的有效期限等有关事项和内容。

(五)因整治河道而采砂也应经河道主管机关的批准

《长江河道采砂管理条例》第十五条规定:"沿江县级以上地方人民政府水行政主管部门因整修长江堤防进行吹填固基或者整治长江河道采砂的,应当经本省、直辖市人民政府水行政主管部门审查,并报长江水利委员会批准;长江航务管理局因整治长江航道采砂的,应当事先征求长江水利委员会的意见。

因吹填造地从事采砂活动的单位和个人,应当依法申请河道采砂许可证。"

四、河道采砂收费

(一)河道采砂收费的法律规定

1990年,由水利部、财政部、国家物价局联合发布了《河道采砂收费管理办法》,本办法有12条,原则上规范了河道采砂收费行为。第二条规定:"本办法所称河道采砂是指在河道管理范围内的采挖砂、石,取土和淘金(包括淘取其他金属及非金属)。"

第六条规定:"河道采砂管理费的计收:

(一)由发放河道采砂许可证的单位计收采砂管理费。

(二)河道采砂管理费的收费标准由各省、自治区、直辖市水利部门报同级物价、财政部门核定。收费单位应按规定向当地物价部门申领收取许可证,并使用财政部门统一印制的收费票据。"

《长江河道采砂管理条例》第十七条规定:"从事长江采砂活动的单位和个人应当向发放河道采砂许可证的机关缴纳长江河道砂石资源费。发放河道采砂许可证的机关应当将收取的长江河道砂石资源费全部上缴财政。长江河道砂石资源费的具体征收、使用管理办法由国务院财政主管部门会同国务院水行政主管部门、物价主管部门制定。

从事长江采砂活动的单位和个人,不再缴纳河道采砂管理费和矿产资源补偿费。"

(二)河道采砂收费的管理

《河道采砂收费管理办法》第七条规定:"河道采砂管理费用于河道与堤防工程的维修、工程设施的更新改造及管理单位的管理费。结余资金可以连年结转,继续使用,其他任何部门不得截留或挪用。"

第八条规定:"河道主管单位要加强财务及收费管理,建立健全财务制度,收好、管好、用好河道采砂管理费。河道采砂管理费按预算外资金管理,专款专用,专户存储。各级财政、物价和水利部门要负责监督检查各项财务制度的执行情况和资金使用效果。"

五、罚则

(一)擅自在长江采砂

《长江河道采砂管理条例》第十八条第一款规定:"违反本条例规定,未办理河道采砂许可证,擅自在长江采砂的,由县级以上地方人民政府水行政主管部门或者长江水利委员会依据职权，责令停止违法行为，没收违法所得和非法采砂机具，并处 10 万元以上 30 万元以下的罚款；情节严重的，扣押或者没收非法采砂船舶，并对没收的非法采砂船舶予以拍卖，拍卖款项全部上缴财政。拒绝、阻碍水行政主管部门或者长江水利委员会依法执行职务，构成违反治安管理行为的，由公安机关依法给予治安管理处罚；触犯刑律的，依法追究刑事责任。”

（二）在禁采区、禁采期采砂

《长江河道采砂管理条例》第十八条第二款规定：“违反本条例规定，虽持有河道采砂许可证，但在禁采区、禁采期采砂的，由县级以上地方人民政府水行政主管部门或者长江水利委员会依据职权，依照前款规定处罚，并吊销河道采砂许可证。”

（三）未按许可证的规定采砂

《长江河道采砂管理条例》第十九条规定：“违反本条例规定，未按照河道采砂许可证规定的要求采砂的，由县级以上地方人民政府水行政主管部门或者长江水利委员会依据职权，责令停止违法行为，没收违法所得，处 5 万元以上 10 万元以下的罚款，并吊销河道采砂许可证；触犯刑律的，依法追究刑事责任。”

（四）对采砂船舶的管理

《长江河道采砂管理条例》第十六条规定：“采砂船舶在禁采期内应当停放在沿江县级人民政府指定的地点；无正当理由，不得擅自离开指定地点。”第二十条规定：“违反本条例规定，采砂船舶在禁采期内未在指定地点停放或者无正当理由擅自离开指定地点的，由县级以上地方人民政府水行政主管部门处 1 万元以上 3 万元以下的罚款。”

（五）对采砂许可证的管理

《长江河道采砂管理条例》第十二条第三款规定：“禁止伪造、涂改或者买卖、出租、出借或者以其他方式转让河道采砂许可证。”

《长江河道采砂管理条例》第二十一条规定：“伪造、涂改或者买卖、出租、出借或者以其他方式转让河道采砂许可证，触犯刑律的，依法追究刑事责任；尚未触犯刑律的，由县级以上地方人民政府水行政主管部门或者长江水利委员会依据职权，没收违法所得，并处 5 万元以上 10 万元以下的罚款，收缴伪造、涂改或者买卖、出租、出借或者以其他方式转让的河道采砂许可证。”

（六）不依法缴纳长江河道砂石资源费

《长江河道采砂管理条例》第二十二条规定：“违反本条例规定，不依法缴纳长江河道砂石资源费的，由县级以上地方人民政府水行政主管部门或者长江水利委员会依据职权，责令限期缴纳；逾期未缴纳的，按日加收 3‰的滞纳金；拒不缴纳的，处应缴纳长江河道砂石资源费金额 2 倍以上 5 倍以下的罚款，并吊销河道采砂许可证。”

（七）对执法机关和工作人员的处分

《河道采砂收费管理办法》第十条规定：“河道管理、监理人员在河道采砂收费管理中，滥用职权、徇私舞弊、收受贿赂的，按《河道管理条例》第四十八条规定办理。”《长江河道采砂管理条例》第二十四条规定：“依照本条例规定应当给予行政处罚，而有关水行政主管部门不给予行政处罚的，由上级人民政府水行政主管部门责令其作出行政处罚决定或者直接给予行政处罚；对负有责任的主管人员和其他直接责任人员依法给予行政处分。”

(八)其他

《长江河道采砂管理条例》第二十六条规定:“有下列行为之一,触犯刑律的,依法追究刑事责任;尚未触犯刑律的,对负有责任的主管人员和其他直接责任人员依法给予行政处分:

(一)不执行已批准的长江采砂规划、擅自修改长江采砂规划或者违反长江采砂规划组织采砂的;

(二)不按照规定审批发放河道采砂许可证或者其他批准文件的;

(三)不履行本条例规定的监督检查职责,造成长江采砂秩序混乱或者造成重大责任事故的;

(四)在长江采砂管理中不按照规定的项目、范围和标准收费的;

(五)截留、挪用长江河道砂石资源费的。

有前款第(四)项、第(五)项行为的,由当地财政主管部门追缴已收取的费用和截留、挪用的费用。”

案例二　开封河务局规范整治黄河滩区砖瓦窑厂

开封黄河滩区有277座砖瓦窑厂。部分砖瓦窑厂不符合滩区治理规划要求,没有办理采砂许可证。

经过调查研究,开封河务局制订了《开封黄河滩区砖瓦窑厂规范整治实施方案》,并向每一位窑厂业主宣传。

(1)完备建窑市场准入手续,要求各窑主必须办理工商、税务、土地占用及取土采砂等相关行政许可手续。

(2)为保证各类防洪工程的安全,在以下范围内禁止采挖泥沙:开封黄河各类防洪工程(从堤脚算起)临河500米以内;各类河道防洪控导工程背河(从联坝坝脚算起)200米以内,临河(从坝头连线算起)50米以内;其他非防洪工程,穿河桥梁、管道、地下电缆、水文测验断面等两侧200米以内。

(3)在黄河干流河道两岸控导工程范围内的行洪主河道,禁止建设砖瓦窑厂。

(4)由于开封黄河滩大面广,情况比较复杂,原则上规定一般采砂场的底部高程不应低于当地河道漫滩流量的水位高程。具体的采砂场的挖沙深度和采砂量,应以各县河务局批准的要求为准。

(5)在滩区内建设的长条形砖瓦窑应与水流方向保持平行,以减少占用河道过洪断面,各类砖瓦窑之间应有1 000米的距离,为漫滩洪水保留一定的下泄通道。

(6)在采挖河道泥沙过程中,要实行优先利用粗砂、优先采挖理顺河势区域的原则。禁止在黄河滩区内可耕农田里挖砂取土。

(7)根据辖区河段防洪要求及河道治理规划,制定和完善河道采砂取土规划,初步规划滩区采砂取土区域,设置显著的标志,严格实施河道采砂管理。

经过开封河务局水政监察人员的努力工作、宣传讲解,部分窑厂业主表示服从管理,补办了有关手续。

第八章 水工程的管理与保护

第一节 概 述

一、基本概念

(一)水工程

水工程,包括水利工程和水电工程及其有关水利设施。《水法》第七十九条规定:“本法所称水工程,是指在江河、湖泊和地下水源上开发、利用、控制、调配和保护水资源的各类工程。”

(二)水工程保护

水工程保护,是指国家对各种影响或可能影响水工程安全和正常运行的人类活动,用法律规范予以限制,并使有水工程管理和保护权的部门或单位,依法保护水工程的安全和正常运行。

水工程保护的任务是保护水工程的安全,维护水工程正常运用,确保水工程充分发挥经济效益、社会效益和生态效益。

水工程保护的内容主要包括管理权的归属、水工程保护范围的划定,以及为保护水工程的安全和维护水工程的正常运用制定有关法律规定并具体实施等。

二、水工程管理和保护范围

为保护水工程的完整和安全运行,各类水工程都要根据管理的需要,结合自然地理条件、历史情况和社会经济的具体情况划定管理范围和保护范围。

(一)水工程的管理范围

水工程的管理范围,是指直接维持水工程正常运用的范围。它既是水工程的生产、经营或运用范围,也是直接关系到水工程能否正常发挥效益的范围。在这一范围内,不仅要禁止危及水工程安全的行为,而且要严格限制或禁止直接影响水工程正常运用的行为。在水工程管理范围内,一般只能由水工程管理单位从事与水工程建设和运用有关的活动。

(二)水工程安全保护范围

水工程安全保护范围,是指水工程管理范围以外,为保证水工程安全,以便维持水工程正常运用而划定的范围,是关系到水工程能否正常发挥效益的保护范围。在这一范围内主要禁止危及水工程安全的行为。

(三)水工程管理和保护范围的种类

水工程的管理和保护范围分4种:

(1)建筑物管理范围,包括挡水、泄水、引水建筑物,电站厂房及灌排工程等周围。

(2)水库管理范围,以水库周围移民线或土地征购线以下划定管理范围。
(3)护堤地,以河道堤防两侧划定护堤地。
(4)护渠地,以灌排渠道及渠堤两侧划定护渠地。

三、划定管理和保护范围的权限与方法

(一)国务院划定国家所有的水工程管理保护范围

《水法》第四十三条第一款规定:“国家对水工程实施保护。国家所有的水工程应当按照国务院的规定划定工程管理和保护范围。”由此可见,国家所有的水利水电工程,其管理和保护范围的划定权限在国务院。

(二)划定水利部和流域机构管理的水工程管理保护范围的权限

《水法》第四十三条第二款规定:“国务院水行政主管部门或者流域管理机构管理的水工程,由主管部门或者流域管理机构商有关省、自治区、直辖市人民政府划定工程管理和保护范围。”属于水利部直接管理的水利水电工程以及属于七大流域管理的水工程,其管理和保护范围的划定,由水利部和流域机构与各省、自治区、直辖市人民政府共同商量划定。

(三)地方政府划定地方管理的水工程管理保护范围

除国家所有的水工程和水利部及流域机构管理的水工程以外的水工程,《水法》第四十三条第三款的规定“应当按照省、自治区、直辖市人民政府的规定,划定工程保护范围和保护职责”,可以理解为集体所有制的水工程应当依照省、自治区、直辖市政府的规定划定保护范围。国家所有的水工程应当按照经批准的设计,由县级以上人民政府依照国家规定,划定管理和保护范围。

(四)划定管理和保护范围的方法

《水利水电工程管理条例》第七条规定:“各类水利、水电工程应根据管理的需要,结合自然地理条件、历史情况和社会经济的具体情况划定保护范围。

保护范围分为建筑物管理范围、水库管理范围、护堤地、护渠地四种:

(一)挡水、泄水、引水建筑物,电站厂房及灌排工程等周围,划定建筑物管理范围;

(二)水库周围移民线或土地征购线以下,划定水库管理范围;

(三)河道堤防两侧划定护堤地;

(四)灌排渠道及渠堤两侧划定护渠地。

保护范围由水利、水电工程管理单位与本工程有关的部门协商后报请工程所在地的地方人民政府划定,并明确边界,树立标志,发给证明。关系重大的工程由上级主管机关与有关人民政府商定。”

不同级别、不同类型的水工程其管理范围的划定有所不同。在实施过程中,管理保护范围由水利水电工程的管理单位与本工程有关的部门协商后报请工程所在地的地方人民政府划定,并明确边界,树立标志,发给证明,关系重大的工程由上级主管机关与有关政府商定。

水工程的保护范围应当根据工程的重要性和各地土地状况而定。例如《海南经济特区水条例》规定,在海南省内,水库的管理范围为设计洪水线或者土地征用线以内,保护

区为校核水位线向外延伸50米至500米以内。水库大坝、溢洪道、船闸、电站、渠道枢纽周围50米至500米内为安全保护区;按照河道、渠道的等级不同,堤防的堤脚外20米以内或者50米以内为护堤地,渠道堤脚外3米以内或者5米以内为护渠地。《防洪法》规定:属于国家所有的防洪工程设施,应当按照经批准的设计,在竣工验收前由县级以上人民政府按照国家规定划定管理和保护范围。

四、管理范围内的权属规定

《水利水电工程管理条例》第八条规定:"管理范围以内的土地及土地上附着物,属国家管理的工程,其所有权属全民所有,使用权属水利、水电工程管理单位;集体管理的工程,其所有权属集体,使用权属水利、水电工程管理单位。其他单位或个人均不得侵占,已占用的,应当归还。已由水利、水电工程管理单位接管的工程,管理范围以内的土地需要变更所有权时,由工程管理单位提出申请,按有关规定办理土地转移手续。

护堤地和护渠地的土地及土地上附着物的所有权及使用权一般按现状不变,需要划归全民所有的,按前款办理。"

《水法》第四十一条规定:"单位和个人有保护水工程的义务,不得侵占、毁坏堤防、护岸、防汛、水文监测、水文地质监测等工程设施。"

《水法》第四十二条规定:"县级以上地方人民政府应当采取措施,保障本行政区域内水工程,特别是水坝和堤防的安全,限期消除险情。水行政主管部门应当加强对水工程安全的监督管理。"

第二节 水工程管理与保护的法律规定

一、为保护水工程及其附属设施和设备应禁止的活动

在水工程保护范围内,禁止从事影响水工程运行和危害水工程安全的爆破、打井、采石、取土等活动。

《水法》第四十三条规定:"国家对水工程实施保护。国家所有的水工程应当按照国务院的规定划定工程管理和保护范围。国务院水行政主管部门或者流域管理机构管理的水工程,由主管部门或者流域管理机构商有关省、自治区、直辖市人民政府划定工程管理和保护范围。"

(一)《水利水电工程管理条例》有关工程保护的具体规定

第九条规定:"为保护水利、水电工程及其附属设施和设备,禁止下列活动:

(一)损毁堤坝、电站、渠道、水闸等水利、水电工程建筑物及其观测、水文、通信、输变电、交通等附属设施;

(二)在堤坝、渠道上垦植、铲草及滥伐防护林木;

(三)设置有害堤坝安全的建筑物;

(四)盗用、挪用水利、水电物资、器材、设备;

(五)在水域炸鱼、毒鱼和滥用电力捕鱼;

(六)在坝顶、堤顶、水闸交通桥上行驶履带拖拉机、硬轮车和超重车辆,在没有路面的坝顶、堤顶雨后行车;

(七)在工程管理单位的通信、报汛线路上挂广播线;

(八)在保护范围内爆破、打井、埋坟、采石、取土、挖砂、建筑、滥伐林木以及其他危及工程安全的活动。”

案例一 在报汛线路上发展用户影响水文报汛

案情简介:1991年9月5日,山西省××县邮电局在未经黄委河津水文站同意的情况下,在该站报汛专用电话线上为当地三户村民安装了电话,影响和干扰了水文站正常的报汛工作。水文站同志找到邮电局,邮电局态度蛮横,不予拆除。

查处经过:接到河津水文站报案后,黄委水文局三门峡库区水政监察处及时派人前往处理。水政监察人员到××县邮电局进行交涉,向他们宣讲水法规,宣传水文测报工作的重要性,指出他们在水文站报汛线路上发展用户违反了88《水法》第二十八条的规定,要求立即拆除在河津水文站报汛线路上发展的用户。

查处结果:经水政人员交涉,××县邮电局认识到了在河津水文站报汛线路上发展用户是违法的,并迅速拆除了在水文站报汛线路上发展的三部电话,保证了河津水文站报汛线路的畅通。

(二)《水文条例》有关工程保护的具体规定

第三十二条规定:“禁止在水文监测环境保护范围内从事下列活动:

(一)种植高秆作物、堆放物料、修建建筑物、停靠船只;

(二)取土、挖砂、采石、淘金、爆破和倾倒废弃物;

(三)在监测断面取水、排污或者在过河设备、气象观测场、监测断面的上空架设线路;

(四)其他对水文监测有影响的活动。”

案例二 库区开山炸石破坏水文测验设施

案情简介:1992年3月14日,××铁路建设进入××县火山段(××库区测验断面十一至十二断面间)施工,负责该段路基施工的××县工程队,未经黄委××库区测验队许可,擅自开山炸石修路,毁坏黄委××库区测验队十二测验断面永久性水准点两个,基线桩一个,影响××库区淤积测验工作。

处理过程:黄委水文局中游水政监察处接到报案后,于1992年7月13日派水政监察人员前往查处。经调查取证,水政监察人员与××县工程队交涉。在证据面前,施工单位承认水准点和基线桩是他们毁坏的。但他们说是按设计施工,且他们也无这项赔偿预算。7月16日,水政人员到××铁路指挥部进行交涉,依据88《水法》第二十八条和《测量标志保护条例》第十条规定,提出了赔偿毁坏测量设施恢复费的要求。

处理结果:在事实清楚、证据确凿的情况下,××铁路建设指挥部承认施工单位毁坏测量标志是违法行为,同意一次性赔偿测量设施恢复费7 200元。

二、为维护水工程效能应禁止的活动

为了维护水工程的效能,根据有关规定,应当禁止以下行为:

（1）在行洪、排水、输水河道和渠道内修建影响行水的建筑物及设施。

（2）在河滩、湖泊、蓄洪区、行洪区、水库库区及江河入海口附近海滩任意围垦。

（3）在河道中修建碍航及有危害的导流、挑流等工程。

（4）在危及工程安全的河滩、河岸开采矿石、土料。

（5）在河道滩地、渠道、行洪区、分洪区种植高秆植物。

（6）在水库、河道、渠道、湖泊等水域及滩地倾倒垃圾、废渣、尾矿矿渣，堆置杂物。

确有必要在水利水电工程保护范围内进行建设等活动，应征得水利电力主管机关的同意，并按规定程序批准。水利水电工程保护范围内阻水的建筑物、植物、垃圾、废渣、尾矿矿渣、杂物及其他设施，由设障单位负责清除、改建，限期恢复工程原有效能。按规定批准修建的建筑物及设施产生阻水现象的，应由有关方面协商处理。

三、农田水利工程的保护

由国务院颁发的，2016 年 7 月 1 日起施行的《农田水利条例》第二十三条规定："禁止危害农田水利工程设施的下列行为：

（一）侵占、损毁农田水利工程设施；

（二）危害农田水利工程设施安全的爆破、打井、采石、取土等活动；

（三）堆放阻碍蓄水、输水、排水的物体；

（四）建设妨碍蓄水、输水、排水的建筑物和构筑物；

（五）向塘坝、沟渠排放污水、倾倒垃圾以及其他废弃物。"

《农田水利条例》第二十四条规定："任何单位和个人不得擅自占用农业灌溉水源、农田水利工程设施。

新建、改建、扩建建设工程确需占用农业灌溉水源、农田水利工程设施的，应当与取用水的单位、个人或者农田水利工程所有权人协商，并报经有管辖权的县级以上地方人民政府水行政主管部门同意。

占用者应当建设与被占用的农田水利工程设施效益和功能相当的替代工程；不具备建设替代工程条件的，应当按照建设替代工程的总投资额支付占用补偿费；造成运行成本增加等其他损失的，应当依法给予补偿。补偿标准由省、自治区、直辖市制定。"

为切实保护好农田水利工程，《农田水利条例》规定了罚则如下：

第四十三条："违反本条例规定，有下列行为之一的，由县级以上地方人民政府水行政主管部门责令停止违法行为，限期恢复原状或者采取补救措施；逾期不恢复原状或者采取补救措施的，依法强制执行；造成损失的，依法承担民事责任；构成违反治安管理行为的，依法给予治安管理处罚；构成犯罪的，依法追究刑事责任：

（一）堆放阻碍农田水利工程设施蓄水、输水、排水的物体；

（二）建设妨碍农田水利工程设施蓄水、输水、排水的建筑物和构筑物；

（三）擅自占用农业灌溉水源、农田水利工程设施。"

第四十四条："违反本条例规定，侵占、损毁农田水利工程设施，以及有危害农田水利工程设施安全的爆破、打井、采石、取土等行为的，依照《中华人民共和国水法》的规定处理。

违反本条例规定,向塘坝、沟渠排放污水、倾倒垃圾以及其他废弃物的,依照环境保护有关法律、行政法规的规定处理。”

四、南水北调工程设施的保护

国务院于2014年2月16日颁布实施的《南水北调工程供用水管理条例》为保护南水北调工程设施,做了如下规定:

“第四十二条　禁止危害南水北调工程设施的下列行为:

(一)侵占、损毁输水河道(渠道、管道)、水库、堤防、护岸;

(二)在地下输水管道、堤坝上方地面种植深根植物或者修建鱼池等储水设施、堆放超重物品;

(三)移动、覆盖、涂改、损毁标志物;

(四)侵占、损毁或者擅自使用、操作专用输电线路设施、专用通信线路、闸门等设施;

(五)侵占、损毁交通、通信、水文水质监测等其他设施。

禁止擅自从南水北调工程取用水资源。”

第四十三条　禁止在南水北调工程保护范围内实施影响工程运行、危害工程安全和供水安全的爆破、打井、采矿、取土、采石、采砂、钻探、建房、建坟、挖塘、挖沟等行为。

第四十四条　在南水北调工程管理范围和保护范围内建设桥梁、码头、公路、铁路、地铁、船闸、管道、缆线、取水、排水等工程设施,按照国家规定的基本建设程序报请审批、核准时,审批、核准单位应当征求南水北调工程管理单位对拟建工程设施建设方案的意见。

前款规定的建设项目在施工、维护、检修前,应当通报南水北调工程管理单位,施工、维护、检修过程中不得影响南水北调工程设施安全和正常运行。

第四十五条　在汛期,南水北调工程管理单位应当加强巡查,发现险情立即采取抢修等措施,并及时向有关防汛抗旱指挥机构报告。

第四十六条　南水北调工程管理单位应当加强南水北调工程设施的安全保护,制定安全保护方案,建立健全安全保护责任制,加强安全保护设施的建设、维护,落实治安防范措施,及时排除隐患。

南水北调工程重要水域、重要设施需要派出中国人民武装警察部队守卫或者抢险救援的,依照《中华人民共和国人民武装警察法》和国务院、中央军事委员会的有关规定执行。

第四十七条　在紧急情况下,南水北调工程管理单位因工程抢修需要取土占地或者使用有关设施的,有关单位和个人应当予以配合。南水北调工程管理单位应当于事后恢复原状;造成损失的,应当依法予以补偿。”

第三节　水库大坝安全管理

大坝的建设在灌溉、发电、供水等方面发挥了巨大的效益。但是,大坝一旦失事,将给人们的生命和财产造成巨大的损失,甚至是灭顶之灾。1975年8月,河南板桥、石漫滩两座大型水库,因发生超标准的特大洪水漫坝失事,造成2万余人死亡的惨重事件。青海省沟后水库是一座库容只有330万立方米的小型水库，由于大坝质量差，1993年大坝大量漏水，造成溃坝失事，下游300余人死亡。历史上一些重要堤防溃决，导致千里沃野顷刻成为泽国，成千上万人流离失所。我国现有的水库工程70%以上是在“大跃进”和“文革”时期兴建的，标准低，质量差。建成后由于缺乏资金，不能及时维护、加固，致使水工程安全形势严峻。1980～1990年水库大坝的垮坝率达0.3%，其中96%为小型水库。目前全国仍有20%的大中型水库和30%以上的小型水库处于病险状态。国家对水工程的安全问题十分重视，1991年国务院颁布了《水库大坝安全管理条例》，对病险水库的安全实行行政首长负责制。在全国开展病险水库除险加固，1976～1985年全国加固了大型水库65座，1985年以后先后对三批病险水库进行了除险加固。1998年发生大洪水以后，我国累计投入了108亿元用于水库除险加固，同时还投入大量的资金，对主要江河的堤防进行了加固。鉴于这个问题的重要性、迫切性，02《水法》对水工程安全问题专门增加了第四十二条，规定“县级以上地方人民政府应当采取措施，保障本行政区域内水工程，特别是水坝和堤防的安全，限期消除险情。水行政主管部门应当加强对水工程安全的监督管理”。

一、在大坝管理和保护范围内禁止的行为

《水库大坝安全管理条例》规定，在大坝管理和保护范围内禁止以下行为：

(1)禁止在大坝管理和保护范围内进行爆破、打井、采石、采矿、挖沙、取土、修坟等危害大坝安全的活动。

(2)非大坝管理人员不得操作大坝的泄洪闸门、输水闸门以及其他设施，大坝管理人员操作时应当遵守有关的规章制度。禁止任何单位和个人干扰大坝的正常管理工作。

(3)禁止在大坝的集水区域内进行乱伐林木、陡坡开荒等导致水库淤积的活动。禁止在库区内围垦和进行采石、取土等危及山体的活动。

(4)大坝坝顶确需兼做公路的，须经科学论证和大坝主管部门批准，并采取相应的安全维护措施。

(5)禁止在坝体修建码头、渠道，堆放杂物，晾晒粮草。在大坝管理和保护范围内修建码头、鱼塘的，须经大坝主管部门批准，并与坝脚和泄水、输水建筑物保持一定距离，不得影响大坝安全、工程管理和抢险工作。

(6)大坝主管部门应当配备具有相应业务水平的大坝安全管理人员。

(7)大坝管理单位应当建立健全安全管理规章制度。

二、管理单位应认真履行的职责

根据《水库大坝安全管理条例》第十九条到第二十五条的规定，大坝管理单位应履行以下职责：

(1)大坝管理单位必须按照有关技术标准，对大坝进行安全监测和检查；对监测资料应当及时整理分析，随时掌握大坝运行状况。发现异常现象和不安全因素时，大坝管理单位应当立即报告大坝主管部门，及时采取措施。

(2)大坝管理单位必须做好大坝的养护修理工作，保证大坝和闸门启闭设备完好。

(3)大坝的运行,必须在保证安全的前提下,发挥综合效益。大坝管理单位应当根据批准的计划和大坝主管部门的指令进行水库的调度运用。

(4)在汛期,综合利用的水库,其调度运用必须服从防汛指挥机构的统一指挥;以发电为主的水库,其汛限水位以上的防汛库容及其洪水调度运用,必须服从防汛指挥机构的统一指挥。

(5)大坝主管部门应当建立大坝定期安全检查、鉴定制度。汛前、汛后以及暴风、暴雨、特大洪水或者强烈地震发生后,大坝主管部门应当组织对其所管辖的大坝的安全进行检查。

(6)大坝主管部门对其所管辖的大坝应当按期注册登记,建立技术档案。大坝注册登记办法由国务院水行政主管部门制定。

(7)大坝管理单位和有关部门应当做好防汛抢险物料的准备和气象水情预报,并保证水情传递、报警以及大坝管理单位与大坝主管部门、上级防汛指挥机构之间联系通畅。

(8)大坝出现险情征兆时,大坝管理单位应当立即报告大坝主管部门和上级防汛指挥机构,并采取抢救措施;有垮坝危险时,应当采取一切措施向预计的垮坝淹没地区发出警报,做好转移工作。

三、险坝的维护处理

《水库大坝安全管理条例》第二十六条到第二十八条规定了对险坝的维护处理,包括以下内容:

(1)对尚未达到设计洪水标准、抗震设防标准或者有严重质量缺陷的险坝,大坝主管部门应当组织有关单位进行分类,采取除险加固等措施,或者废弃重建。

(2)在险坝加固前,大坝管理单位应当制定保坝应急措施;经论证必须改变原设计运行方式的,应当报请大坝主管部门审批。

(3)大坝主管部门应当对其所管辖的需要加固的险坝制订加固计划,限期消除危险;有关人民政府应当优先安排所需资金和物料。

(4)险坝加固必须由具有相应设计资格证书的单位作出加固设计,经审批后组织实施。险坝加固竣工后,由大坝主管部门组织验收。

(5)大坝主管部门应当组织有关单位,对险坝可能出现的垮坝方式、淹没范围作出预估,并制订应急方案,报防汛指挥机构批准。

四、法律责任

《水库大坝安全管理条例》第二十九条到第三十二条规定了违反该条例应承担的法律责任。

(1)违反条例规定,有下列行为之一的,由大坝主管部门责令其停止违法行为,赔偿损失,采取补救措施,可以并处罚款;应当给予治安管理处罚的,由公安机关依照《治安管理处罚法》的规定处罚;构成犯罪的,依法追究刑事责任:

①毁坏大坝或者其观测、通信、动力、照明、交通、消防等管理设施的;

②在大坝管理和保护范围内进行爆破、打井、采石、采矿、取土、挖沙、修坟等危害大坝

安全活动的；

③擅自操作大坝的泄洪闸门、输水库闸门以及其他设施，破坏大坝正常运行的；

④在库区内围垦的；

⑤在坝体修建码头、渠道或者堆放杂物、晾晒粮草的；

⑥擅自在大坝管理和保护范围内修建码头、鱼塘的。

(2)盗窃或者抢夺大坝工程设施、器材的，依照刑法规定追究刑事责任。

(3)由于勘测设计失误、施工质量低劣、调度运用不当以及滥用职权、玩忽职守，导致大坝事故的，由其所在单位或其上级主管机关对责任人员给予行政处分；构成犯罪的，依法追究刑事责任。

(4)当事人对行政处罚决定不服的，可以在接到处罚通知之日起 15 日内，向作出处罚决定机关的上一级机关申请复议；对复议决定不服的，可以在接到复议决定之日起 15 日内，向人民法院起诉。当事人也可以在接到处罚通知之日起 15 日内，直接向人民法院起诉。当事人逾期不申请复议或者不向人民法院起诉又不履行处罚决定的，由作出处罚决定的机关申请人民法院强制执行。

第九章 防汛抗洪

第一节 概 述

一、我国洪水灾害简述

在地震、飓风、火灾等众多的自然灾害中，无论是受灾范围还是危害程度，水灾都远比其他灾害大得多。历史上我国七大主要江河洪水灾害频繁。1915 年珠江三角洲西、北二江的特大洪水又逢大潮顶托，珠江三角洲所有的堤、圩几乎全部溃决，淹没农田 648 万亩，273 万人受灾，广州市水淹 7 天。1931 年，长江中下游平原上，上起沙市，下至上海沿江城市全遭洪水淹没，淹没农田 5 000 余万亩，受灾人口约 3 000 万人，淹死 14.5 万人，武汉市泡在水中 3 个月。同年淮河大水淹没农田 7 700 万亩，近 2 000 万人受灾，其中死亡 7.5 万人。

黄河的洪水灾害举世闻名，自公元前 206 年到 1938 年的 2 144 多年中，黄河决口泛滥 413 次，其中大改道 26 次，仅 1855 ~ 1938 年的 84 年间，黄河在山东境内因凌汛决口就达 29 次。

我国有 10% 的国土处在江河洪水位以下，在这 10% 的国土面积上，居住了全国 50% 的人口，工农业产值约占全国总产值的 3/4。尽管近些年来各主要江河经大力整治，防洪能力有较大提高，但洪水威胁依然存在。1998 年的长江大洪水、2003 年的淮河洪灾和黄河兰考洪水，均使人民财产和国家经济遭受巨大损失。因此，防汛抗洪任务仍十分艰巨。

二、防汛抗洪的基本概念

有关防汛抗洪的概念很多，下面介绍几个常见名词：

(1)汛，依季节不同分桃花汛、伏汛、秋汛、凌汛，常称“四汛”。

桃花汛，一般发生在三四月份，也称春汛。

伏汛，指伏暑时的江河涨水，一般在七八月份。

秋汛，指秋季的江河涨水，一般在九十月份。

凌汛，指开河解冻时由于冰凌对水流产生阻力而引起的江河水位上涨的现象，一般发生在一二月份。

伏汛和秋汛一般称“伏秋大汛”，简称“大汛”。

汛期，常指的就是大汛时期。由于纬度不同、气象因素不同，我国从南向北各河汛期不尽相同，珠江一般在 5 ~ 7 月，长江、淮河一般在 6 ~ 8 月，黄河、海河及东北河流一般在 7 ~ 10 月。

(2)洪，是指江河、海洋、湖泊等水体表面超过一定水位，威胁两岸及下游地区的安全,甚至造成灾害的水流。洪水的形成按出现的地区不同,可分为河流洪水、海岸洪水和湖泊洪水等。根据形成原因又可分为暴雨洪水、融雪洪水、冰凌洪水、冰川洪水、溃坝洪水和山体坍塌洪水等。

(3)分洪,是指汛期把河槽内不能容纳的洪水分往其他河流、湖泊或分洪区,以减轻洪水对河道的威胁。通常在河流中游是利用湖泊、洼地或开辟分洪区分洪,在下游则需开挖新河。分洪区平时可照常进行农业生产,但不得种植有碍行洪的林木和高秆作物。

(4)滞洪,是指利用河流附近的湖泊、洼地或规定的滞洪区,通过节制闸暂停蓄洪水,待河槽中水的流量减少到一定程度后,再经过节制闸将所蓄洪水放归原河槽。通过滞洪可以降低洪峰高度,减少洪水对下游河道堤防的威胁。

(5)蓄洪,是指为了防止洪水泛滥,采取修水库、水土保持、开挖河网或利用湖泊、洼地等拦蓄洪水的措施。

第二节　防汛抗洪的基本原则

防汛抗洪是水法的重要内容。依照法律规定,防汛抗洪工作必须坚持以下基本原则。

一、全面规划,统筹兼顾

防汛抗洪必须坚持全面规划、统筹兼顾、蓄泄兼施、全面安排的原则。

(一)全面规划

全面规划,是指要对一个地区或者一个流域的自然地理、社会经济、洪水规律、洪灾特点等进行全面细致的调查研究和分析,然后,根据该地区或者流域在国民经济建设中的地位、经济和社会的发展规划、国家对防洪工作的要求等确定经济合理的防洪方案。

(二)统筹兼顾

统筹兼顾,就是要从全局的利益出发,充分照顾到各方面的利益和要求,上下游、左右岸、干支流各地区的单位和个人之间要注重横向联合,提倡友邻互助,增进相互理解和支持。按照自然流势或由防汛指挥机构统一调度下泄的洪水,下游任何单位和个人不得阻拦,上游地区也不得擅自增加下游承纳洪水的负担。要依照法定程序划定分洪区、蓄洪区、滞洪区,妥善安置好群众的安全转移和生产生活。

二、统一指挥

《防洪法》从第三十八条到第四十条详细规定了防汛指挥机构和政府部门统一指挥、统一领导防汛抗洪的工作内容。这些规定表明,做好防汛抗洪工作是各级政府的重要职能。统一指挥主要体现在以下几方面:

(1)从上到下有一个统一的、严密的防汛抗洪指挥系统。中央设立防汛总指挥部,统一领导和指挥全国防汛抗洪工作;地方各级政府及各主要江河的管理部门均应成立相应的防汛抗洪指挥机构,由行政首长负责,水利部门为日常办事机构。

(2)汛期有一支随时准备听候命令、服从调动、组织严密的防汛抢险队伍。

(3)防汛物资管理工作实行“集中统一,全面管理”,保证防汛急需。按照统一领导、统一调拨、分级负责的原则进行物资管理,实行专料专用。

(4)要有一支包括铁路、公路、水路、航空在内的强大的运输力量和信息灵通、及时准确的通信网络,保证汛期运输及时,通航畅通。

《防汛条例》规定:"第二十六条　在汛期,河道、水库、闸坝、水运设施等水工程管理单位及其主管部门在执行汛期调度运用计划时,必须服从有管辖权的人民政府防汛指挥部的统一调度指挥或者监督。

第二十九条　在汛期,电力调度通信设施必须服从防汛工作需要;邮电部门必须保证汛情和防汛指令的及时、准确传递,电视、广播、公路、铁路、航运、民航、公安、林业、石油等部门应当运用本部门的通信工具优先为防汛抗洪服务。

第三十条　在紧急防汛期,地方人民政府防汛指挥部必须由人民政府负责人主持工作,组织动员本地区各有关单位和个人投入抗洪抢险。所有单位和个人必须听从指挥,承担人民政府防汛指挥部分配的抗洪抢险任务。"

三、预防为主,综合治理

(一)预防为主

预防为主,是指在防洪工作中要未雨绸缪,根据防洪工程现状,制订防御洪水方案,落实防洪非工程措施,尽可能减轻或消除洪水给人类造成的损失。预防为主是防洪工作中最基本的一项原则。

(二)综合治理

综合治理,是指采取各种措施和手段相互结合进行治理。如搞好小流域治理,注重水土保持;修建堤防、水库等水利工程,拦蓄洪水;疏浚河道,以利行洪;建立蓄滞洪区等。

四、局部利益服从全局利益,确保重点,兼顾一般

局部利益服从全局利益,是强调防洪工作要以全局利益为重。目前我国整体防洪体系的标准还不高,防洪能力十分有限,不能完全抵御超标准洪水。因此,不得已时要牺牲局部利益来保全全局利益。对于被牺牲的局部地区,灾后要给予经济补偿或救济。这是总结多年防洪工作经验和教训得出的一条基本原则。

(一)明确防洪保护的重点

《防洪法》第三十四条规定:"大中城市,重要的铁路、公路干线,大型骨干企业,应当列为防洪重点,确保安全。受洪水威胁的城市、经济开发区、工矿区和国家重要的农业生产基地等,应当重点保护,建设必要的防洪工程设施。"

国家的经济命脉、铁路、公路、重要的交通枢纽、国防军事重地、重要的工矿企业、重要的经济作业区等均属重点保护对象,这些重点保护对象一般集中在市区。

(二)必要时要牺牲局部、确保重点

《防汛条例》第三十三条第二款规定:"在非常情况下,为保护国家确定的重点地区和大局安全,必须作出局部牺牲时,在报经有管辖权的上级人民政府防汛指挥部批准后,当地人民政府防汛指挥部可以采取非常紧急措施。"

《防汛条例》第三十三条第三款强调:"实施上述措施时,任何单位和个人不得阻拦,

如遇到阻拦和拖延时,有管辖权的人民政府有权组织强制实施。”

五、立足于防大汛

大汛期间洪水暴发的概率很高,特别是当汇流时间相同且相近的几条支流同时降雨时,将会产生有足够破坏力的特大洪水。因此,立足于防大汛,才有可能控制住大洪水,减小或避免洪水灾害的损失。在汛期,任何地区、任一河流都有发生特大暴雨和特大洪水的可能。尽管修建了大批的水库和绵延不断的堤防,但其防洪能力有限,水库下游许多区域不可能完全控制。

立足于防大汛就是要注重防汛物资的日常储备,技术力量的经常培训,通信设施的维修保养,堤防、水库等防汛抗洪工程的巡查、抢护、整修和加固。

第三节 防汛机构的职权和防洪规划的审批

一、防汛抗洪指挥机构

在我国,县级以上的各级政府部门和流域机构都设有防汛抗洪指挥机构。国务院设有国家防汛总指挥部,由一名副总理任国家防汛总指挥长,统一领导全国防汛抗洪工作。黄河、长江等七大江河均设有防汛总指挥部,各省、自治区、直辖市政府,各市、县政府分别成立了各级防汛指挥机构。这些防汛指挥机构,在各级政府的领导下,统一指挥本地区的防汛抗洪工作。

二、各级防汛指挥机构的职责职权

(一)国家防汛总指挥部

《防汛条例》第六条第一款规定:“国务院设立国家防汛总指挥部,负责组织领导全国的防汛抗洪工作,其办事机构设在国务院水行政主管部门。”据此规定,国家防汛指挥部的常设机构设在水利部,统一指挥全国的防汛抗洪工作。

(二)各流域防汛指挥机构

《防汛条例》第六条第二款规定:“长江和黄河,可以设立由有关省、自治区、直辖市人民政府和该江河的流域管理机构(以下简称流域机构)负责人等组成的防汛指挥机构,负责指挥所辖范围的防汛抗洪工作,其办事机构设在流域机构。长江和黄河的重大防汛抗洪事项须经国家防汛总指挥部批准后执行。”

《防汛条例》第六条第三款规定:“国务院水行政主管部门所属的淮河、海河、珠江、松花江、辽河、太湖等流域机构,设立防汛办事机构,负责协调本流域的防汛日常工作。”

(三)地方防汛指挥机构

《防汛条例》第七条规定,有防汛任务的县级以上地方人民政府设立防汛指挥部。各级人民政府防汛指挥部在上级人民政府防汛指挥部和同级人民政府的领导下,执行上级防汛指令,制订各项防汛抗洪措施,统一指挥本地区的防汛抗洪工作。各级人民政府防汛指挥部办事机构设在同级水行政主管部门,城市市区的防汛指挥部办事机构也可以设在城建主管部门,负责管理所辖范围的防汛日常工作。

(四)防汛指挥机构的职责职权

防汛指挥机构的主要职责职权如下:

(1)负责制定和贯彻防汛抗洪的有关政策、法规。

(2)审批汛期调度运用计划。

(3)建立健全通信和警报系统。

(4)组织防汛检查,发布洪水预报、警报。

(5)组织防汛抢险队伍和料物准备。

(6)处理有关防汛事务,指挥防汛抢险工作。

(7)防汛期间有权在其管辖范围内调用防汛所需物资、设备、交通工具和人员。

三、防汛抗洪规划的概念和内容

(一)防洪规划的概念

防洪规划是指在某一流域、河段或者某一特定的区域内,为了防止洪涝灾害的发生或者是在洪涝灾害发生后为尽可能减轻灾害造成的损失而制订的治理方案和总体部署。为了保证防洪建设的科学、有序,制定科学的、符合实际的防洪规划是非常重要的。为此,《防洪法》专设了第二章"防洪规划",对防洪规划的性质、编制原则、规划内容和编制与审批程序作了明确的规定。

(二)防洪规划的内容

根据《防洪法》第十一条的规定,防洪规划的基本内容应当包括三个方面:一是确定防护对象、治理目标和任务,制订防洪措施和实施方案;二是划定洪泛区、蓄滞洪区和防洪保护区的范围;三是规定蓄滞洪区的使用原则。

此外,《防洪法》第十二条规定,受风暴潮威胁的沿海地区,应当把防御风暴潮纳入本地区的防洪规划。

四、防洪规划的编制、审查、批准权限

(1)国家确定的重要江河、湖泊的防洪规划,由国务院水行政主管部门依据该江河、湖泊的流域综合规划,会同有关部门和有关省、自治区、直辖市人民政府编制,报国务院批准。

(2)其他江河、河段、湖泊的防洪规划或者区域防洪规划,由县级以上地方人民政府水行政主管部门分别依据流域综合规划、区域综合规划,会同有关部门和有关地区编制,报本级人民政府批准,并报上一级人民政府水行政主管部门备案。

(3)跨省、自治区、直辖市的江河、河段、湖泊的防洪规划由有关流域管理机构会同江河、河段、湖泊所在地的省、自治区、直辖市人民政府水行政主管部门、有关主管部门拟订,分别经有关省、自治区、直辖市人民政府审查提出意见后,报国务院水行政主管部门批准。

(4)城市防洪规划,由城市人民政府组织水行政主管部门、建设行政主管部门和其他有关部门依据流域防洪规划、上一级人民政府区域防洪规划编制,按照国务院规定的审批程序批准后纳入城市总体规划。

(5)修改防洪规划,应当报经原批准机关批准。

第四节　防洪区的建设与管理

分洪和滞洪是抗御洪水的重要措施,但采取分洪和滞洪要淹没一部分地区,危及该地区人民群众的生命安全和财产安全。防汛期间,各级防汛指挥机构应以将损失减至最小为原则,预先制订分洪、滞洪方案,并报请上级主管部门审核批准后纳入防汛抗洪计划。

在紧急情况下,各级防汛指挥机构可在管辖范围内根据批准的方案采取分洪、滞洪措施。

分洪、滞洪对毗邻地区有威胁时,应立即将分洪、滞洪措施及影响,报告上一级防汛指挥机构请求批准,实施分洪、滞洪之前应先通知受影响的地区。

一、基本概念

(一)防洪区

根据《防洪法》第二十九条的规定,防洪区是指“洪水泛滥可能淹及的地区,分为洪泛区、蓄滞洪区和防洪保护区”。我国有100万平方千米国土、3 333万公顷耕地、6亿人口所处地面高程低于江河洪水位之下,有90%以上的城市受到洪水威胁。

1. 洪泛区

洪泛区是指尚无工程设施保护的洪水泛滥所及的地区。在地广人稀的我国西部,有许多地方都属于这类地区,在人口稠密的东部,面对不同量级的洪水,也存在着相当数量的洪泛区,如未设防河段洪水可能淹及的地区、山前的一些过渡地带、丘陵山区中的平川坝子等。在我国,大江大河的许多支流、中小河流基本没有设防,洪泛区的范围还相当大。

2. 蓄滞洪区

蓄滞洪区是指包括分洪口在内的河堤背水面以外临时贮存洪水的低洼地区及湖泊等。历史上,沿江河两岸的洼地、湖泊有许多与江河相通,汛期自然蓄滞洪水。我国重要江河通过规划确定的蓄滞洪区有98处,总面积为3.45万平方千米,耕地面积达200万公顷。其中长江的荆江分洪区、黄河的山东省东平湖滞洪区、淮河城西湖蓄洪区都是著名的蓄滞洪区。

3. 防洪保护区

防洪保护区是指在防洪标准内受防洪工程设施保护的地区,如北京、上海等城市,京沪、陇海、京广、京九、京哈等铁路干线以及东部四通八达的公路交通网,人口稠密、经济发达的长江三角洲、珠江三角洲、黄淮海平原等。黄河下游堤防、长江荆江大堤、淮河淮北大堤、洪泽湖大堤都是著名的堤防工程。

(二)行洪区

行洪的区域为行洪区。有些河流在河槽两侧均有较大面积的行洪区,如淮河干流沿河共有1 000多平方千米的洼地划为大洪水的行洪区。黄河自孟津至河口有800多千米的河道,两岸间行洪区的面积约有4 000平方千米。

二、防洪区的安全与建设

(一)建立完善的水文测报和水文情报预报体系

保障防洪区的安全,需要建立、完善防洪体系和水文、气象、通信、预警以及洪涝灾害监测系统,不断提高防御洪水能力。提高防洪水平,控制洪涝灾害,加强防洪区的安全与建设,仍是今后防洪管理工作的一项重要任务。

(二)各级人民政府加强对防洪工作的领导,动员、指导全社会共同参与

政府在防洪区安全与建设工作中处于领导地位,防洪区防洪体系的建立、完善,防洪知识的宣传、教育,社会公众对防洪工作的参与,都应当在政府的统一领导、组织下有序地进行。《防洪法》第二十一条对各级人民政府在这方面的职责作了相应的法律规定。要通过防洪宣传、教育,使社会公众了解防洪的基本知识,提高水患意识,并能够自觉地防护防洪工程设施,因地制宜地采取避洪措施。

(三)组织实施防洪区安全建设规划

对蓄滞洪区的利用和各项建设,一般应从以下几个方面进行管理和限制:

(1)在指定的分洪闸门附近和洪水主流区域内,不允许设置有碍行洪的各种建筑物、道路、沟渠、管道、平台等设施,以免增加淹没水深,增大淹没损失。上述地区的土地一般只限于农牧业以及其他露天方式的使用,以保持其自然空地状态。已经种植的林木、芦苇和其他高秆作物应一律清除。

(2)在农村土地利用方面,要按照蓄滞洪的机遇及其特点,调整农业生产结构,积极开展各种经营,因地制宜地发展林、牧、副、渔业以及建筑业和服务业。在种植业方面应努力抓好夏季作物的生产,在蓄滞洪机遇较小的地区,应"保麦夺秋",秋季种植耐水作物,能收则收;蓄滞洪机遇较多的则应"弃秋夺麦"。

(3)蓄滞洪区内工业生产布局应根据蓄滞洪区的使用机遇进行可行性研究。对使用机遇较多的蓄滞洪区,原则上不应布置大中型项目;对使用机遇较少的蓄滞洪区,建设大中型项目必须自行安排可靠的防汛措施。禁止在蓄滞洪区内建设生产严重污染物质的工厂和储存仓库。

(4)蓄滞洪区内进行油田建设必须符合防汛要求,油田应采取可靠的防洪措施,并建设必要的避洪设施。

三、防洪区使用权限的规定

《防洪法》第四十六条规定:"江河、湖泊水位或者流量达到国家规定的分洪标准,需要启用蓄滞洪区时,国务院,国家防汛指挥机构,流域防汛指挥机构,省、自治区、直辖市人民政府,省、自治区、直辖市防汛指挥机构,按照依法经批准的防御洪水方案中规定的启用条件和批准程序,决定启用蓄滞洪区。依法启用蓄滞洪区,任何单位和个人不得阻拦、拖延;遇到阻拦、拖延时,由有关县级以上地方人民政府强制实施。"

《防汛条例》第三十三条第一款规定:"当河道水位或者流量达到规定的分洪、滞洪标准时,有管辖权的人民政府防汛指挥部有权根据经批准的分洪、滞洪方案,采取分洪、滞洪措施。采取上述措施对毗邻地区有危害的,须经有管辖权的上级防汛指挥机构批准,并事先通知有关地区。”蓄洪区、滞洪区应根据其重要程度和保护范围实行分级掌握使用。原则上，涉及两个省（市、区）以上的由中央决定使用，限于一个省（市、区）范围以内的由其所在政府掌握使用。

四、对防洪区使用的补偿和救济原则

蓄滞洪区牺牲局部利益，为广大防洪保护区的防洪安全作出了贡献，政府和受益地区应当给予适当的补偿，帮助其恢复正常的生产、生活，克服因蓄滞洪而造成的困难。《防洪法》第三十二条对建立蓄滞洪区的扶持和补偿、救助制度作了原则规定：“因蓄滞洪区而直接受益的地区和单位，应当对蓄滞洪区承担国家规定的补偿、救助义务。国务院和有关的省、自治区、直辖市人民政府应当建立对蓄滞洪区的扶持和补偿、救助制度。”按照《防洪法》的规定，对蓄滞洪区的扶持和补偿、救助办法由国务院和有关的省、自治区、直辖市人民政府制定，主要包括以下内容：

（1）对于蓄滞洪区，应根据各自的生产、生活、安全设施和使用机遇等情况分别以赔偿、补偿、救济及减免税收等办法，适当弥补其损失。具体办法由国务院规定。

（2）中央和各省（市、区）掌握使用的蓄滞洪区，均须设定专项防洪基金。行、蓄、滞洪区由哪一级使用就由哪一级政府予以赔偿、补偿或救济。若实际损失超出其补偿能力，可向中央申请给予支援。

（3）使用机遇多的行、蓄、滞洪区，国家将酌情减免自救性企业的工商税。同时，当地政府应积极指导和扶持行、蓄、滞洪区内的群众调整生产结构，根据当地的资源优势，因地制宜地发展工副业、畜牧业、编织业、运输业、建筑业、服务业等，使之逐步由以种植业为主，转变为以多种经营和工商业为主的生产结构。另外，还应积极开展行、蓄、滞洪区内企事业和个人的防洪保险。

（4）为合理有效地使用行、蓄、滞洪区，国家有关部门已经制定了有关的政策法规，编制了各有关流域主要江河不同典型年行、蓄、滞洪区的使用规定。地方各级防汛指挥机构应控制行、蓄、滞洪区人口的适度增长，因地制宜地采取就地避洪和安全撤离措施，逐步建立防洪基金与保险制度等。

（5）为了搞好防汛抗洪工作，要加强水库、水闸的安全监测和科学调度。水文和气象测绘、通信和紧急设施、防汛和救灾物资等，必须严加管理和保护，其他任何单位和个人无权占用，更不得破坏。

五、有关防汛抗洪的具体规定

《水法》《防洪法》及其他水利法规均对防汛抗洪作了一些禁止性规定和限制性规定。所谓禁止性规定是指绝对不允许做，往往带有“不准、禁止、严禁”等字眼。所谓限制性规定是指满足一定的条件，办理一定的手续可以做，往往带有“未经……同意或批准，不得……、不得擅自……”字眼。现摘要如下。

（一）在行洪排涝区内的规定

（1）不准擅自拦河筑坝、设网拦鱼、埋设管道、围滩垦殖。

（2）穿堤及跨河建筑物必须经水行政主管部门同意方可修建。

(3)不准擅自修筑影响水流和恶化河势的丁坝、码头、横向高渠道和高路基。

(4)除营造护堤、防浪、治河和抢险专用林木,不准成片造林和种植芦苇等高秆作物。

(5)不准擅自开采矿石土料,确属需要应经水行政主管部门批准方可实施。

(6)不准散放木材,汛期放木要采取安全措施,并需在防汛指挥部门统一指挥下进行。

(7)城市建设和发展要服从防汛安全,不准在行洪河道内盖房屋、建工厂、堆放料物、倾倒矿渣和垃圾。

(8)已有的阻水障碍应由设障单位负责清障,或采取其他补救措施以恢复其原有的行洪排涝能力。

(9)天然湖泊、水库库区、江河入海口等水域内不准擅自围垦,已有的围垦工程若对行洪、蓄洪、滞洪有不利影响,应由建设单位负责清除或采取其他补救措施,以恢复其原有效能。

(10)严禁在江河沿岸附近和行洪、滞洪、蓄洪区内建设有毒的工厂和存放剧毒物品,若确实需要,必须修建专用储藏室或放置在历史最高洪水位以上,并必须采取防止毒物泄漏和冲失的措施。

(11)严禁破坏防御山洪和水土流失的各项设施。

(12)堤防两侧和水库周围的护堤林、防护林、防浪林是保护防洪设施的,也是防汛抢险专用的料源,严禁滥砍乱伐。其采伐更新由水行政主管部门根据工程和防汛抢险的需要自行确定,采伐使用和被洪水冲走的防护防浪林木,必须在汛后或次年春季按规定及时补植树苗。防护林和防浪林应计划使用,严禁成片采伐更新。

(二)对行政区划边界防洪、排涝设施的规定

(1)在平原行政区划边界河道上,未经上级批准或双方协商同意,上游地区不准擅自扩大河道、调整水系或加大泄洪排涝流量,下游地区不准设障阻水或缩窄河道断面,降低原有行洪排涝能力。

(2)在平原行政区划边界规定范围内,未经统一规划不得平地挖沟筑堤,已修筑的应废除,以不阻碍行洪为原则。

(3)修筑公路时不得阻碍排水,若不可避免,应在阻水处修建桥涵或过水路面,以保持其原有自然流势。

(4)边界河道两侧和上、下游堤防,未经上级批准和双方协商同意,任何一方不得擅自提高原有标准,也不准修筑影响河势或威胁对方安全的工程和设施。

第五节　违反《防洪法》应承担的法律责任

一、对未经水行政主管部门同意进行防洪等工程建设的处罚

《防洪法》第五十三条规定:“未经水行政主管部门签署规划同意书,擅自在江河、湖泊上建设防洪工程和其他水工程、水电站的,责令停止违法行为,补办规划同意书手续;违反规划同意书的要求,严重影响防洪的,责令限期拆除;违反规划同意书的要求,影响防洪

第十章　取水许可与有偿用水

第一节　取水许可制度

取水许可制度，是指为了保护和管理水资源，从地表或地下取水的单位和个人，应依法提出取水申请，并经水行政部门批准后，按规定的方式和范围进行取水的法律制度。

1993 年国务院颁布了《取水许可制度实施办法》，自 1996 年全国开展取水许可年审工作以来，取水许可年审已成为一项常规工作。1998 年起全国各地相继进入取水许可换证期，又对取水户的许可水量进行了重新核定，同时，对超计划用水加强了依法处罚的力度，已经基本完成新疆境内国际河流的取水登记发证工作，普遍开展了水资源现状及开发利用情况的调查分析，全面开展了供用水统计及水资源年报工作；积极推进取用水计量和水资源管理信息系统建设，全面开展了用水定额编制等促进计划用水、节约用水方面的工作。2006 年国务院颁发了《取水许可和水资源费征收管理条例》，自 2006 年 4 月 15 日起施行，同时废止了 1993 年国务院发布的《取水许可制度实施办法》。

一、取水许可制度的内容

根据《取水许可和水资源费征收管理条例》第二条第一款的规定，“取水，是指利用取水工程或者设施直接从江河、湖泊或者地下取用水资源”。取水工程或者设施，第三款规定为“是指闸、坝、渠道、人工河道、虹吸管、水泵、水井以及水电站等”。

（一）不需要申请许可的取水

依照《取水许可和水资源费征收管理条例》第四条的规定，下列少量取水不需要申请取水许可证：

“（一）农村集体经济组织及其成员使用本集体经济组织的水塘、水库中的水的；

（二）家庭生活和零星散养、圈养畜禽饮用等少量取水的；

（三）为保障矿井等地下工程施工安全和生产安全必须进行临时应急取（排）水的；

（四）为消除对公共安全或者公共利益的危害临时应急取水的；

（五）为农业抗旱和维护生态与环境必须临时应急取水的。

前款第（二）项规定的少量取水的限额，由省、自治区、直辖市人民政府规定；第（三）项、第（四）项规定的取水，应当及时报县级以上地方人民政府水行政主管部门或者流域管理机构备案；第（五）项规定的取水，应当经县级以上人民政府水行政主管部门或者流域管理机构同意。”

广大农户和城镇居民，为解决日常生活水源，需要提取地下水或从附近河流、湖泊引水的活动，以及为解决畜禽饮用而少量取水和直接从地下或江河、湖泊少量取水的，均无需申请取水许可。至于一些从事航运、竹木流放和渔业等不消耗水量、不影响他人用水权益的用水活动,并非取水行为,因此不存在取水许可问题。

有的地方规定,家庭生活、畜禽饮用取水,每户年取水量2 000立方米以下;农业灌溉以行政村或灌区为单位,年取水量5 000立方米以下;用人力、畜力或者其他方法取水(营业性取水除外),年用水量3 000立方米以下,均不需要申请取水许可。但在实际操作过程中,还得结合具体情况而论。如果一农户为了自家的农田灌溉,在集体经济组织或个人合资修建的山塘(蓄水量10万立方米以下)中取水或正在准备兴建山塘水库,则还是应该以山塘的所有者(个人合资兴建的,选出一位代表)为取水单位,统一办理取水许可证(其中包括该农户的灌溉水量)。因为农业灌溉是以行政村或灌区为一个取水单位,而不是以单个的农户为取水单位。只要某一取水单位超出上述限额,就应申请取水许可。如果在边缘地区,没有统一灌溉设施,各农户是分散取水,且又在取水限额以下,则不需要申请取水许可。

(二)需要申请许可的取水

《取水许可和水资源费征收管理条例》第二条第二款规定:“取用水资源的单位和个人,除本条例第四条规定的情形外,都应当申请领取取水许可证,并缴纳水资源费。”

兴建的建设项目有的需要以不同的方式从地下、江河、湖泊中直接取水。这些建设项目取水量一般较大,因此其建设批准,必须以取水申请审批机关对该项目申请取水许可的书面意见为依据,经计划主管部门综合平衡后,决定该建设项目是否可行。20世纪70年代初,某市准备建设年用水量为1 500万吨的化肥厂,当时市水利局认为建在该地区无水源保障,提出了不同意见。但化肥厂仍经其他有关部门批准建了起来,结果化肥厂大量取用地下水,使该市地下水位下降,同时也因供水量不足处于半生产状态,造成严重后果。

审批取水申请的机关对建设项目的取水申请应进行严密的调查和分析,慎重地提出意见。凡建设项目需要申请取水许可的,在报送设计任务书时,没有附审批取水申请机关书面意见的,有关主管单位应拒绝审批该建设项目。这即是水利部门对建设项目的一票否决权。

二、取水许可预申请

对于新建、改建、扩建的建设项目,需要申请或者重新申请取水许可的,建设单位在编制项目设计任务书(国家现行基本建设管理程序中的可行性研究报告)前,应提出取水许可预申请,由水行政主管部门会同有关部门进行审查,并提出书面意见。如《黄河取水许可实施细则》第十条第一款规定:“新建、改建、扩建的建设项目,需要申请或者重新申请取水许可的,建设单位应在报送项目设计任务书(国家现行基本建设管理程序中的可行性研究报告)前,持有关文件和技术资料向受理机关提出取水许可预申请,领取取水许可预申请书。”

《黄河取水许可实施细则》第十一条规定:“提出取水许可预申请的单位和个人应提交以下文件:

(一)按规定填写的取水许可预申请书;

(二)工程建设项目建议书的简要说明;

(三)取水工程取水量保证程度的分析报告;

（四）取水水源已开发利用状况及水源动态的分析报告；

（五）当取水许可预申请的标的与第三者有利害关系时，第三者的承诺书或其他文件；

（六）取水和退水对水环境影响的分析报告；

（七）省级地方人民政府水行政主管部门对其占用本省区黄河可供水量分配指标的意见；

（八）联合兴办取水工程取水的，应附具由联合兴办人出具的取水申请人委托书。”

三、取水许可申请

对于已建项目的取用水，应依法进行取水许可申请。

（一）申请取水许可应提交的文件

《取水许可和水资源费征收管理条例》第十一条规定：“申请取水应当提交下列资料：

（一）申请书；

（二）与第三者利害关系的相关说明；

（三）属于备案项目的，提供有关备案材料；

（四）国务院水行政主管部门规定的其他材料。

建设项目需要取水的，申请人还应当提交由具备建设项目水资源论证资质的单位编制的建设项目水资源论证报告书。论证报告书应当包括取水水源、用水合理性以及对生态与环境的影响等内容。”

（二）取水许可申请书的内容

《取水许可和水资源费征收管理条例》第十二条规定：“取水许可申请书应当包括下列事项：

（一）申请人的名称（姓名）、地址；

（二）申请理由；

（三）取水的起始时间及期限；

（四）取水目的、取水量、年内各月的用水量等；

（五）水源及取水地点；

（六）取水方式、计量方式和节水措施；

（七）退水地点和退水中所含主要污染物以及污水处理措施；

（八）国务院水行政主管部门规定的其他事项。”

四、取水许可证的审批

（一）审批机关

《取水许可和水资源费征收管理条例》第十三条规定：“县级以上地方人民政府水行政主管部门或者流域管理机构，应当自收到取水申请之日起 5 个工作日内对申请材料进行审查，并根据下列不同情形分别作出处理：

（一）申请材料齐全、符合法定形式、属于本机关受理范围的，予以受理；

（二）提交的材料不完备或者申请书内容填注不明的，通知申请人补正；

(三)不属于本机关受理范围的,告知申请人向有受理权限的机关提出申请。"

(二)审批期限

《取水许可和水资源费征收管理条例》第十九条规定:"审批机关应当自受理取水申请之日起45个工作日内决定批准或者不批准。决定批准的,应当同时签发取水申请批准文件。

对取用城市规划区地下水的取水申请,审批机关应当征求城市建设主管部门的意见,城市建设主管部门应当自收到征求意见材料之日起5个工作日内提出意见并转送取水审批机关。

本条第一款规定的审批期限,不包括举行听证和征求有关部门意见所需的时间。"

(三)不予批准的取水申请

《取水许可和水资源费征收管理条例》第二十条规定:"有下列情形之一的,审批机关不予批准,并在作出不批准的决定时,书面告知申请人不批准的理由和依据:

(一)在地下水禁采区取用地下水的;

(二)在取水许可总量已经达到取水许可控制总量的地区增加取水量的;

(三)可能对水功能区水域使用功能造成重大损害的;

(四)取水、退水布局不合理的;

(五)城市公共供水管网能够满足用水需要时,建设项目自备取水设施取用地下水的;

(六)可能对第三者或者社会公共利益产生重大损害的;

(七)属于备案项目,未报送备案的;

(八)法律、行政法规规定的其他情形。"

(四)取水许可实行分级审批

分级审批是按取水量的大小分别由不同级别的机构审批。例如河北省的唐山市以县(区)为单位颁发了《取水许可制度》《用水管理制度》《打井审批制度》。其中规定对取水许可实行分级审批:年用水量在1 000万立方米以上的取水户,由省水行政主管部门审批;年用水量在100万~1 000万立方米的取水户,由市水行政主管部门审批;年用水量在100万立方米以下的取水户,由县(区)水行政主管部门审批。取水许可被批准后,由取水点所在的县(区)水行政主管部门代表上级水行政主管部门行使管理权,负责发放取水许可证。新建项目由建设单位提出申请,领取取水许可证后才能组织施工。

案例　擅自取水

案情简介:位于××区××路××号的上海某公司,在没有取水许可证的情况下,擅自在厂区东面的××河道内取用地表水,并且该企业内部的自来水供水系统与公共供水管网系统连接,也未履行申报手续。

案件调查处理经过:2006年9月19日上午9时,××区水务行政执法支队水务稽查人员找到企业负责人,送达了《上海水务行政主管部门行政检查、行政强制、行政处罚告知公开书》,并请他配合一同对现场进行勘验,在厂区的东北部发现有一台提水用的机械水泵,在东侧建有引水用的围堰。水务稽查人员立即对现场拍照取证,制作现场勘验笔录、现场勘验图,并向该企业负责人简单询问了一些供水和取水的基本情况。水务稽查人员当场发出了调查询问通知书，要求该企业负责人在2006年9月20日上午9时到水务行政执法支队接受进一步调查询问，立案查处。

2006年9月20日上午，该企业的法定代表人××到××区水务行政执法支队接受调查询问。稽查人员在询问取用地表水的动机和目的时发现，该企业从2004年4月开始租赁原空置厂房和场地，生产建筑构件，由于原厂区内无自来水设备，所以自己请施工单位将厂区内的自建供水管网接入公共供水管网，取用自来水，但是没有去供水部门办理任何相关手续。当事人知道在没有去供水单位登记的情况下擅自取用自来水是不对的，想尽量少用自来水，就在2004年的6月开始从××河道内取水补充生产用水和冲洗生产设备与场地。2006年7月当事人生产状况良好，为了发展再生产新增了一些设备，用水量增加了，由于河道水质较好，所以利用机械水泵开始大量在河道内取水，用来补充生产用水。当稽查人员问及为什么不办供水手续和取水许可时，××回答"接通了公共供水管网没有人身危险，对企业能少开支就少开支，降低成本，再则我厂区较偏僻，不容易被人发现"。

水务稽查人员根据调查材料以及相关证据材料证明，当事人违反了《水法》第四十八条的规定："直接从江河、湖泊或者地下取用水资源的单位和个人，应当按照国家取水许可制度和水资源有偿使用制度的规定，向水行政主管部门或者流域管理机构申请领取取水许可证，并缴纳水资源费，取得取水权。"当事人在未取得取水许可证的情况下，擅自在河道内取水用于生产，同时当事人违反了《上海市供水管理条例》(2006年修正)第四十一条第一款第五项的规定，擅自将自建设施供水管网系统与公共供水管网系统连接，当事人在没有取得水务部门许可的情况下，已经属于擅自私接。综合以上行为，故对当事人的两项违法行为分别立案查处。

2006年9月25日上午，经过审理小组集体讨论，当事人在没有办理取水许可证的情况下，擅自用机械水泵及其他设施在××河道内取水用于生产的行为违反了《水法》第四十八条的规定。依据《水法》第六十九条的规定，有下列行为之一的，由县级以上人民政府水行政主管部门或者流域管理机构依据职权，责令停止违法行为，限期采取补救措施，处二万元以上十万元以下的罚款；情节严重的，吊销其取水许可证。根据以上法律规定，对该公司拟作出罚款五万元及限其于2006年11月16日之前办理好取水许可证并向管理部门补缴水资源费的行政处罚事先告知书和行政处罚听证告知书。另外，当事人在没有向水务部门和供水部门办理任何手续的情况下，擅自将厂区内自建的供水管网接入公共供水管网的行为违反了《上海市供水管理条例》(2006年修正)第四十一条第一款第五项的规定。依据《上海市供水管理条例》(2006年修正)第四十一条的规定，对该企业拟作出罚款三万元的行政处罚事先告知书和行政处罚听证告知书。两件四份案件告知书于2006年9月25日送达当事人手中，并告知当事人可在2006年9月30日前提出陈述和申辩。

当事人在收到行政处罚事先告知书之后，对案件情况和拟处理意见在规定时限内并没有提出陈述和申辩，只是表示自己的行为确已属违法行为愿接受处罚。2006年10月10日，水务执法支队审理小组对案件进行终结审理，根据案情分别对该当事人的两项违法行为发出两份行政处罚决定书，开出的行政处罚决定书和行政处罚事先告知书上的内容完全一致。当事人在接到两份行政处罚决定书之后也主动按照决定书上的处罚内容缴纳了罚款,并补缴了水资源费和自来水水费。

案件评析:这个案件中当事人的行为违反了两个不同的水务法规,同时存在两个不同性质的案件,所以水务行政执法部门一定要对同一事件中的两个不同违法事实进行分别的立案查处。

(五)大中型建设项目的地下水取水许可证的审批

水行政主管部门在审批大中型建设项目的地下水取水许可申请、供水水源地的地下水取水许可申请时,须经地质矿产行政主管部门审核同意并签署意见后方可审批;水行政主管部门对上述地下水的取水许可申请可以授权地质矿产行政主管部门、城市建设行政主管部门或者其他有关部门审批。

(六)地下水取水许可申请

地下水取水许可申请经水行政主管部门或者其授权的有关部门批准后,取水单位方可凿井,井成后经过测定,核定取水量,由水行政主管部门或者其授权的地质矿产行政主管部门、城市建设行政主管部门或者其他有关部门发给取水许可证。如曲阜市对地下水实行"三证"管理,即凡在市区范围内进行钻井的打井队,必须到市水利局登记,经水利局审查合格后发给钻井施工许可证;凡需新打井开采地下水的单位和个人,须报市水利局审批发给钻井许可证,井打成后由市水利局验收,经验收合格,待颁发取水许可证后方可使用。

(七)取水和退水水质

对专门开展水质论证的取水项目,根据水质论证报告进行审批;对未开展水质论证的取水项目,应对取水申请人提交的取水和退水对水环境影响分析报告中的有关内容进行审查。

(八)水源论证

对没有开展水源论证的取水项目,应通过实地查勘,分析建设项目所在地水资源时空分布状况,水资源开发利用现状,历年来水文、地质情况等,经综合比较,选择水量保证率高、水质较好的水源。

五、取水项目的竣工验收和发证

(一)地表取水

取用地表水的项目经审批机关批准后,申请人方可动工兴建。施工前,申请人应向水行政主管部门提交施工计划,并由水行政主管部门派人参加该项取水口工程的施工放样。取水项目竣工后,取水申请人须向水行政主管部门提交有关竣工资料,经审批机关验收合格并核定了取水量后,发给取水许可证。

(二)地下取水

取用地下水的项目经审批机关批准后,申请人方可与施工单位签订凿井施工合同,并办理凿井许可手续,现场确定井位。施工中,水行政主管部门应加强监督管理,督促施工单位严格按成井规范进行施工。井成后,水行政主管部门应督促施工单位提交井点平面布置图、成井柱状图、抽水试验记录、恢复水位记录、洗井记录、水质分析报告等有关成井资料。经有审批权的水行政主管部门验收合格并核定取水量后,发放取水许可证。

(三)取水许可证的备案、有效期、登记和公告

取水许可证分正本和副本各一件。正本由取水申请人持有,副本由监督管理机关或其委托的管理机关备存。取水许可证的有效期,最长不超过 5 年。水行政主管部门应建立取水许可登记簿,定期公告。

申请人对取水许可申请不予批准的决定不服,认为其申请符合法定条件的,可以依法申请行政复议或者向人民法院起诉。

六、取水许可的调整、变更、吊销和监督管理

(一)取水量的调整

取水许可是发证机关根据本地区正常情况下天然来水量,经过综合平衡后批准给取水单位和个人一定的取水权益。但是,当遇到枯水年或者特枯水年份,自然来水量大幅度减少时,所分配的取水份额便得不到保证,需要对取水进行限制。此外,由于我国是水资源紧缺的国家,社会需水量不断增长,也需要根据产业政策、技术进步等因素对取水许可进行调整,以满足全社会对水的需求。因此,取水单位依法取得的取水权是一种相对的权益,不是固定不变的。由于取水量的核减或限制对生产、生活影响很大,所以取水量的核减或限制须经县级以上人民政府批准。

(二)取水许可证的吊销、变更、延期及取水地点的改变

对于连续停止取水满一年的,经县级以上人民政府批准,吊销其取水许可证。取水期满,取水许可证自行失效,需要延长期限的,应在期限届满前 90 日内,提出申请。因自然原因等需要更改取水地点的,须经原批准机关批准。对于少量取水的限额,由省级人民政府根据当地水资源状况确定。

七、实行取水许可制度应注意的问题

取水许可制度实施工作尽管取得显著成效,但在实践过程中也暴露出一些问题。例如,取水许可统一管理体制尚未完全理顺,有重复发证的现象;取水许可审批水量,尤其是审批重大工程取水量,方法和程序要求显得过于简单,科学性有待提高;取水许可总量控制有待研究加强;计划用水和节约用水有待大力推进;取水许可工作面不够宽,未能对取用水全面进行权属管理;监管制度有待完善,管理机制有待健全;等等。这些问题需要我们认真研究解决。总的来讲,实施取水许可制度是为实现水资源可持续利用服务的,在水利部贯彻落实中央新时期的治水方针中提出的“从工程水利向资源水利,从传统水利向现代水利、可持续发展水利转变,通过水资源的优化配置,满足经济社会发展的要求,以水资源的可持续利用支持社会经济的可持续发展”治水新思路,为此要注重研究以下内容。

(一)适应管理体制

《水法》规定:“国家对水资源实行流域管理与行政区域管理相结合的管理体制”,取水许可制度的健全完善和实行,需要研究并划分好流域与区域的管理权,不允许出现重复发证的现象。

(二)增进审批水量的科学性

《水法》规定:“国民经济和社会发展规划以及城市总体规划的编制、重大建设项目的

布局,应当与当地水资源条件和防洪要求相适应,并进行科学论证;在水资源不足的地区,应当对城市规模和建设耗水量大的工业、农业和服务业项目加以限制。”对于建设项目,国家原发展计划委员会和水利部已联合下发了《建设项目水资源论证管理办法》,要研究加强审批水量的水资源论证,提高审批水量的科学性。

(三)实行用水总量控制和定额管理

《水法》规定:“国家对用水实行总量控制和定额管理相结合的制度”,取水许可制度的健全完善和实行,需要研究如何去操作,避免产生审批水量超出流域或区域可利用水量,避免出现取用水配置不当、效益搬家的情况。

(四)实行计划用水,促进节约用水

《水法》规定:“用水应当计量,并按照批准的用水计划用水”,“新建、扩建、改建建设项目,应当制定节水措施方案,配套建设节水设施。节水设施应当与主体工程同时设计、同时施工、同时投产。”取水许可制度的健全完善和实行,需要研究如何把它落到实处,真正促进节约用水,提高用水效率。

(五)加强监督管理,明确违反取水许可制度的法律责任

《水法》规定,未经批准擅自取水的和未依据批准的取水许可规定条件取水的,由县级以上人民政府水行政主管部门或者流域管理机构依据职权,责令停止违法行为,限期采取补救措施,处二万元以上十万元以下罚款;情节严重的,吊销其取水许可证;等等。

第二节 水资源的有偿使用

一、概念

水资源有偿使用制度,按照国内外许多专家的解释,是指国家为保障水资源可持续利用,采取强制手段使开发利用水资源的单位和个人支付一定费用的一整套管理措施。在我国,广义的水资源有偿使用实现形式主要是指以下几方面:

(1)征收水资源费。

(2)缴纳水利工程供水水费。

(3)向用水户征收保护水资源方面的费用,该项收费依据是《水污染防治法》规定缴纳的排污费和超标排污费。

(4)向城市居民征收污水处理费。

(5)水利政策提出征收的保护水资源和恢复生态环境补偿费。

《水法》提出的实行水资源有偿使用制度,特指对取用水资源的单位和个人征收水资源费。

二、水资源费与水费制度

(一)水资源费

征收水资源费,通常是从水利经济角度,把水分为三类:第一类是天然水,就是天然状态的水;第二类是自给水,就是机关、学校、部队以及企事业单位直接从地下或江河、湖泊取水作为自备水源的水；第三类是商品水，就是供水单位向用户出售的水。

对从江河、湖泊取用水的单位和个人征收水资源费的用水管理制度，《水法》第四十八条规定："直接从江河、湖泊或者地下取用水资源的单位和个人，应当按照国家取水许可制度和水资源有偿使用制度的规定，向水行政主管部门或者流域管理机构申请领取取水许可证，并缴纳水资源费，取得取水权。"

（二）水费

水费制度，是指使用供水工程供水的单位和个人，必须依法按照规定的标准、方法、数量、期限等，向供水单位缴纳水费，供水单位保证按计划供水，并合理征收、使用、管理水费的用水管理制度。

《水法》第五十五条规定："使用水工程供应的水，应当按照国家规定向供水单位缴纳水费。"水工程，《水法》第七十九条定义为："在江河、湖泊和地下水源上开发、利用、控制、调配和保护水资源的各类工程。"

（三）水费与水资源费的区别

水资源费是体现国家对水资源实行权属管理的行政性收费，水费是体现水资源的商品交换关系的经营性收费。二者的性质不同，主要区别如下：

（1）收费的主体不同。水资源费的收取单位是国家行政部门，即是各级水行政主管部门和各流域机构；而水费则是由供水工程的管理单位收取。

（2）缴费的义务主体不同。水资源费的缴费主体是直接取用地下水和江河、湖泊水资源的单位与个人；水费由使用供水工程供水的单位缴纳。

（3）用途不同。水资源费主要用于水资源的调查勘测、分析评价、管理保护；水费用于供水工程的运行管理、大修和更新改造。

（4）对拒缴费用的处理方式不同。拒缴水资源费的可以依法对其作出行政处罚或向当地人民法院申请强制执行；拒缴水费可以依法向法院提起民事诉讼。

（四）水资源费的征收

根据《水法》第四十八条的规定，应当缴纳水资源费的主要是指从江河、湖泊或地下直接取用水资源的用水户。全国绝大部分城市对直接从地下取水的，都实行了取水许可制度。无论城市是否实行取水许可制度，只要符合直接从地下取水的法律规定，都必须对取水单位征收水资源费。城市中开采地下水作为自备水源的单位，应主动自觉地缴纳水资源费。

第三节　水利工程供水价格管理办法

2003 年水利部制定了《水利工程供水价格管理办法》，共 6 章 30 条，于 2004 年 1 月 1 日起实施。

一、供水价格的含义和组成

根据《水利工程供水价格管理办法》第三条的规定，水利工程供水价格"是指供水经营者通过拦、蓄、引、提等水利工程设施销售给用户的天然水价格"。

《水利工程供水价格管理办法》第四条规定供水价格的组成如下:

(1)水利工程供水价格由供水生产成本、费用、利润和税金构成。

(2)供水生产成本,是指正常供水生产过程中发生的直接工资、直接材料费、其他直接支出以及固定资产折旧费、修理费、水资源费等制造费用。供水生产费用是指为组织和管理供水生产经营而发生的合理销售费用、管理费用和财务费用。

(3)利润,是指供水经营者从事正常供水生产经营获得的合理收益,按净资产利润率核定。

(4)税金,是指供水经营者按国家税法规定应该缴纳,并可计入水价的税金。

二、制定水价的权限和制度

(一)制定水价的权限

根据《水利工程供水价格管理办法》的规定,水价由政府指导或制定,报政府和水行政主管部门审批。具体规定如下:

(1)政府定价和政府指导价。《水利工程供水价格管理办法》第五条规定了确定供水价格的权限:"水利工程供水价格采取统一政策、分级管理方式,区分不同情况实行政府指导价或政府定价。政府鼓励发展的民办民营水利工程供水价格,实行政府指导价;其他水利工程供水价格实行政府定价。"

(2)水利部审批的供水价格。《水利工程供水价格管理办法》第十六条规定:"中央直属和跨省、自治区、直辖市水利工程的供水价格,由国务院价格主管部门商水行政主管部门审批。"

(3)地方政府审批的供水价格。《水利工程供水价格管理办法》第十七条规定:"地方水利工程供水价格的管理权限和申报审批程序,由各省、自治区、直辖市人民政府价格主管部门商水行政主管部门规定。"

(二)水价听证和公示制度

根据《水利工程供水价格管理办法》第十八条的规定,水价的制定或调整实行听证和公示制度,列入价格听证目录的水利工程供水价格,在制定或调整价格时应实行价格听证,充分听取有关方面的意见。水利工程供水应实行价格公示制度。供水经营者和用水户必须严格执行国家水价政策,不得擅自变更水价。

三、水价的种类

(一)基本水价和计量水价

《水利工程供水价格管理办法》第十三条第二款规定:"基本水价按补偿供水直接工资、管理费用和50%的折旧费、修理费的原则核定。"

《水利工程供水价格管理办法》第十三条第三款规定:"计量水价按补偿基本水价以外的水资源费、材料费等其他成本、费用以及计入规定利润和税金的原则核定。"

(二)累进加价、超定额加价和季节浮动水价

《水利工程供水价格管理办法》第十四条规定:"各类用水均应实行定额管理,超定额用水实行累进加价。超定额加价办法由有管理权限的价格主管部门会同水行政主管部门

确定。”

《水利工程供水价格管理办法》第十五条规定：“供水水源受季节影响较大的水利工程，供水价格可实行丰枯季节水价或季节浮动价格。”如2000年1月1日起执行、由国家原发展计划委员会颁发的计价格〔2000〕2055号《关于调整黄河下游引黄渠首工程供水价格的通知》中规定：农业用水，4～6月份每立方米1.2分，其他月份，每立方米1分；工业及城市生活用水，4～6月份，每立方米4.6分，其他月份，每立方米3.9分。

四、水价的核定和计收

（一）水价核定原则

（1）《水利工程供水价格管理办法》第六条规定：“水利工程供水价格按照补偿成本、合理收益、优质优价、公平负担的原则制定，并根据供水成本、费用及市场供求的变化情况适时调整。”

（2）《水利工程供水价格管理办法》第七条规定：“同一供水区域内工程状况、地理环境和水资源条件相近的水利工程，供水价格按区域统一核定。供水区域的具体范围由省级水行政主管部门商价格主管部门确定。其他水利工程供水价格按单个工程核定。”

（二）水价核定办法

水价的核定包括以下几方面：

（1）资产和成本费用。《水利工程供水价格管理办法》第八条规定：“水利工程的资产和成本、费用，应在供水、发电、防洪等各项用途中合理分摊、分类补偿。水利工程供水所分摊的成本、费用由供水价格补偿。具体分摊和核算办法，按国务院财政、价格和水行政主管部门的有关规定执行。”

（2）经营期内的补偿和还贷。《水利工程供水价格管理办法》第九条规定：“利用贷款、债券建设的水利供水工程，供水价格应使供水经营者在经营期内具备补偿成本、费用和偿还贷款、债券本息的能力并获得合理的利润。经营期是指供水工程的经济寿命周期，按照国家财政主管部门规定的分类折旧年限加权平均确定。”

（3）分类定价。《水利工程供水价格管理办法》第十条规定：“根据国家经济政策以及用水户的承受能力，水利工程供水实行分类定价。水利工程供水价格按供水对象分为农业用水价格和非农业用水价格。农业用水是指由水利工程直接供应的粮食作物、经济作物用水和水产养殖用水；非农业用水是指由水利工程直接供应的工业、自来水厂、水力发电和其他用水。农业用水价格按补偿供水生产成本、费用的原则核定，不计利润和税金。非农业用水价格在补偿供水生产成本、费用和依法计税的基础上，按供水净资产计提利润，利润率按国内商业银行长期贷款利率加2至3个百分点确定。”

（4）发电水价。《水利工程供水价格管理办法》第十一条规定：“水利工程用于水力发电并在发电后还用于其他兴利目的的用水，发电用水价格（元/立方米）按照用水水电站所在电网销售电价（元/千瓦时）的0.8%核定，发电后其他用水价格按照低于本办法第十条规定的标准核定。水利工程仅用于水力发电的用水价格（元/立方米），按照用水水电站所在电网销售电价（元/千瓦时）的1.6%～2.4%核定。利用同一水利工程供水发电的梯级电站，第一级用水价格按上述原则核定，第二级及以下各级用水价格应逐级递减。”

(5)特殊供水水价。《水利工程供水价格管理办法》第十二条规定:“在特殊情况下动用水利工程死库容的供水价格,可按正常供水价格的2至3倍核定。”

(三)供水经营者计量收费

(1)计量收费。《水利工程供水价格管理办法》第二十条规定:“水利工程供水实行计量收费。尚未实行计量收费的,应积极创造条件,实行计量收费。暂无计量设施、仪器的,由有管理权限的价格主管部门会同水行政主管部门确定合适的计价单位。实行两部制水价的水利工程,基本水费按用水户的用水需求量或工程供水容量收取,计量水费按计量点的实际供水量收取。”

(2)由供水经营者收费。《水利工程供水价格管理办法》第二十一条第二款规定:“水费由供水经营者或其委托的单位、个人计收,其他单位或个人无权收取水费。”

(四)农业水费

粮食作物按供水成本核定水费标准,经济作物可略高于供水成本。在农业水费所依据的供水成本内,不包括农民投劳折资部分的固定资产折旧。

(五)工业水费

工业用水中的消耗性用水,按供水部分全部投资计算的供水成本加供水投资4% ~6%的盈余核定水费标准。水资源短缺地区的水费可略高于以上的标准。非消耗用水,按用水后所产生的经济效益由供水单位和用水户分享的原则,核定水费标准。

(六)城镇生活用水水费

由水利工程提供城镇自来水水源并用于居民生活用水的水费,一般按供水成本略加盈余核定,其标准可低于工业水费。

(七)排水费

《水利工程供水价格管理办法》第二十七条规定:“除农民受益的农田排涝工程外,受益范围明确的水利排涝工程,管理单位可向受益的单位和个人收取排水费,标准由有管理权限的价格主管部门按略低于供水价格的原则核定。

供排兼用的水利工程,排水费应单独核定标准,与供水水费分别计收。”

五、水费的使用和管理

水利供水工程所需的运行管理费、大修费和更新改造费由所收水费解决。水利工程管理单位的水费盈余,大部分用于建立水利事业发展基金,小部分用于集体福利和奖励基金,其比例与数额须经上级主管部门批准。尚有移民遗留问题的水库,水费可附加库区移民扶助金,用于扶助移民发展生产。

水费收入不得用于水利管理以外的开支。其他任何部门不得截留或挪用。

跨省、自治区、直辖市的大型供水工程的水费标准,由有关省、自治区、直辖市协商提出,送水利部核定。水利部直属水利工程供水由主管的流域机构根据《水利工程供水价格管理办法》并参照当地的有关规定,拟定水费标准和管理办法报水利部批准。

案例　直接从水库中取水还缴水资源费吗?

直接从水库中取水,缴了水费还要不要再缴水资源费?围绕这一问题,黑龙江省××公司与××市水务局发生了争议,最终由人民法院依法裁决。

××公司拒缴理由：缴了水费就不该再缴水资源费。××公司承建了××发电厂的施工任务，自2000年至2001年电厂施工期间，直接从黑龙江省××水库取水324.2万立方米，应缴纳水资源费32.42万元。但在当地水行政主管部门——××市水务局向该公司征收水资源费时，公司拒不缴费，理由是他们已向××水库缴了每立方米0.5元的水费，不应再缴纳水资源费。

水务局收费依据：《水法》及黑龙江省政府文件。根据《水法》及黑龙江省政府的有关文件规定，××水务局在核准该公司取水量后，于2001年12月31日向其下发了缴费通知单。对方接收了缴费通知单并签字。但在规定日期内，对方没有自动履行缴费义务。于是水务局根据《行政处罚法》和《行政复议法》有关规定，于2002年1月15日向其下发了“行政处理决定书”。

××水务局认定对方应缴纳水资源费的主要依据有四项。一是《水法》中有明确规定：直接从江河、湖泊或者地下取用水资源的单位和个人，应缴纳水资源费。对方虽然不是直接取水，但是直接从××水库取水。二是××水库在水价测算中，没有包含水资源费。三是《黑龙江省〈水法〉实施办法》的解释权是黑龙江省水利厅，省水利厅于1993年就下发文件明确规定：凡是从水库取水的单位和个人应缴纳水资源费。四是黑龙江省水利厅针对此事明确答复应该收取水资源费，并下发文件，专门对征收水资源费问题进行了解释。

在事实清楚、法律依据充分、程序合法的情况下，该公司仍拒缴水资源费。2002年3月27日，××水务局向××市中级人民法院申请强制执行。

人民法院裁决：强行划转，维持原判。

××市中级人民法院认真审核了此案的卷宗，于2002年4月4日对××公司下发了执行通知书，并通过银行划转了应缴纳的水资源费和滞纳金以及法院执行费。

该公司不服，于2002年4月8日向××区人民法院提起诉讼，要求撤销××市水务局行政处理决定书。××区法院经过公开审理，最后判决维持××市水务局作出的行政处理决定书。

该公司对××区法院的判决不服，于2002年12月16日又向市中级人民法院上诉，要求撤销一审判决，依法改判。××市中级人民法院经过庭审调查，认为被上诉人××市水务局向上诉人征收水资源费，属依法行政，驳回上诉，维持原判。

案评：这是一起依法征收水资源费的案件，也是一起典型的水行政案件。虽然案情较为简单，但是经过了行政处理、申请强制执行、强制划拨、行政诉讼一审与二审等行政执法程序和司法程序，最终以中级人民法院维持××市水务局作出的行政处理决定书结案。水务局的胜诉，对当地取水许可和水资源费征收工作起到了很大的推动作用。

第十一章　水土保持

第一节　概　述

一、我国水土流失概况

自2005年7月开始,我国28位院士、上千名科研人员,进行了历时3年的科考活动,基本摸清了我国水土流失现状。目前我国土壤侵蚀面积达到356万平方千米,其中:水蚀165万平方千米,风蚀191万平方千米,亟待治理的面积近200万平方千米。水土流失主要发生在山区、丘陵区和风沙区,在平原区和沿海地区也局部存在。以三峡库区为例,库区总面积约为5万平方千米,涉及重庆、湖北两省市的19个区(县、市),其中重庆为16个区(县、市),总面积为4.6万平方千米,水土流失面积为3.06万平方千米,年土壤侵蚀模数为3 751吨/万平方千米。年侵蚀量为11 481万吨。

侵蚀形式多样,类型复杂,治理难度大。水蚀、风蚀、冻融侵蚀及滑坡、泥石流等重力侵蚀相互交错,成因复杂。西北黄土高原区、东北黑土漫岗区、南方红壤丘陵区、北方土石山区、南方石质山区以水蚀为主,局部伴随有滑坡、泥石流等重力侵蚀;青藏高原以冻融侵蚀为主;西北风沙区和草原区以风蚀为主;西北半干旱的农牧交错带是风蚀水蚀共同作用区,冬春两季以风蚀为主,夏秋两季以水蚀为主。土壤流失严重。据统计,我国每年流失的土壤总量达50亿吨。长江流域年土壤流失总量24亿吨,其中中上游地区达15.6亿吨;黄河流域黄土高原区每年输入黄河泥沙16亿吨,特别是内蒙古河口镇至龙门区间的7万多平方千米范围内,年平均土壤侵蚀模数达10 000吨/平方千米,严重的高达3万~5万吨/平方千米,该区输入黄河的泥沙约占黄河输沙量的一半以上。

当前水土流失突出表现为四大危害:

(1)导致土地退化,毁坏耕地。经研究测算,按现在的流失速度,50年后东北黑土区1 400万亩耕地的黑土层将流失掉,35年后西南岩溶区石漠化面积将翻一番,将有近1亿人失去赖以生存和发展的基础。

(2)导致江河湖库淤积,加剧洪涝灾害。全国8万多座水库年均淤积16.24亿立方米,是造成调蓄能力下降的主要原因之一。

(3)恶化生存环境,加剧贫困。专家综合判定,我国现有严重水土流失县646个,76%的贫困县和74%的贫困人口生活在水土流失区。

(4)削弱生态系统的调节功能,对生态安全和饮水安全构成严重威胁。

在所有开发建设项目中,农林开发项目、公路铁路项目、城镇建设工程引起的水土流失最为严重,占总面积的78.2%,其中农林开发造成的水土流失量达2.52亿吨,占到37%,居开发建设项目之首。

一些山丘区经济林发展很快，荒山、荒坡开发强度很大，但有些人只顾树上、不顾树下，量大面广的陡坡开垦、顺坡耕作、乱砍滥伐等活动，造成大面积的植被破坏和水土流失。

坡耕地是水土流失的主要策源地。全国现有18亿亩耕地中，坡耕地为3.2亿亩，占17.8%，这些坡耕地每年产生的土壤流失量约为15亿吨，占全国水土流失总量的1/3。

我国坡耕地主要分布在长江上游地区、黄土高原地区、石漠化地区和东北黑土区。据测算，黄土高原地区坡耕地每生产1千克粮食，流失的土壤一般达到40~60千克。因此，实施坡耕地水土综合整治工程、积极发展主导产业，是解决坡耕地问题的有效途径。

二、水土保持的主管机关及职责

（一）国家及地方政府的职责

《水土保持法》第五条规定："国务院水行政主管部门主管全国的水土保持工作。

国务院水行政主管部门在国家确定的重要江河、湖泊设立的流域管理机构，在所管辖范围内依法承担水土保持监督管理职责。

县级以上地方人民政府水行政主管部门主管本行政区域的水土保持工作。

县级以上人民政府林业、农业、国土资源等有关部门按照各自职责，做好有关的水土流失预防和治理工作。"

同时第六条还规定："各级人民政府及其有关部门应当加强水土保持宣传和教育工作，普及水土保持科学知识，增强公众的水土保持意识。"

《水土保持法》的这些规定，体现出水土保持工作的重要性及其艰巨性，也是政府社会职能的反映与体现，理所当然地以政府为主。

（二）水行政主管机关的职责

水利部门是国家水土保持职能机构。地方各级政府的水利厅、局，或水保厅、局是地方政府的水土保持职能机构。各有关部门及其工矿、交通等企事业单位，应根据需要设立水土保持机构或专职干部，负责本系统、本部门、本单位范围内的水土保持工作。

《水土保持法》第十一条规定："国务院水行政主管部门应当定期组织全国水土流失调查并公告调查结果。省、自治区、直辖市人民政府水行政主管部门负责本行政区域的水土流失调查并公告调查结果，公告前应当将调查结果报国务院水行政主管部门备案。"

《水土保持法》第十二条规定："县级以上人民政府应当依据水土流失调查结果划定并公告水土流失重点预防区和重点治理区。"

水土保持工作应分级实施。分级实施，是指国家水行政主管部门负责全国的水土保持工作，地方各级水行政主管部门负责其行政区域范围内的水土保持工作。

（三）水土保持机构的职责

各级水土保持机构的职责主要是：贯彻并监督执行国家有关水土保持的法律、法令和方针政策；组织水土保持查勘；组织水土保持区的规划计划的编制和实施；对具有管辖权的建设项目，审批环境影响报告中的水土流失保持方案报告书，并监督实施；负责重点治理工作，并督促检查有关部门的水土保持工作；组织开展水土保持科学研究、人才培养和宣传工作；管好用好水土保持经费和物资。

（四）编制水土保持规划

《水土保持法》第十条规定："水土保持规划应当在水土流失调查结果及水土流失重点预防区和重点治理区划定的基础上，遵循统筹协调、分类指导的原则编制。"

《水土保持法》第十三条规定："水土保持规划的内容应当包括水土流失状况、水土流失类型区划分、水土流失防治目标、任务和措施等。

水土保持规划包括对流域或者区域预防和治理水土流失、保护和合理利用水土资源作出的整体部署，以及根据整体部署对水土保持专项工作或者特定区域预防和治理水土流失作出的专项部署。

水土保持规划应当与土地利用总体规划、水资源规划、城乡规划和环境保护规划等相协调。

编制水土保持规划，应当征求专家和公众的意见。"

第二节　水土流失的预防

《水土保持法》作为我国自然资源法律体系的组成部分，与其他资源法相比，侧重于资源的保护，特别强调了水土保持工作的预防性，具体作了以下规定。

一、禁止开垦陡坡地

《水土保持法》第二十条规定："禁止在二十五度以上陡坡地开垦种植农作物。在二十五度以上陡坡地种植经济林的，应当科学选择树种，合理确定规模，采取水土保持措施，防止造成水土流失。

省、自治区、直辖市根据本行政区域的实际情况，可以规定小于二十五度的禁止开垦坡度。禁止开垦的陡坡地的范围由当地县级人民政府划定并公告。"

不同的水土流失类型区，在土壤、雨量、植被覆盖以及种植管理等相同条件下，水土流失量随坡度的增加而增加。经实验研究证明，当坡度达到25度时，水土流失量明显加剧。特别是在南方山地，陡坡地一经开垦，几年后，土层就被冲光，岩石裸露。山上开荒，山下遭殃。浙江省根据在水库周围开垦种植农作物会严重影响水库使用寿命的实际，在执行25度以上禁止开垦坡地的同时，又依据《水土保持法》的规定，在《浙江省实施〈水土保持法〉办法》第十二条中明确规定，"禁止在20度以上直接面向水库蓄水区的荒坡地开垦种植农作物"。另外，"全垦造林"在未成林前容易造成严重水土流失，因此《浙江省实施〈水土保持法〉办法》第二十一条又规定，在25度以上陡坡地和20度以上直接面向水库蓄水区的山坡地上造林时，禁止采用全坡面全垦方式整地。

二、预防水土流失的主要规定

根据《水土保持法》和《水土保持法实施条例》的规定，预防水土流失主要规范以下行为：

（1）在25度以上的陡坡地禁止开荒、种植农作物，禁止在一些规定的地区开荒、挖沙和开山炸石。

（2）严禁毁林开荒、炸山开荒和在牧坡场开荒。

(3)坡地开荒实行报批制度并采取水土保持措施。

(4)严禁滥伐林木破坏水土保持。

(5)有关部门在山区、丘陵区、风沙区兴建工程和进行生产时,应尽量减少破坏地貌和植被。工程竣工时取土场、开挖面等范围内的裸露土地,由施工单位负责采取植物措施和必要的工程措施,保护水土资源。

(6)山区、丘陵区、风沙区县级政府对集体以及个人从事某些副业生产,必须结合生产规划和水土保持要求,制定具体办法,有组织、有领导地进行,防止乱挖乱倒土石和破坏植被,造成水土流失。

(7)山区、丘陵区、风沙区县级政府应组织群众和集体,有计划地进行封山围沙、育林育草、轮封轮收,积极发展薪炭林和饲草、绿肥植物,改变铲草皮、挖树蔸、滥樵、滥牧等习惯,保护植被。

三、开垦禁止开垦坡度以下、5 度以上荒坡地的规定

《水土保持法》第二十三条规定:“在五度以上坡地植树造林、抚育幼林、种植中药材等,应当采取水土保持措施。

在禁止开垦坡度以下、五度以上的荒坡地开垦种植农作物,应当采取水土保持措施。具体办法由省、自治区、直辖市根据本行政区域的实际情况规定。”

根据水土保持技术规范关于不同水力侵蚀类型强度分级参考指标,3 度以下的坡耕地没有明显的土壤侵蚀,3 度到 5 度的坡耕地有轻度的土壤侵蚀,5 度到 8 度就开始发生中度侵蚀。因此,对禁止开垦坡度以下、5 度以上的坡地也不能擅自开垦,开垦者必须向县级人民政府水行政主管部门提出申请,包括具体的开垦地点、面积及需要采取的水土保持措施等。水行政主管部门主要是审查开垦是否符合水土保持的有关规定,水土保持措施是否切实可行,对不符合水土保持有关规定的,水行政主管部门不予批准。

四、采伐林木必须注意预防水土流失

《水土保持法》第二十二条规定:“林木采伐应当采用合理方式,严格控制皆伐;对水源涵养林、水土保持林、防风固沙林等防护林只能进行抚育和更新性质的采伐;对采伐区和集材道应当采取防止水土流失的措施,并在采伐后及时更新造林。

在林区采伐林木的,采伐方案中应当有水土保持措施。采伐方案经林业主管部门批准后,由林业主管部门和水行政主管部门监督实施。”

五、工程建设与水土保持

《水土保持法》第二十四条至第二十七条规定了水土保持中的工程建设问题,归纳为以下几点。

(一)修建铁路、公路和水工程的水土流失预防措施

在山区、丘陵区、风沙区修建铁路、公路、水工程,在建设项目环境影响报告书中,必须有水行政主管部门同意的水土保持方案;开采沙、石、土必须采取措施,废弃的沙、石、土必须运至规定的专门存放地堆放,不得向江河、湖泊、水库、沟渠倾倒;工程竣工后,取土场、

开挖面和废弃的沙石、土场的裸露土地,必须植树种草,防止水土流失。

(二)开办矿山企业、电力企业和其他大中型企业的水土流失预防措施

在山区、丘陵区、风沙区开办矿山企业、电力企业和其他大中型企业,在建设项目环境影响报告书中必须有水行政主管部门同意的水土保持方案。废弃的乱石、尾矿、废渣,剥离的表土等,必须运到规定的专门存放地堆放,不得随意倾倒,特别是在山区、丘陵区、风沙区开办乡镇集体矿山企业和个体申请采矿,必须持有县级以上地方人民政府水行政主管部门同意的水土保持方案,方可申请办理采矿批准手续。即首先需要向县级以上地方人民政府水行政主管部门说明采矿地点、规模、固体物排放量,提出水土保持方案,经水行政主管部门同意后,方可申请办理采矿和其他批准手续。

(三)水土保持设施与建设项目的"三同时"制度

水行政主管部门有权监督水土保持方案的实施。建设项目中的水土保持设施,必须与主体工程同时设计、同时施工、同时投入使用,工程竣工验收时,应当同时验收水土保持设施,并有水行政主管部门参加。各级地方人民政府应当采取措施,加强对采矿、取土、挖砂、采石等生产活动的管理,防止水土流失。在崩塌滑坡危害区和泥石流易发区禁止取土、挖砂、采石。

六、划分水土流失重点防治区

《水土保持法》第十二条规定:"县级以上人民政府应当依据水土流失调查结果划定并公告水土流失重点预防区和重点治理区。

对水土流失潜在危险较大的区域,应当划定为水土流失重点预防区;对水土流失严重的区域,应当划定为水土流失重点治理区。"

七、水土保持方案的编制与审批

水土保持方案分为"水土保持方案报告书"和"水土保持方案报告表"。前者是指在山区、丘陵区、风沙区修建铁路、公路、水工程,开办矿山企业、电力企业和其他大中型工业企业,也包括有关已建和在建的生产建设项目,在生产建设动工之前(不含已建项目),向水行政主管部门提交的防治因生产建设活动造成的水土流失的工作计划。后者是指在山区、丘陵区、风沙区依法开办乡镇集体矿山企业和个体申请采矿及依法申请开垦荒坡地的,在生产建设动工之前,向水行政主管部门提交的防止水土流失,并以表格形式表述的方案。

水土保持方案的编制与审批按国务院水行政主管部门发布的有关规章执行。

(一)水土保持方案的编制

水土保持方案的编制一般由项目申请单位委托具有编制水土保持方案资格的单位进行。承担水土保持方案编制的单位必须持有水行政主管部门颁发的"水土保持方案编制资格证书",按照证书规定的范围开展工作。

水土保持方案的编制应当按照"水土保持方案报告书"编制提纲、"水土保持方案报告表"及国家、部门现行有关规范进行。编制工作所需费用应当根据编制工作量确定,并纳入建设项目前期费用。

（二）水土保持方案的审批

水土保持方案编制完成后，应由项目申请单位邀请有关专家（包括水行政主管部门）进行技术论证，编制单位再根据论证意见修改后先交项目申请单位，由项目申请单位报水行政主管部门审批。报送水土保持方案时，必须附有专家论证意见。

水土保持方案实行分级审批制度。凡国家立项的开发建设项目和限额以上技术改造项目水土保持方案，均由国务院水行政主管部门审批；地方立项的生产建设项目和限额以下技术改造项目水土保持方案，由相应级别的水行政主管部门审批；乡镇、集体、个体及其他项目水土保持方案，由其所在县级水行政主管部门审批。跨地区的项目水土保持方案，报上一级水行政主管部门审批。审批机关应在接到"水土保持方案报告书"或"水土保持方案报告表"之日起，分别在 60 天、30 天内办理审批手续。逾期未审批或者未予以答复的，项目申请单位可视其编报的水土保持方案已被确认。对特殊性质或特大型生产建设项目水土保持方案的审批时限可适当延长，延长时限最长不得超过半年。

（三）水土保持方案的实施

项目申请单位必须严格按照水行政主管部门批准的水土保持方案进行设计、施工。经审批的项目，如性质、规模、建设地点等发生变化，项目申请单位应及时修改水土保持方案，并报原审批单位审批。工程项目竣工验收时，必须由水行政主管部门同时验收水土保持设施。水土保持设施验收不合格的，工程项目不得投产使用。

第三节　水土流失的治理

一、概述

（一）水土流失的种类

通常将水土流失类型分为水蚀、风蚀、重力侵蚀、泥石流和冻融侵蚀五大类。水蚀是由于水力作用造成的土壤流失，是我国最常见、最广泛、危害最严重的一种流失现象。风蚀是由风力作用引起的土壤侵蚀。重力侵蚀是指受土体本身重力的影响，在沿坡面的分力和水流的作用下，形成的滑塌、崩山、泻溜等现象。泥石流是山洪挟带大量泥沙、石块顺坡沿沟流动形成的。冻融侵蚀是指在冬季寒冷地区，由于表层土体和岩石间的水分冻结而体积膨胀，对土体和岩石产生很大的压力；当春季冻雪融化时，因下层冻土传热慢，融化也慢，形不成透水层，而产生地表径流，造成的水土流失。

（二）影响水土流失的因素

水土流失是由于自然因素和人为活动的影响而产生的一种自然现象。其中影响侵蚀作用最主要的自然因素有气候、地形、土壤、植被等。人为活动主要表现在：破坏植被，不合理的耕作方式，陡坡开荒，盲目开发，采石、开矿和基本建设（筑路），人口增长与环境容量的矛盾等。人类活动对水土流失的影响与其他自然因素影响水土流失的作用有着本质的区别。一方面，人为活动可以加速水土流失；另一方面，人为活动也可以控制水土流失。随着全民水保意识的增强，人们完全有能力控制和改变影响水土流失的某些自然因素，采取综合防治措施，达到保持水土、兴利除害的目的。

二、水土流失的治理原则

(一)预防为主,防治结合

在水土保持管理工作中,要把水土流失的预防监督工作放在首位,坚持预防与监督、治理与开发一起抓,抓紧对现有水土流失区的治理,强化水土流失的监督、监测手段与方式,保护林草植被和水土等自然资源,切实制止"边治理边破坏"的不良现象,将不合理的人为活动造成的水土流失降低到最低限度。

(二)全面规划,综合治理

在治理水土流失的过程中,要全面规划,不能靠单一的治理措施取得成效,如目前在黄土高原地区实行的以小流域为单元进行水土流失治理就是证明。坚持综合治理原则就是针对各地不同的水土流失特点,因地制宜,因害设防,科学配置各项水土保持措施,实行工程措施、植物措施和农业耕作措施相结合,治坡与治沟相结合,山、水、田、林、路统一综合治理,共同发挥作用,以形成多目标、多功能、高效益的综合防治体系。

(三)注重适当的经济效益,坚持开发性治理

虽然水土流失已经成为我国的头号环境问题,但是由于我国的社会条件、资金等各方面的差异,在今后的水土流失治理过程中,除强调社会效益、环境效益外,还要注意适当的经济效益,以调动治理者、参与者的治理积极性。要将社会效益、环境效益与经济效益三者有机地结合起来,建立和发展水土保持产业,以在治理水土流失、改善生态环境的同时,获取最大的经济效益。

(四)全社会共同参与

水土流失已不是单纯的水土保持问题,而是一个社会性的问题,单纯依靠政府及其主管部门是不能够实现治理目标的。在治理水土流失的过程中,除了要充分发挥政府及其主管部门的主导地位和作用,全社会所有的公民都应当参与到治理水土流失的队伍中来。对此,《水土保持法》也作出了相应的规定,如《水土保持法》第八条规定:"任何单位和个人都有保护水土资源、预防和治理水土流失的义务,并有权对破坏水土资源、造成水土流失的行为进行举报。"

(五)谁治理谁受益

《水土保持法》第三十四条规定:"国家鼓励和支持承包治理荒山、荒沟、荒丘、荒滩,防治水土流失,保护和改善生态环境,促进土地资源的合理开发和可持续利用,并依法保护土地承包合同当事人的合法权益。"

三、治理水土流失的措施和责任

(一)以小流域为单元进行综合治理

小流域综合治理,是以小流域为单元进行集中治理、综合治理和连续治理。它的特点是速度快,效果显著,便于通盘考虑山、坡、川、沟,合理开发和利用水土资源,全面发展农、林、牧业生产。《水土保持法》第三十五条规定:"在水力侵蚀地区,地方各级人民政府及其有关部门应当组织单位和个人,以天然沟壑及其两侧山坡地形成的小流域为单元,因地制宜地采取工程措施、植物措施和保护性耕作等措施,进行坡耕地和沟道水土流失综合治理。

在风力侵蚀地区，地方各级人民政府及其有关部门应当组织单位和个人，因地制宜地采取轮封轮牧、植树种草、设置人工沙障和网格林带等措施，建立防风固沙防护体系。

在重力侵蚀地区，地方各级人民政府及其有关部门应当组织单位和个人，采取监测、径流排导、削坡减载、支挡固坡、修建拦挡工程等措施，建立监测、预报、预警体系。”

（二）鼓励集体组织和个人进行治理

《水土保持法》第三十九条规定：“国家鼓励和支持在山区、丘陵区、风沙区以及容易发生水土流失的其他区域，采取下列有利于水土保持的措施：

（一）免耕、等高耕作、轮耕轮作、草田轮作、间作套种等；

（二）封禁抚育、轮封轮牧、舍饲圈养；

（三）发展沼气、节柴灶，利用太阳能、风能和水能，以煤、电、气代替薪柴等；

（四）从生态脆弱地区向外移民；

（五）其他有利于水土保持的措施。”

（三）企事业单位的建设和生产必须采取水土保持措施

《水土保持法》第三十二条规定：“开办生产建设项目或者从事其他生产建设活动造成水土流失的，应当进行治理。

在山区、丘陵区、风沙区以及水土保持规划确定的容易发生水土流失的其他区域开办生产建设项目或者从事其他生产建设活动，损坏水土保持设施、地貌植被，不能恢复原有水土保持功能的，应当缴纳水土保持补偿费，专项用于水土流失预防和治理。专项水土流失预防和治理由水行政主管部门负责组织实施。水土保持补偿费的收取使用管理办法由国务院财政部门、国务院价格主管部门会同国务院水行政主管部门制定。

生产建设项目在建设过程中和生产过程中发生的水土保持费用，按照国家统一的财务会计制度处理。”

（四）落实水土流失治理责任

《水土保持法》有关水土流失治理责任的规定，主要有三个方面：一是水土流失地区的集体所有的土地承包给个人使用的，应当将治理水土流失的责任列入承包合同；二是按照谁承包治理谁受益的原则，农村集体经济组织、农民个人或者联户可以承包荒山、荒沟、荒丘、荒滩的水土流失的治理；三是企业事业单位在建设和生产过程中，必须采取水土保持措施，对造成的水土流失负责治理。

第四节　水土保持监督检查

水土保持行政监督检查，是指水行政主管部门及其水土保持监督管理机构为了实现水土保持行政管理的职能，对管理相对人遵守法律，履行水行政主管部门作出的具体行政行为的情况所进行的监督和检查。其主要目的是直接实现水行政主管部门的职能。它可分为一般的监督检查与特定的监督检查、事前监督检查与事后监督检查、依职权的监督检查和依授权的监督检查等。

一、监督检查的内容

实行监督检查是贯彻实施水土保持法律法规的重要手段。其检查的主要内容有以下几个方面:

(1)检查有关单位和个人在生产建设活动中是否造成或有可能造成水土流失。

(2)检查是否向水行政主管部门及其水土保持监督管理机构提交"水土保持方案报告书"或"水土保持方案报告表"。

(3)检查是否有水行政主管部门审批的"水土保持方案"(含检查水行政主管部门自身是否依法进行了审批)。

(4)对于一些有水土流失防治任务的企事业单位,检查是否定期向县级以上人民政府、水行政主管部门通报水土流失防治工作的情况。

(5)对"三同时"制度执行情况的检查,包括四个方面:其一,检查防治费的用途是否正确到位;其二,检查措施落实情况,是否与水土保持方案中的要求相一致;其三,检查各项措施质量是否符合标准;其四,检查工程竣工时间,看方案报告中水土保持工程是否按规定与主体工程同时竣工。

(6)对防治费的收缴和使用的监督检查。防治费的使用一般由水行政主管部门安排,用于治理水土流失。为此,水行政主管部门应根据有关规定,自查经费的使用比例及范围,是否用于水土流失防治工作。

(7)对预防保护效益的检查。主要通过监测手段来完成,内容有四个方面:其一,水土流失在面积上和总量上的减少程度;其二,监测通过预防保护减少的水土流失危害及由此而减少的损失情况;其三,监测治理通过管护而发挥的效益;其四,统计通过监督工作,有关单位或个人对水土流失治理增加的投入。这项检查的目的是检查预防监督工程的效果。

二、水土流失防治费和水土保持设施补偿费

水土流失防治费,是指企事业单位或个人在建设和生产过程中对造成的水土流失采取防治措施所需的费用。水土保持设施补偿费是指生产建设单位在生产建设过程中损坏了原有的水土保持设施(水土保持设施包括工程措施、生物措施和农业措施)和具有一定保持水土功能的地貌、植被,从而降低或减弱其原有的水土保持功能,所必须为此补偿的费用。

对造成水土流失而无力治理的企事业单位或个人征收水土流失防治费,是水行政主管部门依法防治水土流失的具体行政行为。这种行为具有一定的法律保证力和约束力。补偿费不同于赔偿费。有关生产建设单位或个人在从事生产建设、资源开发以及其他活动中损坏了原地貌、植被和水土保持设施等,使原有的水土保持功能受到损失或降低,应给予补偿,由水行政主管部门在别处投资,另行防治,使水土保持整体功能不至于降低。

(一)水土流失防治费的收费对象

水土流失防治费的收缴对象有三种情况:

(1)因技术或其他原因,不能或不便于自行治理的单位或个人。

(2)已编报"水土保持方案"而不组织实施的企事业单位和个人。

(3)非定点、流动式、自己治理不现实的建设单位或个人。

(二)补偿费的收缴

补偿费的收缴对象是在建设和生产过程中损坏水土保持设施的单位或个人。坚持“谁损坏,谁补偿”的原则。补偿费的标准应高于当时建设这些水土保持设施时的投资额,这种补偿费与其所造成的水土保持经济损失等量。从目前各地开征情况看,实际大多低于这个标准。

(三)防治费的使用与管理

水土流失防治费的使用与管理是一项很复杂的工作,应当本着管理严格、使用合理的原则,真正把水土流失防治费收好、管好、用好。收缴的防治费应该主要用于水土流失的防治,不得挪作他用。因此,收缴的防治费应该统一列入预算外资金专户管理,由水行政主管部门按规定进行管理使用,凡动用该项资金,应事先由水行政主管部门向财政部门报计划和预算,经审批后,方可使用。

第五节　违反水土保持法规应承担的法律责任

《水土保持法》第六章从第四十七条到第五十八条共12条,规定了违反水土保持法律规定应当承担的法律责任。

一、对开垦禁止开垦陡坡地段的处罚

《水土保持法》第四十九条规定:“违反本法规定,在禁止开垦坡度以上陡坡地开垦种植农作物,或者在禁止开垦、开发的植物保护带内开垦、开发的,由县级以上地方人民政府水行政主管部门责令停止违法行为,采取退耕、恢复植被等补救措施;按照开垦或者开发面积,可以对个人处每平方米二元以下的罚款、对单位处每平方米十元以下的罚款。”

二、对在崩塌、滑坡危险区、泥石流易发区取土、挖石或者采石的处罚

《水土保持法》第四十八条规定:“违反本法规定,在崩塌、滑坡危险区或者泥石流易发区从事取土、挖砂、采石等可能造成水土流失的活动的,由县级以上地方人民政府水行政主管部门责令停止违法行为,没收违法所得,对个人处一千元以上一万元以下的罚款,对单位处二万元以上二十万元以下的罚款。”

三、对滥伐林木造成水土流失的处罚

《水土保持法》第五十条规定:“违反本法规定,毁林、毁草开垦的,依照《中华人民共和国森林法》、《中华人民共和国草原法》的有关规定处罚。”

《水土保持法》第五十一条规定:“违反本法规定,采集发菜,或者在水土流失重点预防区和重点治理区铲草皮,挖树蔸,滥挖虫草、甘草、麻黄等的,由县级以上地方人民政府水行政主管部门责令停止违法行为,采取补救措施,没收违法所得,并处违法所得一倍以上五倍以下的罚款;没有违法所得的,可以处五万元以下的罚款。”

《水土保持法》第五十二条规定:“在林区采伐林木不依法采取防止水土流失措施的,

由县级以上地方人民政府林业主管部门、水行政主管部门责令限期改正,采取补救措施;造成水土流失的,由水行政主管部门按照造成水土流失的面积处每平方米二元以上十元以下的罚款。”

四、对在建设和生产过程中造成的水土流失的处罚

《水土保持法》第五十三条规定:“违反本法规定,有下列行为之一的,由县级以上人民政府水行政主管部门责令停止违法行为,限期补办手续;逾期不补办手续的,处五万元以上五十万元以下的罚款;对生产建设单位直接负责的主管人员和其他直接责任人员依法给予处分:

(一)依法应当编制水土保持方案的生产建设项目,未编制水土保持方案或者编制的水土保持方案未经批准而开工建设的;

(二)生产建设项目的地点、规模发生重大变化,未补充、修改水土保持方案或者补充、修改的水土保持方案未经原审批机关批准的;

(三)水土保持方案实施过程中,未经原审批机关批准,对水土保持措施作出重大变更的。”

《水土保持法》第五十四条规定:“违反本法规定,水土保持设施未经验收或者验收不合格将生产建设项目投产使用的,由县级以上人民政府水行政主管部门责令停止生产或者使用,直至验收合格,并处五万元以上五十万元以下的罚款。”

《水土保持法》第五十五条规定:“违反本法规定,在水土保持方案确定的专门存放地以外的区域倾倒砂、石、土、矸石、尾矿、废渣等的,由县级以上地方人民政府水行政主管部门责令停止违法行为,限期清理,按照倾倒数量处每立方米十元以上二十元以下的罚款;逾期仍不清理的,县级以上地方人民政府水行政主管部门可以指定有清理能力的单位代为清理,所需费用由违法行为人承担。”

《水土保持法》第五十六条规定:“违反本法规定,开办生产建设项目或者从事其他生产建设活动造成水土流失,不进行治理的,由县级以上人民政府水行政主管部门责令限期治理;逾期仍不治理的,县级以上人民政府水行政主管部门可以指定有治理能力的单位代为治理,所需费用由违法行为人承担。”

五、造成水土流失应当赔偿

《水土保持法》第五十七条规定:“违反本法规定,拒不缴纳水土保持补偿费的,由县级以上人民政府水行政主管部门责令限期缴纳;逾期不缴纳的,自滞纳之日起按日加收滞纳部分万分之五的滞纳金,可以处应缴水土保持补偿费三倍以下的罚款。”

六、对监督人员违法的处理

《水土保持法》第四十七条规定:“水行政主管部门或者其他依照本法规定行使监督管理权的部门,不依法作出行政许可决定或者办理批准文件的,发现违法行为或者接到对违法行为的举报不予查处的,或者有其他未依照本法规定履行职责的行为的,对直接负责的主管人员和其他直接责任人员依法给予处分。”

七、造成水土流失的法律责任

《水土保持法》第五十八条规定："违反本法规定，造成水土流失危害的，依法承担民事责任；构成违反治安管理行为的，由公安机关依法给予治安管理处罚；构成犯罪的，依法追究刑事责任。"

案例

案件起因：××铁矿在矿山建设和生产过程中，大面积破坏地表植被，随意排放尾矿。由于该矿既没有按《水土保持法》规定编制方案、办理审批手续，也没采取水土流失防护措施，已造成了严重的水土流失。水保执法人员多次要求该矿依法治理水土流失，缴纳水土保持设施补偿费，但均无多大效果，并且极大地影响了对周围其他5个矿山的监督管理。××县水土保持生态环境建设局决定依法对该铁矿立案查处。

查处过程：1999年3月17日，由县水保生态环境建设局副局长等8人组成专案调查小组，专案组向矿长出示执法证件，请矿方依法配合工作。之后矿长在"现场勘验笔录"上签名盖章。专案调查组拍摄了20多幅水土流失照片，取得了证据。其违法事实主要表现在：①乱采矿石、乱弃矿渣，破坏地表植被面积41 367平方米；②尾矿无固定存放地点，随意乱排，大部分直接排入河道，使原本清澈见底的小溪变成了一条小"黄河"，有的地方淤积的尾矿泥沙竟达0.8米厚，已对两岸农田、村庄构成威胁。

为避免水土流失危害继续扩大，根据《水土保持法》及其配套法规的规定，专案组当场下达了"责令停止水土保持违法行为通知书"，当面交与矿长，并限期编报水土保持方案，缴纳水土保持设施补偿费。矿长态度强硬地说：是你们县领导专门邀请我来办企业，并答应免征一切费用，这事等我找你们县领导后再说。水保执法人员当即强调：依法行政是我们的职责，遵守法律是每个单位和个人应尽的义务。你们已严重触犯了《水土保持法》，找到哪一级也不能免除责任，必须依法办事。专案组同志多次将此事件向县政府领导以及省、市主管部门汇报并得到了支持。

铁矿方无视行政干预，采取了拖延战术。3月25日，专案组第二次赶到采矿现场，发现该矿未采取任何措施，仍然继续向河道排放尾矿，当即给予严重警告。矿长当场满口答应一切照办，却在缴费问题上狡辩说，矿石是村里采的，我们只管收，破坏植被跟我们没有关系，你们找村里去。几经周折后，当专案组拿出该村与铁矿签订的合同(规定矿上承担采矿一切开支并负责回收矿石)时，他却以各工程概算没有这笔开支、须向总部报告等理由推诿责任、拖延时间。当专案组同志第三次赴铁矿时矿长连面也未露。4月5日，专案组于早晨7:30即赶到该铁矿，将矿长堵在办公室。矿长又推脱说，已向总部打了报告，须等铁精粉卖掉才能缴上罚款。一个月后却又说，货款还没返回来，钱一到一定送去。但是，一个月过去了，两个月过去了，未见铁矿任何动静。其间，专案组又先后去了9次，该矿仍然我行我素，一拖再拖。

鉴于说服教育已不起任何作用，××县水土保持生态环境建设局决定动用法律武器，使其觉醒，以儆效尤。1999年8月30日，根据《水土保持法》《河北省实施〈水土保持法〉办法》《河北省水土保持设施补偿费、水土流失防治费计收管理暂行规定》等法律法规的有关规定,作出行政处罚:①对铁矿造成水土流失不进行治理的行为处以罚款2 000元。②水土保持设施补偿费20 683.5元,于10日内缴该县水土保持生态环境建设局。③限20日内上报铁矿水土保持方案报告书。愈期不报,视为无力治理,缴纳治理费用20 683.5元,由××县水土保持生态环境建设局代为组织治理。并交待清楚了当事人的诉权。当执法人员将处罚决定书送到该矿时,他们借口商议拒签。执法人员只好在送达证上写明原委,将处罚决定书留置铁矿办公室。15天过去了,该矿对行政处罚决定书根本不予理睬。县水保局随即申请县法院强制执行。该矿收到法院强制执行通知单的当天下午,如梦方醒,急忙找县、乡、村有关领导、朋友说情,要求免予处罚、少缴费用,并邀请执法人员吃饭,但被严辞拒绝。××铁矿在法律的威慑下,认识到继续推诿应付下去不会有什么好结果,最后不得不履行了处罚决定。目前,铁矿已委托县水保局代为组织治理,及时修建了尾矿库,并计划在尾矿库内种植用材林。

案情分析与启示:本案案情不太复杂,但处理的时间较长,困难也不小。这类矿山规模不大,技术落后,工艺简单,但破坏资源环境程度高,尤其是尾矿缺乏防护工程,大部分直接排入河道,造成河道严重的淤积污染,查处和整顿治理难度非常大,很有代表性。因为这类矿山与县、乡、村领导关系较为复杂,盘根错节,牵一发而动全身,处理不好会给水土保持监督执法工作带来很大的阻力,甚至使工作陷入僵局。本案中县水保局首先取得了上级主管部门和有关领导的支持,最后利用法院强制执行的威慑力,使违法当事人不得不履行了处罚决定,取得了"以点带面"的效果,给周围铁矿以及当地乡村干部和群众上了一堂深刻的水保法教育课。

本案的查处给了我们很多的启示:

(1)水保监督执法人员必须具备坚持原则、不徇私情、不怕伤人惹事、不怕丢"乌纱帽"的强硬作风,敢于碰硬。这是搞好水保执法工作的根本。正因如此,县水保局才能顶住各方阻力和说情风。

(2)上级和领导在行政执法中起关键作用,司法机关在基层的影响力还是很大的,这是水土保持监督执法不可或缺的坚强后盾。

(3)执法一定要与技术服务相结合,及时树立水土保持恢复治理示范工程,使广大企业和群众切实认识到水保执法目的及保护水土资源的重要性。这是水保执法的出发点和落脚点。

(4)应当引起注意的是,案件查处时间过长,不利于及时制止违法行为、防治水土流失,还会使当事人对水保执法的严肃性产生怀疑,增加执法困难,也会过多耗费水保部门的精力,影响效率,增加成本。

第十二章　水行政立法

第一节　立法的基本原则和分类

一、立法的原则

立法的原则分合法性原则、实践性原则、民主性原则、科学性原则、稳定性原则和系统性原则。

(一)合法性原则

合法性原则,是指水行政立法在内容上、程序上和形式上必须合法。水行政立法与宪法和法律之间是从属与补充的关系。

(1)内容合法。内容合法是指水行政立法必须以宪法和法律为依据。应与国家的基本政策和基本方针相统一,而绝不能同宪法和法律相抵触。这是制定地方性水法规的前提。水法规体系应以《水法》为前提,以国家颁布的法规、规章和地方性法规、规章、规范性文件为补充。维护法律的统一是我国宪法的一项重要原则。因此,在制定水利法规、规章和规范性文件时,一定要用宪法、法律、行政法规指导立法。

(2)程序合法。程序合法是指水的立法工作必须依据法定权限并遵循法定程序进行。

(3)形式合法。形式合法是指必须采取规定的规范性文件的形式。法律规范有固定的格式和要求。

(二)实践性原则

《立法法》第六条规定:“立法应当从实际出发,科学合理地规定公民、法人和其他组织的权利与义务、国家机关的权力与责任。”制定地方性法规、规章和规范性文件必须从本地的实际情况出发,依据法律和行政法规进一步具体化,避免一般化、原则化和类同化,不能完全重复法律、行政法规或地方性法规的条文。要多收集案例,作广泛、深入、细致的调查,进行具体的分析研究。制定的水法规,要能切实解决本地区在水管理方面的实际问题。要坚持既积极又慎重的方针。

(三)民主性原则

水管理的立法直接关系到广大群众的切身利益和权利,直接影响着水利建设事业的进程,所以制定的水法规要切合实际,要真实地反映广大群众的意志和利益,要有利于合理开发、利用和保护水资源,防治水害,充分发挥水资源的综合效益,要适应国民经济的法制和人民生活的需要,要有利于水利工程的管理和保护,发挥最大效益、采取最佳方案。因此,《立法法》第五条规定:“立法应当体现人民的意志,发扬社会主义民主,保障人民通过多种途径参与立法活动。”第五十八条又规定:“行政法规在起草过程中,应当广泛听取有关机关、组织和公民的意见。听取意见可以采取座谈会、论证会、听证会等多种形式。”

坚持民主性原则,在立法的内容上应当客观全面地反映群众意志和要求,在程序上应当广泛吸取群众和社会团体的意见,还要与水管理有关的部门协商;在形式上尽量由试行性文件或暂行性办法付诸实践,逐渐发展为稳定的水法规。

(四)科学性原则

科学性原则是指要以对水行政管理的客观调查、科学预测为基础,既要反映水行业这一特定业务管理活动中应遵循的客观规律,也要符合水利法规、水利规章调整和控制的立法技术要求。

(五)稳定性原则

稳定是相对的,一部法律只能在社会的某一个时期内适用。但在这个时期内,法律要保持相对稳定,避免朝令夕改。同时法律又要适应社会发展变化的需要,避免因脱离社会现实而无法执行。因此,在立法时要根据不同时期社会发展的规律,对今后一段时间所出现的情况给予准确预测,使所制定的法律可以满足社会发展的需要。

(六)系统性原则

立法要具有系统性,是指所制定的法规内部以及本法规与其他法规之间应保持规则间的协调,不能相互矛盾,避免不同层级的规范相抵触。整个法律规范体系在内容和效力上系统地结合成为协调一致的整体。

二、立法的分类

制定水行政管理法规,是为了行使法律赋予水行政管理的职能。水行政立法的分类,是依据水行政管理法规的立法目的和内容进行的。

(一)自主性立法

自主性立法是国家行政机关根据宪法和法律所赋予的职权,对法律或法规未作规定的事项加以规定。如《宪法》第八十九条规定,国务院可在职权范围内就其所管理的行政事务制定行政法规。

(二)执行性立法

执行性立法是指为执行法律、法规或上层规范性文件而进行的水行政立法,是将法律、法规或上层规范性文件具体化,以便于执行和实施。所制定的法规或规章通常采取实施细则、实施办法、法律解释等形式。如《甘肃省实施水法办法》《河南省〈水利工程水费核定、计收和管理办法〉实施细则》《陕西省开发建设神府地区水土保持实施办法》,等等。

(三)试验性立法

试验性立法是水行政机关基于立法机关的专门授权,在客观条件还不具备、缺乏足够经验的情况下,可通过行政立法程序,作暂行规定予以试行,经过一定的试验阶段之后再总结经验,形成正式法规。如《灌区管理暂行办法》《山西省征收水资源费暂行办法》《甘肃省水土保持暂行规定》,等等。

(四)补充性立法

补充性立法是为了补充现有法律或其他规范性文件的内容而进行的水行政立法,对在制定法律规范时不能预见或不便详细规定的事项具有补充规定和解释性规定的作用。

第二节 立法程序

立法程序包括立法规划、法规起草、审定通过与备案、公布与实施等。

一、立法规划

编制水利方面的立法规划要以宪法、法律和水法为依据，遵循水事活动准则，执行国家及地方经济发展战略方针。通过编制和实施地方性法规，逐步形成层次分明、内部和谐一致的水法规体系，并要遵守法律统一原则、全局性原则、可行性原则和立、改、废相结合的原则。具体应注意以下几点：

(1)要了解已经制定的有关水利方面的法律法规和规范性文件，在水管理的哪些方面还无法可依，在国家法律、法规、地方性规章、政府规章中还有哪些比较原则性的内容需要具体化。

(2)根据水利工作的目标和要求，需要制定哪些相应的法规、规章、规范性文件，以使水立法工作同水法相配合。

(3)认真分析本水利部门的职责和任务，研究提出把本地水利工作纳入法治轨道所必需的立法项目。

(4)收集国内外、省内外、市、地有关水的法律、法规、地方性法规、规章和规范性文件，作为编制规划的借鉴。

二、法规起草

法规起草要先组成法规起草小组，并以充分调查研究、广泛占有和分析资料、反映客观事实为基础进行。在起草过程中要征求与水管理活动有关的其他部门的意见。要规定立法目的、适用范围、主管机关、基本制度、具体规范、法律责任和施行日期等，达到明确、准确，做到形式完备、结构严谨。

三、审定通过与备案

(一)审定通过

审定通过，是指立法机关对基本定稿后的水法规及其起草说明和有关材料进行审定，审定完成之后交由主管机关通过。

审定的内容主要有：

(1)法规所规定的事项是否属于机关的权限范围以内，有无越权现象。

(2)制定该项法规有无法律依据，其内容是否符合宪法、法律、水法及党和国家的政策，是否切实可行。

(3)该法规草案与现行的同一内容的原有水法规之间、该法规草案与不同部门的相关规定之间以及该法规草案本身有无矛盾。

(4)应与其他部门协调的问题其协商意见如何，必要的手续是否齐全完备等。

(二)备案

备案,是将已经生效的水法规上报法定机关使其知晓并进行审查的程序,这是国家实施立法监督的重要手段。《立法法》第八十九条规定了不同层次法律规范的备案机关:"行政法规、地方性法规、自治条例和单行条例、规章应当在公布后的三十日内依照下列规定报有关机关备案:

(一)行政法规报全国人民代表大会常务委员会备案。

(二)省、自治区、直辖市的人民代表大会及其常务委员会制定的地方性法规,报全国人民代表大会常务委员会和国务院备案;较大的市的人民代表大会及其常务委员会制定的地方性法规,由省、自治区的人民代表大会常务委员会报全国人民代表大会常务委员会和国务院备案。

(三)自治州、自治县制定的自治条例和单行条例,由省、自治区、直辖市的人民代表大会常务委员会报全国人民代表大会常务委员会和国务院备案。

(四)部门规章和地方政府规章报国务院备案,地方政府规章应当同时报本级人民代表大会常务委员会备案;较大的市的人民政府制定的规章应当同时报省、自治区的人民代表大会常务委员会和人民政府备案。

(五)根据授权制定的法规应当报授权决定规定的机关备案。"

四、公布与实施

法的公布与实施,是指以法定的机关或者个人的名义,以法定的形式对审定通过的水法规予以公布,并规定施行日期。如以国家主席令、国务院总理令、省长部长令等名义发布。如:《防洪法》于1997年8月29日第八届全国人民代表大会常务委员会第二十七次会议通过,1997年8月29日中华人民共和国主席令第88号公布,1998年1月1日起施行。

以上介绍的是一般的立法程序。实际上,立法程序因法律规范的层级不同而有所区别。在具体立法过程中,法律、法规、规章的立法步骤在《立法法》中均有详细规定。

第三节　立法的形式和必要条款

水行政立法技术是关于水行政立法的规则、形式、技巧和方法的总称。

一、立法的形式

水行政立法的形式主要有条例、规定、办法等。

(一)条例

条例,是对某一方面的水行政工作和制度作比较全面、系统的规定。如《河道管理条例》《航道管理条例》《河南省节水条例》,等等。

(二)规定

规定,是对某一方面的水行政工作所作部分规定或对某些法规作补充、修改、变通措施的规定。如《黄河防汛工作正规化、规范化若干规定》,等等。

（三）办法

办法，是对某一项水行政工作或制度的具体规定，如《河道采砂收费管理办法》《灌区管理暂行办法》，又如《黄河下游引黄渠道工程水费收缴和管理办法》，等等。

二、法规的必要条款

（一）立法目的和立法依据

法律、法规的开头，往往在第一条，就应当确定立法的目的或依据，如《立法法》在第一条就规定："为了规范立法活动，健全国家立法制度，建立和完善有中国特色社会主义法律体系，保障和发展社会主义民主，推进依法治国，建设社会主义法治国家，根据宪法，制定本法。"又如《防洪法》第一条规定："为了防治洪水，防御、减轻洪涝灾害，维护人民的生命和财产安全，保障社会主义现代化建设顺利进行，制定本法。"再如《防汛条例》第一章第一条规定："为了做好防汛抗洪工作，保障人民生命财产安全和经济建设的顺利进行，根据《中华人民共和国水法》，制定本条例。"等等。

（二）法律适用的范围

作为必要条款，一般都要规定法律规范的适用范围，以明确所制定的法规对哪些地域的什么人适用。如《河道管理条例》第二条规定："本条例适用于中华人民共和国领域内的河道（包括湖泊、人工水道、行洪区、蓄洪区、滞洪区）。"再如《水法》第二条规定："在中华人民共和国领域内开发、利用、节约、保护、管理水资源，防治水害，适用本法。"

（三）主管部门和立法的解释机构

法律解释，是指对法律规范所作的说明和解释。不同层级和不同种类的法律规范，有不同的解释机构。如《立法法》第四十二条到第四十七条规定了不同层次法律规范的解释机关和解释方法，现摘录如下：

第四十二条　法律解释权属于全国人民代表大会常务委员会。

法律有以下情况之一的，由全国人民代表大会常务委员会解释：

（一）法律的规定需要进一步明确具体含义的；

（二）法律制定后出现新的情况，需要明确适用法律依据的。

第四十三条　国务院、中央军事委员会、最高人民法院、最高人民检察院和全国人民代表大会各专门委员会以及省、自治区、直辖市的人民代表大会常务委员会可以向全国人民代表大会常务委员会提出法律解释要求。

第四十四条　常务委员会工作机构研究拟订法律解释草案，由委员长会议决定列入常务委员会会议议程。

第四十五条　法律解释草案经常务委员会会议审议，由法律委员会根据常务委员会组成人员的审议意见进行审议、修改，提出法律解释草案表决稿。

第四十六条　法律解释草案表决稿由常务委员会全体组成人员的过半数通过，由常务委员会发布公告予以公布。

第四十七条　全国人民代表大会常务委员会的法律解释同法律具有同等效力。

（四）具体法律规范

具体法律规范，是法律的实体内容部分，规定法律约束的对象应当如何行为，不应当如何行为,并根据要求按照不同的程度予以强调和规范。

(五)法律责任

法律责任规定的内容是违反本法规应当受到的处罚。一部法律不但要规定行为准则,同时还要规定对行为准则违反的程度不同而要受到相应的处罚,否则法律将失去规范的意义。

(六)公布和施行日期

《立法法》第五十一条规定:“法律应当明确规定施行日期。”

在制定的法规中应写明法规施行的具体日期,以明示所制定法规开始的生效时间。如《水法》第八十二条规定:“本法自2002年10月1日起施行。”又如《水污染防治法》第九十二条规定:“本法自2008年6月1日起施行。”《行政复议法》第四十三条规定:“本法自1999年10月1日起施行。1990年12月24日国务院发布、1994年10月9日国务院修订发布的《行政复议条例》同时废止。”等等。

三、法律规范的效力

《立法法》自第七十八条到第八十六条共9条,规定了不同层级法律规范的效力。

(一)法律的效力

(1)宪法具有最高的法律效力,一切法律、行政法规、地方性法规、自治条例和单行条例、规章都不得同宪法相抵触。

(2)法律的效力高于行政法规、地方性法规和规章。

(二)法规的效力

(1)行政法规的效力高于地方性法规、规章。

(2)地方性法规的效力高于本级和下级地方政府规章。

(三)规章的效力

(1)省、自治区的人民政府制定的规章的效力高于本行政区域内的较大市的人民政府制定的规章。

(2)部门规章之间、部门规章与地方政府规章之间具有同等效力,在各自的权限范围内施行。

(四)溯及力问题

法律、行政法规、地方性法规、自治条例和单行条例、规章不溯既往,也就是说,对其生效以前的行为不具有约束力。但为了更好地保护公民、法人和其他组织的权利和利益而作的特别规定除外。

(五)其他

(1)自治条例和单行条例依法对法律、行政法规、地方性法规作变通规定的,在本自治地方适用自治条例和单行条例的规定。

(2)经济特区法规根据授权对法律、行政法规、地方性法规作变通规定的,在本经济特区适用经济特区法规的规定。

(3)同一机关制定的法律、行政法规、地方性法规、自治条例和单行条例、规章,特别规定与一般规定不一致的,适用特别规定;新的规定与旧的规定不一致的,适用新的规定。

(4)法律之间对同一事项的新的一般规定与旧的特别规定不一致,不能确定如何适用时,由全国人民代表大会常务委员会裁决。

行政法规之间对同一事项的新的一般规定与旧的特别规定不一致,不能确定如何适用时,由国务院裁决。

(5)地方性法规、规章之间不一致时,由有关机关依照下列规定的权限作出裁决:

①同一机关制定的新的一般规定与旧的特别规定不一致时,由制定机关裁决。

②地方性法规与部门规章之间对同一事项的规定不一致,不能确定如何适用时,由国务院提出意见,国务院认为应当适用地方性法规的,应当决定在该地方适用地方性法规的规定;国务院认为应当适用部门规章的,应当提请全国人民代表大会常务委员会裁决。

③部门规章之间、部门规章与地方政府规章之间对同一事项的规定不一致时,由国务院裁决。

四、法律规范的改变或撤销的权限

《立法法》第八十八条规定:"改变或者撤销法律、行政法规、地方性法规、自治条例和单行条例、规章的权限是:

(一)全国人民代表大会有权改变或者撤销它的常务委员会制定的不适当的法律,有权撤销全国人民代表大会常务委员会批准的违背宪法和本法第六十六条第二款❶规定的自治条例和单行条例;

(二)全国人民代表大会常务委员会有权撤销同宪法和法律相抵触的行政法规,有权撤销同宪法、法律和行政法规相抵触的地方性法规,有权撤销省、自治区、直辖市的人民代表大会常务委员会批准的违背宪法和本法第六十六条第二款规定的自治条例和单行条例;

(三)国务院有权改变或者撤销不适当的部门规章和地方政府规章;

(四)省、自治区、直辖市的人民代表大会有权改变或者撤销它的常务委员会制定的和批准的不适当的地方性法规;

(五)地方人民代表大会常务委员会有权撤销本级人民政府制定的不适当的规章;

(六)省、自治区的人民政府有权改变或者撤销下一级人民政府制定的不适当的规章;

(七)授权机关有权撤销被授权机关制定的超越授权范围或者违背授权目的的法规,必要时可以撤销授权。"

---

❶ 第六十六条第二款 自治条例和单行条例可以依照当地民族的特点,对法律和行政法规的规定作出变通规定,但不得违背法律或者行政法规的基本原则,不得对宪法和民族区域自治法的规定以及其他有关法律、行政法规专门就民族自治地方所作的规定作出变通规定。

第十三章　水行政执法

第一节　概　述

行政行为一般分抽象行政行为和具体行政行为。

抽象行政行为，是指制定和发布普遍性的行为规则，即行政主体制定和发布法规、行政规章和其他具有普遍约束力的决定、命令的行为。如水行政立法，等等。

具体行政行为，是指将普遍的行政行为规则适用于具体的人或事，即行政主体依照普遍规则实施具体行政管理活动的行为。如水行政执法的行政行为、水行政司法行为和水行政保障行为等。

水行政执法，是指水行政机关依照法定程序执行或适用法律、法规，从而直接强制地影响水事活动。水行政管理，包括对水资源进行调查评价、规划、管理、开发、利用，保护水域和水利工程，防汛抗洪等，也包括对违反水法规的处理。

一、水行政执法的原则

水行政执法要遵循以下原则。

（一）合法原则

合法原则，主要是指行政执法主体、权限、执法的构成要件、内容、程序、责任的确定等要合法。合法原则主要从以下几个方面体现：

（1）执法主体要合法，它要求执法机关必须是法律、法规规定的行政执法主体，并在其法定的权限内执法。

（2）执法依据要合法，法律、行政法规、规章是行政执法的依据，“法无明文规定不罚”。

（3）执法程序要合法，不遵守法定程序的行政处罚无效。

（二）公开原则

公开原则，一是指水行政执法的规定要公开公布，使公民事先了解和熟悉有关要求，《行政处罚法》第四条规定“未经公布的，不得作为行政处罚的依据”，凡是要公民遵守的，都要事先公布；二是指对违法者依法给予的行政处罚要公开。

行政处罚程序公开非常重要，处罚程序公开对水行政主管部门或其工作人员提出的要求，不仅是程序上的，而且是实体上的，即要求水行政主管部门或其工作人员依法处罚。程序公开主要体现在以下几个方面：

（1）水行政处罚机关在作出行政处罚决定之前，应当告知当事人作出水行政处罚决定的事实、理由及依据，并告知当事人依法享有的权利。

（2）当事人有权陈述和申辩，处罚机关必须充分听取当事人的意见，拒绝听取当事人的陈述或者申辩的，水行政处罚决定不能成立。

(3)水行政处罚机关作出较大数额罚款、吊销许可证等重大水行政处罚决定之前，应当告知当事人有要求举行听证的权利，当事人要求听证的，水行政处罚机关应当组织听证。

(三)公正原则

公正原则，是指实施水行政处罚、调查、认定事实、收集证据，适用法律、法规及规章，都必须公正办事，符合客观情况。水利部制定的《水行政处罚实施办法》中规定了回避制度，即调查人员与其所调查的案件有直接利害关系的，应当回避。被调查人也可以向水行政处罚机关申请其回避，这是保证客观、公正执法的一项法律制度。尤其是水行政主管部门在行使处罚的裁量权中，更要强调公正办事。处罚公正，还应做到罚与事相当，即处罚应与违法行为的情节、后果相适应，避免事轻罚重或者事重罚轻现象。近年来推行的"罚缴分离""收支两条线"等制度，就是为有利于客观、公正执法采取的重要措施。

(四)保障当事人权利原则

在水行政执法中既要提高行政效率，同时也要十分重视保障公民的合法权益。国家在行政立法上全面系统体现了这一原则，制定的《行政处罚法》《行政复议法》《行政诉讼法》《国家赔偿法》，水利系统制定的《水行政处罚实施办法》等，都规定了行政管理相对人享有陈述权、申辩权、听证权，申请行政复议、行政诉讼，要求行政赔偿的权利，切实维护公民在行政活动中的合法权益。

二、水行政执法主体

《水法》规定，水行政执法主体(包括监督检查和行政处罚)为县级以上人民政府水行政主管部门或者流域管理机构，将流域管理机构的水行政处罚权以法律的形式予以了确认。《水行政处罚实施办法》第九条规定："依照法律、法规的规定，下列机关以自己的名义独立行使水行政处罚权：

(一)县级以上人民政府水行政主管部门；

(二)法律、法规授权的流域管理机构；

(三)地方性法规授权的水利管理单位；

(四)地方人民政府设立的水土保持机构；

(五)法律、法规授权的其他组织。"

三、水政监督检查机构及人员的权力和职责

《水法》规定水行政主管部门对违反《水法》的行为进行监督检查并依法进行查处，赋予水行政主管部门、流域管理机构及其水政监督检查人员在监督检查时的现场进入权、询问权、索取资料权和处置权，并要求执法人员忠于职守、秉公执法，被检查单位应当配合执法人员执行职务。

同时，《水法》第六十三条规定了水行政执法的层级监督权："县级以上人民政府或者上级水行政主管部门发现本级或者下级水行政主管部门在监督检查工作中有违法或者失职行为的，应当责令其限期改正。"

第二节　水行政决定和水行政授权

一、水行政决定的特征

水行政决定，是指水行政机关及其工作人员，经法定程序依法对相对人的权利和义务作单方处分的行政执法行为。其特征如下：

(1)水行政决定具有强制性和单方性。因决定是水行政机关单方作出的，并且决定一旦作出就具有法律效力，即具有法律强制性。

(2)水行政决定是一种直接处分相对人权利和义务的行为，既能引起相对人的义务，也能形成相对人的权利。

(3)水行政决定必须依法定程序。行政奖励须依奖励程序，行政处分须依处分程序，并且这些行政决定均应以书面形式作出。

二、水行政决定的程序

(一)申请或确立

水行政决定的申请或确立，一是因相对人的申请而提起，如申请对水利科技成果的奖励；二是因行政机关确定项目而提起，如水利公安对于破坏堤防违法行为的立案审查等。

(二)调查与核实

调查与核实是决定项目确定后，主管行政机关应当着手组织调查，并对有关材料进行核实，这是作出行政决定的基础。

(三)讨论和决定

讨论和决定是在掌握部分材料并核实后，对行政决定的实质性内容依法进行讨论并作出决定，是形成决定的重要阶段。

(四)审批和备案

审批和备案是在决定作出后，需经上级机关或行政首长审批并备案。审批后行政机关不得随意改变或取消。

(五)告知

告知是指决定依法作出后，必须告知相对人，否则对相对人不发生约束效力。

三、水行政授权的概念和特征

水行政授权，是指水行政主体或行政人依法把水行政权的一部分或全部授予另一水行政主体、行政人或管理相对人的水行政处理行为。授出水行政权的一方称为授权人，接受水行政授权的一方称为被授权人。两者之间基于水行政授权产生的权利和义务关系称为授权法律关系。

水行政授权的特征主要体现在以下几个方面：

(1)水行政授权以纵向水行政关系为基础，即只适用于上级对下级，或者管理方对被管理方。

(2)授权引起职权和职责的同时转移,但不发生职务转移。

(3)被授权人在授权范围内,可以以自己的名义自主地行使所授职权,行为后果也由他自己承担。

(4)授权人对被授权人行使所授职权享有指挥和监督权。

四、水行政授权的原则

在进行水行政授权时必须遵循授权合法、权责一致以及权责保留等原则。

(1)授权合法,是指授权关系必须依法形成。

(2)权责一致,是指授权人在授权时必须把职权与相应的职责一并转移给被授权人。

(3)权责保留,是指授权决不意味着放弃职权,授权后授权人对被授权人仍保留指挥和监督的权力。若被授权人不按授权人的意志行事,授权人随时可以收回所授的职权。

第三节　水行政许可和水行政审批

一、水行政许可的概念和特征

(一)水行政许可的概念

水行政许可,是指县级以上人民政府水行政主管部门根据有关法律、法规的规定,在水行政管理职权范围内,依相对人申请,准予相对人从事某种水事活动的水行政处理决定。它一般通过发放许可证和验审等方式进行实施。如根据我国水资源供需矛盾日益加剧的实际,《水法》第四十八条规定:“直接从江河、湖泊或者地下取用水资源的单位和个人,应当按照国家取水许可制度和水资源有偿使用制度的规定,向水行政主管部门或者流域管理机构申请领取取水许可证,并缴纳水资源费,取得取水权。但是,家庭生活和零星散养、圈养畜禽饮用等少量取水的除外。实施取水许可制度和征收管理水资源费的具体办法,由国务院规定。”又如,1991 年,水利部、财政部、国家物价总局联合发布的《河道采砂收费管理办法》规定,河道采砂必须服从河道整治规划,实行河道采砂许可证制度。这是我国目前水行政管理中执行的两项许可制度。

(二)水行政许可的特征

水行政许可具有以下特征:

(1)水行政许可是一种赋予权能的水行政处理行为。

(2)水行政许可是依申请的行政行为,是行政主体针对相对人提出的申请而作出的行政处理行为;没有申请,行政主体一般不主动进行该种处理。

(3)水行政许可是要式行政行为,必须表现为书面证书,如“取水许可证”或“执照”,而且各种证照必须直接规定所许可从事的活动。

(4)水行政许可是一种事前行为,具有创设相对人某种资格和权能的作用。

(5)水行政许可具有权利、义务双重性,既可以赋予相对人资格和权能,也可以是对相对人禁止性义务的免除。

(6)水行政许可是附期限的,一般为 3 ~ 5 年,超过这一期限,如果不依法申请续办,许可证即自行无效。

(7)所许可的活动既可以是积极的作为,也可以是消极的不作为。

二、水行政许可的程序和法律责任

水行政许可的主要程序有以下几方面。

(一)提出申请

水行政管理相对人必须以书面形式提出申请,说明申请理由;当申请标的与第三者有利害关系时,应附具第三者的承诺书或说明情况的文件。如《取水许可和水资源费征收管理条例》第十一条规定:“申请取水应当提交下列材料:

(一)申请书;

(二)与第三者利害关系的相关说明;

(三)属于备案项目的,提供有关备案材料;

(四)国务院水行政主管部门规定的其他材料。

建设项目需要取水的,申请人还应当提交由具备建设项目水资源论证资质的单位编制的建设项目水资源论证报告书。论证报告书应当包括取水水源、用水合理性以及对生态与环境的影响等内容。”

(二)审查申请

水行政主管部门对相对人的申请要及时进行审查,对申请书(表)内容不全的,要求申请人加以补充;对申请材料附件部分不满意的,可以要求申请人对附件进行修正。审查必须在法定时间内完成。

(三)批准申请

水行政主管部门决定批准申请的,应当及时办理手续,发放许可证;对不予批准申请的,及时书面通知申请人,并告知其不予批准的理由。

水行政许可的法律效力主要体现为赋予力、确定力、证明力。

(1)赋予力,意味着水行政机关赋予相对人某种权能或资格。

(2)确定力,表明水行政机关一经发出许可证非依法不得收回。

(3)证明力,即相对人在规定的活动中,可以持许可证以证明自己具有从事这种活动的资格和权能。

(四)法律责任

《行政许可法》第七十一条规定:“违反本法第十七条规定设定的行政许可,有关机关应当责令设定该行政许可的机关改正,或者依法予以撤销。”

《行政许可法》第七十二条规定:“行政机关及其工作人员违反本法的规定,有下列情形之一的,由其上级行政机关或者监察机关责令改正;情节严重的,对直接负责的主管人员和其他直接责任人员依法给予行政处分:

(一)对符合法定条件的行政许可申请不予受理的;

(二)不在办公场所公示依法应当公示的材料的;

(三)在受理、审查、决定行政许可过程中,未向申请人、利害关系人履行法定告知义务的;

(四)申请人提交的申请材料不齐全、不符合法定形式,不一次告知申请人必须补正的全部内容的;

(五)未依法说明不受理行政许可申请或者不予行政许可的理由的;

(六)依法应当举行听证而不举行听证的。"

《行政许可法》第七十三条规定:"行政机关工作人员办理行政许可、实施监督检查,索取或者收受他人财物或者谋取其他利益,构成犯罪的,依法追究刑事责任;尚不构成犯罪的,依法给予行政处分。"

《行政许可法》第七十四条规定:"行政机关实施行政许可,有下列情形之一的,由其上级行政机关或者监察机关责令改正,对直接负责的主管人员和其他直接责任人员依法给予行政处分;构成犯罪的,依法追究刑事责任:

(一)对不符合法定条件的申请人准予行政许可或者超越法定职权作出准予行政许可决定的;

(二)对符合法定条件的申请人不予行政许可或者不在法定期限内作出准予行政许可决定的;

(三)依法应当根据招标、拍卖结果或者考试成绩择优作出准予行政许可决定,未经招标、拍卖或者考试,或者不根据招标、拍卖结果或者考试成绩择优作出准予行政许可决定的。"

《行政许可法》第七十五条规定:"行政机关实施行政许可,擅自收费或者不按照法定项目和标准收费的,由其上级行政机关或者监察机关责令退还非法收取的费用;对直接负责的主管人员和其他直接责任人员依法给予行政处分。

截留、挪用、私分或者变相私分实施行政许可依法收取的费用的,予以追缴;对直接负责的主管人员和其他直接责任人员依法给予行政处分;构成犯罪的,依法追究刑事责任。"

《行政许可法》第七十六条规定:"行政机关违法实施行政许可,给当事人的合法权益造成损害的,应当依照国家赔偿法的规定给予赔偿。"

《行政许可法》第七十七条规定:"行政机关不依法履行监督职责或者监督不力,造成严重后果的,由其上级行政机关或者监察机关责令改正,对直接负责的主管人员和其他直接责任人员依法给予行政处分;构成犯罪的,依法追究刑事责任。"

《行政许可法》第七十八条规定:"行政许可申请人隐瞒有关情况或者提供虚假材料申请行政许可的,行政机关不予受理或者不予行政许可,并给予警告;行政许可申请属于直接关系公共安全、人身健康、生命财产安全事项的,申请人在一年内不得再次申请该行政许可。"

《行政许可法》第七十九条规定:"被许可人以欺骗、贿赂等不正当手段取得行政许可的,行政机关应当依法给予行政处罚;取得的行政许可属于直接关系公共安全、人身健康、生命财产安全事项的,申请人在三年内不得再次申请该行政许可;构成犯罪的,依法追究刑事责任。"

《行政许可法》第八十条规定:"被许可人有下列行为之一的,行政机关应当依法给予行政处罚;构成犯罪的,依法追究刑事责任:

(一)涂改、倒卖、出租、出借行政许可证件,或者以其他形式非法转让行政许可证的;

(二)超越行政许可范围进行活动的;

(三)向负责监督检查的行政机关隐瞒有关情况、提供虚假材料或者拒绝提供反映其活动情况的真实材料的;

(四)法律、法规、规章规定的其他违法行为。”

《行政许可法》第八十一条规定:“公民、法人或者其他组织未经行政许可,擅自从事依法应当取得行政许可的活动的,行政机关应当依法采取措施予以制止,并依法给予行政处罚;构成犯罪的,依法追究刑事责任。”

三、水行政审批的概念和特征

(一)水行政审批的概念

水行政审批,是指县级以上人民政府水行政主管部门,根据有关法律、法规、规章的规定,在水行政管理职权范围内,依相对人申请,准予相对人从事某种水事活动的水行政管理行为,它一般以行政文件形式来实施。

(二)水行政审批的特征

(1)水行政审批是水行政主管部门依法进行的行政管理活动。其行为必须以法律、法规、规章为依据,且在职权范围内进行。如《防洪法》第二十七条规定,建设跨河、穿河、穿堤、临河的桥梁、码头、道路、渡口、管道、缆线、取水、排水等工程设施,需要占用河道、湖泊管理范围内土地,跨越河道、湖泊空间或者穿越河床的,建设单位应当经有关水行政主管部门对该工程设施建设的位置和界限审查批准等。

(2)水行政审批主体依工程项目的规模、工程所涉河段等级的不同而不同,实行分级审批的原则。如水土保持方案的审批权限,按照工程的立项权而定;涉河建设项目按照工程所涉的河段等级而定。

(3)水行政审批依水行政管理相对人申请而为,它不同于水利产业管理方面的审批(如水利工程设计任务书和初步设计的审批),也不同于水利行业管理方面的审批(如行业标准、行业资质认证等的审批)。

(4)水行政审批多以行政文件或统一表式形式实现。

(5)水行政审批可以根据实际需要,在无须征得相对人同意的情况下,由原批准机关变更、撤销,但由此造成相对人经济损失的,批准机关应承担相应责任。

四、水行政审批的内容

根据现已颁布的水法规,水行政审批的主要内容有以下几方面:

(1)河道管理范围内修建开发水利、防治水害、整治河道的各类工程和跨河、穿河、穿堤、临河的桥梁、码头、道路、渡口、管道、缆线、取水、排水等工程设施(《防洪法》第二十七条、《河道管理条例》第十一条)。

(2)水库大坝管理和保护范围内修建码头、鱼塘等建筑物和设施(《水库大坝安全管理条例》第十七条)。

(3)确需利用堤顶兼做公路的(《河道管理条例》第十五条)。

(4)在河道管理范围内爆破、钻探、挖筑鱼塘;在河道滩地存放物料、修建厂房或者其他建筑设施、开采地下水资源及进行考古发掘(《河道管理条例》第二十五条)。

五、水行政审批程序

水行政审批程序包括申请与受理、审查和告知。

(一)申请与受理

河道管理范围内建设项目,大坝管理保护范围内建设项目,向河道、水库、渠道、运河内排污的,建设单位在编制立项文件时必须按河道、水库、渠道的管理权限,向有关水行政主管部门提出申请。在山区、丘陵区、风沙区进行生产建设和开发矿产的单位应依其规模及涉及的行政区域向有关水行政主管部门报送水土保持方案。审批主体经初审后,决定受理或不受理,并将结果告知申请人。

(二)审查

水行政主管部门接到相对人申请后,应及时进行审查,其主要内容为:在河道管理范围和大坝安全管理范围内进行建设的,主要审查是否符合江河流域规划、防洪规划,对河势稳定、水流方向、堤防、护岸和其他水工程的影响,是否影响第三人合法权益等。向河道、水库、渠道内排污的,主要审查污染物排放量、有害成分及对河道、水库、渠道的影响等情况。在山区、丘陵区、风沙区进行生产建设活动,主要审查其水土保持设施是否与工程建设同时设计、同时施工、同时投入使用等。

流域机构在对有关重大建设项目进行审查时,还应征求有关省、自治区、直辖市的意见。

(三)告知

对申请的事项,水行政主管机关应当作出批准与否的决定,并告知当事人。

第四节　水行政奖励和水行政命令

一、水行政奖励的概念和特征

(一)概念

水行政奖励,是指水行政机关,对符合规定条件的组织和个人赋予一定权益,以进行精神奖励和物质奖励的单方水行政行为。

对于在水事活动中有突出表现的,依照有关水法规的规定应予奖励。如《防汛条例》第四十二条规定:“有下列事迹之一的单位和个人,可以由县级以上人民政府给予表彰或者奖励:

(一)在执行抗洪抢险任务时,组织严密,指挥得当,防守得力,奋力抢险,出色完成任务者;

(二)坚持巡堤查险,遇到险情及时报告,奋力抗洪抢险,成绩显著者;

(三)在危险关头,组织群众保护国家和人民财产,抢救群众有功者;

(四)为防汛调度、抗洪抢险献计献策,效益显著者;

(五)气象、雨情、水情测报和预报准确及时,情报传递迅速,克服困难,抢测洪水,因而减轻重大洪水灾害者；

(六)及时供应防汛物料和工具，爱护防汛器材，节约经费开支，完成防汛抢险任务成绩显著者；

(七)有其他特殊贡献，成绩显著者。”

(二)特征

(1)水行政奖励是一种特殊的单方行为，其特殊性表现在由水行政机关单方作出但不具有强制执行性。

(2)水行政奖励是一种特殊的赋予权利行为，依据规定条件赋予相对人以特殊的请求权。

(3)水行政奖励既包括依申请行为也包括依职权行为。

二、水行政奖励的种类和形式

水行政奖励的种类有荣誉性奖励、物质性奖励、职位性奖励。

(1)荣誉性奖励一般载入档案，发证书或奖状，其形式有嘉奖、记功、记大功、授予荣誉称号等。

(2)物质性奖励的形式是颁发奖金或奖品。

(3)职位性奖励主要是晋级或晋职。

三、水行政命令的概念和特征

水行政命令，是指水行政机关及其工作人员依法强制要求相对人为一定行为或不为一定行为的行政行为，是水行政机关在国家水行政管理活动中最常采用的一种方法。

水行政命令有以下特征：

(1)水行政命令是一种义务性行为，是科以水行政管理相对人作为义务或不作为义务的行政行为。

(2)水行政命令是一种依职权行为，它无须相对人申请，而是由水行政机关依据职权直接作出。这一特征决定了水行政命令是直接实现水行政管理的有效措施。

(3)水行政命令是通过命令使相对人履行行为，其实现以书面、口头和动作等形式作出。

(4)水行政命令具有即时性，适用特定的程序。

四、水行政命令的法律后果

水行政命令一经合法作出，便为相对人设定了义务，相对人必须依行政命令为一定行为或不为一定行为，否则将引起行政处罚的后果。当合法适当的水行政命令对相对人的名誉权、人身权和财产权造成不利影响时，作出命令的水行政机关一般不承担责任，但法律另有规定的除外。

《水法》赋予了水行政机关具有命令权。水行政命令通常以“命令”、“指示”或“通知”等形式发布。

第五节　水行政处罚

一、行政处罚概述

行政处罚是行政管理活动中适用最广，并且最容易引起行政争议的一种具体行政行为。它是指行政主体依法对违反行政法律规范的外部行政管理相对人进行的法律制裁。1996 年 3 月 17 日八届全国人大四次会议通过了《行政处罚法》。该法共 8 章 64 条。其主要内容有总则、行政处罚的种类和设定、行政处罚的实施机关、行政处罚的管辖和适用、行政处罚的决定、行政处罚的执行、法律责任和附则。

（一）行政处罚的原则

1. 处罚法定原则

处罚法定原则，即对什么样的违法行为给予行政处罚，由哪个机关依什么程序和形式来实施行政处罚，都必须由法律、法规明文规定。对法律、法规没有明文规定的行为，不能认为是违法并给予行政处罚。在运用这一原则时，应注意在新的法律、法规实施之前发生的违法行为，而在新的法律、法规实施之后才处理时，应该怎样引用法律依据问题。实践上一般根据以下原则处理：

（1）如该行为实施时的法律、法规或规章不认为是违法，而新的法律、法规认为违法的，应引用当时的法律、法规或规章，不予处罚；

（2）如当时的法律、法规或规章认为该行为违法，新的法律、法规或规章也认为违法，应依照当时有效的法律规范给予行政处罚；

（3）如当时的法律、法规认为是违法的，而新的法律、法规不认为是违法的，或者虽认为违法但处罚较轻的，则应引用新法作出处理；

（4）新旧法律、法规规定的程序不一致时，必须依新的法律、法规的规定办事。

2. 公正、公开原则

公开原则是指行政处罚实施的全过程应尽可能地增加透明度，特别是将行政处罚的过程和结果，对当事人公开，对群众公开，对社会公开，为人民群众进行监督提供方便。同时，可对广大人民进行教育。公正原则是指行政处罚的实施，不仅在实际内容和最终结果上是有根有据、公平适当的，而且在实际运行中也是公正合理的，它包括以下具体要求：

（1）处罚的结果与违法行为的事实、性质、情节以及社会危害程度相当，不得畸轻畸重；

（2）要正确行使自由裁量权，充分考虑一切相关因素，排除不相关因素，不能反复无常、有悖常理，不得有明显的不公正或不一致，不任意迟延或不作为，不滥用自由裁量权；

（3）执法人员对受处罚者应不带任何偏见，一视同仁，公正对待。

3. 处罚与教育相结合原则

在实施行政处罚时，要把纠正违法行为同教育公民、法人或者其他组织自觉守法两者结合起来，以教育为主、惩罚为辅，两种手段并用，反对单纯为了处罚、忽视教育的倾向。

4. 保障当事人权利原则

这是一条非常重要的原则。根据《行政处罚法》规定,当事人的权利主要有陈述权、申辩权、复议权和诉讼权以及请求赔偿权。

5. 一事不再罚原则

行政主体对于当事人某一违法行为,依法需对其适用罚款处罚的只能给予一次,而不能对之适用两次或多次罚款。但其他处罚仍然可以作出。

(二)行政处罚的种类

《行政处罚法》规定的行政处罚的种类及相关处罚事项如下:

“第八条 行政处罚的种类:

(一)警告;

(二)罚款;

(三)没收违法所得、没收非法财物;

(四)责令停产停业;

(五)暂扣或者吊销许可证、暂扣或者吊销执照;

(六)行政拘留;

(七)法律、行政法规规定的其他行政处罚。

第九条 法律可以设定各种行政处罚。

限制人身自由的行政处罚,只能由法律设定。

第十条 行政法规可以设定除限制人身自由以外的行政处罚。

法律对违法行为已经作出行政处罚规定,行政法规需要作出具体规定的,必须在法律规定的给予行政处罚的行为、种类和幅度的范围内规定。

第十一条 地方性法规可以设定除限制人身自由、吊销企业营业执照以外的行政处罚。

法律、行政法规对违法行为已经作出行政处罚规定,地方性法规需要作出具体规定的,必须在法律、行政法规规定的给予行政处罚的行为、种类和幅度的范围内规定。

第十二条 国务院部、委员会制定的规章可以在法律、行政法规规定的给予行政处罚的行为、种类和幅度的范围内作出具体规定。

尚未制定法律、行政法规的,前款规定的国务院部、委员会制定的规章对违反行政管理秩序的行为,可以设定警告或者一定数量罚款的行政处罚。罚款的限额由国务院规定。

国务院可以授权具有行政处罚权的直属机构依照本条第一款、第二款的规定,规定行政处罚。

第十三条 省、自治区、直辖市人民政府和省、自治区人民政府所在地的市人民政府以及经国务院批准的较大的市人民政府制定的规章可以在法律、法规规定的给予行政处罚的行为、种类和幅度的范围内作出具体规定。

尚未制定法律、法规的,前款规定的人民政府制定的规章对违反行政管理秩序的行为,可以设定警告或者一定数量罚款的行政处罚。罚款的限额由省、自治区、直辖市人民代表大会常务委员会规定。

第十四条 除本法第九条、第十条、第十一条、第十二条以及第十三条的规定外,其他规范性文件不得设定行政处罚。”

二、水行政处罚概述

水行政处罚，是指各级人民政府水行政主管部门依法惩戒违反水法规的公民、法人或其他组织的一种行政行为。

水行政处罚与其他水行政执法行为相比较，具有以下独特的法律特征：

(1)行为目的具有惩戒性。水行政处罚以惩戒违反水法规的相对人为目的，而不是以实现义务为目的。

(2)行为主体的特定性。水行政处罚的主体是由法律、法规明确规定的，一般都是各级人民政府水行政主管部门，也有被授权的组织，如依据浙江省人大常委会颁布的《浙江省钱塘江管理条例》规定，浙江省钱塘江管理局有权行使行政处罚权。

(3)行为对象的确定性。包括三层含义：

①水行政处罚的对象可以是公民、国家组织、企业事业单位、社会团体等；

②水行政处罚的对象必须是实施了违反水法规的行为，且依法承担法律责任；

③水行政处罚对象的违反水法规的行为应当是确定的、客观的，而不是主观想象的。

(4)行为内容的法定性。水行政主管部门及法律法规授权的组织必须严格按照法律规定实施行政处罚，没有法律依据或处罚违反法定程序、形式都是违法的。

(5)行为救济的特殊性。水行政执法主体实施违法的行政处罚，相对人有权向上一级机关提出行政复议，也可以依法向人民法院提起行政诉讼。

三、水行政处罚的种类

在行政处罚的6种形式中，警告，罚款，没收违法所得、非法财物，暂扣或者吊销许可证、执照等均可在水行政处罚中行使，而行政拘留则只能由执行行政公务的公安机关及其授权的机构行使。水行政处罚的种类可归纳如下。

(一)行为罚

行为罚，是指限制或者剥夺违法行为人从事某种行为的资格和能力。如吊销取水许可证、采砂许可证，责令补栽盗伐的护堤林木、修复破坏的堤防等。

(二)财产罚

财产罚，是指强制违法行为人向国家缴纳一定数量的金钱、财物，或者剥夺其某些财产的处分权，主要有罚款、没收非法所得等。

(1)罚款，是指水行政主管部门对违反水法规，不履行法定义务的公民、法人或组织所作的一种经济上的处罚。它必须是要式形式，处罚机关必须作出正式书面处罚决定，并明确规定罚款的数额和缴纳的形式及期限。

(2)没收非法所得，是指水行政主管部门将违法人的非法所得(包括金钱和财物)收归国有的一种处罚。

(三)申诫罚

申诫罚，或称精神罚，指从精神上、道义上进行谴责、申斥，如警告、通报批评等。它一般处于其他处罚前，目的在于引起违法者精神上的警惕，使其以后不再违法。从处罚程序看,申诫有时可以是独立的处罚,也可能是其他处罚的先行程序。这里需特别注意的是,警告必须有书面形式。口头的警告同口头的赔礼道歉一样,不能算是行政处罚,而只是批评教育的方法。

第六节　水行政处置

一、水行政处置的概念和特征

(一)水行政处置的概念

水行政处置,又称即时强制,是指水行政机关及其工作人员对于危害国家和社会利益,正在妨碍或将要妨碍国家水行政管理秩序活动所作的紧急执法行为。

(二)水行政处置的特征

水行政处置具有紧迫性、临时性、即时性和直接强制性。

(1)紧迫性,是指只有在紧急情况下才能适用,一是为了制止正在发生的危害行为,二是为了防止即将发生的危害行为。

(2)临时性和即时性,其一,不是对相对人权利义务的最终处分,而是一种临时性约束或限制;其二,不要求有严格的审批程序,可由水行政机关和工作人员根据现场紧急情况的要求即时采用。

(3)直接强制性,表现为水行政主体在紧急状态下的单方强制性约束行为。

二、水行政处置的种类和原则

(一)水行政处置的种类

依据水行政处置行为的目的不同,可分为预防性和制止性的水行政处置行为。

1. 预防性水行政处置行为

预防性水行政处置行为,是对即将危害水事管理的人或物,采取强制措施以预防危害事件的发生。它是一种预先行为,是在危害事件发生前的一种强制预防措施。

2. 制止性水行政处置行为

制止性水行政处置行为,是指对正在危害水事管理的人或物采取的强制措施,旨在制止危害事件的继续。它是一种事后行为,是在危害事件发生后尚未结束前所采取的一种制止或补救措施。

(二)水行政处置的原则

在采取水行政处置措施时,应遵循紧迫原则、事后追认原则和减少损失原则。

(1)紧迫原则,是指只适用于紧迫事件下,非紧迫条件适用时属于滥用职权。

(2)事后追认原则,是指水行政处置往往是在来不及报告和请示的条件下作出的应急措施,一般存在着超越权限问题,这就要求在作出越权处置后立即报告有权机关并得到追认。

(3)减少损失原则,其一,是指处置可能造成的损失应当小于他所要避免的损失;其二,应当将处置可能造成的损失尽量限制在必要的范围以内,否则有关机关和工作人员应当承担责任。

第七节　水行政强制执行

一、水行政强制执行的概念和特征

（一）水行政强制执行的概念

水行政强制执行，是指当管理相对人不执行水行政机关作出的业已生效的决定时，由有关行政机关依法强迫该相对人履行责任而采取的行政执法行为。如《行政复议法》第三十三条规定："申请人逾期不起诉又不履行行政复议决定的，或者不履行最终裁决的行政复议决定的，按照下列规定分别处理：

（一）维持具体行政行为的行政复议决定，由作出具体行政行为的行政机关依法强制执行，或者申请人民法院强制执行；

（二）变更具体行政行为的行政复议决定，由行政复议机关依法强制执行，或者申请人民法院强制执行。"

又如《防汛条例》第四十六条第二款规定："当事人逾期不申请复议或者不向人民法院起诉，又不履行处罚决定的，由作出处罚决定的机关申请人民法院强制执行；在汛期，也可以由作出处罚决定的机关强制执行……"

（二）水行政强制执行的特征

水行政强制执行的特征主要表现在以下几个方面：

（1）水行政强制执行以相对人不履行执行性水行政决定为事实前提。

（2）强制执行的对象是故意不履行水行政机关作出的处罚或处理决定的公民、法人或其他组织。因自然原因或不可抗力等原因不能履行的不在此例。

（3）强制执行的机关只限于有执行权的机关。可以是作出水行政执法决定的机关，也可以是受执法机关委托的其他机关，但必须是法律特别授予其行政执行权的特定机关。

（4）水行政强制执行的标的具有广泛性，可以是财物，如被强行扣押的财产或强行划拨的存款；也可以是行为，如强行其履行某种义务；也可以是人身，如行政拘留等。

（5）在本质上是保障执行性行政决定得以实现的强制行为。

二、水行政强制执行的形式

水行政强制执行的形式有强行划拨、强行扣缴、强制退还、行政拘留、强制履行。

（1）强行划拨，是指在相对人拒不履行交付货币的义务时，由法律授权的行政机关通知银行从相对人存款中强行划拨的执行办法。

（2）强行扣缴，是指在相对人拒不履行交付货币的义务时，由法律授权的行政主管机关从该相对人的其他款项中扣收或代为交付的执行方法。

（3）强制退还，是指相对人违反《水法》规定的义务时，由法律授权的行政主管机关强行索还其占用的财物的执行方法。

(4)行政拘留，是指水利公安派出所，依照行政处罚决定在一定期限内强行剥夺相对人的人身自由的一种执行方法。我国《治安管理处罚法》第一百零三条规定："对被决定给予行政拘留处罚的人，由作出决定的公安机关送达拘留所执行。"

(5)强制履行，是指当相对人不履行水行政决定的义务时，由水行政主管机关强制其履行的执行方法。它可以是直接强制，也可以是间接强制。前者如强制履行抗洪义务，后者如强制补种树木等。

除了上述常见的强制执行形式，还有强制拆除、强制许可等。

三、水行政强制执行程序

水行政强制执行的程序分三步：

(1)执行的受理和审查，包括原作出的水行政决定是否合法、适当，相对人是否构成无故抗拒履行或拖延履行，水行政决定是否具备可执行性，是否符合法定条件。

(2)限期执行水行政决定作出后，应通知并告诫相对人强制执行的时间、地点和方法。

(3)具体执行阶段。若相对人在限定期限内不自动履行义务，执行机关可自期满的次日采取强制手段执行。执行费用由被执行人承担。

第八节 水行政处分

一、水行政处分的概念

水行政处分，是水行政主体基于行政隶属关系对犯有轻微违法或违纪行为的人所作的一种制裁性行为。在很多水法规中都规定了水行政管理人员在管理活动中违法应承担的法律责任。如《防洪法》第六十四条规定："国家工作人员，有下列行为之一，构成犯罪的，依法追究刑事责任；尚不构成犯罪的，给予行政处分：

(一)违反本法第十七条、第十九条、第二十二条第二款、第二十二条第三款、第二十七条或者第三十四条规定，严重影响防洪的；

(二)滥用职权，玩忽职守，徇私舞弊，致使防汛抗洪工作遭受重大损失的；

(三)拒不执行防御洪水方案、防汛抢险指令或者蓄滞洪方案、措施、汛期调度运用计划等防汛调度方案的；

(四)违反本法规定，导致或者加重毗邻地区或者其他单位洪灾损失的。"

二、水行政处分与水行政处罚的区别

水行政处分与水行政处罚的区别主要体现在 4 个方面：

(1)主体上。水行政处分的主体是内部行政主体，即是被处分人所在单位或其上级主管部门；而水行政处罚则是由特定的国家水行政主体，对其管理相对人施行的行为。

(2)对象上。水行政处分仅适用于犯有轻微违法或违纪行为的人，而不适用于组织；而水行政处罚的对象可以是个人也可以是组织。

(3)形式上。水行政处分的形式基本统一,有警告、记过、记大过、降级、降职、撤职、开除留用查看和开除八种;而水行政处罚的形式繁多,且各个具体的水利法规规定的不统一。

(4)争议处理。水行政处分属于内部行政,不受司法审查,被处分人不服只能通过申诉途径解决而不能通过法院解决;而水行政处罚属外部行政,被处罚人不服可向人民法院提起行政诉讼,使水行政处罚的作出机关成为行政诉讼的对象。

三、水行政处分程序

水行政处分首先由水行政主体主动提出,然后调查取证,对有关事实进行核实;其次讨论决定,在会议讨论时一般应通知受处分的人到现场申述意见;最后批准备案,通知受处分人并对处分决定进行执行。

第九节　水行政检查和执法监督

一、水行政检查的概念和特征

水行政检查,是指国家水行政机关及其工作人员,依法对管理相对人是否守法的事实进行单方强制了解的具体行政行为。如水行政机关依法对工厂的污水处理系统进行检查,等等。

水行政检查具有以下特征:

(1)检查的主体只能是水行政机关,水行政工作人员必须以水行政机关的名义执法。其执法行为表现为对相对人权利的某种临时限制。既不涉及对相对人的实体权利的最终处分,也不涉及以强制手段保障水行政决定的执行。

(2)水行政检查是一种单方面的依职权行为,无须经过相对人申请即可强制检查。

二、水行政检查方法

水行政检查的方法有实地检查、书面审查和特别检查。

(1)实地检查,是指水行政工作人员直接进入现场进行监督检查。如水行政人员进行河道违章建筑检查等。

(2)书面审查,是指水行政机关要求相对人提交书面材料,通过查阅书面材料进行检查。如审查相对人对其违章建筑所写的过程材料和证明材料等。

(3)特别检查,是指水行政机关通过特别手段进行检查或对某些特别内容进行的检查。如住宅检查、对放射性物质的检查等。

三、水行政执法监督及分类

行政监督,是指由有权的国家机关以及其他组织和公民对水行政主体及其公务人员的行政活动是否合法与适当进行督促、查看和审查,并对行政违法或不当的行为检举、揭发、控告、申诉或者实施纠正和追究责任的法律活动。

(1)国家权力机关的监督,是指全国人民代表大会和地方各级人民代表大会依法行使监督职能,对相应的各级水行政执法机关的执法行为进行的监督活动。

(2)行政机关的监督,是指享有监督权的行政机关,按照职权内容、范围,主动对水行政执法活动实施的监督。

(3)上下级监督。上下级监督包括上级人民政府对下级人民政府的监督、同级人民政府对所属水行政主管部门的监督、上级水行政主管部门对下级水行政主管部门的监督。监督的方式包括撤销、改变下级机关的决定,或者命令下级机关作出一定的行为等。为此,02《水法》第六十三条专门规定:“县级以上人民政府或者上级水行政主管部门发现本级或者下级水行政主管部门在监督检查工作中有违法或者失职行为的,应当责令其限期改正。”

(4)行政监察监督。由县级以上各级政府内专门设立的监察机构去行使监督权利并对水行政主管部门及其工作人员实行监督,是一种经常性的、直接的监督形式。

(5)司法机关的监督,是指检察机关和审判机关依法对水行政主管部门行使执法权活动的监督。

(6)民主监督,包括民主党派、民主人士对水行政主管部门行使水行政执法职能的监督。

(7)社会和舆论监督,包括人民群众、社会团体、舆论部门新闻媒体所进行的监督。

(8)救济监督。应用到水事监督中,救济监督也称行政救济,是指公民、法人或其他组织认为某一具体的水行政执法行为直接侵害其合法权益,请求有权的国家机关依法行使监督职权,对水行政违法或水行政不当行为实施纠正并追究行政责任,以保护其合法权益。救济监督是法定国家机关代表国家的监督,包括行政机关救济监督和司法机关救济监督。

①行政机关救济监督,是指行政管理相对人依法向享有监督权的行政机关请求对水行政违法行为或不当行为进行纠正和追究行政责任的一种救济手段,也是行政自身监督的一种方式。行政复议是最主要的一种行政机关救济监督,它指公民、法人或者其他组织认为水行政主管部门及其工作人员的具体行政行为侵犯其合法权益而向其上级主管机关或者同级人民政府申请撤销或者变更该具体行政行为,复议机关根据该申请,决定是否受理并对该具体行政行为进行审查、裁定的活动。水行政复议的具体程序主要由申请、受理、审理和决定四个步骤组成。

②司法机关救济监督,就行政机关救济监督与司法机关救济监督相比而言,按现行水事法律法规的有关规定有两点不同:一是行政机关救济监督是司法机关救济监督的前置程序,利害关系人在不服具体水行政行为,请求法院救济监督前,有的必须先向水行政主管部门提起救济监督;二是行政机关救济监督为司法机关救济监督前的选择,当事人不服水行政处罚,是通过水行政机关救济还是司法机关救济,由其自行选择,可以选择水行政机关救济监督,若对救济结果不服,还可以通过司法机关救济监督予以解决,也可以不经过水行政机关救济监督,直接向人民法院请求司法机关救济监督。但无论当事人选择哪种救济监督方式,在司法机关救济监督后,就不能再选择水行政机关救济监督。

第十四章　水政监察

水政监察是一项很重要的水行政执法活动。《水法》从第六十条到第六十三条，高层次地规范了水政执法活动的原则性规定和具体执法行为规定，1990 年 8 月 15 日水利部颁布了《水政监察组织暨工作章程（试行）》，经过 10 年的实践，于 2000 年 5 月 15 日修订为《水政监察工作章程》，该章程共 5 章 26 条，具体规范了水政监察的组织建设，水政人员的任职条件，以及水政监察制度等，是水政监察人员主要的执法依据。

第一节　概　述

一、我国历史上的水政简况

早在传说的大禹治水时期，就曾经规定，哪些人必须参加治水，哪些人不能参加治水，以及如何组织治水，这可以说是我国最早的水政。

在历史上，水攻经常用作一种战术，春秋战国时期，各诸侯国之间进行着频繁的兼并战争，在兼并战争中以水代兵的事件屡屡发生。如公元前 359 年，楚国伐魏决河灌长垣；公元前 332 年，齐、魏联合伐赵，赵国决河放水，齐、魏联军在滚滚洪水逼迫下而退却；公元前 225 年，秦国大将王贲引水灌大梁灭魏国。

各诸侯国在互相攻伐的同时，也互相结盟，盟国之间为了避免相互水攻，就制定了一些共同遵守的规则。当时的各诸侯国都设有水官、水工等。之后，历代王朝都制定过水利管理方面的专门规定，并设有专门机构，配有专管官吏，以执行水利规定，进行水利管理。隋统一全国后，设立了全国的水政管理机构，官员有都水监、少监各一人。明代治河机构十分健全，从中央到地方依次设有总理河道、各司道管河官、各州县管河官，各司其职。清代河患频繁，在康熙执政的前 15 年，黄河下游几乎年年决溢，康熙把“撤藩、河务、漕运（运河水运）”列为三件大事，河道总督虽隶属工部，但直接受命于朝廷。这些都属于我国历史上的水政管理。

1949 年中华人民共和国成立后，当时的水利部部长、著名的国民党爱国将领傅作义先生曾提议组建水政部，并在同年 11 月份全国水利工作会议上所作的报告中，对水政工作做过精辟论述，但由于历史的原因这一提议被搁置。随着我国社会经济的迅速发展，用水矛盾也日益突出，1988 年 7 月 1 日我国颁布实施了《水法》，与此同时全国各地不同级别的水利部门也都设立了水政机构，并按编制配备了人员。从此，我国的水利事业进入了一个依法治水的新的历史时期。

二、水行政管理与水政

（一）水行政管理

行政，是指国家行政主体行使国家权力，依法对国家和社会事务进行管理。行政主要是指对国家和社会事务进行管理的活动,非管理活动不属于行政。

行政管理是一个复合词,即由“行政”和“管理”组成。行政通常指政务的推行,包括规划、策划、组织、领导、协调等活动;管理通常指事务的处理,包括执行任务的技术、方法和程序等活动。

狭义的水行政管理,包括水资源的权力管理和对水资源开发利用的监督管理,是指对已被发现查定的水资源,从资源登记、规划、建设、转让、开发、加工直到资源注销,以及在生产过程中的消长变化等的动态管理、监督管理和权属管理。

广义的水行政管理,即指对水资源的综合管理,除狭义的解释,还包括水利行业管理。国务院水行政主管部门和地方各级政府的水行政主管部门都是水资源的综合管理部门。

(二)水政

广义的水政,是指水的行政管理,包括水行政立法、水行政执法、水行政司法和水行政保障。其内容有:制定和完善水利政策与法规,管理和监督检查全社会的水事活动,协调各种水事关系,调解水事纠纷,查处水事案件,受理水行政复议和培训水利执法队伍等。

狭义的水政,仅指水行政执法,即执行水法规的活动。

(三)加强水政建设的意义

随着社会主义法制的健全与完善,各行各业均实行依法管理。国家先后成立了航政、路政、地政、林政、渔政、草政等不同部门的行政执法司法机构。在水利行业,为了贯彻水利法规,加强政策、法规、规划、协调、监督等水利管理活动,促进水资源的综合管理,必须加强水政建设。在水的管理活动中逐步由运用行政手段直接控制,转变为运用法律手段、行政手段、经济手段等进行综合管理的方式,以提高管理水平,促进管理质量。

(四)水行政监督检查

水行政监督检查,是指县级以上人民政府水行政主管部门和流域管理机构依据法规规定,对其管辖权限内的行政管理相对人是否遵守和执行水事法律、法规、规章的情况进行检查,以及对行政检查过程中所发现问题的处理与解决和对不执行有关处理决定或不履行有关法定义务的强制执行。监督检查的方法包括书面检查、实地检查和特殊检查。按照《水法》第五十九条的规定:“县级以上人民政府水行政主管部门和流域管理机构应当对违反本法的行为加强监督检查并依法进行查处”,一是对公民、法人或者其他组织遵守、执行水法规的情况进行监督检查,二是对违反水法规的行为依法实施行政处罚或者采取其他行政措施。

第二节　水政监察工作

一、水行政执法体系

水行政执法体系,包括组织体系、执法运行体系和执法保障体系。组织体系指水政监察机构和队伍,执法运行体系指执法队伍建设和执法运行的制度体系,执法保障体系指保障执法活动顺利进行的物质条件和能力建设。

为了进一步加强水利执法队伍的建设,1995 年开始以建立专职水政监察队伍为中心,在全国水利系统开展了水政监察规范化建设,要求达到执法队伍专职化、执法管理目标化、执法行为合法化、执法文书标准化、考核培训制度化、执法统计规范化、执法装备系列化、监督检查经常化。

1990 年国家颁布实施了《行政诉讼法》,1996 年颁布实施了《行政处罚法》,接着《国家赔偿法》《行政复议法》等行政法律相继颁布施行,使得我国的行政法律制度基本建立起来。

二、水政监察

水政监察,是指水行政执法机关依据《水法》的规定对公民、法人或者其他组织遵守、执行水法规的情况进行监督检查,对违反水法规的行为依法实施行政处罚、采取其他行政措施等行政执法活动。

(一)可以组建水政监察组织的机关

《水政监察工作章程》第二条规定:“县级以上人民政府水行政主管部门、水利部所属的流域管理机构或者法律法规授权的其他组织(以下统称水行政执法机关)应当组建水政监察队伍,配备水政监察人员,建立水政监察制度,依法实施水政监察。”

(二)水政监察的管辖

水政监察的管辖,依据《水政监察工作章程》第三条的规定为:

(1)水利部组织、指导全国的水政监察工作。

(2)水利部所属的流域管理机构负责法律、法规、规章授权范围内的水政监察工作。

(3)县级以上地方人民政府水行政主管部门按照管理权限负责本行政区域内的水政监察工作。

(三)水政监察的任务

水政监察的具体任务包括以下内容:

(1)经常性的检查监督,包括岗位监察和巡视监察。

(2)参加调处水事纠纷。

(3)查处水事违法案件。

(4)受理因水事违法而引起的侵害赔偿案件。

(四)水政监察的执法依据

《水政监察工作章程》第四条规定:“水政监察以法律、行政法规、地方性法规和规章为依据。县级以上地方人民政府根据法律、行政法规、地方性法规和规章制定、发布的规范性文件,也作为水政监察的依据。”

(五)水政监察组织

(1)省(自治区、直辖市)人民政府水行政主管部门设置水政监察总队。

(2)市(地、州、盟)人民政府水行政主管部门设置水政监察支队。

(3)县(市、区、旗)人民政府水行政主管部门设置水政监察大队。

(4)水利部所属的流域管理机构根据实际情况设置水政监察总队、水政监察支队、水政监察大队。

(六)水政监察组织的批准机关

(1)地方各级水政监察队伍由同级人民政府水行政主管部门报同级编制主管部门批

准成立。

(2)水利部所属的长江、黄河、淮河、海河、珠江、松辽水利委员会和太湖流域管理局等流域管理机构(以下简称流域机构)水政监察队伍由水利部批准成立;流域机构所属的管理单位水政监察队伍由流域机构批准成立。

(七)水政监察队伍的主要职责

(1)宣传贯彻《水法》《水土保持法》《防洪法》等水法规。

(2)保护水资源、水域、水工程、水生态环境、防汛抗旱和水文监测等有关设施。

(3)对水事活动进行监督检查,维护正常的水事秩序。对公民、法人或其他组织违反水法规的行为实施行政处罚或者采取其他行政措施。

(4)配合并协助公安和司法部门查处水事治安及刑事案件。

(5)对下级水政监察队伍进行指导和监督。

(6)受水行政执法机关委托,办理行政许可和征收行政事业性规费等有关事宜。

(八)水政监察人员的任职条件

水政监察人员是实施水政监察的执法人员。水政监察人员必须具备下列条件:

(1)通过水法律、法规、规章和相关的法律知识的考核。

(2)有一定的水利专业知识。

(3)遵纪守法,忠于职守,秉公执法,清正廉洁。

(4)具有高中以上文化水平,其中水政监察总队、支队、大队的负责人必须具有大专以上文化水平。

水政监察人员上岗前应按规定经过资格培训,并考核合格。水政监察人员上岗前的资格培训和考核工作由流域机构或者省、自治区、直辖市水行政主管部门统一负责。

水政监察人员由同级水行政执法机关任免。地方水政监察队伍主要负责人的任免需经上一级水行政执法机关法制工作机构的审核同意。

水政监察人员实行任期制,任期为3年。

水政监察人员任期届满,经考核合格可以连任。考核不合格或因故调离工作,任期自动中止,由任免机关免除任命,收回执法证件和标志。

(九)水政监察人员在执行公务时的职权

水政监察人员在执行公务时的职权可归纳为以下几条:

(1)进行现场检查、勘测和取证等。

(2)要求被调查的公民、法人或其他组织提供有关情况和材料。

(3)询问当事人和有关证人,作出笔录、录音或录像等。

(4)责令有违反水法规行为的单位或个人停止违反水法规的行为。必要时,可采取防止造成损害的紧急处理措施。

(5)对违反水法规的行为依法实施行政处罚或者采取其他行政措施。

(十)水政监察人员应持证执法

《水法》第六十二条规定:“水政监督检查人员在履行监督检查职责时,应当向被检查单位或者个人出示执法证件。”

水政监察人员执行公务时,应按规定着水政监察制服,持“中华人民共和国水政监察证”或“中国水土保持监督检查证”，佩戴“中国水政”或“中国水保监督”胸章和“中华人民共和国水政监察”或“中国水保监督”臂章。

三、流域水政监察机构的职责

《水法》第五十九条规定：“县级以上人民政府水行政主管部门和流域管理机构应当对违反本法的行为加强监督检查并依法进行查处。

水政监督检查人员应当忠于职守，秉公执法。”

流域水政机构作为流域机构代表国家和部门行使水行政管理的综合职能部门，其主要职责是：

(1)宣传贯彻水法和有关方针政策，负责组织开展水法和水法规定的宣传活动，组织有关省(区、市)开展流域性水法规定的执法检查。

(2)参与制定水管理的法律法规，受水利部委托负责组织或参与专项水法律、行政法规的草拟，组织拟定流域性规章、规范性文件，组织由流域内有关地方政府或人民代表大会联合颁发的地方水法规的草拟工作。

(3)负责调研水利方针政策，负责组织调研和草拟流域性水政策，组织调研和草拟流域水资源的开发与流域经济发展相结合的政策，协助水利部调研和草拟中长期水政策目标与水利发展战略等重大政策，调研和拟定受水利部委托的政策研究课题。

(4)参与水利体制改革工作，研究国内外水管理制度的信息、经验和问题，研究提出有关水利体制改革方案，完善流域与区域相结合的管理体制。

(5)协调处理流域内省间水事纠纷及行业之间水事矛盾。

(6)负责流域水利执法工作，建立流域水利执法体系；在流域直接管辖的河道工程、水土保持、水资源管理等方面组建水政机构，对江河和重要河段内各项工程建设及运行进行监督管理；负责办理有关行政复议和有关行政诉讼事宜。

四、水政监督管理人员渎职行为的法律责任

水政监督管理人员，是指水行政主管部门或者其他有关部门以及水工程管理单位及其工作人员。水政监督管理人员的渎职行为，即利用职务上的便利收取他人财物、其他好处或者玩忽职守，对不符合法定条件的单位或者个人核发许可证、签署审查同意意见，不按照水量分配方案分配水量，不按照国家有关规定收取水资源费，不履行监督职责，或者发现违法行为不予查处，造成严重后果的，就应承担法律责任。

《水法》第六十三条规定：“县级以上人民政府或者上级水行政主管部门发现本级或者下级水行政主管部门在监督检查工作中有违法或者失职行为的，应当责令其限期改正。”

《水政监察工作章程》第二十四条规定：“水政监察人员应当忠于职守、遵纪守法，不得徇私舞弊。对有违法、违纪、失职、渎职行为的水政监察人员，由水行政执法机关视其情节轻重，给予批评教育或行政处分；构成犯罪的，由有关部门依法追究刑事责任。”

按照有关规定，有渎职行为构成犯罪的，对负有责任的主管人员和其他直接责任人员，依照刑法的有关规定追究刑事责任；尚不够追究刑事责任的，依法给予行政处分。

第十五章 水事纠纷的处理

第一节 概 述

一、水事纠纷的概念和特征

水事纠纷,是指在防治水害和开发水利的过程中,地区之间、单位之间、上下游之间、左右岸之间所发生的纠纷,以及在处理这些纠纷时所产生的纠纷。

根据我国现行法律规定和水事纠纷的特点与性质,可将水事纠纷分为水行政争议、水事侵权纠纷和双重水事纠纷。

(一)水行政争议

水行政争议,是指水行政主体之间,或水行政主体与管理相对人之间,在国家水行政管理活动中发生的有关权利、义务的矛盾和争执。

水行政争议的产生有以下原因:

(1)水行政机关的行为违法或不当,侵害了管理相对人的合法权益,又不主动承担补偿责任。如无正当理由撤销取水许可证等。

(2)水行政机关工作人员的管理行为不当。如在执法时未佩戴执法标志、出示证件和相关文件等。

(3)管理相对人违法,并不服水行政处罚。

(二)水事侵权纠纷

水事侵权纠纷,是指平等主体之间的一方因为参加水事活动,而侵犯另一方的合法权益所产生的纠纷。其实质是民事纠纷。

水事侵权纠纷产生的原因有以下3种:

(1)因取水、蓄水、排水、兴建水工程等改变水的现状。

(2)用水权和水益分配。

(3)水污染。

(三)双重水事纠纷

双重水事纠纷缘起水行政机关的双重地位。一方面,它是机关法人,可以作为民事主体参与民事法律活动;另一方面,它又是管理水事活动的行政机关。当水行政机关为履行水行政管理义务而签订协议和合同时,是以双重身份出现的,由此引起的纠纷即是双重水事纠纷。

双重水事纠纷的解决途径既要适用水行政法律的规定,又要符合民事契约原则,兼顾国家与相对人双方的利益。

（四）水行政争议与其他两类水事纠纷的区别

水行政争议与其他两类水事纠纷的区别主要有以下 3 个方面：

(1) 主体不同。其他两类水事纠纷发生在地区之间、单位之间、上下游之间、左右岸之间；而水行政争议发生在具有隶属关系的上下级之间、管理者与管理相对人之间。

(2) 当事人的法律地位不同。其他两类水事纠纷的双方当事人在法律上是平等主体，并且是直接承担水事后果的法人和公民；而水行政争议的双方当事人，是工作人员和管理相对人，是两个不平等的法律主体。

(3) 解决的途径不同。其他两类水事纠纷按其发生的范围不同，可采用行政处理程序或采用行政处理与民事诉讼双轨程序；而水行政争议，只能按行政组织原则和程序处理。

二、我国水事纠纷概况

水事纠纷的发生，对地区的经济发展和社会稳定都有很大的不利影响。在过去由于缺乏统一规划和管理，加上自然因素和历史原因，不少地区水事纠纷频发。如在漳河上游，自然条件差、人多、水少、地少，流域内人均占有水资源量只有 400 立方米，沿河村庄人均河滩地 2 ~ 3 分。20 世纪 50 ~ 60 年代以来，漳河水资源的开发利用失去了宏观控制，地区之间竞相开发，河道径流不断减少，水资源供需矛盾日益尖锐。山西境内相继修建了 3 座大型水库以及 80 多座中小型水库，河南、河北两省分别修建了红旗渠、大跃进渠等四大灌区，灌溉面积达 120 万亩，两岸还建设了大量引水工程和水电站。同时，为保护和多占肥沃的河滩地，两岸群众争相修建护村护地坝和挑流工程。地区之间为争夺水源和河滩地，多次发生群众械斗、爆炸、炮击事件，造成人员伤亡和重大经济损失。80 年代以来，纠纷逐步升级，先后发生了河南红旗渠、河北大跃进渠被炸，沿河村庄遭炮击及械斗流血事件 30 余起。

2001 年 11 月，浙江省嘉兴市数百名群众动用机械在麻溪塘上筑坝封堵河道而引发江浙水事纠纷。据调查，这次筑坝封堵是因为水污染纠纷引起的。长期以来，嘉兴接纳上游江苏省苏州市盛泽镇排放的污水，曾多次造成死鱼事件，使养殖业损失惨重。当地农民虽通过多种途径呼吁，但 10 余年来问题却始终没有得到妥善解决，水污染已经严重影响到这一区域广大人民群众的生产、生活和经济发展。麻溪塘被封堵后，江苏方面的来水难以下泄，影响了治太省际边界工程杭嘉湖北排通道工程的顺利实施，影响了国务院治淮治太第四次工作会议所确定的 2002 年全面完成治太骨干工程建设目标的顺利实现。

第二节 水事纠纷的处理方法

水事纠纷的处理方式有协商解决、调解解决、政府处理和诉讼解决。

一、协商解决

协商解决，即在发生水事纠纷时，由纠纷当事人在自愿互谅的基础上，按照法律和国家规定直接进行磋商，自行解决双方之间的纠纷。协商解决的特点如下：

(1)有利于团结,有利于以后发展协作关系。

(2)程序简单,既可防止纠纷扩大,又可以减少诉争。

在1991~2001年我国共发生的11.1万起水事纠纷中,就有75%通过双方协商得到解决。

二、调解解决

调解解决,指纠纷当事人在第三者的主持下,排难解纷,协商调解。通过说服教育,使双方当事人互相谅解,共同协商,按照国家政策、法律和有关规定,达成协议,以解决水事纠纷。根据主持调解人身份的不同,调解解决分以下几种:

(1)双方当事人的上级主管机关进行调解。

(2)其他企业单位、机关或团体从中进行调解。

(3)政府调解,由国家行政组织出面主持,调解水事纠纷。

(4)司法调解,又叫法院调解,是指在水事纠纷的诉讼过程中由法院主持调解。

(5)民间调解,主持人以普通百姓的身份主持调解。

在社会实践中,行政机关以第三者的身份主持水事调解很常见,我们称为水行政调解。水行政调解,是指在水行政机关的主持下,以水法规为依据,以自愿为原则,通过说服教育等方法,促使双方当事人友好协商、互让互谅,达成协议,从而解决水事纠纷的行政行为。根据《水法》规定,水行政调解适用于任何性质的水事纠纷。

(一)水行政调解的特征

水行政调解具有以下特征:

(1)调解人必须是国家行政组织,水行政调解是水行政机关主持的调解活动。《水法》第五十七条规定:“单位之间、个人之间、单位与个人之间发生的水事纠纷,应当协商解决;当事人不愿协商或者协商不成的,可以申请县级以上地方人民政府或者其授权的部门调解,也可以直接向人民法院提起民事诉讼。县级以上地方人民政府或者其授权的部门调解不成的,当事人可以向人民法院提起民事诉讼。”充当调解人的行政组织可以是政府、水政机构及当事人的上级主管机关。

(2)水行政调解以自愿为原则。调解只能在争议双方当事人自愿接受的条件下才能进行,强制调解无效。但对地区间的水事纠纷,争议双方的上一级政府可根据行政职权强制调处。这仅属于特别规定。

(3)调解的对象主要是民事水事纠纷和经济水事纠纷,因其只涉及财产利益而不直接涉及国家的水行政职权,所以水行政调解不适用水行政争议。

(4)水行政调解是一种诉讼外调解,不是诉讼的必经程序,不限制当事人司法诉讼权。

(二)水行政调解的程序

水行政调解程序如下:

(1)申请调解。需由争议当事人向行政机关提出申请。申请可用书面形式也可用口头形式,有法律规定必须书面申请的应依法律规定。

(2)征求意见。实施调解前必须征求双方当事人是否同意调解,若有一方当事人不同意调解,行政机关不得强行调解。

(3)调查事实。调解应建立在分清事实、明辨是非的基础上。调解前应充分了解争议事实,查实证据,了解双方的要求。

(4)调解协商。主持双方当事人协商,并应根据事实和法律对当事人进行说服教育,以求解决争议。在协商达成协议时应当制作协议书,由调解机关和双方当事人盖章。

(5)送达协议。调解协议书制好后必须发送双方当事人。协议书自送达当事人之日起生效。

三、由政府或其授权的主管部门处理

在无法协商并且调解不成时,可由政府或主管部门依照职权作出处理决定。对地区之间的水事纠纷,在作出处理决定后,要求当事人必须执行,以防止水事纠纷的扩大或激化。

四、通过诉讼解决

该方式适用于单位之间、个人之间、单位与个人之间的水事纠纷。当前三种方法解决不了或对处理决定不服时,可在法定期限内向人民法院起诉。但地区之间的水事纠纷除外,根据《水法》规定,地区之间的水事纠纷不能采用诉讼的办法解决。

第三节　处理水事纠纷的程序和原则

一、地区之间水事纠纷的处理

地区之间发生的水事纠纷多因水界划分、分享水利、分担水害等引起,关系到地区之间对水资源使用权的分配,关系到地区的经济利益。其特点是公对公,各方都从维护自己地区利益出发,据理相争,互不相让,双方相持不下,双方利益均受到损失。

处理地区间水事纠纷的原则和程序有以下 3 个方面:

(1)首先要求争议双方明确其在根本利益上是一致的,消除地方主义和本位主义的影响,顾全大局,互相尊重和谅解,互相谦让,兼顾各方面的利益,协商处理纠纷。

(2)经协商仍然不能解决的,由上一级人民政府处理。因为,其一,上一级政府作为行政机关,对管辖范围内的双方地区情况熟悉,便于对该地区水事纠纷的历史沿革与现状作进一步调查;其二,行政处理程序简便,有利于纠纷的及时解决。由法律确认的政府对水事纠纷的处理是有法律效力的,当事双方必须执行处理结果,遵守有关协议,不得违背。

(3)在地区之间发生的水事纠纷解决之前,双方未达成协议或者未经上一级人民政府批准,应维护水的现状,不得单方面采取工程措施改变水的现状。因为首先,在国家规定的交界线两侧一定范围内,单方面修建改变水的现状的工程,势必使可以解决的水事纠纷进一步复杂化,激化双方群众间的对立情绪;再者,采取单方面措施会增加调查难度,破坏或改变原有的处理依据,使得纠纷不能及时处理。

二、行政区之间的水事纠纷属于行政争端

在水事纠纷发生以后，当事双方人民政府和有关主管部门必须及时采取措施，约束自己一方的干部和群众，妥善处理水事纠纷。要防止矛盾激化，扩大事态，形成对抗事件。《水法》第五十六条规定："不同行政区域之间发生水事纠纷的，应当协商处理；协商不成的，由上一级人民政府裁决，有关各方必须遵照执行。在水事纠纷解决前，未经各方达成协议或者共同的上一级人民政府批准，在行政区域交界线两侧一定范围内，任何一方不得修建排水、阻水、取水和截(蓄)水工程，不得单方面改变水的现状。"

该条所称的不同行政区域之间的水事纠纷，双方当事人都是行政区域的代表，涉及地区之间的水事权益，不是一般的民事纠纷，而属于行政争端，适用于行政法律关系。应当按照行政管理的组织原则，首先由双方当事人本着团结协作、互谅互让的精神主动协商；协商不成的，由上一级人民政府裁决；上一级人民政府在裁决前可以组织或者由其授权主管部门组织双方协商解决。上一级政府的裁决决定，应视为最终裁决，有关各方必须遵照执行。

三、单位之间、个人之间、单位与个人之间发生的水事纠纷

《水法》第五十七条规定："单位之间、个人之间、单位与个人之间发生的水事纠纷，应当协商解决；当事人不愿协商或者协商不成的，可以申请县级以上地方人民政府或者其授权的部门调解，也可以直接向人民法院提起民事诉讼。县级以上地方人民政府或者其授权的部门调解不成的，当事人可以向人民法院提起民事诉讼。在水事纠纷解决前，当事人不得单方面改变现状。"

单位之间、个人之间、单位与个人之间发生的水事纠纷属于民事性质的纠纷，这类水事纠纷既受水法调整，也受民法调整，按照处理民事关系的法律规范，首先由当事双方协商，当事人不愿协商或者协商不成的，可以申请地方人民政府或者其授权部门调解。调解不同于协商，也不同于行政裁决，它必须由当事人双方认可才能生效。当事人不愿协商或者协商与调解不成的，当事人双方都可以向人民法院提起诉讼。这里所指的诉讼，是民事诉讼，不是行政诉讼，被告是当事人的另一方，而不是调处水事纠纷的政府或者其授权部门。

四、省、自治区、直辖市边界的水事纠纷的处理

为防止地区间的边界纠纷，《河道管理条例》第十九条规定："省、自治区、直辖市以河道为边界的，在河道两岸外侧各10公里之内，以及跨省、自治区、直辖市的河道，未经有关各方达成协议或者国务院水利行政主管部门批准，禁止单方面修建排水、阻水、引水、蓄水工程以及河道整治工程。"

《防汛条例》第十九条规定："地区之间在防汛抗洪方面发生的水事纠纷，由发生纠纷地区共同的上一级人民政府或其授权的主管部门处理。

前款所指人民政府或者部门在处理防汛抗洪方面的水事纠纷时，有权采取临时紧急处置措施，有关当事各方必须服从并贯彻执行。"

五、水事纠纷处理的程序

水事纠纷处理程序如下：

(1)当事人对水事纠纷不愿通过协商、调解解决的，或者当事双方协商、调解没有解决纠纷的，可以向县级以上地方人民政府或者县级以上地方人民政府授权的行政主管部门提出申请，请求上述机关处理水事纠纷。

(2)当事人不希望通过行政机关处理的，可以通过司法机关解决，即直接向人民法院起诉。因水事纠纷的发生往往涉及民事权利，允许纠纷当事人向人民法院起诉，以维护当事人的民事诉讼权利。法院应按有关诉讼程序，管理水事纠纷案件并进行调解，即作出裁决。

(3)当事人对政府或其授权的主管机关的处理决定不服的，可以向法院起诉，但必须在接到处理通知之日起 15 天内提出。超过这一法定期限，法院对提起的诉讼可不予受理。

(4)水事纠纷解决之前，任何单位和个人都应自觉维护水的现状，以为水事纠纷公正、合理、及时地解决提供必要的条件。

六、处理水事纠纷的原则

水事纠纷发生后，纠纷各方应该互谅互让、团结协作、协商处理，同时应该遵循以下重要原则。

(一)首先应当协商和调解

水事纠纷并非一定要通过行政机关才能解决，只要当事人双方能平心静气，互谅互让，诚心诚意地进行协商，经过调解，许多水事纠纷是可以得到圆满解决的。

(二)局部利益服从全局利益

一切水事活动都必须从全局出发，树立大局观念。小局服从大局、小利服从大利。在不损害大局的前提下，人民政府及其授权的部门有责任保护地区、单位和个人的合法权益。对于为顾全大局而牺牲局部利益的一方，国家或受益一方应当给予适当补偿。

(三)统筹兼顾，协调发展

由于水资源是一个有机整体，同时又是可再生的动态资源，各项水事活动相互影响，在处理上下游、左右岸、干支流与防洪、治涝、灌溉、排水、供水、水运、水电、水产、环境保护等各项事业之间的水事关系时，必须统一规划、统筹兼顾、协调发展。遵循尊重历史、面对现实、着眼未来的原则。尊重历史，是指在调处水事纠纷时，对水事纠纷的历史情况进行调查，对历史上处理纠纷已经形成的协议给予充分考虑。面对现实，即从实际出发，在尊重历史的基础上，根据当前的现实情况，依法作出调整，维护有关各方的合法权益。着眼未来，要求有关各方以发展的眼光、新的思路来解决纠纷。

(四)维持现状

《水法》第五十六条、第五十七条均规定，在水事纠纷解决前，当事各方不得单方面改变现状。这是禁止性规定，主要是为了防止纠纷激化，扩大事态，也为解决水事纠纷赢得时间和创造良好的社会环境。

(五)从实际出发,适当照顾历史

在处理水事纠纷时,首先要从实际出发,注重现实状况,同时要对历史上纠纷各方在防洪、排涝、灌溉、供水等方面的情况展开全面的调查,对历史上处理纠纷已经形成的有关协议要适当给予考虑。要从有利生产、方便生活、互谅互让、公平合理、利害与共的角度出发来处理纠纷。

(六)处理地区间的水事纠纷,应着重强调组织原则

水事纠纷发生后,有管辖权的上下级之间和各相关机构,不得相互推诿。必须立即采取措施,制止事态的发展,维护好现状,并做好干部群众的思想工作,防止矛盾激化。

七、水事纠纷处理中的临时处置措施

《水法》第五十八条规定:"县级以上人民政府或者其授权的部门在处理水事纠纷时,有权采取临时处置措施,有关各方或者当事人必须服从。"这一规定,授予了县级以上人民政府或者其授权的部门在处理水事纠纷时,采取临时处置措施的权力,有关各方和当事人必须服从。这是为了防止纠纷激化,事态扩大,造成更大损失而规定的特别授权。这样处理有利于地区稳定和今后的和睦相处。

水事纠纷在处理过程中,当事人往往继续实施自己的行为,有的属不当行为,有的则有可能进一步激化矛盾,危及国家财产和人民生命安全。因此,及时采取必要措施制止上述行为,避免纠纷的进一步发展,是十分必要的。这一规定包括以下含义:

(1)县级以上人民政府或者其授权的主管部门在处理水事纠纷时,有权采取临时处置措施,当事人必须服从。

(2)在处理水事纠纷中,对当事人的一些行为采取行政、经济措施加以限制,是县级以上政府及其授权主管机关的权利。

(3)临时处置措施的适用范围是处理水事纠纷中那些必须予以制止或加以限制的行为。

(4)临时处置措施的采取具有法律确认的效力,当事人必须执行而不得违背。

第四节　水事纠纷处理的法律责任

《水法》第七十四条、第七十五条和第七十六条规定了水事纠纷处理的法律责任。

一、《水法》第七十四条的规定

《水法》第七十四条规定:"在水事纠纷发生及其处理过程中煽动闹事、结伙斗殴、抢夺或者损坏公私财物、非法限制他人人身自由,构成犯罪的,依照刑法的有关规定追究刑事责任;尚不够刑事处罚的,由公安机关依法给予治安管理处罚。"凡因水事纠纷造成或者可能出现聚众闹事、械斗伤人和以暴力相威胁、抢夺和破坏公私财物、危害公共安全、扰乱正常的生产秩序和社会秩序时,当地人民政府和公安、水利等部门负责人应当立即赶赴现场,控制现场,制止过激行动和违法行为,并查明事实,严肃处理肇事人员。触犯刑法的,依照关于妨害公务罪、煽动暴力抗拒法律实施罪、聚众扰乱社会秩序罪、聚众斗殴罪、

抢夺罪、故意毁坏财物罪或者非法拘禁罪的规定,依法追究刑事责任;尚不够刑事处罚的,依法给予治安管理处罚。

如果水事纠纷发生地的当地政府和有关部门的干部不履行自己的职责,不采取防止事态扩大的切实措施,听任矛盾激化,甚至放任纵容过激行为,酿成聚众闹事、械斗事件,造成重大损失的,也应追究刑事或行政责任。有教唆、纵容行为的从重处罚。对直接参与闹事、械斗的人员,也应按情节轻重,依法严肃处理。

二、《水法》第七十五条的规定

《水法》第七十五条规定:"不同行政区域之间发生水事纠纷,有下列行为之一的,对负有责任的主管人员和其他直接责任人员依法给予行政处分:

(一)拒不执行水量分配方案和水量调度预案的;

(二)拒不服从水量统一调度的;

(三)拒不执行上一级人民政府的裁决的;

(四)在水事纠纷解决前,未经各方达成协议或者上一级人民政府批准,单方面违反本法规定改变水的现状的。"

三、《水法》第七十六条的规定

《水法》第七十六条规定:"引水、截(蓄)水、排水,损害公共利益或者他人合法权益的,依法承担民事责任。"主要指损害公共利益或者他人合法权益的应当停止侵害,并承担赔偿损失等民事责任。

四、对违法的水行政机关及其工作人员的处理

《水法》第六十四条规定:"水行政主管部门或者其他有关部门以及水工程管理单位及其工作人员,利用职务上的便利收取他人财物、其他好处或者玩忽职守,对不符合法定条件的单位或者个人核发许可证、签署审查同意意见,不按照水量分配方案分配水量,不按照国家有关规定收取水资源费,不履行监督职责,或者发现违法行为不予查处,造成严重后果,构成犯罪的,对负有责任的主管人员和其他直接责任人员依照刑法的有关规定追究刑事责任;尚不够刑事处罚的,依法给予行政处分。"

负责处理水事纠纷的国家机关工作人员,玩忽职守,使水事纠纷矛盾激化,给国家和人民利益造成损失情节严重的,构成犯罪的,应当依法追究刑事责任;情节尚属轻微,不够追究刑事责任的,由纪检监察机关和有管辖权的主管机关给予行政处分。

五、综合运用各种手段解决水事纠纷

实践证明,解决水事纠纷,必须综合运用行政、经济、法律和技术手段。

(1)采取必要的行政手段,落实责任制。解决水事纠纷,关键在于干部。各级干部只有本着对国家负责、对人民负责、以大局为重、以安定团结为重的态度,做深入细致的思想工作,自觉地克服狭隘的本位观点和地方观点,严格依法办事,做团结治水的带头人,任何复杂的水事纠纷都能解决。

(2)遵循自然规律和经济规律,运用市场机制合理配置调度水资源,实行流域水资源的统一管理,实现水资源的优化配置,提高用水效率。

(3)建设必要的工程设施,为水资源的优化配置和可持续利用提供工程保障。

(4)加强法制建设,依法治水,规范水事秩序。

案例　因争灌溉用水引起的水事纠纷及其调处

2006年夏,位于浙江省某县××灌区渠道上游的××村完成治溪造田后增加了灌溉用水量,导致位于渠道下游的××村灌溉用水不足,从而引起纠纷,两镇政府多次协调未果。随着旱情的加剧,两村间的大规模冲突一触即发。

这起水事纠纷引起了该县县委、县政府的高度重视,由县政府牵头综合整治、水利、国土等部门以及两镇政府有关负责人,多次召集两村村委会进行联合调解,力争把矛盾化解在萌芽状态。经过现场踏勘和深入调查研究,最终提出了纠纷双方都能接受的调解方案:第一,根据"水资源国家所有"和"上下游兼顾"原则,两村要大力推广和普及节水灌溉,合理用水,科学用水。第二,根据××溪水位下降、××进水口进水量不足的现状和防洪安全的需要,采用沙袋临时加高××拦水坝,增加进水量。第三,两村组织村民开展渠道清淤,并加强对××进水口及渠道的管理维护。第四,两村配合做好灌区节水配套改造工程,彻底解决灌区供水不足的困难。

根据调解方案,两村达成和解并签订了灌溉用水协议,争水纠纷经协调圆满解决。

第十六章　水事违法案件的调查与处理

水事案件的查处,是水利执法过程中原则性很强、很重要的一项活动。在水事管理活动中,主要由水政监察机构和水利公安进行执法,依属地原则和案件影响的大小进行管辖。依照案件性质和情节的不同,可按照简易程序或一般程序进行查处。水事案件调查处理的内容包括管辖、立案、调查、处理、复议、执行、结案等。要严格按照法定程序进行水行政执法。水行政处罚主体在追究一项违法行为的时候,其法定责任、适用处罚必须按法律、法规、规章规定的步骤、次序进行,同时采用法定的形式。对处理过的案件应上报备案,案卷要整理归档。

第一节　管　辖

管辖,是指哪一类的水事案件应由哪个部门处理,即水事案件处理权限的规定。

水事案件的管辖分为水行政主管部门管辖和司法管辖,司法管辖包括公安管辖和法院管辖。在管辖问题上行政法规与刑事、民事等法律法规有些不同,许多行政法规本身既是实体法又是程序法,而刑法、民法等法律的实体部分和程序部分分得比较清楚。

一、水事案件管辖权划分的依据和原则

(一)管辖权的划分依据

《水行政处罚实施办法》第十七条规定:“国务院水行政主管部门及其所属的流域管理机构管辖法律、行政法规规定的水行政处罚。”

《水行政处罚实施办法》第十八条规定:“除法律、行政法规另有规定的外,水行政处罚由违法行为发生地的县级以上地方人民政府水行政主管部门管辖。上级水行政主管部门有权管辖下级水行政主管部门管辖的水行政处罚。下一级水行政主管部门对其管辖的水行政处罚,认为需要由上一级水行政主管部门管辖的,可以报请上一级水行政主管部门决定。对管辖发生争议的,应当协商解决或者报请共同的上一级水行政主管部门指定管辖。”

《水行政处罚实施办法》第十九条规定:“法律、法规授权组织管辖其职权范围内的水行政处罚。”

(二)管辖权的划分原则

依据以上法律规定,确定水行政处罚的地域管辖和层级管辖,确定具体行使水行政处罚管辖权的水行政主管部门,应按照下列原则进行:

(1)水行政处罚案件一般由违法行为发生地的县级以上地方人民政府水行政主管部门管辖,影响大的(如重大处罚等)、案情重大复杂的水行政处罚案件,可由上级水行政主管部门管辖。

（2）对同一水行政处罚案件，两个以上水行政主管部门都有管辖权而发生管辖争议时，应协商解决，协商不成的，报请其共同的上一级水行政主管部门指定管辖。

（3）上级水行政主管部门有权管辖下级水行政主管部门管辖的水行政处罚案件；下级水行政主管部门对其管辖的案件，认为需要由上级水行政主管部门管辖的，可报请上级水行政主管部门管辖。

（4）有管辖权的水行政主管部门由于特殊原因不能行使管辖权的，应报请上级水行政主管部门解决管辖问题，上级水行政主管部门可以自行管辖，也可以指定管辖。

（5）国务院水行政主管部门及其所属的流域管理机构依照法律、行政法规规定的范围，对水行政处罚案件享有管辖权。

二、有权行使水行政处罚权的机关

《水行政处罚实施办法》第九条规定："依照法律、法规的规定，下列机关以自己的名义独立行使水行政处罚权：

（一）县级以上人民政府水行政主管部门；

（二）法律、法规授权的流域管理机构；

（三）地方性法规授权的水利管理单位；

（四）地方人民政府设立的水土保持机构；

（五）法律、法规授权的其他组织。"

（一）县级以上水行政主管部门受理的情况

（1）对于违反水法规的行为，不管是上级批办的、其他部门移送的，还是单位和个人书信举报、控告的，都应予受理。

（2）对于依法应由司法机关管辖的，政府水行政主管部门受理后，将有关的信函和文书移送给司法机关。对于口头举报、控告的要做好记录，并作相应处理。

（3）水政部门在接到举报、控告后，经审查符合水法及有关水法规规定的受理案件，应在7日内决定是否受理。对于不符合受理条件的，应在7日内通知举报、控告人不予受理，并说明理由。

（4）上级水行政部门对下一级水行政主管部门作出处罚决定后，当事人不服而提出复议的案件，应予受理。但必须是在接到原处罚机关处罚决定之日起15日内提出复议，超过15日者不予受理。

（二）县级以上水行政主管部门可以授予有关机构行使水行政处罚权

（1）可以授权给水政监察执法队伍。《水行政处罚实施办法》第十条规定："县级以上人民政府水行政主管部门可以在其法定权限内委托符合本办法第十一条规定条件的水政监察专职执法队伍或者其他组织实施水行政处罚。委托实施水行政处罚，委托水行政主管部门必须公布。"

（2）受委托的组织应具备的条件。根据《水行政处罚实施办法》第十一条的规定，受委托的组织应当符合下列条件：

"（一）依法成立的管理水利事务的事业组织；

（二）具有熟悉有关法律、法规、规章和水利业务的工作人员；

（三）对违法行为需要进行技术检查或者技术鉴定的，应当有条件组织进行相应的技术检查或者技术鉴定。”

（3）委托程序。《水行政处罚实施办法》第十二条规定：“委托水行政主管部门应当同受委托组织签署委托书。委托书应当载明下列事项：

（一）委托水行政主管部门和受委托组织的名称、地址、法定代表人姓名；

（二）委托实施水行政处罚的权限和委托期限；

（三）违反委托事项的责任；

（四）其他需载明的事项。

委托书自双方盖章之日起生效。委托书应当报上一级水行政主管部门备案。”

三、水利公安和法院管辖的案件

（一）水利公安管辖的案件

违反水法规定给予治安管理处罚的，由公安机关受理，水利公安派出所可以行使公安机关的职能。应予治安管理处罚的，按规定受理，构成犯罪应予刑事处罚的，按刑事诉讼法的规定受理。在实践中，公安机关受理的水事案件，多是由水政部门移送的。

（二）法院管辖的刑事案件

凡属水利法规规定的“构成犯罪的依照刑法规定追究刑事责任”的严重情况，即为刑事案件，都应按照刑事诉讼法的规定，经公安机关侦查，检察机关起诉，法院受理审判。

（三）法院管辖的水行政案件

在水行政处罚的执行中规定：当事人对水行政处罚决定不服的，可以依法申请行政复议或者提起行政诉讼。

《水事违法案件查处程序规定（试行）》第十九条规定：“行政处罚决定依法作出后，当事人应当在行政处罚决定的期限内予以履行，对当事人不服处罚决定，但逾期不申请行政复议或复议决定收到后逾期不提起诉讼又不履行处罚决定的，可以采取以下措施：

（一）申请人民法院强制执行；

（二）申请人确有经济困难，需要延期或分期缴纳罚款的，经当事人申请和行政机关批准，可以暂缓或分期缴纳；

（三）当事人对处罚不服申请复议或提起诉讼的，行政处罚不停止执行，法律另有规定的除外。

当事人对处罚决定不服的，可在接到处罚决定书之日起60天之内向该水行政主管部门的同级政府部门或上一级水行政主管部门申请行政复议；或者在三个月内直接向该作出处罚决定的水行政主管部门所在地的人民法院提起诉讼。”

第二节　立　案

水事违法案件的立案，是指水行政主管部门对控告、举报、自行发现、其他部门移送、上级交办以及下级报送的材料进行审查，认为有违反水法规的事实，需要追究其法律责任时，依法展开调查处理的行政行为。处理水事案件主要是通过行政行为和行政诉讼来解决。依据《行政处罚法》《行政诉讼法》《行政复议法》及《水行政处罚实施办法》等规定，进行水事违法案件查处，重点掌握执法程序，严格执法，依法办事。

一、立案的条件

(一)立案的实质条件

立案的条件就是确立案件的理由或根据。一般来说，立案必须同时具备三个实质条件，即事实条件、法律条件和程序条件。

(1)事实条件，是指在已获得的证据材料中，已经初步证明了水事违法行为的存在。具有违反水法及其他水法规的事实，这是立案的客观要件。即要明确行为人违反了哪法、哪条、哪款，具有哪些违法事实，等等。当然，在具体的案件中，并不要求全部违法事实都搞清楚，只要具有一定的事实根据，基本能够证明违法行为的发生即可。

(2)法律条件，是指依据我国现行法规规定，应当对违法行为追究法律责任。对不需要追究法律责任的水事违法行为，则不能立案或不必立案。通常不论是公民还是法人或其他组织，承担法律责任必须同时具备三个条件，即客观上有违法事实的存在，在主观上必须有过错，违法者必须具有责任能力。

(3)程序条件，是指从管辖和职责方面来讲，该违法行为的查处属于水行政主管部门职权范围内。

(二)立案的具体条件

根据立案的实质条件，水事违法案件的立案具体条件应为：

(1)违反水法规的事实存在。

(2)根据现行水法规规定，应当追究其法律责任的。

(3)属于本部门管辖和职责范围内处理的。

(4)违法者具有行为责任能力。

(5)符合法定有效追溯期限(两年内)。

(三)不追究行政法律责任的情况

在办案过程中会遇到一些轻微的违反水法的行为，给予批评教育即可，进行行政处罚重了些，这就是违反了水法规定而无需立案的情况。根据行政处罚的基本原则和有关规定，不追究行政法律责任的情况有以下几点：

(1)虽有违法行为，但有依法不予以处罚的情节。如精神病人或不满 14 周岁的人违法，不予行政处罚；违法行为轻微并及时纠正，没有造成危害后果的，不予处罚；等等。

(2)违法相对人撤销或者死亡的。

(3)违法行为的社会危害超过了应受行政处罚的限度，即构成犯罪行为的。

(4)超过追溯期限的。如《行政处罚法》规定，违法行为在两年内未被发现的，不再给予行政处罚。实践中，对于两年以外的水事违法案件，我们应根据其危害后果分别作出延期清除、责令采取补救措施、责令纠正违法行为等处理决定，而不再给予行政处罚。

二、立案程序

从行政法制建设和行政法制原则出发，为确保依法行政，必须严格确立行政违法案件的立案程序。水行政违法案件的立案应当经过受理、审查、决定三个阶段。

（一）受理

受理是接受立案材料的过程。从水行政执法的实践看，水事违法案件立案材料的来源主要有以下几个方面：

（1）单位或公民个人的控告、举报。这是立案最主要，也是最普遍的材料来源。控告是指受害人或其法定代理人为了保护自身的利益而实施的告诉行为；举报是由与事实无直接利害关系的单位或个人为维护公共利益或出于正义而实施的检举行为。控告、举报可以用书面或者口头形式提出。接受口头控告、举报的工作人员，应当写成笔录，经宣读无误后由控告人、举报人签名或者盖章。单位的书面控告、举报，应加盖公章，并由负责人签名或者盖章；公民个人的书面控告、举报，应盖印或签名。在实践中匿名举报占有一定的数量，对此要进行认真、具体的分析。为了保护举报人、控告人，水行政主管部门及其水政监察机构应为其保密。凡接受控告、举报的工作人员，应当向控告人、举报人讲明诬告应负的法律责任。但要区分诬告与举报不实的界限，只要不是捏造事实、伪造证据，即使控告、举报的事实有出入甚至有错误，也不能视为诬告。

（2）交通、城建、土地等其他主管部门的移送。这是指没有管辖权的交通、城建、土地等行政机关受理行政违法案件后，经审查确认是水事违法案件，不属于自己管辖的，应立即移送具有管辖权的水行政主管部门处理。

（3）上级主管部门的交办。上级主管部门在行政执法活动中，发现有水事违法行为并需要根据水法规规定追究当事人行政责任的，可以交有关下级水行政主管部门处理。对上级主管部门交办的案件材料，下级水行政主管部门应当接受，并经查实后作为立案的依据。

（4）水行政主管部门自行发现和获得的案件。在水行政主管部门检查工作或水政监察队伍巡查活动中发现的违法事实，是立案材料的直接来源。

（5）违法当事人的主动交代。即行为人在实施水事违法行为后，迫于这样或那样的压力，主动到水行政主管部门坦白交代，经审查其违法事实存在的，即可成为立案的直接依据。如行为人在水工程管理范围内进行爆破，致使水工程产生裂缝或不均匀沉降。这时，尽管水行政主管部门不知道，也无人举报、控告，但行为人却认识到，水工程遭到损毁后，对水工程的安全及正常运行构成威胁，后果十分严重，迫于这样的压力，行为人主动找到水行政主管部门，承认错误，接受处罚。

（二）审查

审查是决定是否立案的关键。主要从以下三个方面入手：

（1）审查判断所有材料能否证明确有违反水法规的事实存在。在具体要求上，并非查清所有事实，只要基本上能证实即可。

（2）审查判断业已查实的违法行为是否应追究法律责任。即根据水法规规定，审查已查实的违法行为，有无法律依据可以对其作出处罚或处理（因为违法行为不一定有追究其法律责任的法律依据）以及违法行为人有无法定免责情节等。

（3）审查本机关是否对该水事违法事实享有管辖权。首先，通过对案件材料的审查，确认案件事实及性质；其次，从纵向的级别管辖、地域管辖和横向的职责权限分析，判断本机关有无管辖权,如确有管辖权,即予以立案,否则,应及时通知举报人、控告人向有管辖权的部门举报或控告,并可将该案件材料移送具有管辖权的机关处理。

(三)决定

决定分准予立案和不准予立案。

(1)对于经审查认为具备立案条件的,应当履行立案手续,包括:①由承办人填写"水事违法案件立案呈批表",主要写明案件来源、案情及发案地点和时间、现有的证据材料、立案的法律依据和承办人的初步意见;②由水行政主管部门或其授权的水政机构负责人签署同意立案意见,并注明确切时间;③立案呈批表批准后,随即由水政机构指派两人以上水政监察员调查取证;④凡符合向上级主管部门备案条件的案件,即呈报上级备案。

(2)对于经过审查,认为不符合立案条件的,应当作出不予立案的决定。但根据立案材料的来源不同,要有一个明确的答复。一是对控告、举报的,接受材料的行政主体应将不立案的原因通知控告人、举报人;二是控告人(被害人)对立案决定不服的,可以申请复查(目前尚无明确的法律规定),以充分保障控告人的权利;三是对上级主管部门交办的案件,上级部门对不立案决定持有异议的,可督促重新进行审议。

(3)对于案情简单,经审查适用当场处罚程序的,可以在不报请主管部门或水政机构负责人审批的情况下,由水政监察员当场制作"水事违法行为当场处罚决定书",记明违法行为的有关事实、理由以及相关证据、处罚依据和内容等,并分别由承办人和被处罚人签名或盖章。

(4)已批准立案而要终止或撤销的案件,应写出书面报告,并经原批准立案的主管领导批准。重大案件的终止或撤销,要抄报上一级水行政主管部门备案。

第三节　调查与取证

一、调查的概念

所谓调查,是指围绕案件事实而进行的各项工作,包括询问当事人、询问证人、勘验检查、鉴定以及提取其他证据等。水事违法案件的调查就是水行政主管部门运用法律、法规和规章规定的各种专门方法与有关措施,发现和收集证据,揭露和查明水事违法事实,查获水事违法行为人,并防止其逃避管理和处罚的活动。

所谓有关措施,是指为确保专门调查工作的顺利进行所采取的一些相应的行政强制措施,如暂扣作业工具、责令停止违法行为、责令改正(纠正)违法行为、抽样取证、登记保存等。

对水事违法案件进行调查,其目的是查明案件的有关事实,为作出行政处罚提供事实根据。它与刑事诉讼中的侦查有着很大的区别。侦查是公安机关、国家安全机关和人民检察院依《刑事诉讼法》所实施的专用手段,往往带有明显的强制性。调查虽也有一定的强制性,但仅仅是一种行政措施,通常不能对人身加以限制。

(一)调查是行政执法机关的一种职权

根据我国行政法律、法规和规章的规定,对于行政违法行为的调查只能由享有国家行政职权的行政机关进行，其他机关、团体和个人无权进行。水政监察员在调查取证过程中的角色，完全是代表水行政主管部门行使职权。

（二）调查是行政处罚的必经程序

调查是行政处罚的必经程序，它是正确作出行政处罚的基础和前提。为此，水事违法案件的处理必须遵循"以事实为根据，以法律为准绳"的原则，认真做好调查工作。

（三）调查必须依据法律、法规和规章规定的程序进行

我国行政法律、法规和规章对于询问当事人、询问证人、暂扣财物，以及责令停止违法行为等措施的条件、程序和时限都作了明确而具体的规定。如询问当事人、证人应当制作笔录，并经被询问人审阅无误后签名或盖章。

二、调查的方法和步骤

调查是查清案件事实的主要环节，根据法律规定，各级水行政主管部门对已确定立案的水事违法案件，要及时派员按法定程序进行调查。调查的实施包含以下内容：

（1）办案人员调查取证时要向当事人和证人提出询问，并索取有关的证据，必要时可进行现场察看和测量，具体要求是：办案人员在调查案情时，要有两名以上人员参加，要佩戴"中国水政监察"徽章，并出示"中华人民共和国水政监察证"，否则被调查人有权拒绝调查；办案人员询问当事人和证人时，要讲明法律和政策，要求其如实反映情况，并做好调查笔录，必要时可要求被调查人写出书面证明；办案人员进行现场勘测时，要通知有关基层行政人员或者受委托从事公务的人员到场，绘制现场图或者拍照，做好现场勘测笔录。

（2）办案人员的笔录、调取或者复制的书证等要经提供单位或个人核对准确并由其签名盖章，办案人员在笔录末页签名。

（3）办案人员对调查所得的各种证据，包括书证、物证、证人证言、当事人陈述、视听资料、鉴定结论等，一定要认真鉴别，严防伪证和错证。

（4）办案人员在调查取证结束后，要分析研究所有的证据，依照有关法律、法规写出调查报告。

（5）调查发现明显的水事违法案件，有继续违法行为的，要及时发出"责令停止水事违法通知书"，责令当事人立即停止违法行为，并听候处理。

三、证据

证据，是指用来证明案件真实情况的一切凭据。根据法律规定，行政案件由作出具体行政行为的行政机关负举证责任。在行政处罚中，证据就是行政处罚机关依法作出行政处罚决定、实施具体行政行为的事实根据。

根据《行政诉讼法》的规定，行政案件由被告负举证责任。水行政案件应由作出具体行政行为的水行政机关提供证据和作出处罚决定所依据的规范性文件。

根据现行行政法规的规定，证据的具体表现形式包括书证、物证、证人证言、被害人陈述、当事人陈述、勘验检查笔录、鉴定结论、视听资料等。

（一）书证

书证是指用文字、符号或图画等方式，记载或表述人的思想和行为内容来证明案件真实情况的物品。水行政处罚的书证主要包括信函、文件、图纸、记录、发票、付款凭证、账簿、记账凭证、报表、协议等。

书证的收集有以下几种常见方法：

(1)直接调取行为人的信函、文件、报表、协议等有关书证。

(2)检查行为人的账目、发票以及银行付款往来单据等书证。

(3)通过调查,从有关单位及个人手中收集书证。

(4)通过公安部门协助对行为人隐匿书证的地方进行搜查,以收集书证。

收集书证可采取抄录、影印、照相、复印等手段。

(二)物证

物证,是指能够证明案件真实情况的一切物品和痕迹。物证是以它的外部特征和本质属性来证明案件的客观真实情况的。所谓外部特征,是指物品或痕迹的外部形状、存在位置、存在的期限等。

(三)证人证言

证人证言,是指证人就自己所知的案情所作的陈述。证人证言有以下特征：

(1)证人必须是知道案情的人,不能更换代替。

(2)证人证言的来源具有十分广泛的客观基础,既可以是证人亲耳听到、亲眼看到、亲身实践感受到的事实,也可以是听他人转述而获悉的对案件有意义的客观事实。

(3)证人证言一般用口头形式提供,也可以用书面形式提供。

证人必须具备一定的资格,根据行政处罚实践以及我国有关法律规定,以下三类人不能作为证人：

一是精神上、生理上有缺陷或者年幼,不能辨别是非,不能正确表达意思的人。

二是在共同违法案件中,同案当事人不能互为证人。

三是办案人员、鉴定人员、翻译人员、代理人不能同时充当证人。

(四)被害人陈述

被害人陈述是指违法行为的直接受害者,就自己遭受违法行为直接侵害的事实向行政处罚机关所作的叙述。通常情况下,被害人受到直接侵害,对行政违法事实经过比较清楚,而且大多情况下,还能提供一定的书证、物证等,故其陈述具有重要的证明作用。但是,我们也应注意,由于被害人受其所遭侵害的影响,心理状态比较偏激,其陈述易出现偏差,这就要求办案人员在收集此类证据时,必须慎重对待,求真去伪。

(五)当事人陈述

当事人陈述,是指违法单位和个人,就案件的有关情况向行政处罚机关所作的陈述。它包括三个方面的内容:一是当事人供述,即当事人承认自己的违法行为及具体过程、情节等。二是当事人的辩解,指当事人否认自己有违法行为;或者虽然承认自己违法,但说明其有从轻处罚、减轻处罚的情节以及免予处罚的情形。三是当事人所作的其他陈述,包括检举揭发与本案有关的其他违法行为。

(六)勘验、检查笔录

勘验、检查笔录,是指办案人员对行政违法活动有关的场所、物品、人身等通过勘察、检验、测量、拍照、绘图等手段所作的客观记载。它应如实反映检查活动的全过程,其内容通常包括勘验、检查的时间、地点、内容，勘验、检查的情况和结果。最后由参加现场勘验、检查的勘检人员、见证人、当事人在笔录上签名或盖章。在勘验、检查中，应注意对住宅进行搜查或对人身进行检查时，应报经县级以上主管机关领导批准，由公安机关执行。公安机关作出的勘验、检查笔录，可作为证据附案存查。

（七）鉴定结论

鉴定结论，是指行政处罚机关委托专门鉴定机构或聘请有专门技术的鉴定人员，运用专门知识对行政违法案件中某些专门性问题进行分析、鉴别和判断所得出的书面结论。在水事违法案件中，需要通过鉴定解决的专门性问题主要有：水利工程质量鉴定；水利工程遭到损毁后，其危害后果的鉴定；有关账目、报表等的鉴定；证件、文书的鉴定等。鉴定结论要求鉴定人既要叙述根据鉴定材料所观察到的事实，又要分析研究这些事实，作出鉴别和判断的结论。但鉴定结论不应就政策法规问题作出评判。

（八）视听资料

视听资料，是指通过录像、录音反映出的音响和形象，或以计算机储存的资料来证明案件事实的证据。现阶段，我国许多法律、法规（包括《行政诉讼法》）中，都将视听资料列为一种独立的证据。因此，我们应当注意对视听资料的收集、使用及研究，使其发挥更大的作用。

案例　原告证据不充分法院驳回诉讼请求

某原告向法院诉称：××水闸管理人员由于违章开启大闸，致使海水倒灌，使其河蟹养殖水域水质咸度增高，蟹卵死亡，造成惨重损失。要求水闸管理单位予以经济赔偿。但原告没能提供水闸管理人员具体开启闸门的时间以及海水倒灌的详细情况。只是认为：蟹卵的死亡是水质咸度增高所致，而水质的咸度增高就是海水倒灌的结果，别无其他途径。

据此，当地水利部门开展了多方调查，聘请水产养殖、土壤监测等方面的专家，查阅地形资料、地方志等，向法院提供了水质咸度增高致使蟹卵死亡，并非开启闸门海水倒灌所致，而是该养殖区域原本是一个晒盐场，本来土壤咸度就高。最后，法院认为原告提出的证据不能证明水质咸度增高是闸管所造成的，因此法院判决驳回了原告的诉讼请求。

四、调查终结

调查终结，是指行政处罚程序中调查取证工作的结束。在水事违法案件处理的一般程序中，调查终结是调查取证程序中最后一个相对独立的阶段。在这个阶段中，办案人员应向水行政主管部门提出“案情调查终结报告”。调查终结报告分两种情况：一种是经调查认为当事人的行为已构成违反水法规的行为，应追究其法律责任的报告；另一种是经调查发现当事人的行为不构成违法行为或者情节显著轻微，不应追究法律责任的报告。

（一）案情调查终结报告

对当事人应当承担法律责任的案件，必须同时具备四个条件，方能进入调查终结阶段：

（1）水事违法行为已经查清。包括违法行为的主体、违法动机、目的、手段、后果、地点和时间等。

(2)证据确凿充分。

(3)对违法行为的性质认定准确。

(4)法律手续完备。

具备以上四个条件的,应写报告立案。报告书的内容有:案由,当事人的基本情况,当事人的违法事实及具体情节,有无从轻或加重的法定情形,承办人员对本案的处理(处罚)意见及法律依据,承办机构意见,参与调查人名单和调查起止时间等,并附该案立案呈批表及有关证据材料。

根据《水行政处罚实施办法》的规定,对于情节复杂或者对公民处以超过 3 000 元罚款、对法人或者其他组织处以超过 3 万元罚款并吊销许可证的案件,应由水行政主管部门负责人集体讨论决定。实践中,除了以上规定要集体讨论,其他比如拆除违章建筑、采取补救措施等行政处理决定(折算金额在万元以上的)也应尽可能地集体讨论,集思广益,使案件的处理更合理科学。

(二)撤销案件的报告

经过调查,发现有对当事人不追究法律责任的某种情形时,即宣告调查终结,作出撤销案件的决定。此时,办案人员也应写出报告书,说明不应追究当事人法律责任的事实和理由,报请主管部门负责人审批。

五、办案原则、纪律和制度

办案人员在办理水事案件过程中应当遵循以下原则、纪律和制度。

(一)查处工作由县级以上行政主管部门负责

对违反水法规的行政案件的调查处理工作,必须由县级以上的水行政主管部门负责,基层水工程管理机构无司法行政权,不能以自己的名义处理案件(有法律授权的除外)。有些案件需要配合时,对外也应以有司法行政权单位的名义发布处罚决定书。

(二)主管部门、公安、司法协调配合

水行政主管部门在调处水事案件过程中,要加强与公安、司法等机关的协调和配合。随着水事案件的增多,水行政主管部门的监管任务越来越重,为正确及时地处理好水事案件,水行政主管部门应当经常主动地进行法律咨询,与公安、司法机关加强联系,及时通报情况。司法机关也将尽量提供法律服务,支持水行政主管部门依法行政。

(三)回避原则

办案人员承办案件,有下列情况之一者,由批准立案的领导决定回避:

(1)办案人员是本案被调查人的近亲属,或者其近亲属与本案有利害关系的;

(2)办案人员与本案当事人有其他关系,可能影响公正查处案件的。

(四)以事实为根据、以法律为准绳原则

要坚持法律面前人人平等,调处水事案件,要以事实为根据,以法律为准绳,处理每一起案件,要力争做到事实清楚、证据确凿、定性准确、处理恰当、手续完备。

(五)办案人员必须遵守的办案纪律

(1)严禁对被调查人和证人采用逼供、诱供、指供等违反法纪的手段,要保障被调查人的合法权益。

（2）要保护检举人和证人，不准将举报人、证人的姓名和举报信函、证明文书告诉或交给被调查人和无关人员。

（3）要严格保密，不准将案情向无关人员泄露。

（4）要坚持原则，秉公办案，不准徇私舞弊，弄虚作假，故意夸大或缩小案情。

第四节　简易程序

水事案件的处理程序分简易程序和一般程序。

简易程序又称当场处罚程序，是指水行政执法机关对案情简单、处罚较轻的水事违法案件给予当场处罚的一种简便的办案程序。

一般程序，是指除依法可以当场作出水行政处罚决定的案件，水行政处罚所应当采用的程序，包括立案、调查取证、告知、听证、执行和结案等。

一、简易程序的特点

简易程序是在一般程序基础上的简化。与一般程序相比，简易程序具有以下三个特点。

（一）适用于违法事实清楚、情节简单的水事违法案件

简易程序一般适用于违法事实清楚、情节简单的水事违法案件。这是适用简易程序的前提条件。对于这类案件，水行政处罚机关无须进一步调查取证，就可以作出即时处罚；对于那些事实不清、案情较为复杂或案情虽然简单，但违法人拒不承认，一时又无其他证据材料的案件，不能适用简易程序。

（二）行政处罚较轻微

简易程序给予的行政处罚都是较轻微的处罚。这是因为简易程序是针对违法行为轻微的案件，在处罚幅度上一般都是较小的，便于行政机关及执法人员掌握和操作。

（三）简易程序快捷、简便

简易程序一般是当场即时作出处罚，不需要经过一般程序中的立案、制作调查报告、听证、审批等环节，在很短的时间内就处罚完毕。因此，体现出迅速性和简便性，从而提高了行政管理效率。

二、简易程序的适用范围及原则

（一）适用范围

简易程序适用于案情简单、违法事实确凿并有法律依据的情况，无须立案，可将处罚理由口头告知当事人，当场填写“水行政处罚决定书”，并当场交与当事人。简易程序的适用在《行政处罚法》和《水行政处罚实施办法》中都有规定。《水行政处罚实施办法》第二十二条规定：“违法事实确凿并有法定依据，对公民处以五十元以下、对法人或者其他组织处以一千元以下罚款或者警告的，可以当场作出水行政处罚决定。”

（二）简易程序的原则

（1）遵守法定程序原则。这一原则要求：一是当场处罚的程序是法定的，而不是随意确定和变通的;二是行政机关作出当场处罚时,必须符合法律、法规规定的必经程序和权限。

(2)不影响被处罚人行使合法权利的原则。适用当场处罚程序,不得使被处罚人的正当权利受到影响。这一原则要求:一是行政主体应当告知被处罚人违法事实、处罚依据和理由,同时给予被处罚人陈述和申辩的机会与权利;二是被处罚人对处罚决定有提出异议的权利,不能把这种权利视为不友好而当作加重处罚的理由;三是书面行政处罚决定书制作并送达被处罚人时,应告知或者在行政处罚决定书中注明被处罚人有申请复议或者提起诉讼的权利及实现的途径与期限。

(3)效率原则。简易程序的设立是效率原则的一个具体要求和反映,效率原则是简易程序的一个基点。因此,实施简易程序要求执法人员具有较高的素质,并建立良好的制约机制。

三、简易程序的实施过程及要求

应用简易程序处理违法案件,一般都是执法人员发现违法事实后,直接出具罚款单或作出处罚决定书。实践中,对于笔录的制作、告知并听取当事人申辩、告之诉权等程序则很少进行,由此造成行政争议越来越多。因此,有必要对简易程序的适用加以规范。根据《行政处罚法》的规定,结合水行政执法实践,适用简易程序应注意以下几点。

(一)出示证件,表明身份

执法人员发现水事违法行为,首先应当向当事人出示执法证件,以证明其执法资格的合法性。这是当场处罚的第一个步骤。

(二)现场调查,认定事实

根据当场发现的违法行为的情况,及时收集必要的证据材料,如拍照、询问当事人或其他知情人员,并制作笔录等。

(三)告知权利,听取申辩

执法人员在认定事实,并决定当场处罚后,应当告诉当事人违法行为的事实,违反了什么法律规范,将给予什么样的处罚及罚款数额,并告知当事人有当场陈述、申辩的权利。然后,认真听取当事人的陈述和申辩。

(四)查证分析,正确处理

对当事人的陈述和申辩,应进一步分析,当事人的辩解确有道理的,就应予以采纳。如果通过辩解使案件趋于复杂化,而当场无法确定违法事实,或者证据不确凿等,则应决定按一般程序立案调查,以保证案件处理结果的正确性。

(五)作出处罚,制作决定书

当场行政处罚决定书是当场处罚的一份重要的书面材料,也是当场行政处罚的重要内容。当场处罚决定书由行政机关统一制作,是具有统一的格式和编码的行政处罚决定书。根据《水行政处罚实施办法》第二十三条的规定:“当场作出的水行政处罚决定书须载明下列事项:

(一)当事人的姓名或者名称;

（二）违法事实；

（三）水行政处罚的种类、罚款数额和依据；

（四）罚款的履行方式和期限；

（五）不服水行政处罚决定，申请行政复议或者提起行政诉讼的途径和期限；

（六）水政监察人员的签名或者盖章；

（七）作出水行政处罚决定的日期、地点和水行政处罚机关名称。"

当场处罚决定书作出后，应当场交当事人一份，并在存根联上由当事人签收，以表明决定书已送达。同时也可证明决定书中所认定的事实当事人已经承认，据此，决定书本身也是一份有效的证据。

（六）当场执行，上报备案

适用简易程序当场作出行政处罚决定，有下列情形之一的，执法人员可以当场收缴罚款：

（1）依法给予 20 元以下罚款的；

（2）不当场收缴事后难以执行的；

（3）在边远、水上交通不便地区，水行政处罚机关及其执法人员适用简易程序作出罚款决定后，当事人向指定的银行缴纳罚款确有困难，经当事人提出，可以当场收缴。

适用简易程序当场作出处罚决定后，执法人员应及时将有关材料送其所属的水行政主管机关备案。

（七）出具收据，罚款上缴

水行政处罚机关及其执法人员当场收缴罚款的，必须向当事人出具省、自治区、直辖市财政部门统一制发的罚款收据；不出具财政部门统一制发的罚款收据的，当事人有权拒绝缴纳罚款。执法人员收缴的罚款，应当自收缴罚款之日起 2 日内，缴至水行政主管机关。在水上当场收缴的罚款，应当自抵岸之日起 2 日内缴至水行政机关。水行政主管部门应当在 2 日内将罚款缴付指定银行。

除了上述可当场收缴罚款的情况，其他适用简易程序作出的罚款仍应按罚款与收缴相分离的原则执行。

第五节　一般程序概述

一般程序，是指除了依法可以当场作出水行政处罚决定的案件，水行政处罚所应当采用的程序，包括立案、听证、作出处理决定等。

一、立案

根据《水行政处罚实施办法》第二十四条的规定："除依法可以当场作出水行政处罚决定的以外，公民、法人或者其他组织有符合下列条件的违法行为的，水行政处罚机关应当立案查处：

(一)具有违反水法规事实的;

(二)依照法律、法规、规章的规定应当给予水行政处罚的;

(三)属水行政处罚机关管辖的;

(四)违法行为未超过追究时效的。"

二、听证

(一)听证的适用

根据《水行政处罚实施办法》第三十四条的规定,听证程序适用于"水行政处罚机关作出对公民处以超过五千元、对法人或者其他组织处以超过五万元罚款以及吊销许可证等水行政处罚之前,应当告知当事人有要求举行听证的权利;当事人要求听证的,水行政处罚机关应当组织听证"。

(二)听证的方法和步骤

1. 主持机关及组织机构

听证由作出水行政处罚决定的水行政处罚机关负责,具体工作由水政监察机构组织。水行政处罚机关举行听证,不得向当事人收取费用。

2. 送达听证通知

水行政处罚机关向当事人告知听证权利时,应当送达听证告知书。听证告知书应当载明认定当事人违法的基本事实、给予水行政处罚的依据、拟作出的水行政处罚决定和当事人要求听证的期限。当事人要求听证的,可以在听证告知书的送达回证上签署意见,也可以在收到告知书3日内以其他书面方式向水行政处罚机关提出听证要求。

水行政处罚机关应当在听证的7日前,通知当事人举行听证的时间、地点。当事人逾期未提出听证要求的,视为放弃听证权利。当事人放弃听证权利的,不得对本案再次提出听证要求。

3. 公开听证3日前公告

除了涉及国家机密、商业秘密或者个人隐私的案件,听证应当公开举行。举行听证的3日前,水行政处罚机关应当将听证的内容、时间、地点以及有关事项予以公告。

4. 听证参加人

听证参加人包括听证主持人、听证记录人、案件当事人及其委托代理人、案件调查人员、证人以及与案件处理结果有直接利害关系的第三人等。当事人委托代理人参加听证的,应当在举行听证前向水行政处罚机关提交委托书。当事人无正当理由不参加听证又不委托代理人参加听证的,或者当事人及委托代理人在听证中无正当理由退场的,视为放弃听证权利。

5. 听证主持人、记录人及其回避

听证主持人由水行政处罚机关指定水政机构非本案调查人员担任,听证记录人由听证主持人指定非本案调查人员担任,听证记录人负责听证记录和协助听证主持人办理有关事务。当事人认为听证主持人、听证记录人与本案有直接利害关系的,可以向水行政处罚机关提出回避申请;听证主持人是否回避,由水行政处罚机关决定;听证记录人是否回避,由听证主持人决定。

6. 案件当事人在听证中的权利和义务

(1)对案件涉及的事实、适用法律及有关情况进行陈述和申辩。

(2)对案件调查人员提出的证据进行质证和提出新的证据。

(3)如实陈述案件事实和回答听证主持人的提问。

(4)遵守听证会场纪律。

(5)对听证笔录进行核对、签字或者盖章。

(6)法律、法规规定的其他权利和义务。

7. 进行听证的步骤

(1)听证主持人宣布听证事由和听证纪律。

(2)听证主持人核对案件调查人和当事人身份。

(3)听证主持人宣布听证组成人员,告知当事人在听证中的权利和义务,询问当事人是否申请回避。当事人申请听证主持人回避的,听证主持人应当宣布暂停听证,报请水行政处罚机关负责人决定是否回避;申请其他人员回避的,由听证主持人当场决定。

(4)宣布听证开始。

(5)案件调查人提出当事人的违法事实、证据、法律依据和水行政处罚建议。

(6)当事人进行陈述、申辩和质证。

(7)听证主持人就案件事实、证据和法律依据进行询问。

(8)案件调查人、当事人作最后陈述。

(9)听证主持人宣布听证结束。

听证主持人在听证中有权对参加人不当言行予以制止,维护正常的听证秩序。

8. 听证笔录

听证应当制作听证笔录,听证笔录应当载明下列事项:

(1)案由。

(2)当事人的姓名或者名称,法定代理人及委托代理人、案件调查人的姓名。

(3)听证主持人、听证记录人姓名。

(4)举行听证的时间、地点和方式。

(5)案件调查人提出的事实、证据、法律依据和水行政处罚建议。

(6)当事人陈述、申辩和质证的内容。

(7)其他需要载明的事项。

听证笔录交当事人和调查人员核对后签名或者盖章,听证笔录中有关证人证言部分应当经证人核对后签名或者盖章。听证笔录最后应经听证主持人审核后,由听证主持人和记录人签名或者盖章。

9. 听证主持人应提交书面意见

听证主持人应当依据听证情况,向水行政处罚机关提出书面意见,书面意见应包括案件的事实、证据、处罚依据和处罚建议。水行政处罚机关按照《水行政处罚实施办法》第三十条的规定,作出决定。

根据听证进展的具体情况,听证主持人有权作出延期、中止或者终止听证的决定。

三、作出处理决定

(一)依法作出处理决定

办案人员在调查结束后,要将调查报告及所附的证据报请主管领导集体审议,确定案件的性质(即是属于刑事案件、民事案件还是行政案件),并根据不同情况作出如下处理决定:

(1)认定举报不实或者证据不足,未构成违法的要报请原批准立案的主管领导准予撤销。

(2)认定水事违法事实清楚、证据确凿,由案件管辖机关依法决定行政处罚,并发出"水行政处罚决定书"。

(3)认定水事违法并违反《治安管理处罚法》,需要给予治安管理处罚的,要将案卷副本移送公安机关处理。

(4)认定国家工作人员违法,需要给予行政处分的,由案件管辖机关提出书面建议并附调查报告,移送当事人所在单位或上级主管机关处理。

(5)认定案情严重、性质恶劣,其违法行为构成犯罪的,要及时将案情卷宗移送司法机关,依法追究刑事责任。

(二)水行政处罚决定书的内容

水行政处罚决定书包括以下内容:

(1)被处罚人的姓名、年龄、籍贯及详细地址。

(2)案由。如被处罚人未经有关主管部门批准,在河滩内修建建筑物,则案由为"非法在河滩内修建建筑物"。

(3)行政处罚决定书认定的事实、理由和适用的法律法规,即违反了哪些法规的哪些条款。

(4)行政处罚的处理结果。如非法在河滩内修建建筑物的,可以责令其限期清除所建的非法建筑物,并可处以罚款等。

(5)申请复议期限和机关,直接向法院起诉的期限。如《防汛条例》第四十六条规定:"当事人对行政处罚不服的,可以在接到处罚通知之日起十五日内,向作出处罚决定机关的上一级机关申请复议;对复议决定不服的,可以在接到复议决定之日起十五日内,向人民法院起诉。当事人也可以在接到处罚通知之日起十五日内,直接向人民法院起诉。"这即是法律救济原则。

四、罚款收缴的基本制度

(一)罚款与收缴罚款的机构分离

《行政处罚法》第四十六条第一款明确规定:"作出罚款决定的行政机关应当与收缴罚款的机构分离。"这一规定以法律的形式确立了行政处罚执行的一项基本制度。

(1)罚款决定与收缴罚款的机构相分离作为行政处罚程序的一项基本制度,有利于解决滥收滥罚问题,防止腐败现象的产生。在我国,行政处罚采取罚缴统一的形式已出现许多弊端,有些行政机关甚至把罚款作为一种创收的手段,以至于滥收滥罚,产生腐败。

因此，实行罚款决定与收缴罚款的机构相分离，从制度上克服了罚缴合一所产生的各种弊端。

(2)罚款决定与收缴罚款的机构相分离作为一项基本制度，并非适用于所有罚款决定的执行。《行政处罚法》还规定在一定条件下，行政机关可以当场收缴罚款，以此作为罚缴分离制度的必要补充，既方便了当事人，又便于行政处罚决定的执行，从而体现出行政效率。

(二)罚款收缴的具体方式

根据《行政处罚法》的规定，罚款收缴的方式有两种：一是指定银行收缴；二是行政机关当场收缴。

(1)指定银行收缴。它是指当事人向指定银行缴纳罚款的一种罚款收缴方式。其具体步骤包括：

行政机关作出行政处罚决定并将行政处罚决定书依法送达当事人；

当事人收到行政处罚决定书之日起 15 日内，到指定的银行缴纳罚款；

银行收受罚款，并直接上缴国库。

(2)当场收缴。它是指行政机关在向当事人交付或送达处罚决定书时，当场直接向当事人收缴罚款的一种方式。当场收缴只适用于用简易程序处理的水事案件。

五、送达

送达，是指水行政主管部门依照法定的程序和方式将水行政处罚(处理)决定书和其他有关法律文书送交当事人的行为。根据《水行政处罚实施办法》规定，水行政处罚决定书制成后，应当通知当事人到水行政主管部门受领或由水政监察员直接送到当事人的住所或工作单位，向当事人宣读，并在宣读后当场交付当事人。宣告时当事人不在场的，水行政主管部门应当在 7 日内将水行政处罚决定书依照《民事诉讼法》的有关规定，送达当事人。送达有以下 6 种方式。

(一)直接送达

直接送达，是指水行政主管部门以及水政监察队伍指派水政监察员直接将水行政处罚(处理)决定书送交被处罚人的送达方式。它是一种最普遍、最重要的送达方式，既能体现水行政执法的庄重性和严肃性，又能给被处罚人直接了解处罚内容、提出异议的机会。

直接送达时，应注意下列事项：其一，受送达人是公民的，本人不在时，可以将水行政处罚决定书交与与其同住的成年家属签收。其二，受送达人为法人或其他组织的，应将水行政处罚决定书送交法定代表人或者负责人，或者该法人或其他组织的收发部门签收，并由其在送达回证上注明收到日期，签名或者盖章。其三，受送达人已向水行政主管部门或水政监察组织指定代收人的，应将水行政处罚决定书送交代收人签收，并由代收人在送达回证上注明收到日期，签名或者盖章。

(二)留置送达

留置送达，是指受送达人拒绝签收水行政处罚决定书时，由水政监察员将决定书留在受送达人的住所，即视为已经送达的送达方式。

采用留置送达，送达人应当邀请当地居民委员会或村民委员会等有关基层组织或者受送达人所在单位的代表到场,说明情况,在送达回证上注明拒收的事由和日期,由送达人、见证人签名或者盖章,将水行政处罚决定书留在当事人的住处或者收发部门。实践中,也可以采取照相、录像、录音等方式证明留置送达这一事实,但照相、录像时应注意,拍摄务必以受送达人处的环境(如收发室、办公室)为背景,并有明显的标志;拍摄的内容能反映送达人送达文书的现场(包括在场当事人、见证人的身影);拍摄之前应告知当事人拍摄的缘由,尽量取得当事人的配合;拍摄时事先设定好日期和时间。录音时应注意,要将整个送达过程全部录下,包括告知当事人正在录音、宣读送达文书的内容以及送达人与当事人、见证人的对话。

(三)委托送达

委托送达,是指水行政主管部门直接送达确有困难的,可委托有关单位向被处罚人送交水行政处罚决定书的送达方式。委托送达主要适用于被处罚人或者其他利害关系人不在实施行政处罚的水行政主管部门或其法定授权组织的管辖地域或居住地,或者受送达人住所地交通不便的情况。委托单位委托送达水行政处罚决定书时,应将委托的事项和要求明确地告诉受委托单位,以便受托单位准确、及时地予以送达。受托单位接受委托后,应立即将水行政处罚决定书送达受送达者本人。

(四)转交送达

如果受送达人是军人或者是被监禁的,或者是被劳动教养的,则应采用转交送达方式,主要通过部队的政治机关、监狱或者劳动教养单位转交。

(五)邮寄送达

邮寄送达,是指水行政主管部门通过邮局,将水行政处罚决定书挂号寄给被处罚人及利害关系人的送达方式。邮寄送达是一种简便易行的送达方式,在直接送达有困难时,一般都采取邮寄送达的方式。但是,采用这种方式应注意以下几点:

(1)水行政处罚决定书应由水行政主管部门指派专人直接交付邮局挂号寄给受送达人。

(2)受送达人是军人的,应挂号寄给受送达人所在部队团以上单位的政治机关,由其转交。

(3)受送达人是被监禁、劳教的人员的,应挂号寄给受送达人所在监所或者劳动改造、劳动教养等单位,由其转交。

(4)受送达人应在挂号回执上注明收到的日期,签名或者盖章;挂号回执上注明的收件日期为送达日期。

(六)公告送达

公告送达,是指水行政主管部门发布公告,限期被处罚人受领水行政处罚(处理)决定书的送达方式。公告送达一般适用于受送达人下落不明,或者采取以上送达方式无法送达的情况。公告送达中,受送达人自发出公告之日起经过一定期限而未受领水行政处罚(处理)决定书的,即视为送达。对于公告期限,《行政处罚法》没有作出规定,可参照《民事诉讼法》的规定,将一般行政处罚决定规定为60天,涉外行政处罚决定规定为6个月为宜。公告送达一般通过报刊、广播等媒体发布。

案件管辖机关要将水行政处罚决定书及时送达当事人,由收件人在水行政处罚决定书送达证上签名或者盖章，并注明收到日期。如当事人不在或者拒绝签收，可由其成年家属或者单位领导代收，或者在其邻居见证下将文件留在当事人住处，并附注说明。

六、办案期限

调查处理案件，从受理到送达处理决定，一般要在30天内办理完毕。因案情复杂，确定不能如期办理完毕的，要向批准立案的主管领导申请适当延长办案期限。

第六节 执 行

行政处罚的执行，是指违法当事人对水行政主管部门依法作出的具体行政行为所设定的义务逾期不履行时，由作出该具体行政行为的水行政主管部门依法强制执行或申请人民法院强制执行，以迫使其履行义务。水行政处罚决定书送达当事人后，由作出处罚决定的机关督促当事人履行。当事人履行的，由作出处罚决定的机关记入执行笔录。当事人逾期不履行，也没有在法定期限内提请复议或向人民法院起诉的，则由作出处罚决定的机关执行。执行是水行政主管部门或人民法院运用国家强制力强制义务人完成义务的活动，具有明显的强制性。

一、执行的种类

根据《行政处罚法》的规定，按照执行机关的不同，行政处罚的执行可分为行政强制执行和司法强制执行两种。

（一）行政强制执行

行政处罚的主体如果是水行政主管部门，那么就是水行政强制执行，其是指对不履行水行政主管机关作出的水行政处罚决定的行政管理相对人，由有关国家机关依法强制履行处罚决定而采取的各种措施，强制其履行义务。这里的"有关国家机关"包括水行政主管部门的执行机关和水利公安机关。

水行政强制执行的特点主要是主体的特定性，即执行的主体必须是水行政主管部门，其他任何机关非经法律、法规授权不得行使。如《防洪法》规定，未经水行政主管部门审查同意或未按照有关水行政主管部门审查批准的位置、界限，兴建工程设施，严重影响防洪的，由水行政主管部门责令限期拆除，逾期不拆除的，强行拆除，所需费用由建设单位承担。被执行人是水行政管理相对人，即负有行政法规定的义务而不履行的公民、法人或其他组织。

（二）司法强制执行

司法强制执行，是指人民法院根据水行政主管部门的申请，对拒不履行已经发生法律效力的行政处罚决定的公民、法人或者其他组织所进行的强制执行。

（1）对处罚决定不服的。当事人在接到水行政主管部门的处罚通知书之日起15日内，没有向上一级水行政主管部门申请复议，又没有向人民法院起诉，也不自动履行的，原处罚机关可以向人民法院申请强制执行。

（2）对复议决定不服的。当事人不服上一级水行政主管部门的复议决定，并在接到复议决定书之日起 15 日内既不向人民法院起诉,又不自动履行的,原处罚机关可以向人民法院申请强制执行。

(3)对法院一审判决不服的。当事人不服第一审法院的判决或裁定,在法定时间内既不向上一级法院提出上诉,又不自动履行的,原处罚机关可以向人民法院申请强制执行。

(4)对法院二审判决不服的。当事人不服第二审法院的终审判决或裁定,又不自动履行的,原处罚机关可以向人民法院申请强制执行。

二、行政强制执行的程序

目前,我国行政法律、法规中尚缺乏统一的行政强制执行操作程序的规定,对于行政强制执行的方法、步骤、具体执行单位及执行时应注意的事项等存在立法上的空白。根据水行政执法实践,参照我国民事强制执行的有关规定,这里分两种情况来说明行政强制执行的程序。

(一)通常情况下的强制执行程序

(1)提起,即对违法当事人在规定期限内,不履行水行政处罚(处理)决定的,由水行政主管部门及其水政监察员提出执行意见,这是执行程序的开始。

(2)告知,即告知当事人应当依法履行的义务。这一阶段含有告诫的意思,应采用书面形式,通常下达"执行通知书",并直接送达被处罚人。通知书应载明被处罚人应承担的义务、执行期限和执行的法律依据及事实根据等。

(3)确定,即依据行政处罚(处理)决定书中所规定的内容,确定采取相应的强制办法。

(4)执行,即强制措施的具体实施。在这期间,要严格遵守法律规定,如向被处罚人出示执行文书和有关的法律凭证并说明情况,如果被处罚人不在现场,应邀请有关人员,如家属,所在单位、居民委员会等人员到场作执行证明人等。

(5)执行中止,是指执行程序开始后,由于出现某种特殊情况,执行机关暂时停止执行程序,待中止的情况消失后,再恢复执行程序的一种执行制度。根据我国现行《行政处罚法》及有关法律规定,引起执行中止的情况主要包括以下几个方面:

一是行政机关发现行政处罚决定确有错误或不当,或者有其他影响执行的情况发生,致使执行不能马上进行,且中止执行不会给公众利益造成新的危害时,行政机关应决定中止执行。

二是除本案当事人,凡与执行标的有着权利上的利害关系的人,对执行标的提出异议,如果执行标的涉及其财产、利益问题的,应当中止执行。

三是当事人暂时无履行能力的。

四是被处罚的公民死亡,需要等待继承权利义务或承担义务的。

五是被处罚的法人或其他组织终止,尚未确定权利义务承受人的。

(6)执行终结,是指在执行过程中,发生某种特殊情况,致使执行程序没有必要或不可能继续进行,从而结束执行程序且不再恢复和继续的一种执行制度。执行终结既不同于执行中止,又不同于执行终止。中止执行是暂缓执行,等情况消失后执行程序仍可继

续;终止执行标志着执行的完毕。执行终结分以下几种情况:

一是据以执行的行政处罚决定被依法撤销。

二是被处罚的公民死亡无遗产可供执行或被处罚的法人或其他组织破产,无法承担行政法上的义务。

三是执行机关认为需终结执行的其他情况,如行政处罚决定已无实际履行的可能性。

(二)防汛期间河道清障强制执行程序

(1)河道主管机关提出清障计划和实施方案,并经防汛指挥机关批准。

(2)向管理相对人送达防汛指挥机关制作的“责令限期清除阻水障碍通知书”,督促其自动清除阻水障碍。

(3)所限期限内未自动清除,由防汛指挥机关下达强行清除阻水障碍的命令。

(4)防汛指挥机关会同有关部门组织强制执行,同时向设障者计收全部的清障费用。

三、司法强制执行的程序

人民法院采取强制执行的程序包括以下内容。

(一)受理、审查申请

水行政主管部门对被处罚(处理)的当事人拒不履行已经发生法律效力的水行政处罚(处理)决定的,可向人民法院申请强制执行,由作出处罚决定的机关填写“水行政处罚强制执行申请书”,连同案卷的副本送交法院,具体说明要求强制执行的法律依据和事实根据,并提交拟执行的水行政处罚(处理)决定书及其他有关材料。人民法院对符合强制执行条件的予以立案,并确定具体执行人员;发现水行政处罚(处理)决定有错误或违法的,经人民法院院长批准,作出不予立案的决定,并将执行申请及相关材料退回申请机关。

(二)责令当事人限期履行

已经立案的案件,人民法院应当通知被处罚人在一定期限内自动履行。

(三)依法强制执行

接到法院通知的被处罚人逾期不自动履行的,则由法院依法进行强制执行。

案例 河道设障造成洪灾强制执行案

1985 年以来,××县村民马某等 9 户农民,先后擅自在河床上跨河搭建木板房做米粉摊,在沿河岸长 81.5 米、6 米宽的河床上共埋设 55 根房屋木柱,覆盖河床面积 308 平方米。1986 年以来,发生几次洪水,木柱被水流漂浮物缠绕而形成挡水障碍物,使洪水翻越公路桥涵,造成上游 20 多亩农田被淹,直接威胁电影院、食品站等单位和下游一些农户的生命财产安全。1990 年 2 月 15 日,受淹户李某向县政府和县人大投诉,要求政府出面制止马某等农户的违法行为,尽快拆除非法在河床上建造的房子,并要求马某等人赔偿因非法设障使他人住房受淹而造成的经济损失。对马某的违法行为,当地村委会、乡政府有关领导多次进行教育、劝阻。后来,县人民政府将投诉书转到县水电局调查处理。为此,××县水电局派执法人员到现场调查后,根据《水法》《河道管理条例》的有关规定,向县防汛指挥部提出清障方案。

1990 年 5 月 10 日,县水电局根据县防汛指挥部的意见,作出了《关于马某等农户在河道上违法搭棚的处理决定》,责令马某等农户在 1990 年 5 月 25 日汛期到来之前自行拆除在河道上设障的房屋。处理决定下达后,多数农户都表示及时拆除,但马某不服,向××县人民法院提起了诉讼。××县人民法院受理了该案件,并于1990年7月13日开庭审理。当时《行政诉讼法》尚未正式实施,人民法院按照《民事诉讼法》的程序审理,并于1990年7月17日作出判决,维持县水电局《关于马某等农户在河道上违法搭棚的处理决定》,责令原告限期拆除违法建筑。

马某不服一审判决,于1990年7月27日向地区中级人民法院上诉。

地区中级人民法院经审理,于1990年9月8日作出了二审终审判决,驳回上诉,维持××县人民法院的一审判决。

二审判决送达后,马某仍拒不履行判决,不拆除其违章建筑,其他违章户也相互观望。××县水电局于1990年10月13日申请该县人民法院强制执行。1990年12月15日,县人民法院组织执行人员对在河道内违章建造的房子予以拆除,并经水电局到现场验收。

四、强制执行的内容和形式

强制执行的内容包括:责令其停止违法行为和侵害;采取补救措施,限期清除障碍,排除妨碍;赔偿损失或处以罚款等。

法院强制执行的内容:

(1)对应当归还的罚款或者应当给付的赔偿金,通知银行从该行政机关的账户内划拨。

(2)在规定期限内不履行的,从期满之日算起,对该行政机关按日处罚50~100元罚款。

(3)向该行政机关的上一级行政机关或者监察人事机关提出司法建议,进行处理,并将处理情况告知法院。

(4)拒不履行判决、裁定,情节严重构成犯罪的,依法追究主要人员和直接责任人员的刑事责任。

强制执行的形式有强行划拨、强行扣缴、强制退还、强行拘留、强制履行五种。

五、防汛指挥部依法强制执行的内容

对于影响水工程安全和妨碍行洪的非法工程及其他障碍物,防汛指挥机构具有强制执行权。

《河道管理条例》第三十六条规定:“对河道管理范围内的阻水障碍物,按照‘谁设障,谁清除’的原则,由河道主管机关提出清障计划和实施方案,由防汛指挥部责令设障者在规定的期限内清除。逾期不清除的,由防汛指挥部组织强行清除,并由设障者负担全部清障费用。”

《防洪法》第四十二条规定:“对河道、湖泊范围内阻碍行洪的障碍物,按照谁设障、谁清除的原则,由防汛指挥机构责令限期清除;逾期不清除的,由防汛指挥机构组织强行清除,所需费用由设障者承担。在紧急防汛期,国家防汛指挥机构或者其授权的流域、省、自治区、直辖市防汛指挥机构有权对壅水、阻水严重的桥梁、引道、码头和其他跨河工程设施作出紧急处置。”

六、对没收的财物、追回的赃物赃款的处理

水事违法案件处罚没收的财物和追回的赃物赃款由作出处罚决定的机关收缴,并按财政部《罚没财物和追回赃款赃物管理办法》的有关规定办理。其中由财政返回的部分要用于奖励检举揭发有功的群众、查缉重大案件有功人员和办案费用补助。

七、诉讼期间一般不停止具体行政行为的执行

诉讼期间一般不停止具体行政行为的执行,但有例外。有下列情形之一的应停止强制执行:

(1)被告认为需要停止执行的。

(2)原告申请停止执行,法院认为具体行政行为执行会造成难以弥补的损失,并且停止执行不损害社会公共利益而裁定停止强制执行的。

(3)依照法律、法规的规定应当停止执行的。

第七节　结案归档

承办人员在案件执行完毕后,应及时填写"水行政处罚案件结案报告",经主管领导批准结案后,由承办人员将案件有关材料编目装订、立卷归档。案情重大和情况复杂的案件,以及上级交办的案件,结案后应当报所交办的上级主管部门备案;特别重要的案件,还要写出查处情况的专门报告。

一、结案程序

结案应按以下步骤进行:

(1)办案人员对查处的案件,在行政处罚决定执行完毕后,要及时写出结案报告,由原批准立案领导批准结案。

(2)办案人员在结案后,要将办案过程中形成的全部文书、图件、照片等收集齐全,编目装订,立卷归档。

(3)案件管辖机关在结案后,要将重大案件的副本、结案报告及水行政处罚决定书或者人民法院判决书,报上一级水行政主管部门备案。

二、水行政处罚案件档案

案件档案是水行政主管部门在办理水事违法案件过程中形成的,经过整理立卷归档保存的文书材料。它是一种专业档案。对立卷归档工作要作具体的规定,有些地方专门制定了水事案件档案管理的规定,例如,浙江省水利厅在1994年制定了《浙江省水政档案立卷归档办法(试行)》等。

(一)案件档案的法律意义

(1)案件档案能够具体地反映案件查处全过程的真实面貌,它是水行政主管部门查处案件过程中执行法律、法规和规章的具体反映。一个案件要经得起历史的检验,应把案

卷整理保管好,便于长期备用和复查。同时,它也是积累办案经验、总结经验教训的重要材料来源。

(2)案件档案是水行政处罚(处理)机关依据有关法律、法规和规章规定给予违法当事人行政处罚(处理)的基本条件之一。因为案件档案是案件的基本反映,一起水事违法案件的成立,必须有确实、充分的违法行为的证据材料加以证实,而反映和保全水事违法案件的只能是案件档案。

(3)案件档案也是办案人员业务水平、工作作风的直接反映。

(二)案件档案材料整理和立卷归档

案件办理完结后,具体办案人员应将查处过程中的所有材料立卷归档,即凡是查处水事违法案件中形成的,记述案件办理情况的文书和证明案件真实情况的书面材料都属案件归档材料的范围。它主要包括下列几方面材料:

(1)办案文书。包括立案呈批表、调查终结报告、处罚(处理)决定书、复议决定书等。

(2)有关具体案件的请示、批复、签发稿及有关领导修改过的文稿。

(3)证据材料。如笔录材料,包括调查笔录、现场勘(检)查笔录等。

(4)其他材料。包括各种通知书、委托书、收据凭证、公函和送达回证等。

(三)案件档案的分卷

案件档案一般分正卷和副卷,个别复杂而材料又特别多的案件,也可分多本整理装订。案件卷宗材料应按时间顺序、问题的重要程度或者办案程序的进程依次编排。

(1)正卷。归入正卷的必须是与水事违法案件直接有关并可以对外公开的材料,共13类。编排顺序为:卷宗封面,卷宗目录,立案呈批表,认定案件事实的各种证据,其他各种通知书及送达回证,处罚(处理)决定及送达回证,行政复议有关材料(包括复议申请书、答辩书、复议决定书等),行政诉讼有关材料(包括应诉通知书、起诉状副本、答辩状、法院开庭通知书、传票、代理词、法院判决书或裁定书等),案件执行笔录及其他相关材料,结案报告,备考表,证物袋,卷宗封底。

(2)副卷。归入副卷的主要是内部文书材料及一些与案件有关但与违法事实没有联系的材料,还包括一些重复又需要保存的材料,共10类。其编排顺序一般为:卷宗封面,卷宗目录,受理案件有关材料(包括上级交办、其他部门移送、群众举报等材料、登记表及函件),案件调查终结报告,案件集体讨论笔录,各种法律文书签发单,听证报告书,其他不宜对外公开的材料,与案件有关或与正卷重复需保存的其他材料,卷宗封底。

案件文书材料的立卷归档工作,应由案件经办人员负责,即应从立案之后就开始收集有关本案的各种文书材料,汇集归卷。

案件档案的归卷过程与办案过程应该同步进行,办案过程,就是形成和收集案卷材料的过程。案件办结以后,经办人员要认真检查全案文书材料是否收集齐全,法律手续是否完备。

在整理案卷材料时,对破损或褪色的材料,应进行修补和复制;装订部位有字迹的,应用纸加衬边;纸面过小的书写材料,要加粘衬纸;纸张大于卷面的材料,要按卷宗大小从里向外和从上朝下折叠整齐;字迹难以辨认的材料,要附上抄件;外文材料应当译成中文附在后面;需要附卷的信封要打开平放,邮票不要撕掉。一个案件的文书材料经过系统排列后，要逐页编号，但案卷封面、卷内目录和卷宗封底不编页码。页码应统一使用阿拉伯数字，统一编在右上角。卷内文书材料的编目应以一份文书编一个顺序号，按卷内排列顺序逐件填写。案件文书材料一经装订成册，就成为正式档案，不能随意拆散，不得涂改和抽页。对移交司法机关追究刑事责任的案件，要复制一份副卷，按正式案卷保存。

为了提高案件材料立卷归档工作的质量，经办人员在立卷归档前，应经档案管理人员验收，检查案卷装订是否符合要求，卷面、卷内目录填写是否正确无误，字迹是否清楚、工整，卷内文件排列、编号是否正确无误等。经验收，符合要求的案卷，应在规定期限内交由档案室归档。

以简易程序处理的水行政处罚案件，案卷可以简化，但现场笔录、处罚决定书、罚没收据等材料必须齐全，以时间顺序装订成册。

第十七章　水行政复议

水行政复议是一项水利司法活动,是水行政管理相对人对水行政处罚不服时所采取的一项法律救济措施,在水管理活动中应用相当普遍。学习和掌握水行政复议的程序和步骤,对水事活动的管理者非常重要。

第一节　概　述

一、水行政复议的概念

水行政复议,是指水行政相对方对水行政主体所作出的具体行政行为不服时,依法向水行政复议机构申请复查并要求其依法作出维持、变更或撤销原具体行政行为决定的行政活动。

水行政复议有如下特征:

(1)水行政复议是有复议权的行政机关所进行的水行政司法行为。

(2)水行政复议以相对人不服行政机关的执法决定为前提,并仅以由此而产生的争议为裁决对象。

(3)水行政复议是一种依申请行为,只能由不服原行政执法决定的相对人的申请行为而引起,不能由原执法机关的申请引起,也不能由复议机关主动实施,当然上级机关可依行政监督程序纠正下级机关的行政决定。

(4)一般采取不开庭审理形式,但对某些复议案件或当事人要求开庭审理的案件,复议机关也认为开庭审理有利于案件公正处理的,则应开庭审理。

(5)复议不适用调解,但含有损害赔偿内容的案件除外。

二、水行政复议的原则

水行政复议要遵循以下原则。

(一)复议期间不停止执行原则

复议期间具体水行政行为一般不停止执行,也就是说,水行政机关所作出的处罚或处理决定不因相对人提请水行政复议而停止执行,但特殊规定除外。《行政复议法》第二十一条对停止执行的情形作出了具体的规定:

(1)被申请人认为需要停止执行的;

(2)水行政复议机关认为需要停止执行的;

(3)申请人申请停止执行,水行政复议机关认为其要求合理,决定停止执行的;

(4)法律、法规和规章规定停止执行的。

（二）书面复议原则

书面复议，即复议必须以书面形式进行，包括复议申请书和复议决定书等。因为复议的过程材料是应存档的法律文件。

（三）一次复议原则

一次复议，即复议机关作出复议决定，就意味着行政程序的终结。相对人不服的可向法院提起诉讼。有些行业的行政复议规定为二次复议，有的规定了复议前置原则，这些在水行政管理方面都没有要求。

（四）复议选择原则

水行政相对人对水行政主体所作出的具体行政行为不服时，既可以选择申请复议，也可以选择向法院起诉。

（五）复议前置原则

在我国有些行政管理活动中规定，当事人不服行政处理决定的必须申请复议，对复议决定不服的才能起诉。这一点在水事管理活动中没有要求。

三、水行政复议的特点

水行政复议有以下特点：

（1）程序简便，仅在水利行业内部就可以进行。

（2）因复议的主持机关和组成人员是本行业懂业务的专业人员，所以易纠正错误。

（3）复议的范围较宽，不受原处罚决定书和申请人申请范围的限制，而是采取全面复议的原则，就整个案件涉及的范围进行全面复议。

（4）水行政复议不收复议费用。

（5）可减少法院的案件，很多水行政案件通过复议即可进一步弄清情况，作出正确的处理，而无须再进入诉讼程序。

第二节　水行政复议的管辖

按照法律规定，公民、法人或其他组织认为水行政主体及其工作人员的具体水行政行为侵犯其合法权益的，就可以依法申请水行政复议。

一、可以申请水行政复议的事项

依据水事法律规范和《行政复议法》的规定，可以申请水行政复议的事项有以下几个方面。

（一）水行政处罚争议

水行政相对人对水行政主体在水利执法过程中的罚款、吊销许可证、没收非法所得、责令赔偿损失或者采取补救措施等水行政处罚不服的，可以依法申请水行政复议。

（二）水行政许可争议

水行政相对方认为其符合水事法律规范所规定的、申请某一许可证书或规划同意书的条件，而向水行政主体申请颁发许可证书、规划同意书，如申请颁发取水许可证、监理工程师资格证、河道内建设项目审查同意书等,但是相关的水行政主体拒绝颁发而且没有告知理由的,相对方可以依法申请水行政复议。

(三)水行政强制争议

水行政相对方对水行政主体在水事监督与检查管理活动中所采取的即时强制措施不服的,如责令拆除阻水障碍物等,可以依法申请水行政复议。

(四)水行政不作为争议

在水事管理活动中,水行政相对方享有要求水行政主体履行水事管理职权、制止水事违法行为与活动、维护其合法的水事权益的权利。如果水行政主体在相对方提出请求后拒绝履行其法定职责或者不予答复的,则相对方有权对水行政主体的这种不作为行为申请水行政复议。

(五)其他可以申请水行政复议的水行政争议

其他可以申请水行政复议的水行政争议,是指按照水事法律、法规、规章的规定,在上述范围之外的其他可以申请水行政复议的情况。

二、不能申请水行政复议的内容

按照《行政复议法》的规定,下列事项不能申请水行政复议:

(1)水行政相对方对水行政主体制定水事管理法规、规章等抽象水行政行为不服的,不能申请水行政复议。

(2)水行政主体内部管理行为所引起的争议,如对水行政主体对其工作人员的任免、奖惩、工资福利待遇等决定不服的,不能申请水行政复议。

(3)水行政相对方对水行政主体在水资源开发利用与保护过程中居间所作的调解、裁决等,不能申请水行政复议。但是水行政主体对水资源所有权、使用权归属的调解、裁决除外。

三、有权受理水行政复议的机构

水行政复议机构,是指依法设立的、享有水行政复议权利的组织,通常是由水行政主体内部设置的复议部门来承担。根据我国水事法律规范的规定,由县级以上地方人民政府水行政主管部门或水事法律、法规授权的水行政管理单位才享有水行政处罚权。相应地,水行政复议一般由市(地)、州、盟以上地方人民政府水行政主管部门或水事法律、法规授权的水行政管理单位相应级别以上的组织进行。承担水行政复议的具体组织,是在有复议任务的水行政主体内部成立的复议委员会或者其他复议组织,复议组织由水行政机关的主要领导、有关部门领导、有关水利专家以及法律人员组成。

四、水行政复议组织在复议过程中的主要任务

水行政复议组织在复议过程中的主要任务有以下几项:

(1)审查水行政相对方的复议申请是否符合法定条件。

(2)向水行政争议双方、有关单位和有关人员调查取证,查阅相关的文件、资料等。

(3)组织有关人员审理水行政复议案件。

(4)草拟水行政复议意见、决定,并提请有关领导审查、研究和作出决定。

(5)按照法定的时间期限向水行政复议申请人、被申请人送达水行政复议决定书。

(6)如果水行政复议决定引起行政诉讼、需要由水行政复议机关出庭应诉的,受本机关法定代表人的委托出庭应诉。

五、水行政复议的一般管辖

根据水事法律规范和《行政复议法》的规定,水行政复议管辖分一般管辖和特殊管辖。一般管辖,是基于水事层级监督与管理而形成的。大多数不服具体水行政行为所引起的复议管辖都属于一般管辖。一般管辖主要解决的是不服县级以上地方各级人民政府水行政主管部门的具体水行政行为,以及不服地方各级人民政府的具体水行政行为所引起的复议管辖。具体而言有以下情况:

(1)不服地方各级人民政府水行政主管部门的具体水行政行为的复议管辖。根据《水法》以及其他水事法律、法规的规定,各级水行政主体代表本级人民政府在本行政区域内对水资源的开发利用与保护行使统一的管理和监督职责,他们有权实施不同种类、不同形式的具体水行政行为,由此而引起的水行政争议由相应的上一级水行政主体管辖。

(2)对国家水行政主管部门(含国家防汛抗旱指挥机构)的具体水行政行为不服的复议管辖。

(3)对地方各级人民政府的具体水行政行为不服的管辖。

(4)对在具体水行政行为中的协调管理部门的复议管辖。

六、水行政复议的特殊管辖

在水资源管理过程中,由于水资源的多功能性以及水事管理实践中具体水行政行为的复杂性,有些复议案件不能按照一般管辖的原则来确定复议管辖机关,具体情况如下。

(一)不服共同的具体水行政行为的复议管辖

根据《水法》《水土保持法》《防洪法》等水事法律、法规的规定,许多具体的水行政行为必须由两个或两个以上的行业主管部门共同作出。如《水污染防治法》及其实施细则中对水污染防治管理与监督的规定:由水利、环保、卫生、地矿等行业主管部门共同对饮用水水源保护区实施管理与监督。如果发生水污染事件,上述行业主管部门共同采取减轻、消除水污染的措施,包括强制措施,由此而引起的复议案件应由共同的上级机关受理。同样,不服多个地方人民政府共同作出的具体水行政行为而引起的复议案件,由共同参与作出决定的人民政府的共同的上一级政府管辖。

(二)不服法定授权的组织的具体水行政行为的复议管辖

法定授权的组织是指根据《水法》和其他水事法律、法规的规定,享有一定的水事管理职权的组织,如国家在长江、黄河、太湖等重要江河、湖泊所设立的流域管理机构。对这些法定授权组织的具体水行政行为的复议申请,水事法律规范和《行政复议法》对其复议管辖内容均没有作出规定,但是在实践中通常是参照地方人民政府水行政主管部门的层级管辖而实施的。因此,应当由直接管理该组织的上一级水行政主体管辖,并遵循层级管辖的原则。

(三)不服经过上级批准的具体水行政行为的复议管辖

按照水事法律规范的规定,许多具体水行政行为必须报经上级机关批准之后才能作出。对于这种报批行为和批准行为的性质、效力以及复议管辖等内容,需要根据具体的情况进行分析处理。根据实践,大致有以下两种情形:一种情况是被批准的具体水行政行为以报批机关的名义对外作出,这种行为就应当视为报批机关的具体水行政行为,由此而引起的复议案件应当由最终批准的机关管辖。另一种情况是以批准机关的名义对外作出,则这种行为就应当视为批准机关的行为,由此而引起的复议案件应适用行政复议关于一般管辖的规定。

(四)不服被撤销的水行政主体先前所作出的具体水行政行为的复议管辖

由于行政管理体制的改革,经常出现某一水行政主体被撤销的情况。根据规定,对于被撤销的水行政主体在其被撤销前作出的具体水行政行为的复议申请,应当由继续行使其职权的上级机关管辖。

七、水行政复议案件的移送管辖、指定管辖和选择管辖

在水行政复议案件管辖中,仍然存在着复议案件的移送管辖、指定管辖和选择管辖情况。

(一)水行政复议案件的移送管辖

水行政复议案件的移送管辖,是指水行政复议机关对已经受理的水行政复议案件,经过审查后发现自己对该案件没有管辖权,而依法将其移送至有管辖权的水行政复议机关,而且受移送的水行政复议机关不得再次自行移送。如某县水行政主管部门与流域管理机构的县级基层单位共同对在水文测验保护区内河道的取土行为进行了处理,给予了当事人罚款的水行政处罚。当事人向流域管理机构的上一级申请水行政复议并被受理。该复议机关在审查中发现,在此案中虽然该流域管理机构的县级单位参与了调查处理等工作,但是由于法律上的原因,并未与该县水行政主管部门共同作出罚款这一水行政处罚,而是由该县水行政主管部门以其名义独自作出的。所以,流域管理机构只有依法将案件移送至有管辖权的该县水行政主管部门的上一级水行政主管部门。

(二)水行政复议案件的指定管辖

水行政复议案件的指定管辖,是指两个或两个以上的水行政主体,或者是水行政主体与别的行业主管部门对某一水行政复议案件的管辖权发生争议,而且协商不成,由共同的上级指定某一水行政主体对该案件享有管辖权。它通常发生在同一政府所属的几个部门之间,对共同实施的具体水行政行为引起的复议案件管辖权的彼此推诿或者互相争夺。

(三)水行政复议案件的选择管辖

水行政复议案件的选择管辖,是指某一水行政复议案件的申请人同时向两个或两个以上享有管辖权的水行政主体申请行政复议时,由最先收到复议申请书的水行政主体管辖。

第三节　水行政复议的申请、受理和审理

一、申请

水行政复议申请，是指水行政相对方认为水行政主体的某一具体水行政行为侵犯其合法权益，以自己的名义要求复议机关重新审议，以维护自己的合法权益。在整个复议过程中，复议申请是水行政复议程序的出发点，是水行政复议程序不可缺少的环节。《行政复议法》规定了提起复议的要件有：申请复议应当符合法定条件，应当在法定期限内提出复议申请，复议申请应当符合法定形式等。

（一）申请水行政复议的法定条件

根据《行政复议法》的规定和水事管理实践，申请水行政复议应当符合以下条件：

（1）复议申请人必须是认为某一具体水行政行为直接侵犯其合法权益的公民、法人或组织。这是对复议申请人主体资格的要求与限制。

（2）有明确的被申请人。即申请人在复议申请书中具体指明侵犯其合法权益的水行政主体是哪一个，是一个还是几个。被申请人不是实施具体水行政行为的水行政主体的工作人员，而是该工作人员所从属的、所代表的水行政机关。

（3）必须有具体的复议请求和事实依据。申请人在提起复议申请时，应当首先在申请书中载明具体而且明确的复议请求。在复议实践中，申请人往往请求撤销、变更水行政主体原来的具体水行政行为，或要求重新作出水行政行为，有时可能附带提出行政赔偿请求。

（4）提请的复议内容在复议范围之内。要求申请人提出的争议事项必须是法律、法规、规章或其他规范性文件允许复议的事项，如果不属于允许提出复议范围的事项，复议机关将不予受理。

（5）属于受理复议机关的管辖范围。这是对复议机关的规定，要求申请人只能向享有管辖权的水行政主体提出复议申请。除特殊规定，申请人的复议申请一般只能向最初作出具体水行政行为的水行政主体的上一级机关提出。

（6）法律、法规规定的其他条件。如《行政复议法》第十六条规定："公民、法人或者其他组织申请行政复议，行政复议机关已经依法受理的，或者法律、法规规定应当先向行政复议机关申请行政复议、对行政复议决定不服再向人民法院提起行政诉讼的，在法定行政复议期限内不得向人民法院提起行政诉讼。公民、法人或者其他组织向人民法院提起行政诉讼，人民法院已经依法受理的，不得申请行政复议。"

（二）申请复议的期限

申请人应当在法律规定的期限内提出复议申请。如果没有法定理由超过了法定期限，申请人将丧失申请复议的权利。《行政复议法》规定："公民、法人或者其他组织认为具体行政行为侵犯其合法权益的，可以自知道该具体行政行为之日起六十日内提出行政复议申请；但是法律规定的申请期限超过六十日的除外。"同时还规定："因不可抗力或者其他正当理由耽误法定申请期限的，申请期限自障碍消除之日起继续计算。"

（三）复议申请形式和内容

《行政复议法》规定，申请复议必须采取书面申请的形式。法律规定采取书面形式，不仅有利于申请人全面、准确地表述其复议请求和目的，阐明申请事实、理由和根据，而且有利于复议机关准确、全面地了解有关的情况，及时地进行审查并作出决定。因此，要求申请人的复议申请书必须载明某些最基本的内容。这些最基本的内容构成复议申请书的必备条款，主要有以下4个方面：

（1）申请人的基本情况。包括自然人的姓名、性别、年龄、职业、住址，法人或者其他组织的名称、地址、法定代表人的姓名与职务等内容。

（2）被申请人的基本情况。即被申请复议的水行政主体名称、地址、法定代表人的姓名与职务等。

（3）申请复议的要求和理由。这是申请书的核心部分，分三种情况：一是请求撤销、变更某种具体水行政行为，在水行政处罚复议申请中居多；二是请求作出某种具体水行政行为，如核发取水许可证书、河道管理范围内建设项目审查同意书等；三是请求给予行政赔偿。就申请复议的理由而言，主要是指用以支持复议要求的事实、理由和法律依据，也就是事实根据和法律根据两个方面的内容。

（4）提出复议申请的日期。

（四）水行政复议申请的撤回

水行政复议申请的撤回，是指复议申请人依法撤回其复议申请书的意思表示。提出复议申请是申请人的权利，撤回复议申请同样也是申请人对其权利的一种处分。根据《行政复议法》第二十五条的规定，申请人撤回复议申请，必须在复议机关受理其申请后，尚未作出复议决定前提出，同时要说明理由。申请人撤回复议申请的原因很多，归纳起来主要有：一是申请人自愿撤回；二是在复议过程中，被申请人主动改变其原来所作出的具体水行政行为，申请人同意并申请撤回复议申请的，经复议机关同意并记录在案后，可以撤回其复议申请。根据《行政复议法》的规定，申请人撤回复议申请的，行政复议自行终止。

二、受理

水行政复议申请的受理是指复议机关根据复议申请人的复议申请，在法定期限内，对申请人的复议申请及时地予以审查并作出是否受理决定的活动总称。根据《行政复议法》第十七条的规定，复议机关在收到申请人的复议申请书的5日内，对复议申请作出如下处理。

（一）决定受理

经复议机关审查，认为申请人的复议申请符合《行政复议法》和水事法律规范所规定的条件、要求，即申请人、被申请人主体资格合法，有具体的复议请求、事实根据和理由，属于复议范围和复议机关管辖案件的，水行政复议机关就应当决定受理，并以书面形式通知申请人。

（二）决定不予受理

经复议机关审查，认为申请人的复议申请不符合《行政复议法》和水事法律规范所规定的条件、要求,即申请人、被申请人主体资格不合法,或者没有具体的复议请求、事实根据与理由,或者不属于复议范围或复议机关管辖案件,或者超过法定的申请复议的期限而且没有正当理由等情形,水行政复议机关就应当裁定不予受理,同时以书面形式告知其申请人不予受理的理由。

(三)通知限期补正

经复议机关审查,认为申请人的复议申请不符合法定的要求,如复议申请书没有载明被申请人的基本情况,或者复议要求与理由不明确,或者没有注明提出复议申请的具体时间等。复议机关就应当把复议申请书发还给申请人,并以书面形式通知申请人限期补正所欠缺的必要内容。申请人如果超过时间期限仍然没有补正,将视为没有提出申请。

此外,《行政复议法》第十八条规定:"依照本法第十五条第二款的规定接受行政复议申请的县级地方人民政府,对依照本法第十五条第一款的规定属于其他行政复议机关受理的行政复议申请,应当自接到该行政复议申请之日起七日内,转送有关行政复议机关,并告知申请人。接受转送的行政复议机关应当依照本法第十七条的规定办理。"

三、审理

水行政复议的审理,是指水行政复议机关对所受理的复议申请案件的合法性与适当性进行审查的过程。审理是水行政复议程序的核心内容。在审理阶段,水行政复议机关主要就水行政争议的事实、证据等材料进行调查研究,或者组织复议参加人进行当庭辩论与质证,对水行政主体作出的具体水行政行为所依据的事实和法律依据进行全面审查,以查明事实真相,明辨是非,为作出正确的复议决定做准备。

(一)审理的方式

《行政复议法》规定,水行政复议机关在审理水行政复议案件时以书面审理为主,开庭审理为辅。

(1)书面审理方式。采用书面审理方式,体现了现代行政高效、方便的要求。只要复议申请人提交的申请书和被申请人提交的答辩书符合法定要求,内容全面,所附资料齐全,即可由复议机关以书面形式予以审查,分析水行政争议的是非、责任。

(2)开庭审理方式。主要适用于:一是案情复杂,申请人和被申请人所提交的书面材料难以反映案件的真实情况;二是水行政复议机关认为有必要开庭审理的;三是申请人或者被申请人要求开庭审理的。由于水行政争议往往涉及很强的水利管理技术问题,即其技术性、科学性都很强,书面审理在有的情况下确实存在一定的困难。是否需要开庭审理,应当由水行政复议机关作出决定。

(二)审理的步骤

(1)发送复议申请书。《行政复议法》规定,复议机关应当在审理申请人的复议申请书之日起 7 日内将复议申请书副本发送给被申请人,以便被申请人及时准备有关的答辩材料。作为被申请人的水行政主体,应当在收到复议申请书副本之日起 10 日内,向复议机关提交答辩书,并附送有关作出具体水行政行为的材料、证据。

(2)被申请人的答辩书。被申请人提交的答辩书的正文部分要从正面阐述采取该具体水行政行为的理由与法律依据,同时还要有反驳申请人的理由以及依据。所提供的有关材料、证据包括能够表明被申请人的具体水行政行为形式合法的书面材料,通常有水行政执法文书,水行政主体作出具体水行政行为所依据的法律法规、证词、物品、鉴定结论、勘验记录等。

(3)水行政复议机关审查的内容。水行政复议机关审查的对象是水行政主体的具体水行政行为。在复议案件中,申请人与被申请人所争议的是被申请人所作出的具体水行政行为是否合法、适当。只有经过水行政复议机关对双方所争议的具体水行政行为本身以及相关的问题、内容进行全面审查并加以综合分析后,才能作出正确的判断和复议决定。复议审查的内容包括被申请人作出该具体水行政行为所依据的全部事实和规范性文件,不受申请人复议申请范围的限制。在这一点上与行政诉讼有着明显的区别。

(4)水行政复议审理的法律依据。水行政复议审理依据是水行政复议机关审理水行政复议案件时所依据的规范性文件。《行政复议法》虽然没有作出明确的规定,但是结合水管理实践,水行政复议的依据主要有:

①水利法律和法规,如《水法》和《水污染防治法》《水土保持法》《防洪法》等专项法律与《河道管理条例》等法规。

②水资源开发利用与保护管理规章,包括国务院水行政主管部门(含国家防汛抗旱指挥机构,下同)及国务院其他部门依法制定和发布的具有普遍约束力的水资源管理规范性文件,以及省级人民政府与省级人民政府所在地的市和经国务院批准的较大的市人民政府根据法律、法规所制定的地方性规章。

③民族自治条例。民族自治地方所发生的水行政复议案件,以该民族自治地方所制定的有关水资源开发利用与保护的自治条例、单行条例作为法律依据。

④上级水行政主体的决定和命令,指复议机关的上级水行政主体依法制定和发布的除规章以外的其他水资源管理决定、命令等规范性文件。

值得注意的是,水行政复议机关在适用上述规范性文件审查具体水行政行为时,发现具体水行政行为所依据的规章或具有普遍约束力的决定、命令与法律、法规或规章和其他具有普遍约束力的决定、命令相抵触的,在其职权范围内依法予以撤销或者变更;水行政复议机关认为具体水行政行为所依据的规章或具有普遍约束力的决定、命令与法律、法规或规章和其他具有普遍约束力的决定、命令相抵触,然而自己又无权处理的,应当依法及时向上级水行政主体报告。上级水行政主体有权处理的,应当依法予以处理;无权处理的,应当及时报请有权的国家机关处理。在处理期间,水行政复议机关停止对案件的审理。

复议期间具体水行政行为一般不停止执行,也就是说,水行政机关所作出的处罚或处理决定不因相对人提请水行政复议而停止执行,但特殊规定除外。《行政复议法》第二十一条对停止执行的情形作出了具体的规定,见本章第一节所述。

第四节　水行政复议决定

水行政复议决定,是指水行政复议机关通过审理,查清事实,明确责任,对该具体水行政行为的合法性、适当性进行全面审查后所作出的审查结论。复议组织按照水事法律、法规、规章的规定，对水行政相对方申请的下一级水行政主体所作出的具体水行政行为进行审查，并作出维持、撤销或者变更的复议决定，复议决定以水行政主体的名义作出，并制作相应的法律文书。

一、水行政复议决定的类别

《行政复议法》第二十八条规定："行政复议机关负责法制工作的机构应当对被申请人作出的具体行为进行审查，提出意见，经行政复议机关的负责人同意或者集体讨论通过后，按照下列规定作出行政复议决定：

（一）具体行政行为认定事实清楚，证据确凿，适用依据正确，程序合法，内容适当的，决定维持。

（二）被申请人不履行法定职责的，决定其在一定期限内履行。

（三）具体行政行为有下列情形之一的，决定撤销、变更或者确认该具体行政行为违法；决定撤销或者确认该具体行政行为违法的，可以责令被申请人在一定期限内重新作出具体行政行为：

1. 主要事实不清、证据不足的；

2. 适用依据错误的；

3. 违反法定程序的；

4. 超越或者滥用职权的；

5. 具体行政行为明显不当的。

（四）被申请人不按照本法第二十三条❶的规定提出书面答复、提交当初作出具体行政行为的证据、依据和其他有关材料的，视为该具体行政行为没有证据、依据，决定撤销该具体行政行为。

行政复议机关责令被申请人重新作出具体行政行为的，被申请人不得以同一的事实和理由作出与原具体行政行为相同或者基本相同的具体行政行为。"

二、决定撤销、变更或责令被申请人重新作出具体水行政行为的情形

（1）主要事实不清。主要事实是指用以证明被申请人作出具体水行政行为的客观情况，是被申请人适用法律的客观前提。主要事实是最基本、最关键的事实，如果被申请人在作出具体水行政行为时对主要事实认定错误，复议机关可以依法决定撤销或变更。

（2）适用法律、法规、规章和具有普遍约束力的决定、命令错误，即适用法律错误。适用的水事规范性文件尚未生效或者已经失去法律效力，适用的水事规范性文件与水事法律、法规相抵触等。如果出现了这样的情况，复议机关可以依法决定撤销或变更。

---

❶ 第二十三条　行政复议机关负责法制工作的机构应当自行政复议申请受理之日起七日内，将行政复议申请书副本或者行政复议申请笔录复印件发送被申请人。被申请人应当自收到申请书副本或者申请笔录复印件之日起十日内，提出书面答复，并提交当初作出具体行政行为的证据、依据和其他有关材料。

申请人、第三人可以查阅被申请人提出的书面答复、作出具体行政行为的证据、依据和其他有关材料，除涉及国家秘密、商业秘密或者个人隐私外，行政复议机关不得拒绝。

案例　服从水利部行政复议决定,江西××发电厂缴纳水资源费

1999年1月,江西××发电厂不服江西省水利厅征收水资源费的行政行为,向南昌市东湖区人民法院提起行政诉讼,同年9月,南昌市中级人民法院终审判决维持江西省水利厅的征费行为,并强制划拨了该厂欠缴的水资源费100万元。2000年1月,××发电厂又对江西省水利厅其后的关于征收水资源费的行政处罚行为不服,以行政处罚违反法定程序、适用法律不当为由,依法向水利部申请复议,要求对上述行政处罚予以撤销。

水利部经审理认定,被申请人江西省水利厅依照法律法规及政府规章规定的内容和程序,作出上述行政处罚,其主体资格合法,认定事实清楚,适用法律正确,程序合法,内容适当,并于2000年3月20日作出行政复议决定,维持被申请人江西省水利厅作出的赣水政罚字〔1999〕第006号、第007号、第008号具体行政行为。××发电厂表示服从水利部的行政复议决定,并将1998年11月至1999年2月的水资源费59 018元缴至江西省财政专户。

三、水行政复议的法律责任

(一)对违法的复议机关及其工作人员的处分

《行政复议法》第三十四条规定:“行政复议机关违反本法规定,无正当理由不予受理依法提出的行政复议申请或者不按照规定转送行政复议申请的,或者在法定期限内不作出行政复议决定的,对直接负责的主管人员和其他直接责任人员依法给予警告、记过、记大过的行政处分;经责令受理仍不受理不按照规定转送行政复议申请,造成严重后果的,依法给予降级、撤职、开除的行政处分。”

《行政复议法》第三十五条规定:“行政复议机关工作人员在行政复议活动中,徇私舞弊或者有其他渎职、失职行为的,依法给予警告、记过、记大过的行政处分;情节严重的,依法给予降级、撤职、开除的行政处分;构成犯罪的,依法追究刑事责任。”

《行政复议法》第三十八条规定:“行政复议机关负责法制工作的机构发现有无正当理由不予受理行政复议申请、不按照规定期限作出行政复议决定、徇私舞弊、对申请人打击报复或者不履行行政复议决定等情形的,应当向有关行政机关提出建议,有关行政机关应当依照本法和有关法律、行政法规的规定作出处理。”

(二)对违法的被申请人的处分

被申请人一般都是作出处罚决定的水行政机关及其工作人员。

《行政复议法》第三十六条规定:“被申请人违反本法规定,不提出书面答复或者不提交作出具体行政行为的证据、依据和其他有关材料,或者阻挠、变相阻挠公民、法人或者其他组织依法申请行政复议的,对直接负责的主管人员和其他直接责任人员依法给予警告、记过、记大过的行政处分;进行报复陷害的,依法给予降级、撤职、开除的行政处分;构成犯罪的,依法追究刑事责任。”

《行政复议法》第三十七条规定:“被申请人不履行或者无正当理由拖延履行行政复议决定的,对直接负责的主管人员和其他直接责任人员依法给予警告、记过、记大过的行政处分;经责令履行仍拒不履行的,依法给予降级、撤职、开除的行政处分。”

第五节 水行政裁决

水行政裁决和水行政保障同水行政复议一样均属于水行政司法活动。

水行政裁决，是指水行政机关内设置的裁判机构，依照法律规定的程序以第三者身份审理裁决水事纠纷的司法活动。

一、水行政裁决的特征

(1)水行政裁决是行政机关内设置的裁判机构的活动。有权对水事争议双方当事人的纠纷进行裁决的机构主要是行政机关的专门主管部门。

(2)水事争议的双方均非水行政机关，行政裁决机构只是处于第三者的位置，基于本身的行政职能主管范围，对相关的水事争议依法进行审理并作出裁决。

(3)裁决可以是终局性的，也可以是非终局性的。若争议双方对裁决无异议，则裁决发生法律效力，双方当事人必须执行。若有一方不服裁决，可在一定期限内提出复议申请或向法院起诉。

二、水行政裁决程序

裁决的程序分申请、审理、作出裁决决定、生效与执行。

(一)申请

争议双方当事人在自行协商未能解决纠纷时，可依据法律规定由任何一方当事人向有权作出审理裁决的机构提出申请。裁决机构须将申请书副本转送另一方当事人并要求其在一定期限内提交答辩书。

(二)审理

行政裁决机构在受理争议案件后应对申请书、答辩书进行审查核实。双方各自承担举证责任。必要时可召集双方当事人当面辩论，也可亲自深入调查，以弄清事实真相。

(三)作出裁决决定

对争议先行调解，调解无效由裁决机构依法作出裁决，并以书面形式送达双方当事人。

(四)生效与执行

双方当事人均同意裁决的，裁决便可生效执行。有一方不服裁决的即可依法向裁决机构的上级机关申请复议或直接向法院起诉。

三、水行政裁决的适用范围

在水行政管理活动中水行政裁决的适用范围大致有三类：①裁决水资源权属纠纷。如地区之间的水事争议问题，其结果只是对当事人各方水权的确认。②裁决水事侵权纠纷。③裁决损害赔偿纠纷。

第十八章　水行政诉讼

水行政诉讼可以保证水事管理活动合法有效地进行。作为水行政管理的主体,各级水行政主管部门都有可能遇到水行政诉讼。如何打行政官司,水行政主管部门如何应诉,是我们无法回避的很重要的工作内容。

第一节　行政诉讼概论

一、行政诉讼的概念和特征

行政诉讼,是指人民法院在当事人和其他诉讼参与人的参加下审理并裁决行政案件活动的总称。行政诉讼具有以下法律特征:

(1)行政诉讼是在人民法院的主持下进行的。我国《宪法》规定,人民法院是国家的审判机关,代表国家独立行使审判权。《行政诉讼法》规定,人民法院内部设立的行政审判庭具体组织审理并裁决行政案件。

(2)行政诉讼的审查对象是具体行政行为。行政诉讼所要解决的是行政争议案件,即公民、法人或其他组织因对行政机关的具体行政行为不服而引起的争议。

(3)行政诉讼的当事人在诉讼中的法律地位是平等的。作出具体行政行为的行政机关与具体行政行为所指向的相对方虽然在行政法上的地位不平等,但是,在行政诉讼中,二者同为诉讼法上的当事人,其法律地位是平等的。

(4)行政诉讼的目的在于通过诉讼这种方式审查行政机关所作出的具体行政行为是否合法与适当。

二、行政诉讼的基本原则

行政诉讼作为诉讼法的一个分支,应当遵循诉讼法的基本原则。但是,行政诉讼又明显不同于刑事诉讼、民事诉讼。根据诉讼法理论,行政诉讼的基本原则包括以下内容:①独立行使审判权,不受其他国家机关、团体、社会组织干扰的原则;②实行合议、回避与公开审判原则;③实行两审终审原则;④当事人诉讼法律地位平等原则;⑤使用本民族语言文字原则;⑥以事实为根据,以法律为准绳原则。

三、行政诉讼的特有原则

行政诉讼的特有原则是由《行政诉讼法》所规定的,开展行政诉讼活动应当遵循的,不同于刑事诉讼、民事诉讼的特有原则,其具体内容如下。

(一)在行政诉讼期间不停止具体行政行为执行

在行政诉讼过程中,行政机关所作出的具体行政行为并不因为原告提起诉讼而停止执行。这是现代国家行政管理的效率性与连续性的要求,否则将会使行政管理秩序处于一种不稳定的状态,进而危害国家、社会公众的利益。但是,该原则也有例外的情况:一是被告认为需要停止执行的;二是人民法院裁定停止执行的;三是其他法律、法规规定可以停止执行的。

(二)被告负举证责任

这是行政诉讼不同于刑事诉讼、民事诉讼的特殊证据原则,是指作为被告的行政机关负有提供其作出具体行政行为的事实证据和所依据的规范性文件的义务。由于行政诉讼的客体是具体行政行为,作为被告的行政机关应当清楚其作出具体行政行为的事实、证据和法律依据。因此,《行政诉讼法》规定作为被告的行政机关负举证责任,而民事诉讼实行的是"谁主张,谁举证"的举证原则。对于被告提供的事实、证据与法律依据,只有经过质证后才能作为定案的依据。

(三)不适用调解原则

在行政诉讼中,除原告主动申请撤诉,人民法院只能以裁定、判决的形式对行政争议案件作出裁决,而不能以调解方式结案。这是因为在行政诉讼中,无论是原告还是被告,都不能处分自己在行政法上的实体权利与义务,只能通过法律对其作出裁定或判决,但是涉及行政赔偿的部分不在此列。

四、行政诉讼程序

行政诉讼程序分为第一审程序、第二审程序、审判监督程序。

(一)第一审程序

第一审程序是指人民法院受理某一行政争议案件后第一次审理此案所适用的程序,包括开庭前的准备、法庭调查、法庭辩论、合议庭评议和宣告判决等步骤。值得注意的是,在行政诉讼第一审程序中,只有普通程序,而无简易程序与特别程序之分。

(二)第二审程序

第二审程序是上一级人民法院对下一级人民法院就第一审行政案件所作出的裁定或判决,在其发生法律效力前,因上诉人的上诉或人民检察院的抗诉而引起的对该案件进行审理的程序,又称为上诉审程序或终审程序。

(三)审判监督程序

审判监督程序是指享有审判监督权或者法律监督权的机关、组织,发现人民法院已经发生法律效力的判决、裁定违反法律、法规的规定,确实存在错误,依法决定由有关人民法院进行再次审理的程序,简称再审程序。审判监督程序是特殊的诉讼程序和审判程序,与第一审程序、第二审程序不同,它不是一个固定的审级,也不是每个行政争议案件的必经程序。

(1)审判监督程序的提起。《行政诉讼法》第九十条至第九十三条对审判监督程序的提起作出了具体规定。根据该规定,法定提起的主体有本级人民法院的院长、上级人民法院、人民检察院。其中,第九十条规定:"当事人对已经发生法律效力的判决、裁定,认为确有错误的,可以向上一级人民法院申请再审,但判决、裁定不停止执行。"应当注意的是,当事人的申诉并不必然引起审判监督程序,也不是提起审判监督程序的主体,但是人民法院可以通过受理当事人的申诉来发现问题,如确实存在有法律规定的需要再审的情况,即可以依法提起审判监督程序。

(2)审判监督程序的审理。按照审判监督程序决定再审的行政案件,首先应当裁定终止原来生效判决、裁定的执行,该裁定由法院院长署名并加盖人民法院印章。原审人民法院在再审时,应当重新组成合议庭,原审合议庭成员不应参加新的合议庭,以防止影响案件的再次审理。对于再审案件的审理,其审级根据原来的审级可以分别按照第一审程序或第二审程序进行。如果提起再审的行政案件原来是第一审的,应当按照第一审程序进行审判,对审判后人民法院所作出的判决、裁定当事人仍然享有上诉的权利;如果提起再审的行政案件原来是按照第二审程序进行审判的,或者是上级人民法院提审的,应当按照第二审程序进行审判,审判后人民法院所作出的判决、裁定是终局的判决、裁定,当事人不得提起上诉。

第二节　水行政诉讼的概念和特征

水行政诉讼,是指公民、法人或其他组织认为水行政管理机关及其工作人员在行使水事管理职权的过程中所作出的具体水行政行为侵犯了其合法权益,在法定期限内依法向人民法院提起诉讼,并由人民法院依法予以审理和裁决的活动。

一、水行政诉讼的特点

水行政诉讼有以下特点:

(1)水行政诉讼是因为公民、法人或其他组织认为水行政主体及其工作人员的具体水行政行为侵犯其合法权益而引起的。

(2)水行政诉讼所要解决的是水行政争议案件,即水行政主体在实施水事管理职权行为时所作出的具体水行政行为与相对方发生的争议。

(3)水行政诉讼的被告是相对固定的,即水行政主体。具体包括各级人民政府中的水行政主管部门,各流域管理机构,法律、法规规定的其他组织,以及各级人民政府中其他协同行使水事管理职权的主管部门。

(4)水行政诉讼是在人民法院的主持下进行的,并由其起主导作用,以解决双方之间的水行政争议。

(5)水行政诉讼是依请求而为的诉讼活动,没有水行政相对方的申请,人民法院是无权主动对水行政主体的具体水行政行为予以审查的。

(6)水行政诉讼必须按照《行政诉讼法》及其相关规定所规定的诉讼程序与方式进行。

(7)在水行政诉讼法律关系中,水行政主体与相对方的法律地位是平等的。

(8)在水行政诉讼期间,不停止水行政主体的具体水行政行为的执行,但是水行政主体认为需要停止执行的或人民法院裁决停止执行的除外。

二、水行政诉讼与水民事诉讼的区别

(一)案件性质不同

水民事诉讼审理的是平等主体之间因水资源的开发、利用和保护而产生的民事纠纷;水行政诉讼解决的是水行政主管部门在水行政管理活动中与公民、法人或者其他组织之

间产生的水行政争议。

（二）适用的法律规范不同

水民事诉讼适用的是水民事法律规范，如一些水事调解活动，是遵循《民法通则》的原则进行的；而水行政诉讼则适用水行政法律规范。

（三）当事人的诉权不同

在水民事诉讼中，当事人的诉权是对等、对应的，原告有起诉权，被告则有反诉权；在水行政诉讼中，水行政主管部门只能作被告，没有反诉权。

（四）结案的方式不同

水民事诉讼可以由法院裁决结案，亦可在法院主持下进行调解；而水行政诉讼除了行政赔偿，一般不能以调解方式结案，只能根据法律和事实作出裁决。

三、水行政诉讼与水刑事诉讼的区别

所谓水刑事诉讼，是指检察机关为追究犯罪者的刑事法律责任，向人民法院提起的诉讼。它与水行政诉讼相比，有以下区别。

（一）案件性质不同

水刑事诉讼是在进行水事活动中因违犯刑事法律而进行的诉讼。

（二）审理目的不同

水行政诉讼的目的是解决行政争议，保护公民、法人或者其他组织的合法权益，保障水行政主管部门依法行使职权；水刑事诉讼的目的是运用刑罚，惩罚犯罪，以保护公共利益不受侵犯。

（三）适用的法律规范不同

水行政诉讼适用各种水行政程序法律规范和水行政实体法律规范，在审理案件时，适用《行政诉讼法》；而水刑事诉讼则由人民法院适用《刑法》和水行政法律法规中的刑事法律规范，在审理案件时，适用《刑事诉讼法》。

四、水行政诉讼与水行政复议的关系和区别

水行政复议与水行政诉讼都是国家机构解决水行政争议或纠纷的活动，二者共同构成解决水行政争议或纠纷的完整体系，都是在水事管理过程中作为被管理者的公民、法人或其他组织不服水行政主体的具体水行政行为而请求国家机关审理并裁决的活动，但是二者仍然存在以下区别。

（一）受理的主体不同

水行政复议由水行政主体受理。一般而言是实施具体水行政行为的上一级水行政主体受理，但是法律、法规规定由人民政府作出的具体水行政行为则由上一级人民政府受理；而水行政诉讼则是由专门行使国家审判权的人民法院受理。

（二）行为性质不同

水行政复议是水行政主体行使行政复议权的一种活动，在性质上仍然属于水行政行为的范畴；而水行政诉讼则是人民法院依法对水行政争议案件进行审理的一种活动，在性质上属于司法行为。

(三)所适用的程序不同

水行政复议所适用的是《行政复议法》,是一种行政程序,该程序在满足和保障行政效率的前提下及时、方便、迅速地解决水行政争议案件;而水行政诉讼则适用的是《行政诉讼法》和其他有关行政诉讼的法律规定,是一种司法程序,要求全面、严格与规范。

(四)所处的法律阶段不同

行政复议是行政主体以行使行政管理职权的方式解决行政争议的阶段,而行政诉讼则是人民法院行使审判权解决行政争议的阶段,即当事人如果选择了水行政复议,且对水行政复议机关的复议结果仍然不服的,还可以向人民法院提起水行政诉讼,而当事人如果直接选择向人民法院提起水行政诉讼,则不能再提起水行政复议。实际上,我国法律确立了"司法最终裁决原则"。

第三节　水行政诉讼的范围和管辖

一、水行政诉讼的范围

水行政诉讼的受案范围,是指由《行政诉讼法》和其他有关行政诉讼的规范性文件规定的、水行政管理部门及其工作人员所实施的水行政行为,可以被水行政相对方即公民、法人或其他组织提起行政诉讼并接受人民法院的审理、裁判。《行政诉讼法》和其他有关行政诉讼的规范性文件规定,人民法院受理并审理、裁判的水行政行为的范围是有限的,即是说人民法院只对一部分特定的水行政行为所引起的水行政争议案件享有管辖权,而在民事诉讼和刑事诉讼中,人民法院享有完全的管辖权。根据有关法律规定,我国水行政诉讼的受案范围概括如下。

(一)对拘留、罚款、吊销许可证和执照,责令停产停业、没收财产等行政处罚不服的

我国的水事法律、法规和其他规范性文件规定,水行政主体有权实施的水行政处罚种类相当多。相对人对这些水行政处罚不服的都可以提起水行政诉讼。实践中,大部分水行政争议案件都是因为相对方对水行政处罚不服而引起的。

(二)对限制人身自由或对财产查封、扣押、冻结等行政强制措施不服的

在水事管理活动中,水事法律、法规赋予了水行政主体尤其是各级防汛抗旱指挥机构可以采取一定的紧急强制措施的权利,如对阻水障碍物所采取的强行清除措施,又如在发生的突然的水污染事件中,会同环保部门采取的临时应急措施等。相对人对水行政主体在水事管理活动中所采取的行政强制措施不服的,同样可以向人民法院提起行政诉讼。

(三)对侵犯法定经营自主权而提起的水行政诉讼案件

水行政主体在行使水事管理职权的过程中侵犯了水事法律、法规所赋予相对方的水事权益,如侵犯了水面承包者的合法承包经营自主权,相对人可以向人民法院提起行政诉讼。

(四)认为符合法定条件申请行政机关颁发许可证或执照,行政机关拒绝颁发或不予答复的

根据我国行政许可的有关规定,相对方只有符合法律所规定的条件、范围等时才能获得行政许可。在水事管理活动中,水行政许可很普遍,如取水许可、河道采砂许可、河道管理范围内建设项目的同意等。只有相对方符合水行政许可条件时，水行政主体才能颁发给其相应的行政许可证书，若水行政主体拒绝颁发有关的行政许可证书或拒绝答复，相对方可以向人民法院提起行政诉讼以维护其合法权益。

（五）相对方认为水行政主体侵犯其人身权、财产权的

凡是相对方认为水行政主体的具体水行政行为侵犯其人身权、财产权的，都可以向人民法院提起行政诉讼。

二、不能进行水行政诉讼的行为

根据《行政诉讼法》第十三条的规定，下列行为不能提请行政诉讼：

（1）国防、外交等国家行为。

（2）抽象行政行为，如水行政主体制定水资源开发利用与保护管理法律、法规、规章的行为。

（3）内部行政行为，如水行政主体对其工作人员所作出的行政处分等，当事人不服的不能提起行政诉讼，而只能通过内部行政程序予以解决。

（4）法律、法规规定由行政机关最终裁决的具体行政行为。法律、法规之所以这么规定，主要是考虑到某些行政行为的专业性、技术性内容很强，而掌握这些专业知识的行政机关的裁决通常具有权威性。因此，赋予其最终的行政裁决权。但是从目前已经颁布实施的所有水事法律、法规、规章和其他具有普遍约束力的决定、命令等规范性文件来看，尚未有内容规定由水行政主体作终局裁定的具体水行政行为。

三、水行政诉讼的管辖

所谓水行政诉讼的管辖，是指人民法院之间在受理第一审水行政案件上的分工和权限。根据《行政诉讼法》的规定，可分为级别管辖、地域管辖、裁定管辖等三种。

（一）级别管辖

我国人民法院的设置分为四级，即基层人民法院、中级人民法院、高级人民法院和最高人民法院。四级法院受理第一审行政案件的具体分工和划分，就是级别管辖。

水行政诉讼的级别管辖可分为以下几种情况：

（1）一般的水行政诉讼案件由基层人民法院管辖。

（2）中级人民法院管辖对国务院水行政主管部门或省、自治区、直辖市人民政府所作的具体行政行为提起诉讼的案件，以及本辖区内重大复杂的水行政案件。

（3）高级人民法院与最高人民法院分别管辖各省、自治区、直辖市范围与全国范围内重大、复杂的行政案件。

（二）地域管辖

地域管辖，是指同级人民法院之间在各自辖区内受理第一审水行政案件的分工和权限。

水行政诉讼中的地域管辖主要有以下几种情况：

（1）一般的水行政案件由最初作出具体行政行为的水行政主管部门所在地的人民法院管辖。

(2)经复议的案件,复议机关改变原具体行政行为的,既可以由复议机关所在地的人民法院管辖,也可以由最初作出具体行政行为的水行政主管部门所在地的人民法院管辖。

(3)涉及不动产的行政案件,由不动产所在地的人民法院管辖。

(4)相对人不服水行政主管部门对水事纠纷的处理而提起的行政诉讼,由争议标的物所在地的人民法院管辖。

(5)如果出现两个以上人民法院都有管辖权的案件,原告可以选择其中一个提起诉讼,如原告向两个以上有管辖权的人民法院提起诉讼,由最先收到起诉状的人民法院管辖。

(三)裁定管辖

裁定管辖,是指由法院直接作出裁定或决定,确定诉讼管辖法院的一种特殊情况。它包括移送管辖、指定管辖和管辖权的转移。

1. 移送管辖

移送管辖,是指人民法院发现受理的案件不属于自己管辖时,移送有管辖权的人民法院,受移送的人民法院不得再自行移送。

2. 指定管辖

指定管辖,是指人民法院以裁定的方式,指定某一下级人民法院管辖某一案件的情形。它有下列两种情况:①有管辖权的人民法院由于特殊原因不能行使管辖权的,由上一级人民法院指定管辖;②人民法院对管辖权发生争议,由争议双方协商解决,协商不成的,报共同上级法院指定管辖。

3. 管辖权的转移

管辖权的转移,是指上下级法院之间,可以把各自有管辖权的第一审行政案件移送给对方的情形。它必须同时具备下列条件:①必须是人民法院已受理的行政案件;②移交的人民法院对此案具有管辖权;③移交的人民法院与接受的人民法院之间具有上下级审级监督关系;④转移必须经过上级人民法院的同意或决定。

第四节　水行政诉讼参加人

一、概念和特征

水行政诉讼参加人,是指在水行政诉讼中为了保护自己或他人的合法权益而参加到水行政诉讼活动中来的人,包括原告、被告、共同诉讼人、第三人、诉讼代理人、证人、鉴定人等。

根据《行政诉讼法》规定,水行政诉讼当事人,是指出现水行政争议案件后,以自己的名义提起行政诉讼、应诉或参加诉讼,并受人民法院的裁判约束的公民、法人或其他组织和水行政主体。水行政诉讼当事人具有以下法律特征:

(1)以自己的名义进行水行政诉讼。这是当事人区别于其他诉讼参加人的重要标志。诉讼代理人不能以自己的名义进行诉讼,不是当事人,但是他依附于当事人,在水行政诉讼中具有类似于当事人的诉讼地位。

(2)与水行政争议案件有直接或间接的利害关系。在水行政诉讼中,当事人都是为了维护自己的合法权益而参加诉讼的,所以案件的处理结果与其有着直接或间接的利害关系。

(3)接受人民法院判决、裁定等裁判的约束。当人民法院经过审理作出裁判而且已经发生法律效力时,当事人必须遵守和执行裁判所载明的内容。

二、原告的条件和种类

原告,是指依照《行政诉讼法》的规定向人民法院提起水行政诉讼,而使水行政诉讼开始的公民、法人或其他组织。

(一)原告的条件

作为水行政诉讼中的原告,应当具备以下条件:

(1)必须是作为水事管理相对方的公民、法人或其他组织。

(2)必须是公民、法人或其他组织认为水行政主体的具体水行政行为侵犯其合法权益。成为水行政相对方只是可能成为提起水行政诉讼的原告,要最终成为原告,还须具备一个条件,即认为水行政主体的具体水行政行为侵犯其合法权益。

(二)原告资格的转移

为了确保相对方的合法权益能够得到法律的保护,《行政诉讼法》还规定了原告资格转移的情形,有以下两种:

(1)有权提起行政诉讼的公民死亡的,其近亲属可以提起行政诉讼。

(2)有权提起行政诉讼的法人、其他组织终止的,承受其权利义务的法人、其他组织可以提起行政诉讼。

(三)原告的种类

根据《行政诉讼法》的规定,能够提起行政诉讼的原告有以下几类:

(1)作为具体水行政行为直接对象的公民、法人或其他组织。

(2)不服水行政主体复议决定的复议申请人。

(3)其合法权益受到水事违法案件处罚人侵害的。

(4)其合法权益因水行政主体的具体水行政行为而受到不利影响的。

(5)其合法权益因水行政主体的不作为行为而受到不利影响的。

(6)能够提起水行政诉讼的公民死亡的,提起水行政诉讼的近亲属。

(7)能够提起水行政诉讼的法人、其他组织终止的,其权利义务的承受者。

(8)同一具体水行政行为中的多个相对方。

三、原告在水行政诉讼中的权利与义务

(一)原告的权利

根据《行政诉讼法》,原告在水行政诉讼中享有以下诉讼权利:①提起水行政诉讼的权利,即起诉权;②委托诉讼代理人的权利;③提供证据和申请保全证据的权利;④申请人民法院法官回避的权利;⑤追加、变更诉讼请求的权利;⑥申请财产保全和先予执行的权利;⑦申请撤诉的权利;⑧申请强制执行的权利。

(二)原告的义务

根据《行政诉讼法》的规定,原告在水行政诉讼中的义务,归纳起来主要是“依法行使诉讼权利,遵守诉讼规则,服从人民法院指挥,自觉履行已经发生法律效力的判决、裁定内容”。

四、被告的种类

被告,是指被原告诉称其作出了某一侵犯自己合法权益的具体水行政行为而经人民法院通知参加诉讼的水行政主体。根据我国《行政诉讼法》的规定,结合我国的水事管理体制与实践,能够成为被告的水行政主体主要有:

(1)作出被诉具体水行政行为的水行政主体是被告。

(2)经复议决定维持原具体水行政行为的,原作出该具体水行政行为的水行政主体是被告。

(3)复议机关改变原具体水行政行为的,该复议机关是被告。

(4)两个或两个以上水行政主体共同作出某一具体水行政行为的是共同的被告。

(5)法律、法规授权的组织作出具体水行政行为的,该组织是被告。

(6)由水行政主体委托其他组织作出具体水行政行为的,该委托的水行政主体是被告。

(7)作出具体水行政行为的水行政主体被撤销的,继续行使其职权的机关是被告。值得注意的是,水行政主体的工作人员不能成为水行政诉讼中的被告。虽然具体的水行政行为都是由水行政主体的工作人员来具体实施和完成的,但是该工作人员仅仅是代表水行政主体进行活动,行使的是水行政主体的水事管理职权,所进行的活动是为了实现水事管理目的而非其个人目的。因此,水行政相对方不能对实施某一具体水行政行为的水行政主体工作人员提起水行政诉讼,而应该对其所在的水行政主体提出水行政诉讼。

五、被告所享有的诉讼权利

根据《行政诉讼法》和水事法律规范的规定,作为被告的水行政主体享有以下诉讼权利:

(1)应诉和答辩的权利,以反驳原告所诉称的诉讼请求,维护自己合法、正确的具体水行政行为。

(2)申请人民法院审判员、书记员等人员予以回避的权利。

(3)委托诉讼代理人代为进行诉讼的权利。

(4)在诉讼期间,享有决定对自己所作出的具体水行政行为是否停止执行的权利。

(5)在诉讼活动中,经人民法院的许可,享有向证人、鉴定人发问、质证的权利,享有查阅本案事实、证据和核对庭审笔录的权利。

(6)对人民法院的第一审判决或裁定不服的,享有在法定期间提出上诉或者撤回上诉的权利。

(7)对人民法院已经发生法律效力的判决、裁定,如果相对方拒绝履行的,享有向人民法院申请强制执行的权利。

(8)对人民法院已经发生法律效力的判决、裁定,认为确有错误的,享有申请再审的权利。

六、被告在诉讼中的义务

水行政主体作为被告，在诉讼中应当履行如下义务：

(1)在诉讼中经人民法院合法传唤，及时到庭应诉的义务。

(2)对自己所作出的具体水行政行为负有举证义务，应当按照人民法院的要求及时提供作出该具体水行政行为所认定的事实以及证明该事实的人证、物证、询问笔录等证据和所适用的水事法律、法规、规章及其他具有普遍约束力的决定、命令等规范性文件。

(3)在开庭过程中遵守法庭秩序，服从人民法院审判人员的指挥。

(4)在诉讼期间不得违背《行政诉讼法》的规定自行向原告、证人等收集证据。

(5)对人民法院作出的生效判决、裁定负有自觉履行的义务。

七、水行政诉讼中的第三人

《行政诉讼法》第二十九条规定："公民、法人或者其他组织同被诉行政行为有利害关系但没有提起诉讼，或者同案件处理结果有利害关系的，可以作为第三人申请参加诉讼，或者由人民法院通知参加诉讼。"

在实践中，可以作为第三人参加水行政诉讼的情况大致有以下几种：

(1)合法权益受到水行政处罚中处罚人行为侵害的受害公民、法人或其他组织。

(2)争议的具体水行政行为所涉及或影响合法权益的公民、法人或其他组织。

(3)水行政处罚的被处罚人。

(4)争议的具体水行政行为的直接相对方。

(5)共同作出某一具体水行政行为的非水行政主体。

八、共同诉讼人

《行政诉讼法》第二十七条规定："当事人一方或者双方为二人以上，因同一行政行为发生的行政案件，或者因同类行政行为发生的行政案件，人民法院认为可以合并审理并经当事人同意的，为共同诉讼。"行政诉讼中原告、被告通常均为一人，但是在某些条件下，原告、被告有可能为二人或二人以上。在行政诉讼中，当事人一方或双方为二人以上的，称作共同诉讼。原告为二人以上的称作共同原告，被告为二人以上的称作共同被告。无论是共同原告还是共同被告，都统称为共同诉讼人。

九、诉讼代理人

诉讼代理人，是指根据法律规定，由人民法院指定或者受当事人及其法定代理人的委托，以当事人的名义，在一定权限范围内，代理当事人进行诉讼活动的人。代理当事人进行诉讼活动的权限称作诉讼代理权，被代理的一方当事人称为委托人或被代理人。

根据《行政诉讼法》的规定，按照诉讼代理权限发生的根据不同，可以将诉讼代理人分为以下几类：

(1)法定代理人。根据法律规定行使代理权，为无行为能力的公民进行行政诉讼的人，称作法定代理人。在行政诉讼中，法定代理人适用于没有行为能力的公民，即未成年人、精神病人,不适用于法人、组织,当然更不适用于作为被告的水行政主体。

为了维护无行为能力的公民的合法权益,当无行为能力的公民有两个或两个以上的法定代理人时,为防止他们彼此相互推诿责任从而影响诉讼,《行政诉讼法》第三十条规定:"法定代理人互相推诿代理责任的,由人民法院指定其中一人代为诉讼。"

(2)委托代理人。根据当事人、法定代理人的委托而代为诉讼的人,称为委托代理人。《行政诉讼法》第三十一条规定:"当事人、法定代理人,可以委托一至二人作为诉讼代理人。"根据该规定,可以担任委托代理人的有律师、社会团体、提起诉讼的公民或所在单位推荐的人、经人民法院许可的其他公民。由于委托代理人身份各不相同,在水行政诉讼活动中其享有的诉讼权利、履行的诉讼义务也各异。如律师作为诉讼代理人,可以依法查阅与本案有关的案卷材料,可以向有关组织、公民进行调查、收集证据,同时对诉讼过程中涉及的国家秘密、个人隐私应当依法保密;而对非律师作为代理人,只有在经过人民法院许可后才能享有前述的诉讼权利。

当事人、法定代理人委托诉讼代理人的,应当及时向人民法院提交授权委托书,并载明所委托的事项、所赋予的委托权限等内容,解除时也应当及时报告人民法院。

(3)指定代理人。指定代理人是指受人民法院指定,代无行为能力的公民从事水行政诉讼活动的人。指定代理在行政诉讼中通常发生在作为原告的公民没有行为能力而且没有法定代理人或其法定代理人不能行使代理权的情况下,指定代理人在行政诉讼中的法律地位既不完全等同于法定代理人,又不同于委托代理人,在人民法院的监督下,能够有条件地处分被代理人的实体权利。

第五节 水行政诉讼程序

水行政诉讼的程序分起诉、审理、判决和执行。

一、起诉

《行政诉讼法》第二条规定:"公民、法人或其他组织认为行政机关工作人员的行政行为侵犯其合法权益,有权依照本法向人民法院提起诉讼。"

公民、法人或其他组织如果就水行政争议向人民法院起诉,应当具备以下条件:

(1)原告必须是认为水行政主管部门的具体行政行为侵犯其合法权益的公民、法人或其他组织。它包括两层含义:第一,原告必须是公民、法人或其他组织,而不是作为行政主体的行政机关;第二,原告必须认为水行政主管部门的具体行政行为侵犯了其合法权益,并想通过行政诉讼维护自己的合法权益。

(2)有明确的被告。原告在诉状中必须指明是谁侵犯了其合法权益,是一个还是几个行政机关,如无明确的被告,法院就无法进行审理。

(3)有具体的诉讼请求和事实根据。

(4)属于人民法院受案范围和受诉人民法院管辖。

(5)必须在法定期限内提起诉讼。

二、审理

人民法院接到起诉状后，应当在 7 日内完成立案审查，并决定是否立案。不予受理的，应在上述期限内作出不予受理的裁定。当事人对此裁定不服的，可以提出上诉。人民法院在立案之日起 5 日内，应将起诉状副本发送被告，被告应当在收到起诉状副本之日起 10 日内，向人民法院提交作出具体行政行为的有关材料，并提出答辩状。人民法院应当在收到答辩状之日起 5 日内，将答辩状副本发送原告。被告不提出答辩状的，不影响人民法院的审理。诉讼期间，不停止具体行政行为的执行。但有下列情形之一的，停止具体行政行为的执行：

(1)被告认为需要停止执行的。

(2)原告申请停止执行，人民法院认为该具体行政行为的执行会造成难以弥补的损失，并且停止执行不损害社会公共利益，裁决停止执行的。

(3)法律、法规规定停止执行的。

人民法院审理水行政案件，除涉及国家秘密、个人隐私和法律明确规定，一律实行公开审理。

三、判决

人民法院对受理的行政案件，经过调查、收集证据、开庭审理之后，根据不同情况，分别作出以下决定：

(1)具体行政行为证据确凿，适用法律、法规正确，符合法定程序的，判决维持。

(2)具体行政行为有下列行为之一的，判决撤销或者部分撤销，并可以判决被告重新作出具体行政行为。如主要证据不足、适用法律和法规有错误、违反法定程序、超越职权、滥用职权等。

(3)被告不履行或者拖延履行法定职责的，判决其在一定期限内履行。

(4)行政处罚显失公正的，可以判决变更。

人民法院审理行政案件，实行两审终审制，一审案件应在立案后三个月内作出。如果相对人不服法院的一审判决，有权在判决书送达之日起 15 日内，向上一级人民法院提起上诉。相对人不服人民法院一审裁定的，有权在裁定书送达之日起 10 日内，向上一级人民法院提起上诉。逾期不提起上诉的，人民法院的一审判决或裁定发生法律效力。人民法院认为上诉案件事实清楚，可以实行书面审理，除特殊情况经批准延长外，二审法院应在两个月内根据实际情况，作出维持原判、改判或发回重审的判决或裁定。

四、执行

水行政案件的判决、裁定一旦发生法律效力，双方当事人均需自觉履行。如果公民、法人或其他组织拒绝履行判决、裁定，水行政主管部门有权申请人民法院强制执行。

水行政主管部门不履行判决、裁定的，第一审人民法院可以采取以下措施：

(1)对应给付的罚款或者应当给付的赔偿金，通知银行从该行政机关的账户内划拨。

(2)在规定期限内不履行的，从期限之日起，对该行政机关按日处以 50 ~ 100 元的罚款。

(3)向该行政机关的上一级行政机关或者监察、人事机关提出司法建议。

(4)拒不履行判决、裁定,情节严重构成犯罪的,依法追究主管人员和直接责任人员的刑事责任。

第六节　水行政主体在水行政诉讼中的举证责任

一、举证责任概述

举证责任,即水行政主体为证明其主张的正确性和合法性而提供相应的事实证据及法律依据,否则将承担败诉的法律后果。

我国《行政诉讼法》第三十四条规定了被告在行政诉讼中负有举证责任,即被告对自己作出的具体行政行为必须承担相应的举证责任。《行政诉讼法》的此规定明显不同于民事诉讼中的"谁主张,谁举证"的举证责任原则,即在民事诉讼中当事人对自己提出的主张有责任提供相应的证据。法定的举证责任是行政机关单方面的责任,该责任仅仅归于作为被告的行政机关单方承担,由于被告主体身份的特殊性,法律对其承担举证责任时的举证范围、举证时间等内容存在着一定的特殊规定。在举证范围方面上,行政主体主要应提供作出具体行政行为的事实依据和法律依据;在举证时间上,要求作为被告的行政机关应在第一审人民法院庭审结束前举证。

二、水行政主体举证责任的内容与相关规定

(一)水行政主体举证责任的内容

水行政主体依法承担举证责任,主要是向人民法院提出其作出该具体水行政行为的事实依据和法律依据。根据法律规定,水行政主体的举证责任内容如下:

(1)必须提供作出或不作出该具体水行政行为所认定的事实。

(2)必须提供所适用的水事法律、法规、规章和其他具有普遍约束力的决定、命令等规范性文件。

(3)必须提供其所作出或不作出该具体水行政行为属于其职权范围内的依据。

(4)必须提供其所作出或不作出该具体水行政行为符合法定程序的证据。

(5)必须提供其行使的水事管理职权与水事法律、法规和规章的立法目的相一致的证据。

需要指出的是,原告对所争议的具体水行政行为依法不负有举证责任,举证责任由被告承担,但并不是排斥原告举证。

(二)水行政主体举证责任的相关规定

《行政诉讼法》在规定由水行政主体承担举证责任的同时,还对其举证行为作了一些相关的规定,其具体内容如下:

(1)在举证范围方面。《行政诉讼法》规定,被告应向人民法院提出其作出或不作出具体水行政行为所依据的事实依据与法律依据,以从事实和法律两个方面全面证明其行

为的正确性、合法性。

(2)在水行政诉讼中对被告收集证据的行为进行了一个限制。《行政诉讼法》第三十五条规定:“在诉讼过程中,被告及其诉讼代理人不得自行向原告、第三人和证人收集证据。”

第七节 水行政主体如何应诉

水行政主体应当正确对待原告对其所作出的具体水行政行为所提起的诉讼。根据实践以及水事法律规范和诉讼法律规范的规定,水行政主体宜从以下方面着手应诉工作。

一、及时委托诉讼代理人

水行政主体的行政首长作为被告的法定代表人在一般情况下应出庭应诉,当然也可以委托一至二人作为其诉讼代理人代其参加诉讼活动。水行政主体的行政首长的岗位性质决定了他应当把主要精力放在组织领导和管理工作上,不可能经常为诉讼所纠缠,加之水行政主体的行政首长未必熟悉行政诉讼的应诉技巧和掌握全面的法律知识,因此在现代诉讼过程中,代理人扮演着重要的角色。随着社会主义民主与法制的逐步完善,诉讼法律程序的健全与严密,代理人的作用日益突出,为此,《行政诉讼法》第三十一条规定:“当事人、法定代理人,可以委托一至二人作为诉讼代理人。

下列人员可以被委托为诉讼代理人:

(一)律师、基层法律服务工作者;

(二)当事人的近亲属或者工作人员;

(三)当事人所在社区、单位以及有关社会团体推荐的公民。”

委托他人代为诉讼活动的,必须向人民法院提交由委托人签名、盖章的授权委托书,授权委托书应当载明所委托的事项、所委托的权限。另外,委托律师与其他代理人代理诉讼,其享有的诉讼权利是不同的。律师可以根据需要,到人民法院查阅与案件有关的材料,还可以进行必要的调查、收集证据,而其他诉讼代理人只有在征得人民法院同意的情况下才能查阅案件的有关材料。如果委托律师代理诉讼的,律师在撰写答辩状期间若发现水行政主体的具体水行政行为确属违法或不当,他可以积极、主动地告知水行政主体,帮助水行政主体或其有关工作人员认识、改正错误。如果水行政主体变更所作出的具体水行政行为或水行政主体同意撤诉的,即可以通知起诉人,起诉人同意撤诉的即可以终结诉讼。

二、及时提交答辩状

《行政诉讼法》第六十七条规定,被告应当在收到起诉状副本之日起15日内向人民法院提交作出行政行为的证据和所依据的规范性文件,并提出答辩状。水行政主体在法定期间提出答辩状,有助于人民法院对案件情况进行全面了解,做好审判前的必要准备。虽然法律规定,被告不按照法定期限提出答辩状或不提出答辩状的,并不影响人民法院对案件的审理，但是作为被告的水行政主体还是应该以积极的态度认真、及时地准备答辩状。因为水行政主体可以通过答辩状反驳原告的诉讼请求，阐明自己作出该具体水行政行为的合法性与正确性。这不仅有利于保护水行政主体的合法权益，而且有利于人民法院全面、客观地查清案件事实，正确地适用法律。

答辩状应当明确地回答原告诉状中所诉称的问题与内容，阐明自己对案件的具体主张与理由，并在充分陈述事实的基础上提出自己的答辩意见。

答辩状一般由首部、答辩意见和尾部组成。首部是标题、答辩人与被答辩人及其委托代理人的基本情况。答辩意见一般包括以下内容：

（1）作出该具体水行政行为所认定的事实和适用的水事法律、法规、规章及其他具有普遍约束力的决定、命令等规范性文件，以证明其答辩理由的正确性。

（2）反驳原告在起诉状中的观点。

（3）阐明自己的主张。水行政主体在阐述自己的答辩理由与意见时，应当具有针对性，有的放矢，注意答辩应当合情、合理、合法，不能强词夺理，无理答辩。

尾部应当明确注明答辩状要提交的人民法院的名称，答辩人的签名与盖章，并载明答辩日期。

三、积极参加法庭调查

法庭调查是人民法院法庭审判的中心环节，是人民法院审理案件的必经程序。法庭调查的主要任务是审查和确认水行政主体的具体水行政行为是否正确与合法。法庭调查是人民法院的一项职权，也是人民法院行使审判权的具体体现。在法庭调查中，原告、被告双方都应当遵循“以事实为根据”的原则，原告的指控、被告水行政主体的答辩与反驳都应当建立在事实之上。

（一）做好出庭准备

作为被告，水行政主体应当做好出庭前的准备工作，如整理好案件有关材料，确定出庭人选。由法定代表人亲自出庭的，应按时出庭。由诉讼代理人出庭的，应在开庭前将授权委托书、法定代表人身份证明等文件提交给人民法院。授权委托书应载明诉讼代理人的代理事项、权限、期限等内容。

（二）依法使用回避申请权

在庭审前若发现审判人员、人民陪审员与本案有利害关系或其他关系可能影响案件的公正审理，应依法行使回避申请权，申请回避。

（三）回答提问并出示证据

人民法院在进行法庭调查询问时，要认真进行回答，主要陈述该具体水行政行为所认定的事实与理由和所依据的法律规范，并适时出示证据。

（四）认真进行法庭辩论

法庭辩论应着重围绕以下几方面进行：

（1）积极陈述作出该具体水行政行为所认定的事实，并出示相应的证据，以证明该具体水行政行为的正确性。如果水行政主体提不出足够且确定的事实证据与法律依据，就有可能承担败诉的后果。因此，水行政主体应当充分利用法庭调查这个机会，向法庭提供相应的证据。对于能够证明案件真实情况的证人,应尽量动员其出庭作证;对于不能到庭的证人,其证言应当当庭宣读。因为证人证言只有在查证属实后才能作为定案的依据。凡是未经查证的证人证言,都不能算查证属实,当然也就不能作为定案的依据。

(2)向法庭阐明、提供所作出的具体水行政行为所依据的水事法律、法规、规章和其他具有普遍约束力的决定、命令等规范性文件,以证明其行为的合法性。

(3)提供事实和法律规范证明水行政主体具有作出该具体水行政行为的权限。职责权限是对权力所及范围的限制,任何行政机关都有其特定的行政管理职责与权限,而且这种职责与权限是源于法律的规定。任何行政机关在行使职责与权限时只要超过了法定范围,就是违法行政行为,就要承担相应的法律责任。因此,水行政主体要提供相应的法律依据以证明其具体水行政行为是在自己的职责与权限范围内。

(4)提供证据证明所作出的具体水行政行为的程序合法。在水行政诉讼中,人民法院要对水行政主体作出该具体水行政行为的程序是否合法进行审查。行政机关在作出某一具体行政行为时应当依法作出,即遵守法定的方式、步骤与过程,否则便是违法,因为程序违法同样会影响到具体行政行为的正确性问题。所以,行政诉讼法律规范要求水行政主体提供证据,证明其作出的具体水行政行为的程序是合法的。

(5)在法庭辩论阶段,要充分运用逻辑推理等方法。虽然我国在建立、完善社会主义市场经济体制的过程中颁布了不少的水事管理法律、法规和规章,但是尚未形成一个完善的水事法律体系,在许多水事管理领域还存在着空白、盲点。因此,水行政主体在水事管理活动中常常会出现无法可依的窘况。水行政主体在行使自由裁量权时,相对方往往会认为水行政主体的具体水行政行为侵犯其合法权益而诉诸人民法院,而此时水行政主体又确实难以提出确切的水事法律规范予以抗辩、驳斥。在这种情况下,水行政主体可以运用逻辑推理的方法。因此,这就要求水行政主体熟悉形式逻辑的思维规则,善于运用形式逻辑中的演绎法、归纳法等推理形式驳斥对方。

四、正确处理人民法院的一审判决

水行政主体应当以实事求是的态度对待人民法院的判决。从理论上讲,基于"以事实为根据、以法律为准绳"的原则,人民法院所作出的判决应当是公平、公正的,但是由于水行政争议案件往往涉及工程、技术等专业性很强的水事管理内容,加上人们认识上的局限性,人民法院有时候作出的判决、裁定可能出现偏差。这就要求水行政主体对人民法院的判决根据不同的情况采取不同的处理。

(一)执行法庭判决

人民法院所作出的判决认定事实正确、清楚,所适用的法律规范得当,而且审判程序合法,水行政主体应当无条件地执行。在实践中往往当人民法院的判决维持水行政主体的具体水行政行为时,水行政主体能够接受,而一旦当人民法院的判决否定水行政主体的具体水行政行为时,水行政主体难以接受。这种做法是不妥当的。无论人民法院的判决是肯定还是否定,是维持还是撤销水行政主体的具体水行政行为,只要该判决是建立在客观事实和正确的法律依据基础上的,就应当无条件地执行,不能认为自己是代表国家行使水事管理职权就可以优越于相对方,就可以不服从人民法院的裁判。

(二)向上一级法院提起上诉

当人民法院的判决在认定事实、适用法律规范方面不正确时,应向上一级法院提起上诉。这种情形在司法实践中不少见。因为水行政诉讼案件往往涉及水利行业复杂的技术内容,加上受认识水平的限制,有时出现人民法院的判决内容与客观事实不一致的情形。从客观方面而言,任何案件都是反映过去所发生的事实,司法人员无法亲自感知,而且随着时间的推移,证据的收集也很困难。从主观方面而言,对案件的认识需要一个过程,加上在认识的过程中受到诸多因素的制约,如业务素质、办案经验和理论水平等,这些因素都直接或间接地影响着人们的认识水平,就有可能出现错案。如果水行政主体认为人民法院的判决不当,可依照《行政诉讼法》第八十五条的规定,通过法定程序加以解决,即:“当事人不服人民法院第一审判决的,有权在判决书送达之日起十五日内向上一级人民法院提起上诉……”

五、利用二审程序维护水行政主体的合法权益

我国《行政诉讼法》规定行政诉讼实行“两审终审制”,即当事人上诉后,第二审人民法院所作出的判决、裁定是终审的判决、裁定。水行政主体应当充分地利用第二审程序来维护自己的合法权益。

根据行政法理论,当事人的上诉是引起第二审程序的必要条件。当事人上诉时必须提交上诉状。水行政主体在撰写上诉状时,除了必须遵守上诉状的格式,还应当阐明上诉的理由。水行政主体在阐述自己的上诉理由时宜从以下几方面入手:

(1)指出第一审法院在认定事实方面存在着错误。

(2)指出第一审法院在适用法律方面存在着错误。由于我国的水事法律体系尚不完善,重复、交叉甚至相互矛盾的现象时有发生,人民法院在审理水事案件过程中,可能存在着不正确适用水事法律规范的情况,导致所认定的事实与判决所作出的结论自相矛盾。

(3)指出第一审法院在审理案件时严重违反审判程序规定,而且足以影响判决的公正性。如第一审法院拒绝接受与案件有关的证据材料,将没有经过法庭调查和当事人双方质证或辩论的证据作为定案、判决的依据,审判人员应该回避的没有回避等。

第二审人民法院审理案件时有两种方式,即开庭审理和书面审理。但是无论采取何种审理方式,第二审人民法院都要对第一审人民法院的判决进行全面审理。第二审人民法院作出的判决、裁定是终局性的判决、裁定。对于已经发生法律效力的判决、裁定,水行政主体必须执行。如认为已经发生法律效力的判决、裁定确有错误的,可以向原审人民法院或其上一级人民法院提出申诉,但是不能停止判决、裁定内容的执行。

六、水行政主体在水行政诉讼中应处理好几方面关系

在水行政诉讼中,水行政主体应当处理好以下几重关系。

(一)正确处理与人民法院之间的关系

水行政主体参与水行政诉讼活动,在本质上与人民法院的审判活动相一致,都是为了查清水行政争议事实,维护国家水事法律规范的正确实施,维护相对方所享有的合法水事权益,稳定社会经济秩序,促进社会安定团结与经济建设。但是,由于各自在行政诉讼中

所处的法律地位不同，看问题的角度不同，对某一具体问题的看法出现分歧和矛盾也属于正常现象。因此，水行政主体及其诉讼代理人应当实事求是地运用证据、法律和事实以支持自己的主张，切忌在法庭上作无原则的争吵，更不能将自己凌驾于审判机关之上。实践证明，水行政主体与审判机关只有相互信任、相互尊重，才有利于查明案件的真实情况。

（二）正确处理好与相对方之间的关系

在日常的水事管理活动中，水行政主体与相对方处于不平等的地位，是管理与被管理的关系；而在行政诉讼法律关系中，水行政主体与相对方的法律地位是平等的，不能对原告采取行政命令的方式，也不能用激烈言辞刺激对方，要尽量为水行政诉讼的顺利进行创造有利条件。

（三）正确处理与诉讼代理人之间的关系

诉讼代理人是应委托人的委托、为维护其合法权益而提供法律帮助与服务的人。委托人即水行政主体不能向诉讼代理人提无理、非法要求，更不能向其施加压力，而是应与其相互配合，对原告诉讼代理人同样如此。只有这样，才有利于人民法院的审判工作，有助于正确、合法、及时地解决水行政主体与相对方之间的水事争议。

案例　某养殖场非法围垦案

案情简介：1996 年，××养殖场向××市计委提出申请建设大黄鱼养殖基地项目，××市计委于同年 6 月 21 日批复同意××养殖场补办立项手续。从 6 月 23 日起，××养殖场未按《福建省沿海滩涂围垦办法》规定向滩涂围垦主管部门申请办理审批手续，便擅自在××市三都渔潭港道进行堵坎抛沙、浇筑水泥等围垦行为。根据群众举报，××市水利电力局于 7 月 3 日至 7 月 15 日连续 3 次派执法人员深入现场勘察取证，于 7 月 5 日就发出责令停止水事违法行为通知书，责令××养殖场停止违法施工。但××养殖场还继续进行抛沙石、灌水泥等行为，至 7 月 11 日才立保证书，表示未经批准前，不进行抛石、抛沙等围垦作业；并于 7 月 8 日、7 月 10 日两次向××市水利电力局申请批准其围垦。其间，××养殖场仍没有停止施工，继续抛石、抛沙，共计 2 400 多立方米，水泥浆砌石 30 立方米左右。××市水利电力局收到围垦报告后，经审查，要求养殖场补充项目可行性研究报告、环境影响报告表等文件、资料。8 月，××养殖场提交了××市环保局审批的建设项目环境影响报告表。该报告表认定项目在环境影响方面是可行的，这与相邻的地区水产养殖技术推广试验场反映影响其养殖以及周围渔村渔民反映影响渔船进入的意见反差甚大。为慎重起见，8 月 10 日由福建省水产厅主持，邀请省市渔业环境、水产养殖、渔港监督、水利环保等部门专家就××养殖场在渔潭港道堵坎对环境的影响进行了专门评估，评估结论是该堵坎工程不可行。

经过详细的调查论证，××市水利电力局于 1996 年 12 月 23 日作出“关于对三都渔潭港道堵坎工程的处理决定”。决定书认为，××养殖场未经××市人民政府批准，私自在渔潭港道进行围垦堵坎，其行为违反了《福建省沿海滩涂围垦办法》的有关规定；且责令停止施工时，仍继续施工，性质恶劣。根据《福建省沿海滩涂围垦办法》第二十八条的规定，责令××养殖场在 1997 年 1 月 15 日前，清除渔潭港道的填石、围堤，恢复港道原状。

××养殖场（以下称“原告”）收到决定书后不服，向××市人民法院提起诉讼，诉称：

其在渔潭围堤养殖是半堤式,并非围垦,不适用《福建省沿海滩涂围垦办法》的规定,而且经××市计委、环保局同意,××市水利电力局(以下称“被告”)责令清除围堤、恢复原状是错误的,要求法院予以撤销。

被告的答辩理由如下:

(1)原告的行为属于围垦行为。原告自1996年6月开始动工在渔潭港道抛沙筑堤。原告诉称半堤式挡流堤不是围垦,《福建省沿海滩涂围垦办法》虽未对围垦下明确定义,但根据围垦的设计规程及相关专业书籍对围垦所下定义,围垦是在沿江、滨湖低地或滨海滩地(海涂)上,圈围筑堤进行垦殖的工作。在围垦工程中,圈围筑堤是围垦的前提和必要条件,也是围垦的重要手段,而圈围筑堤的根本目的是开发围堤后的垦区,而这个垦区可以是种植区,也可以是养殖区。原告筑堤的根本目的是实现在所筑围堤后的养殖区内进行海水养殖活动,这符合围垦的实质要件。

(2)被告的处理决定是依法依职权作出的。根据《福建省沿海滩涂围垦办法》第五条第二款,沿海各市(地)、县(市、区)水行政主管部门负责辖区内沿海滩涂围垦的建设和管理,××市水利电力局作为××市的滩涂围垦主管机关,有权对辖区内违反该办法的行为进行处理。被告发现原告之违法围垦行为后,多次深入调查,制作调查笔录,提取相关证据。所有证据足以说明原告在未经被告批准之前,已实施围垦行为,形成事实上的违法。被告的处理决定是合法的依职权作出的具体行政行为。

××市人民法院经审理查证,认为原告在三都渔潭港道进行抛石、抛沙及砌基、灌水泥等筑造半堤式挡流堤的行为属于围垦行为,应适用《福建省沿海滩涂围垦办法》的有关规定。原告尽管经过××市计委的立项和××市环保局审批,但未经××市政府批准,其行为违反了《福建省沿海滩涂围垦办法》第九条规定,被告根据该办法第二十八条规定作出的处理决定是有事实和法律依据的,而且程序合法,予以支持。原告认为自己的行为不属围垦,要求撤销被告处理决定是没有理由的。据此,于1997年4月3日判决维持××市水利电力局“关于对三都渔潭港道堵坎工程的处理决定”。××养殖场收到判决书后,在规定期限内没有上诉。

第十九章　水行政赔偿

第一节　国家赔偿法概述

一、国家赔偿的概念

国家赔偿，是指国家机关和国家工作人员违法行使职权，侵犯公民、法人和其他组织的合法权益，造成损害的，由国家承担侵权损害责任，对受害人予以赔偿的制度。国家赔偿的责任主体是国家，不是执行公务的公务员（包括法官）个人。由于国家赔偿活动的存在，产生了国家与实施侵权行为的国家机关和公务员以及受害人之间的国家赔偿关系。这种关系需要适用的法律加以调整，使国家赔偿活动有法可依，使国家赔偿关系成为依法产生、变更和消灭的国家赔偿法律关系，于是形成国家赔偿法。它是国家赔偿活动应当遵守的法律规范，是从实体上、程序上调整国家赔偿法律关系的法律。如《行政许可法》第七十六条规定："行政机关违法实施行政许可，给当事人的合法权益造成损害的，应当依照国家赔偿法的规定给予赔偿。"

二、国家赔偿法律关系的主体

国家赔偿法律关系的主体有四个，即承担赔偿责任的主体——国家、赔偿义务机关、受损害的公民或者组织，以及最终解决国家赔偿争议的权力机关——法院或者专门设置的委员会。国家赔偿法律关系的客体有两个，即国家机关和公务员的权力行为。国家赔偿以金钱方式支付。

我国的国家赔偿法源自《宪法》第四十一条规定："对于任何国家机关和国家工作人员的违法失职行为，有向有关国家机关提出申诉、控告或者检举的权利……由于国家机关和国家工作人员侵犯公民权利而受到损失的人，有依照法律规定取得赔偿的权利。"《国家赔偿法》于 1995 年 1 月 1 日起施行，后经再次修订，包括总则、行政赔偿、刑事赔偿、赔偿方式和计算标准、其他规定和附则，共 6 章 42 条。

三、国家承担赔偿责任的构成要件

国家赔偿的构成要件有侵权主体、违法行使职权和造成损害结果。《国家赔偿法》第二条规定："国家机关和国家机关工作人员行使职权，有本法规定的侵犯公民、法人和其他组织合法权益的情形，造成损害的，受害人有依照本法取得国家赔偿的权利。"

（一）侵权主体

实施侵权行为的主体是国家机关和国家机关工作人员。具体是指国家各级行政机关，行使侦查权的公安机关、国家安全机关和中国人民解放军的保卫部门，行使检察权的人民检察院,行使审判权的人民法院和行使监狱管理职权的劳改机关及其工作人员。不包括国家权力机关和国家军事机关。国家企事业单位和各社会团体不属于机关范畴,他们实施侵权行为造成他人损害的赔偿,属于民事赔偿。

(二)违法行使职权

进行国家赔偿必须是国家机关工作人员违法行使了国家职权。违法行使职权主要有以下情形:

(1)认定事实的主要证据不足。

(2)作出的制裁措施在适用法律、法规上有错误。

(3)超越职权。

(4)以权谋私,滥用权力。

(5)违反法定程序,从而严重限制或者剥夺了法律赋予受害人保护自己的权利。

(三)造成损害后果

国家机关工作人员在行使国家职权过程中因侵害公民、法人或其他组织的合法权益而造成损害后果。

只有同时具备上述三个要件,才能构成国家赔偿责任,受害人才有取得国家赔偿的权利。

四、国家赔偿范围

根据我国国情,《国家赔偿法》规定,国家赔偿范围包括行政赔偿和刑事赔偿两个方面。必须指出的是,国家承担赔偿责任,是由赔偿义务机关履行赔偿义务,即由赔偿义务机关代表国家履行赔偿义务。

第二节　行政赔偿的概念和构成

一、行政赔偿的概念

行政赔偿,是国家赔偿的一部分,是指国家行政机关及其工作人员在行使行政职权时侵犯个人、法人和其他组织的合法权益,造成损害时,依法向受害人承担赔偿责任的制度。它包含以下几个特征:

(1)行政赔偿是基于行政侵权行为产生的法律责任。所谓行政侵权,是指行政主体因其行政违法而使相对人的合法权益遭受损失。行政机关及其工作人员非职权行为构成的侵权属民事侵权,导致民事赔偿责任。因此,行政侵权责任是行政赔偿的前提和基础。

(2)行政机关及其工作人员违法行使行政职权给公民、法人或其他组织造成损害,是引起行政赔偿的根本原因。

(3)行政赔偿是一种国家责任,由国家负责赔偿。行政机关或法律、法规授权的组织只是赔偿责任的义务主体,并非真正的赔偿责任主体。

行政赔偿与行政补偿不同,前者是行政侵权的结果,而行政侵权又是行政违法的一种结果;后者则不是行政违法所引起的结果,与赔偿责任制度无关。

行政赔偿与刑事赔偿、民事赔偿也不相同。刑事赔偿属于司法赔偿，是指由于司法机关误判、错判而导致个人损害时，依法由国家给予的一种损害赔偿。行政赔偿与刑事赔偿之间最大的区别在于侵权主体和侵权原因不同。前者因行政机关（公务员）执行行政职务产生，而后者因司法机关（审判员）执行司法审判产生。

民事赔偿指民事主体因侵权、违反合同而承担的一种法律责任，它与行政赔偿性质完全不同。

二、行政赔偿的构成要件

行政赔偿的构成要件是解决行政主体在什么情况下对行政相对人有财产偿付义务的问题，是在国家赔偿构成要件的基础上具体到了行政方面。行政赔偿责任只有同时具备以下条件才能构成。

（一）具体行政行为违法

行政违法行为是行政侵权发生的前提，它是指直接触犯法律、法规的行为。在我国，行政主体只有在实施了违法的具体行政行为的情况下才会产生行政赔偿。如果合法的行政行为造成行政相对人财产上的损害，可以给予行政补偿。

（二）有损害事实的存在

仅有行政违法行为不足以导致行政赔偿。行政赔偿的另一个基本前提是造成侵权损害事实。它可以是物质（财产）损害事实，也可以是人身损害事实。人身权、财产权外的权利损害，国家不予承担行政赔偿责任。此外，这种损害事实一般只指直接的对相对人合法权益的损害，而不是间接的损害。非法律保护利益的损害，不能作为行政赔偿的要件。

（三）行政违法行为与侵权损害事实之间有因果关系

因果关系是指行为与后果之间内在的必然联系，而不是外在的偶然联系，只有当相对人的损害事实是违法行政行为所造成的必然结果，才构成行政赔偿责任。

三、行政赔偿的范围

《国家赔偿法》对行政赔偿的范围是采用概括、列举和排除三结合的方式来确定的。行政赔偿的范围包括违法侵犯公民人身权的行政行为和违法侵犯公民、法人或其他组织财产权的行政行为。

（一）违法侵犯公民人身权的行政行为

人身权包括人身自由权和生命健康权，对人身权的侵害包括对人身自由权的侵害和对生命健康权的侵害。依据《国家赔偿法》第三条的规定主要有以下几类：

（1）违法拘留或者违法采取限制公民人身自由的行政强制措施。

（2）非法拘禁或者以其他方法非法剥夺公民人身自由的行为，这里的其他方法是指使用殴打、捆绑等强制手段，剥夺公民自由的行为。

（3）以殴打、虐待等行为或者唆使、放纵他人以殴打、虐待等行为造成公民身体伤害或者死亡。

（4）违法使用武器、警械造成公民身体伤害或者死亡。

（5）造成公民身体伤害或者死亡的其他违法行为。

（二）侵犯财产权的行政行为

财产损害的形式主要有以下几种：一是物的损害，已不能称之为原来的物；二是物虽未灭失，但其功能已完全丧失或部分丧失或减弱；三是物的所有权、使用权被限制或剥夺。依据《国家赔偿法》第四条的规定，侵犯财产权的行政行为主要有以下几类：

（1）违法实施侵害财产权的行政处罚，如罚款、没收财物、吊销许可证和执照、责令停产停业等。

（2）违法实施限制财产权的行政强制措施，主要有查封、扣押、冻结、划拨、扣缴、抵缴等。

（3）违反国家规定征收财物、摊派费用的行为。

（4）造成财产损害的其他违法行为。

（三）不承担行政赔偿的范围

根据《国家赔偿法》第五条的规定，有三种情形国家不承担赔偿责任：

（1）行政机关工作人员与行使职权无关的个人行为。国家机关工作人员的个人违法行为造成公民、法人或其他组织合法权益损害的，按民事侵权赔偿法则，由该工作人员负责。

（2）因公民、法人和其他组织自己的行为致使损害发生的。

（3）法律规定的其他情形。这里的"法律"仅指由全国人民代表大会及其常务委员会制定、通过的法律，即狭义的法律，不包括行政法规、地方性法规和规章等规范性文件在内。

以上情况仅仅是免除国家赔偿责任，并不因此而否定一定条件下受害人通过国家补偿、民事侵权赔偿等合法途径获得金钱或实物救济。

第三节　行政赔偿程序

一、行政赔偿请求人

行政赔偿请求人是指依法有权向国家请求行政赔偿的公民、法人和其他组织。公民可以作为行政赔偿请求人的有以下几种：

（1）其合法权益受行政机关及其工作人员侵害的公民本人。

（2）无行为能力或限制行为能力的受害公民的法定代理人。

（3）死亡的受害公民的继承人和其他有抚养关系的亲属。

此外，外国人、无国籍人也可以作为行政赔偿请求人。但当其他国家对我国公民、法人或其他组织要求该国赔偿的权利不予保护或者加以限制时，采用国际上通用的对等原则。法人，包括企业法人、机关法人、事业法人、团体法人等。当受害法人在取得赔偿前已终止时，承受其权利的法人有权要求赔偿。

不具备法人资格的其他组织的合法权益如果受到行政机关及其工作人员违法行使职

权的侵害,并造成损害时,可以依法成为赔偿请求人。当该组织在取得赔偿前已终止时,则承受其权利的组织有权要求赔偿。

二、行政赔偿义务机关

行政赔偿责任实质上是国家责任,但国家作为一个抽象的政治实体,受害人无法直接请求抽象的国家给予赔偿。因此,必须通过国家机关代其具体履行赔偿义务,此时的国家机关就是赔偿义务机关。对于行政赔偿义务机关,《国家赔偿法》作了以下规定:

(1)行政机关及其工作人员行使行政职权时,违法侵犯公民、法人和其他组织的合法权益,造成损害的,该行政机关为赔偿义务机关。

(2)两个以上行政机关共同行使行政职权时,侵犯公民、法人和其他组织的合法权益,造成损害的,共同行使行政职权的行政机关为共同赔偿义务机关。

(3)法律、法规授权组织在行使授予的行政权力时,侵犯公民、法人和其他组织的合法权益,造成损害的,被授权的组织为赔偿义务机关。

(4)受行政机关委托的组织在行使受委托的行政权力时,侵犯公民、法人和其他组织的合法权益,造成损害的,委托的行政机关为赔偿义务机关。如水行政主管部门委托的水政监察队伍在行使行政职权时,侵犯公民、法人和其他组织合法权益,造成损害的,水行政主管部门为赔偿义务机关。

(5)赔偿义务机关被撤销的,继续行使其职权的行政机关为赔偿义务机关;没有继续行使职权的行政机关的,撤销该赔偿义务机关的行政机关为赔偿义务机关。

(6)经复议机关复议的,最初造成侵权行为的行政机关为赔偿义务机关,但复议机关的复议决定加重损害的,复议机关对加重的部分履行赔偿义务。

三、赔偿义务机关处理程序

我国现行行政赔偿大致可通过三种途径得到解决:一是通过赔偿义务机关处理程序解决;二是通过行政复议程序解决;三是通过行政诉讼程序解决。

赔偿义务机关处理程序,主要分以下几个方面。

(一)提起行政赔偿请求

赔偿请求人向赔偿义务机关提出赔偿请求,应当递交申请书。赔偿请求人书写确有困难的,可以委托他人代书,也可以口头申请,由赔偿义务机关做好笔录。

(1)提起行政赔偿请求必须符合以下条件:①赔偿请求事项属于行政赔偿范围;②赔偿请求人和赔偿义务机关符合法定条件;③赔偿请求应当在两年内向赔偿义务机关提出;④赔偿请求属于本机关受理范围。

(2)赔偿请求申请书的内容。赔偿请求申请书应当包括以下内容:受害人的姓名、性别、年龄、工作单位和住所,法人或者其他组织的名称、住所和法定代表人或者主要负责人的姓名、职务,具体的赔偿要求、事实根据和理由,申请的日期,申请人签名或者盖章。如已经复议、诉讼确认行政行为违法的,应当附有有关法律文书。

(二)处理行政赔偿申请

赔偿义务机关收到赔偿申请后,应当进行审查。经审查,对符合受理条件的,予以受

理。如果审查后发现有以下情形的,应分别作出如下处理:

(1)申请书内容不符合要求的,通知申请人予以补正。

(2)申请人不具备请求权的,应告知有请求权的公民、法人或其他组织提出申请;赔偿申请不符合受理条件的,应告知不予受理。

(3)赔偿请求事项不属本机关赔偿的,应告知申请人向负有赔偿义务的机关提出。

(三)作出行政赔偿处理决定

受理赔偿请求人申请的赔偿义务机关应当自收到申请之日起两个月内作出赔偿决定。行政赔偿决定书包括以下内容:

(1)赔偿请求人的姓名、性别、年龄、工作单位和住所,法人或者其他组织的名称、住所和法定代表人或者主要负责人的姓名、职务。

(2)赔偿请求人的赔偿请求事项。

(3)经认定的事实和证据。

(4)确定赔偿的事项、赔偿方式及赔偿金额。

(5)赔偿的履行方式和期限。

(6)赔偿请求人不服而提起诉讼的机关和期限(三个月内)。

(7)赔偿决定制作的日期。

(8)赔偿决定制作机关盖章。

赔偿义务机关对赔偿案件审查后,认为需要赔偿的,可以先根据实际情况依法与赔偿请求人就赔偿方式、金额进行协商,并根据协商结果制作赔偿决定书;赔偿义务机关也可以不经协商直接作出赔偿决定。赔偿义务机关对赔偿申请审查后,认为不应赔偿的,应当及时制作不予赔偿决定书,告知不予赔偿的理由及诉权,并送达赔偿请求人。

(四)行政赔偿的时效

《国家赔偿法》第三十九条规定:“赔偿请求人请求国家赔偿的时效为两年,自其知道或者应当知道国家机关及其工作人员行使职权时的行为侵犯其人身权、财产权之日起计算,但被羁押等限制人身自由期间不计算在内。在申请行政复议或者提起行政诉讼时一并提出赔偿请求的,适用行政复议法、行政诉讼法有关时效的规定。

赔偿请求人在赔偿请求时效的最后六个月内,因不可抗力或者其他障碍不能行使请求权的,时效中止。从中止时效的原因消除之日起,赔偿请求时效期间继续计算。”

四、行政赔偿诉讼程序

通过行政诉讼解决行政赔偿问题有三种程序:

(1)赔偿请求人单独提出的行政赔偿诉讼请求,根据《国家赔偿法》规定,赔偿义务机关逾期不予赔偿或赔偿请求人对赔偿数额有异议的,赔偿请求人可以自期间届满之日起3个月内向人民法院起诉。

(2)通过行政诉讼先确认致害行政行为违法,然后再向赔偿义务机关提出赔偿请求,赔偿义务机关依人民法院的判决及《国家赔偿法》规定予以赔偿;赔偿义务机关不予赔偿或赔偿请求人不满赔偿的，再向人民法院起诉。

(3)一并提出行政赔偿请求。即赔偿请求人直接向人民法院提起行政诉讼，要求确认致害行政行为违法或要求撤销致害行政行为时，一并提出赔偿请求，由人民法院予以判决。

五、行政赔偿复议程序

行政赔偿复议程序包括以下两种：

(1)赔偿请求人先向复议机关申请行政复议，请求确认致害行政行为违法，然后再向赔偿义务机关提出赔偿请求，由赔偿义务机关根据复议机关的复议决定及《国家赔偿法》规定予以赔偿；如果赔偿义务机关不予赔偿，可以向人民法院起诉。

(2)一并提出赔偿请求。即赔偿请求人直接向复议机关申请行政复议，在要求确认致害行政行为违法或要求撤销该行政行为的同时提出赔偿请求，由复议机关一并作出复议决定。

第四节　行政赔偿的方式、标准及费用

一、行政赔偿的方式

行政赔偿的方式，是指国家承担赔偿责任的各种表现形式。根据损害的不同性质和程度，赔偿的方式也有所不同。《国家赔偿法》规定了以下几种赔偿方式。

(一)金钱赔偿方式

金钱赔偿，是指以货币形式支付赔偿金额。根据《国家赔偿法》规定，金钱赔偿方式的使用，应当以不能返还财产或恢复原状为前提，主要有以下几种情况适用金钱赔偿：

(1)侵犯公民的人身自由及生命健康权。

(2)侵犯公民、法人和其他组织的财产权，被侵害的财产已经灭失、拍卖等，恢复原状已不可能或有重大困难。

(3)返还财产或恢复原状与法律规范的规定相抵触。

(二)返还财产赔偿方式

返还财产，是指赔偿义务机关将有关财产归还享有所有权的受害方的赔偿方式。返还财产须在原物存在的条件下适用。

(三)恢复原状的赔偿方式

恢复原状，是指负有赔偿义务的机关按照被害人的愿望和要求恢复到损害发生之前的原本状态。这种方式只能在可恢复原状的情况下适用。

二、行政赔偿的标准

(一)对身体伤害的赔偿标准

对身体伤害包括侵犯公民人身自由权和侵犯公民生命健康权。根据《国家赔偿法》规定，侵犯公民人身自由的，每日的赔偿金额按照国家上年度职工日平均工资计算。对公

民生命健康权损害的，按以下三种不同的损害给予赔偿：

(1)造成身体伤害的，应当支付医疗费，以及赔偿因误工减少的收入。减少的收入每日的赔偿金按照国家上年度职工日平均工资计算，但最高额为国家上年度职工年平均工资的 5 倍。

(2)造成部分或全部丧失劳动能力的，应支付医疗费，以及残疾赔偿金。残疾赔偿金根据丧失劳动能力的程度确定。部分丧失劳动能力的赔偿金最高额为国家上年度职工年平均工资的 10 倍；全部丧失劳动能力的，残疾赔偿金最高额为国家上年度职工年平均工资的 20 倍。造成全部丧失劳动能力的，对其扶养的无劳动能力的人，还应当支付生活费。

(3)造成死亡的，应当支付死亡赔偿金、丧葬费，总额为国家上年度职工年平均工资的 20 倍。对死者生前扶养的无劳动能力的人，还应支付生活费。生活费的发放标准，参照当地民政部门有关生活救济的规定。被扶养的是未成年人的，生活费给付至 18 周岁止；其他无劳动能力的人，生活费给付至死亡时止。

(二)对财产损害的赔偿标准

根据《国家赔偿法》规定，行政赔偿采取的是直接损失赔偿的标准，具体如下：

(1)罚款、追缴、没收财产或者违反国家规定征收财物、摊派费用的，返还财产。水行政主管部门可能涉及的这一类最多。

(2)查封、扣押、冻结财产的，解除对财产的查封、扣押、冻结。造成财产损坏的，能够恢复原状的则恢复原状，不能恢复原状的，按照损害程度给付相应的赔偿金；造成财产灭失的，给付相应的赔偿金。

(3)财产已经拍卖的，只能给付拍卖所得的价款。

(4)吊销许可证和执照，责令停产、停业的，赔偿停产、停业期间必要的经常性开支。必要的经常性开支，是指企业、商店等在停产、停业期间用于维持其生存的基本开支，如水电费、仓储保管费、职工的基本工资等。如水行政主管部门违法吊销某取水单位的取水许可证，则赔偿该取水单位因停止取水而造成停产、停业期间部分车间、科室必要的经常性开支。

(5)对财产权造成其他损害的，按照直接损失给予赔偿。

三、行政赔偿的费用

行政赔偿的费用，是指赔偿义务机关依照《国家赔偿法》的规定，应当向赔偿请求人支付的费用。

(一)行政赔偿费用的来源

根据国务院颁布的《国家赔偿费用管理办法》的规定，国家赔偿费用列入各级财政预算，由各级财政按照财政管理体制分级负担。各级政府应当根据本地区的实际情况，确定一定数额的国家赔偿费用，列入本级财政预算。国家赔偿费用由各级财政机关负责管理。当年实际支付国家赔偿费用超过年度预算的部分，在本级财政预算预备费中解决。

(二)行政赔偿费用的核拨和支付

行政赔偿费用由赔偿义务机关先从本单位预算经费和留归本单位使用的资金中支付，支付后再向财政部门和同级政府法制工作部门共同组成的赔偿审核小组提出申请，由该赔偿审核小组审验后再向财政部门要求核拨。

四、追偿制度

追偿，是指国家赔偿义务机关承担赔偿责任后，责令有故意或重大过失的国家机关工作人员偿还已赔偿款项的一部分或全部的行为。我国的追偿制度在《国家赔偿法》第三十一条中已作了规定：

"赔偿义务机关赔偿后，应当向有下列情形之一的工作人员追偿部分或者全部赔偿费用：

（一）有本法第十七条第四项、第五项[1]规定情形的；

（二）在处理案件中有贪污受贿，徇私舞弊，枉法裁判行为的。

对有前款规定情形的责任人员，有关机关应当依法给予处分；构成犯罪的，应当依法追究刑事责任。"

根据以上规定，各级水行政主管部门的工作人员、各级水政监察队伍或者水政监察员都有可能成为行政赔偿的追偿责任者。

行政机关工作人员、受委托的组织或者个人承担赔偿费用是有条件的，即有主观上故意违法或者因重大过失违法。所谓故意违法，是指行政机关工作人员、受委托的组织或者个人明知自己违反法律执行公务，会造成相对人损害，但希望或放任这种损害的结果发生，如滥用职权、滥施处罚等。所谓过失，是指应当预见自己的行为可能造成损害结果，因疏忽大意而没有预见，或者已经预见而轻信能够避免，以致损害结果发生。实施追偿制度要区分一般过失和重大过失，只有重大过失才承担赔偿费用。

五、行政诉讼的赔偿

《国家赔偿法》第三十八条规定："人民法院在民事诉讼、行政诉讼过程中，违法采取妨害诉讼的强制措施、保全措施或者对判决、裁定及其他生效法律文书执行错误，造成损害的，赔偿请求人要求赔偿的程序，适用本法刑事赔偿程序的规定。"

---

[1] 《国家赔偿法》第十七条第四项、第五项分别规定为：
（四）刑讯逼供或者以殴打、虐待等行为或者唆使、放纵他人以殴打、虐待等行为造成公民身体伤害或者死亡的；
（五）违法使用武器、警械造成公民身体伤害或者死亡的。

法律法规选编

中华人民共和国水法

(2002年8月29日第九届全国人民代表大会常务委员会第二十九次会议修订通过,根据2009年8月27日第十一届全国人民代表大会常务委员会第十次会议《关于修改部分法律的决定》修正)

第一章　总　则

第一条　为了合理开发、利用、节约和保护水资源,防治水害,实现水资源的可持续利用,适应国民经济和社会发展的需要,制定本法。

第二条　在中华人民共和国领域内开发、利用、节约、保护、管理水资源,防治水害,适用本法。

本法所称水资源,包括地表水和地下水。

第三条　水资源属于国家所有。水资源的所有权由国务院代表国家行使。农村集体经济组织的水塘和由农村集体经济组织修建管理的水库中的水,归各该农村集体经济组织使用。

第四条　开发、利用、节约、保护水资源和防治水害,应当全面规划、统筹兼顾、标本兼治、综合利用、讲求效益,发挥水资源的多种功能,协调好生活、生产经营和生态环境用水。

第五条　县级以上人民政府应当加强水利基础设施建设,并将其纳入本级国民经济和社会发展计划。

第六条　国家鼓励单位和个人依法开发、利用水资源,并保护其合法权益。开发、利用水资源的单位和个人有依法保护水资源的义务。

第七条　国家对水资源依法实行取水许可制度和有偿使用制度。但是,农村集体经济组织及其成员使用本集体经济组织的水塘、水库中的水的除外。国务院水行政主管部门负责全国取水许可制度和水资源有偿使用制度的组织实施。

第八条　国家厉行节约用水,大力推行节约用水措施,推广节约用水新技术、新工艺,发展节水型工业、农业和服务业,建立节水型社会。

各级人民政府应当采取措施,加强对节约用水的管理,建立节约用水技术开发推广体系,培育和发展节约用水产业。

单位和个人有节约用水的义务。

第九条　国家保护水资源,采取有效措施,保护植被,植树种草,涵养水源,防治水土流失和水体污染,改善生态环境。

第十条 国家鼓励和支持开发、利用、节约、保护、管理水资源和防治水害的先进科学技术的研究、推广和应用。

第十一条 在开发、利用、节约、保护、管理水资源和防治水害等方面成绩显著的单位和个人,由人民政府给予奖励。

第十二条 国家对水资源实行流域管理与行政区域管理相结合的管理体制。

国务院水行政主管部门负责全国水资源的统一管理和监督工作。

国务院水行政主管部门在国家确定的重要江河、湖泊设立的流域管理机构(以下简称流域管理机构),在所管辖的范围内行使法律、行政法规规定的和国务院水行政主管部门授予的水资源管理和监督职责。

县级以上地方人民政府水行政主管部门按照规定的权限,负责本行政区域内水资源的统一管理和监督工作。

第十三条 国务院有关部门按照职责分工,负责水资源开发、利用、节约和保护的有关工作。

县级以上地方人民政府有关部门按照职责分工,负责本行政区域内水资源开发、利用、节约和保护的有关工作。

第二章 水资源规划

第十四条 国家制定全国水资源战略规划。

开发、利用、节约、保护水资源和防治水害,应当按照流域、区域统一制定规划。规划分为流域规划和区域规划。流域规划包括流域综合规划和流域专业规划;区域规划包括区域综合规划和区域专业规划。

前款所称综合规划,是指根据经济社会发展需要和水资源开发利用现状编制的开发、利用、节约、保护水资源和防治水害的总体部署。前款所称专业规划,是指防洪、治涝、灌溉、航运、供水、水力发电、竹木流放、渔业、水资源保护、水土保持、防沙治沙、节约用水等规划。

第十五条 流域范围内的区域规划应当服从流域规划,专业规划应当服从综合规划。

流域综合规划和区域综合规划以及与土地利用关系密切的专业规划,应当与国民经济和社会发展规划以及土地利用总体规划、城市总体规划和环境保护规划相协调,兼顾各地区、各行业的需要。

第十六条 制定规划,必须进行水资源综合科学考察和调查评价。水资源综合科学考察和调查评价,由县级以上人民政府水行政主管部门会同同级有关部门组织进行。

县级以上人民政府应当加强水文、水资源信息系统建设。县级以上人民政府水行政主管部门和流域管理机构应当加强对水资源的动态监测。

基本水文资料应当按照国家有关规定予以公开。

第十七条 国家确定的重要江河、湖泊的流域综合规划,由国务院水行政主管部门会同国务院有关部门和有关省、自治区、直辖市人民政府编制,报国务院批准。跨省、自治区、直辖市的其他江河、湖泊的流域综合规划和区域综合规划,由有关流域管理机构会同江河、湖泊所在地的省、自治区、直辖市人民政府水行政主管部门和有关部门编制,分别经有关省、自治区、直辖市人民政府审查提出意见后,报国务院水行政主管部门审核;国务院水行政主管部门征求国务院有关部门意见后,报国务院或者其授权的部门批准。

前款规定以外的其他江河、湖泊的流域综合规划和区域综合规划,由县级以上地方人民政府水行政主管部门会同同级有关部门和有关地方人民政府编制,报本级人民政府或者其授权的部门批准,并报上一级水行政主管部门备案。

专业规划由县级以上人民政府有关部门编制,征求同级其他有关部门意见后,报本级人民政府批准。其中,防洪规划、水土保持规划的编制、批准,依照防洪法、水土保持法的有关规定执行。

第十八条 规划一经批准,必须严格执行。

经批准的规划需要修改时,必须按照规划编制程序经原批准机关批准。

第十九条 建设水工程,必须符合流域综合规划。在国家确定的重要江河、湖泊和跨省、自治区、直辖市的江河、湖泊上建设水工程,其工程可行性研究报告报请批准前,有关流域管理机构应当对水工程的建设是否符合流域综合规划进行审查并签署意见;在其他江河、湖泊上建设水工程,其工程可行性研究报告报请批准前,县级以上地方人民政府水行政主管部门应当按照管理权限对水工程的建设是否符合流域综合规划进行审查并签署意见。水工程建设涉及防洪的,依照防洪法的有关规定执行;涉及其他地区和行业的,建设单位应当事先征求有关地区和部门的意见。

第三章 水资源开发利用

第二十条 开发、利用水资源,应当坚持兴利与除害相结合,兼顾上下游、左右岸和有关地区之间的利益,充分发挥水资源的综合效益,并服从防洪的总体安排。

第二十一条 开发、利用水资源,应当首先满足城乡居民生活用水,并兼顾农业、工业、生态环境用水以及航运等需要。

在干旱和半干旱地区开发、利用水资源,应当充分考虑生态环境用水需要。

第二十二条 跨流域调水,应当进行全面规划和科学论证,统筹兼顾调出和调入流域的用水需要,防止对生态环境造成破坏。

第二十三条 地方各级人民政府应当结合本地区水资源的实际情况,按照地表水与地下水统一调度开发、开源与节流相结合、节流优先和污水处理再利用的原则,合理组织开发、综合利用水资源。

国民经济和社会发展规划以及城市总体规划的编制、重大建设项目的布局,应当与当地水资源条件和防洪要求相适应,并进行科学论证;在水资源不足的地区,应当对城市规模和建设耗水量大的工业、农业和服务业项目加以限制。

第二十四条 在水资源短缺的地区,国家鼓励对雨水和微咸水的收集、开发、利用和对海水的利用、淡化。

第二十五条 地方各级人民政府应当加强对灌溉、排涝、水土保持工作的领导,促进农业生产发展;在容易发生盐碱化和渍害的地区,应当采取措施,控制和降低地下水的水位。

农村集体经济组织或者其成员依法在本集体经济组织所有的集体土地或者承包土地

上投资兴建水工程设施的，按照谁投资建设谁管理和谁受益的原则，对水工程设施及其蓄水进行管理和合理使用。

农村集体经济组织修建水库应当经县级以上地方人民政府水行政主管部门批准。

第二十六条 国家鼓励开发、利用水能资源。在水能丰富的河流，应当有计划地进行多目标梯级开发。

建设水力发电站，应当保护生态环境，兼顾防洪、供水、灌溉、航运、竹木流放和渔业等方面的需要。

第二十七条 国家鼓励开发、利用水运资源。在水生生物洄游通道、通航或者竹木流放的河流上修建永久性拦河闸坝，建设单位应当同时修建过鱼、过船、过木设施，或者经国务院授权的部门批准采取其他补救措施，并妥善安排施工和蓄水期间的水生生物保护、航运和竹木流放，所需费用由建设单位承担。

在不通航的河流或者人工水道上修建闸坝后可以通航的，闸坝建设单位应当同时修建过船设施或者预留过船设施位置。

第二十八条 任何单位和个人引水、截（蓄）水、排水，不得损害公共利益和他人的合法权益。

第二十九条 国家对水工程建设移民实行开发性移民的方针，按照前期补偿、补助与后期扶持相结合的原则，妥善安排移民的生产和生活，保护移民的合法权益。

移民安置应当与工程建设同步进行。建设单位应当根据安置地区的环境容量和可持续发展的原则，因地制宜，编制移民安置规划，经依法批准后，由有关地方人民政府组织实施。所需移民经费列入工程建设投资计划。

第四章 水资源、水域和水工程的保护

第三十条 县级以上人民政府水行政主管部门、流域管理机构以及其他有关部门在制定水资源开发、利用规划和调度水资源时，应当注意维持江河的合理流量和湖泊、水库以及地下水合理水位，维护水体的自然净化能力。

第三十一条 从事水资源开发、利用、节约、保护和防治水害等水事活动，应当遵守经批准的规划；因违反规划造成江河和湖泊水域使用功能降低、地下水超采、地面沉降、水体污染的，应当承担治理责任。

开采矿藏或者建设地下工程，因疏干排水导致地下水水位下降、水源枯竭或者地面塌陷，采矿单位或者建设单位应当采取补救措施；对他人生活和生产造成损失的，依法给予补偿。

第三十二条 国务院水行政主管部门会同国务院环境保护行政主管部门、有关部门和有关省、自治区、直辖市人民政府，按照流域综合规划、水资源保护规划和经济社会发展要求，拟定国家确定的重要江河、湖泊的水功能区划，报国务院批准。跨省、自治区、直辖市的其他江河、湖泊的水功能区划，由有关流域管理机构会同江河、湖泊所在地的省、自治区、直辖市人民政府水行政主管部门、环境保护行政主管部门和其他有关部门拟定，分别经有关省、自治区、直辖市人民政府审查提出意见后，由国务院水行政主管部门会同国务院环境保护行政主管部门审核，报国务院或者其授权的部门批准。

前款规定以外的其他江河、湖泊的水功能区划，由县级以上地方人民政府水行政主管部门会同同级人民政府环境保护行政主管部门和有关部门拟定，报同级人民政府或者其授权的部门批准，并报上一级水行政主管部门和环境保护行政主管部门备案。

县级以上人民政府水行政主管部门或者流域管理机构应当按照水功能区对水质的要求和水体的自然净化能力，核定该水域的纳污能力，向环境保护行政主管部门提出该水域的限制排污总量意见。

县级以上地方人民政府水行政主管部门和流域管理机构应当对水功能区的水质状况进行监测，发现重点污染物排放总量超过控制指标的，或者水功能区的水质未达到水域使用功能对水质的要求的，应当及时报告有关人民政府采取治理措施，并向环境保护行政主管部门通报。

第三十三条 国家建立饮用水水源保护区制度。省、自治区、直辖市人民政府应当划定饮用水水源保护区，并采取措施，防止水源枯竭和水体污染，保证城乡居民饮用水安全。

第三十四条 禁止在饮用水水源保护区内设置排污口。

在江河、湖泊新建、改建或者扩大排污口，应当经过有管辖权的水行政主管部门或者流域管理机构同意，由环境保护行政主管部门负责对该建设项目的环境影响报告书进行审批。

第三十五条 从事工程建设，占用农业灌溉水源、灌排工程设施，或者对原有灌溉用水、供水水源有不利影响的，建设单位应当采取相应的补救措施；造成损失的，依法给予补偿。

第三十六条 在地下水超采地区，县级以上地方人民政府应当采取措施，严格控制开采地下水。在地下水严重超采地区，经省、自治区、直辖市人民政府批准，可以划定地下水禁止开采或者限制开采区。在沿海地区开采地下水，应当经过科学论证，并采取措施，防止地面沉降和海水入侵。

第三十七条 禁止在江河、湖泊、水库、运河、渠道内弃置、堆放阻碍行洪的物体和种植阻碍行洪的林木及高秆作物。

禁止在河道管理范围内建设妨碍行洪的建筑物、构筑物以及从事影响河势稳定、危害河岸堤防安全和其他妨碍河道行洪的活动。

第三十八条 在河道管理范围内建设桥梁、码头和其他拦河、跨河、临河建筑物、构筑物，铺设跨河管道、电缆，应当符合国家规定的防洪标准和其他有关的技术要求，工程建设方案应当依照防洪法的有关规定报经有关水行政主管部门审查同意。

因建设前款工程设施，需要扩建、改建、拆除或者损坏原有水工程设施的，建设单位应当负担扩建、改建的费用和损失补偿。但是，原有工程设施属于违法工程的除外。

第三十九条 国家实行河道采砂许可制度。河道采砂许可制度实施办法，由国务院规定。

在河道管理范围内采砂，影响河势稳定或者危及堤防安全的，有关县级以上人民政府水行政主管部门应当划定禁采区和规定禁采期，并予以公告。

第四十条 禁止围湖造地。已经围垦的，应当按照国家规定的防洪标准有计划地退地还湖。

禁止围垦河道。确需围垦的，应当经过科学论证，经省、自治区、直辖市人民政府水行政主管部门或者国务院水行政主管部门同意后，报本级人民政府批准。

第四十一条 单位和个人有保护水工程的义务，不得侵占、毁坏堤防、护岸、防汛、水文监测、水文地质监测等工程设施。

第四十二条 县级以上地方人民政府应当采取措施，保障本行政区域内水工程，特别是水坝和堤防的安全，限期消除险情。水行政主管部门应当加强对水工程安全的监督管理。

第四十三条 国家对水工程实施保护。国家所有的水工程应当按照国务院的规定划定工程管理和保护范围。

国务院水行政主管部门或者流域管理机构管理的水工程，由主管部门或者流域管理机构商有关省、自治区、直辖市人民政府划定工程管理和保护范围。

前款规定以外的其他水工程，应当按照省、自治区、直辖市人民政府的规定，划定工程保护范围和保护职责。

在水工程保护范围内，禁止从事影响水工程运行和危害水工程安全的爆破、打井、采石、取土等活动。

第五章 水资源配置和节约使用

第四十四条 国务院发展计划主管部门和国务院水行政主管部门负责全国水资源的宏观调配。全国的和跨省、自治区、直辖市的水中长期供求规划，由国务院水行政主管部门会同有关部门制订，经国务院发展计划主管部门审查批准后执行。地方的水中长期供求规划，由县级以上地方人民政府水行政主管部门会同同级有关部门依据上一级水中长期供求规划和本地区的实际情况制订，经本级人民政府发展计划主管部门审查批准后执行。

水中长期供求规划应当依据水的供求现状、国民经济和社会发展规划、流域规划、区域规划，按照水资源供需协调、综合平衡、保护生态、厉行节约、合理开源的原则制定。

第四十五条 调蓄径流和分配水量，应当依据流域规划和水中长期供求规划，以流域为单元制定水量分配方案。

跨省、自治区、直辖市的水量分配方案和旱情紧急情况下的水量调度预案，由流域管理机构商有关省、自治区、直辖市人民政府制订，报国务院或者其授权的部门批准后执行。其他跨行政区域的水量分配方案和旱情紧急情况下的水量调度预案，由共同的上一级人民政府水行政主管部门商有关地方人民政府制订，报本级人民政府批准后执行。

水量分配方案和旱情紧急情况下的水量调度预案经批准后，有关地方人民政府必须执行。

在不同行政区域之间的边界河流上建设水资源开发、利用项目，应当符合该流域经批准的水量分配方案，由有关县级以上地方人民政府报共同的上一级人民政府水行政主管部门或者有关流域管理机构批准。

第四十六条 县级以上地方人民政府水行政主管部门或者流域管理机构应当根据批准的水量分配方案和年度预测来水量，制定年度水量分配方案和调度计划，实施水量统一调度;有关地方人民政府必须服从。

国家确定的重要江河、湖泊的年度水量分配方案,应当纳入国家的国民经济和社会发展年度计划。

第四十七条 国家对用水实行总量控制和定额管理相结合的制度。

省、自治区、直辖市人民政府有关行业主管部门应当制订本行政区域内行业用水定额,报同级水行政主管部门和质量监督检验行政主管部门审核同意后,由省、自治区、直辖市人民政府公布,并报国务院水行政主管部门和国务院质量监督检验行政主管部门备案。

县级以上地方人民政府发展计划主管部门会同同级水行政主管部门,根据用水定额、经济技术条件以及水量分配方案确定的可供本行政区域使用的水量,制定年度用水计划,对本行政区域内的年度用水实行总量控制。

第四十八条 直接从江河、湖泊或者地下取用水资源的单位和个人,应当按照国家取水许可制度和水资源有偿使用制度的规定,向水行政主管部门或者流域管理机构申请领取取水许可证,并缴纳水资源费,取得取水权。但是,家庭生活和零星散养、圈养畜禽饮用等少量取水的除外。

实施取水许可制度和征收管理水资源费的具体办法,由国务院规定。

第四十九条 用水应当计量,并按照批准的用水计划用水。

用水实行计量收费和超定额累进加价制度。

第五十条 各级人民政府应当推行节水灌溉方式和节水技术,对农业蓄水、输水工程采取必要的防渗漏措施,提高农业用水效率。

第五十一条 工业用水应当采用先进技术、工艺和设备,增加循环用水次数,提高水的重复利用率。

国家逐步淘汰落后的、耗水量高的工艺、设备和产品,具体名录由国务院经济综合主管部门会同国务院水行政主管部门和有关部门制定并公布。生产者、销售者或者生产经营中的使用者应当在规定的时间内停止生产、销售或者使用列入名录的工艺、设备和产品。

第五十二条 城市人民政府应当因地制宜采取有效措施,推广节水型生活用水器具,降低城市供水管网漏失率,提高生活用水效率;加强城市污水集中处理,鼓励使用再生水,提高污水再生利用率。

第五十三条 新建、扩建、改建建设项目,应当制订节水措施方案,配套建设节水设施。节水设施应当与主体工程同时设计、同时施工、同时投产。

供水企业和自建供水设施的单位应当加强供水设施的维护管理,减少水的漏失。

第五十四条 各级人民政府应当积极采取措施,改善城乡居民的饮用水条件 。

第五十五条 使用水工程供应的水,应当按照国家规定向供水单位缴纳水费。供水价格应当按照补偿成本、合理收益、优质优价、公平负担的原则确定。具体办法由省级以上人民政府价格主管部门会同同级水行政主管部门或者其他供水行政主管部门依据职权制定。

第六章　水事纠纷处理与执法监督检查

第五十六条　不同行政区域之间发生水事纠纷的，应当协商处理；协商不成的，由上一级人民政府裁决，有关各方必须遵照执行。在水事纠纷解决前，未经各方达成协议或者共同的上一级人民政府批准，在行政区域交界线两侧一定范围内，任何一方不得修建排水、阻水、取水和截（蓄）水工程，不得单方面改变水的现状。

第五十七条　单位之间、个人之间、单位与个人之间发生的水事纠纷，应当协商解决；当事人不愿协商或者协商不成的，可以申请县级以上地方人民政府或者其授权的部门调解，也可以直接向人民法院提起民事诉讼。县级以上地方人民政府或者其授权的部门调解不成的，当事人可以向人民法院提起民事诉讼。

在水事纠纷解决前，当事人不得单方面改变现状。

第五十八条　县级以上人民政府或者其授权的部门在处理水事纠纷时，有权采取临时处置措施，有关各方或者当事人必须服从。

第五十九条　县级以上人民政府水行政主管部门和流域管理机构应当对违反本法的行为加强监督检查并依法进行查处。

水政监督检查人员应当忠于职守，秉公执法。

第六十条　县级以上人民政府水行政主管部门、流域管理机构及其水政监督检查人员履行本法规定的监督检查职责时，有权采取下列措施：

（一）要求被检查单位提供有关文件、证照、资料；

（二）要求被检查单位就执行本法的有关问题作出说明；

（三）进入被检查单位的生产场所进行调查；

（四）责令被检查单位停止违反本法的行为，履行法定义务。

第六十一条　有关单位或者个人对水政监督检查人员的监督检查工作应当给予配合，不得拒绝或者阻碍水政监督检查人员依法执行职务。

第六十二条　水政监督检查人员在履行监督检查职责时，应当向被检查单位或者个人出示执法证件。

第六十三条　县级以上人民政府或者上级水行政主管部门发现本级或者下级水行政主管部门在监督检查工作中有违法或者失职行为的，应当责令其限期改正。

第七章　法律责任

第六十四条　水行政主管部门或者其他有关部门以及水工程管理单位及其工作人员，利用职务上的便利收取他人财物、其他好处或者玩忽职守，对不符合法定条件的单位或者个人核发许可证、签署审查同意意见，不按照水量分配方案分配水量，不按照国家有关规定收取水资源费，不履行监督职责，或者发现违法行为不予查处，造成严重后果，构成犯罪的，对负有责任的主管人员和其他直接责任人员依照刑法的有关规定追究刑事责任；尚不够刑事处罚的，依法给予行政处分。

第六十五条　在河道管理范围内建设妨碍行洪的建筑物、构筑物，或者从事影响河势稳定、危害河岸堤防安全和其他妨碍河道行洪的活动的，由县级以上人民政府水行政主管部门或者流域管理机构依据职权,责令停止违法行为,限期拆除违法建筑物、构筑物,恢复原状;逾期不拆除、不恢复原状的,强行拆除,所需费用由违法单位或者个人负担,并处一万元以上十万元以下的罚款。

未经水行政主管部门或者流域管理机构同意,擅自修建水工程,或者建设桥梁、码头和其他拦河、跨河、临河建筑物、构筑物,铺设跨河管道、电缆,且防洪法未作规定的,由县级以上人民政府水行政主管部门或者流域管理机构依据职权,责令停止违法行为,限期补办有关手续;逾期不补办或者补办未被批准的,责令限期拆除违法建筑物、构筑物;逾期不拆除的,强行拆除,所需费用由违法单位或者个人负担,并处一万元以上十万元以下的罚款。

虽经水行政主管部门或者流域管理机构同意,但未按照要求修建前款所列工程设施的,由县级以上人民政府水行政主管部门或者流域管理机构依据职权,责令限期改正,按照情节轻重,处一万元以上十万元以下的罚款。

第六十六条　有下列行为之一,且防洪法未作规定的,由县级以上人民政府水行政主管部门或者流域管理机构依据职权,责令停止违法行为,限期清除障碍或者采取其他补救措施,处一万元以上五万元以下的罚款:

(一)在江河、湖泊、水库、运河、渠道内弃置、堆放阻碍行洪的物体和种植阻碍行洪的林木及高秆作物的;

(二)围湖造地或者未经批准围垦河道的。

第六十七条　在饮用水水源保护区内设置排污口的,由县级以上地方人民政府责令限期拆除、恢复原状;逾期不拆除、不恢复原状的,强行拆除、恢复原状,并处五万元以上十万元以下的罚款。

未经水行政主管部门或者流域管理机构审查同意,擅自在江河、湖泊新建、改建或者扩大排污口的,由县级以上人民政府水行政主管部门或者流域管理机构依据职权,责令停止违法行为,限期恢复原状,处五万元以上十万元以下的罚款。

第六十八条　生产、销售或者在生产经营中使用国家明令淘汰的落后的、耗水量高的工艺、设备和产品的,由县级以上地方人民政府经济综合主管部门责令停止生产、销售或者使用,处二万元以上十万元以下的罚款。

第六十九条　有下列行为之一的,由县级以上人民政府水行政主管部门或者流域管理机构依据职权,责令停止违法行为,限期采取补救措施,处二万元以上十万元以下的罚款;情节严重的,吊销其取水许可证:

(一)未经批准擅自取水的;

(二)未依照批准的取水许可规定条件取水的。

第七十条　拒不缴纳、拖延缴纳或者拖欠水资源费的,由县级以上人民政府水行政主管部门或者流域管理机构依据职权,责令限期缴纳;逾期不缴纳的,从滞纳之日起按日加收滞纳部分千分之二的滞纳金,并处应缴或者补缴水资源费一倍以上五倍以下的罚款。

第七十一条　建设项目的节水设施没有建成或者没有达到国家规定的要求,擅自投入使用的,由县级以上人民政府有关部门或者流域管理机构依据职权,责令停止使用,限期改正,处五万元以上十万元以下的罚款。

第七十二条 有下列行为之一，构成犯罪的，依照刑法的有关规定追究刑事责任；尚不够刑事处罚，且防洪法未作规定的，由县级以上地方人民政府水行政主管部门或者流域管理机构依据职权，责令停止违法行为，采取补救措施，处一万元以上五万元以下的罚款；违反治安管理处罚法的，由公安机关依法给予治安管理处罚；给他人造成损失的，依法承担赔偿责任：

（一）侵占、毁坏水工程及堤防、护岸等有关设施，毁坏防汛、水文监测、水文地质监测设施的；

（二）在水工程保护范围内，从事影响水工程运行和危害水工程安全的爆破、打井、采石、取土等活动的。

第七十三条 侵占、盗窃或者抢夺防汛物资，防洪排涝、农田水利、水文监测和测量以及其他水工程设备和器材，贪污或者挪用国家救灾、抢险、防汛、移民安置和补偿及其他水利建设款物，构成犯罪的，依照刑法的有关规定追究刑事责任。

第七十四条 在水事纠纷发生及其处理过程中煽动闹事、结伙斗殴、抢夺或者损坏公私财物、非法限制他人人身自由，构成犯罪的，依照刑法的有关规定追究刑事责任；尚不够刑事处罚的，由公安机关依法给予治安管理处罚。

第七十五条 不同行政区域之间发生水事纠纷，有下列行为之一的，对负有责任的主管人员和其他直接责任人员依法给予行政处分：

（一）拒不执行水量分配方案和水量调度预案的；

（二）拒不服从水量统一调度的；

（三）拒不执行上一级人民政府的裁决的；

（四）在水事纠纷解决前，未经各方达成协议或者上一级人民政府批准，单方面违反本法规定改变水的现状的。

第七十六条 引水、截（蓄）水、排水，损害公共利益或者他人合法权益的，依法承担民事责任。

第七十七条 对违反本法第三十九条有关河道采砂许可制度规定的行政处罚，由国务院规定。

第八章 附 则

第七十八条 中华人民共和国缔结或者参加的与国际或者国境边界河流、湖泊有关的国际条约、协定与中华人民共和国法律有不同规定的，适用国际条约、协定的规定。但是，中华人民共和国声明保留的条款除外。

第七十九条 本法所称水工程，是指在江河、湖泊和地下水源上开发、利用、控制、调配和保护水资源的各类工程。

第八十条 海水的开发、利用、保护和管理，依照有关法律的规定执行。

第八十一条 从事防洪活动，依照防洪法的规定执行。

水污染防治，依照水污染防治法的规定执行。

第八十二条 本法自 2002 年 10 月 1 日起施行。

中华人民共和国防洪法

(1997年8月29日第八届全国人民代表大会常务委员会第二十七次会议通过,1997年8月29日中华人民共和国主席令第88号公布,自1998年1月1日起施行;根据2009年8月27日第十一届全国人民代表大会常务委员会第十次会议《关于修改部分法律的决定》第一次修订;根据2015年4月24日第十二届全国人民代表大会常务委员会第十四次会议《关于修改〈中华人民共和国港口法〉等七部法律的决定》第二次修订)

第一章　总　则

第一条　为了防治洪水,防御、减轻洪涝灾害,维护人民的生命和财产安全,保障社会主义现代化建设顺利进行,制定本法。

第二条　防洪工作实行全面规划、统筹兼顾、预防为主、综合治理、局部利益服从全局利益的原则。

第三条　防洪工程设施建设,应当纳入国民经济和社会发展计划。

防洪费用按照政府投入同受益者合理承担相结合的原则筹集。

第四条　开发利用和保护水资源,应当服从防洪总体安排,实行兴利与除害相结合的原则。

江河、湖泊治理以及防洪工程设施建设,应当符合流域综合规划,与流域水资源的综合开发相结合。

本法所称综合规划是指开发利用水资源和防治水害的综合规划。

第五条　防洪工作按照流域或者区域实行统一规划、分级实施和流域管理与行政区域管理相结合的制度。

第六条　任何单位和个人都有保护防洪工程设施和依法参加防汛抗洪的义务。

第七条　各级人民政府应当加强对防洪工作的统一领导,组织有关部门、单位,动员社会力量,依靠科技进步,有计划地进行江河、湖泊治理,采取措施加强防洪工程设施建设,巩固、提高防洪能力。

各级人民政府应当组织有关部门、单位,动员社会力量,做好防汛抗洪和洪涝灾害后的恢复与救济工作。

各级人民政府应当对蓄滞洪区予以扶持;蓄滞洪后,应当依照国家规定予以补偿或者救助。

第八条　国务院水行政主管部门在国务院的领导下,负责全国防洪的组织、协调、监督、指导等日常工作。国务院水行政主管部门在国家确定的重要江河、湖泊设立的流域管理机构,在所管辖的范围内行使法律、行政法规规定和国务院水行政主管部门授权的防洪协调和监督管理职责。

国务院建设行政主管部门和其他有关部门在国务院的领导下,按照各自的职责,负责有关的防洪工作。

县级以上地方人民政府水行政主管部门在本级人民政府的领导下，负责本行政区域内防洪的组织、协调、监督、指导等日常工作。县级以上地方人民政府建设行政主管部门和其他有关部门在本级人民政府的领导下，按照各自的职责，负责有关的防洪工作。

第二章　防洪规划

第九条　防洪规划是指为防治某一流域、河段或者区域的洪涝灾害而制定的总体部署，包括国家确定的重要江河、湖泊的流域防洪规划，其他江河、河段、湖泊的防洪规划以及区域防洪规划。

防洪规划应当服从所在流域、区域的综合规划；区域防洪规划应当服从所在流域的流域防洪规划。

防洪规划是江河、湖泊治理和防洪工程设施建设的基本依据。

第十条　国家确定的重要江河、湖泊的防洪规划，由国务院水行政主管部门依据该江河、湖泊的流域综合规划，会同有关部门和有关省、自治区、直辖市人民政府编制，报国务院批准。

其他江河、河段、湖泊的防洪规划或者区域防洪规划，由县级以上地方人民政府水行政主管部门分别依据流域综合规划、区域综合规划，会同有关部门和有关地区编制，报本级人民政府批准，并报上一级人民政府水行政主管部门备案；跨省、自治区、直辖市的江河、河段、湖泊的防洪规划由有关流域管理机构会同江河、河段、湖泊所在地的省、自治区、直辖市人民政府水行政主管部门、有关主管部门拟定，分别经有关省、自治区、直辖市人民政府审查提出意见后，报国务院水行政主管部门批准。

城市防洪规划，由城市人民政府组织水行政主管部门、建设行政主管部门和其他有关部门依据流域防洪规划、上一级人民政府区域防洪规划编制，按照国务院规定的审批程序批准后纳入城市总体规划。

修改防洪规划，应当报经原批准机关批准。

第十一条　编制防洪规划，应当遵循确保重点、兼顾一般，以及防汛和抗旱相结合、工程措施和非工程措施相结合的原则，充分考虑洪涝规律和上下游、左右岸的关系以及国民经济对防洪的要求，并与国土规划和土地利用总体规划相协调。

防洪规划应当确定防护对象、治理目标和任务、防洪措施和实施方案，划定洪泛区、蓄滞洪区和防洪保护区的范围，规定蓄滞洪区的使用原则。

第十二条　受风暴潮威胁的沿海地区的县级以上地方人民政府，应当把防御风暴潮纳入本地区的防洪规划，加强海堤(海塘)、挡潮闸和沿海防护林等防御风暴潮工程体系建设，监督建筑物、构筑物的设计和施工符合防御风暴潮的需要。

第十三条　山洪可能诱发山体滑坡、崩塌和泥石流的地区以及其他山洪多发地区的县级以上地方人民政府，应当组织负责地质矿产管理工作的部门、水行政主管部门和其他有关部门对山体滑坡、崩塌和泥石流隐患进行全面调查，划定重点防治区，采取防治措施。城市、村镇和其他居民点以及工厂、矿山、铁路和公路干线的布局，应当避开山洪威胁；已经建在受山洪威胁的地方的，应当采取防御措施。

第十四条 平原、洼地、水网圩区、山谷、盆地等易涝地区的有关地方人民政府,应当制定除涝治涝规划,组织有关部门、单位采取相应的治理措施,完善排水系统,发展耐涝农作物种类和品种,开展洪涝、干旱、盐碱综合治理。

城市人民政府应当加强对城区排涝管网、泵站的建设和管理。

第十五条 国务院水行政主管部门应当会同有关部门和省、自治区、直辖市人民政府制定长江、黄河、珠江、辽河、淮河、海河入海河口的整治规划。

在前款入海河口围海造地,应当符合河口整治规划。

第十六条 防洪规划确定的河道整治计划用地和规划建设的堤防用地范围内的土地,经土地管理部门和水行政主管部门会同有关地区核定,报经县级以上人民政府按照国务院规定的权限批准后,可以划定为规划保留区;该规划保留区范围内的土地涉及其他项目用地的,有关土地管理部门和水行政主管部门核定时,应当征求有关部门的意见。

规划保留区依照前款规定划定后,应当公告。

前款规划保留区内不得建设与防洪无关的工矿工程设施;在特殊情况下,国家工矿建设项目确需占用前款规划保留区内的土地的,应当按照国家规定的基本建设程序报请批准,并征求有关水行政主管部门的意见。

防洪规划确定的扩大或者开辟的人工排洪道用地范围内的土地,经省级以上人民政府土地管理部门和水行政主管部门会同有关部门、有关地区核定,报省级以上人民政府按照国务院规定的权限批准后,可以划定为规划保留区,适用前款规定。

第十七条 在江河、湖泊上建设防洪工程和其他水工程、水电站等,应当符合防洪规划的要求;水库应当按照防洪规划的要求留足防洪库容。

前款规定的防洪工程和其他水工程、水电站的可行性研究报告按照国家规定的基本建设程序报请批准时,应当附具有关水行政主管部门签署的符合防洪规划要求的规划同意书。

第三章 治理与防护

第十八条 防治江河洪水,应当蓄泄兼施,充分发挥河道行洪能力和水库、洼淀、湖泊调蓄洪水的功能,加强河道防护,因地制宜地采取定期清淤疏浚等措施,保持行洪畅通。

防治江河洪水,应当保护、扩大流域林草植被,涵养水源,加强流域水土保持综合治理。

第十九条 整治河道和修建控制引导河水流向、保护堤岸等工程,应当兼顾上下游、左右岸的关系,按照规划治导线实施,不得任意改变河水流向。

国家确定的重要江河的规划治导线由流域管理机构拟定,报国务院水行政主管部门批准。

其他江河、河段的规划治导线由县级以上地方人民政府水行政主管部门拟定,报本级人民政府批准;跨省、自治区、直辖市的江河、河段和省、自治区、直辖市之间的省界河道的规划治导线由有关流域管理机构组织江河、河段所在地的省、自治区、直辖市人民政府水行政主管部门拟定,经有关省、自治区、直辖市人民政府审查提出意见后,报国务院水行政主管部门批准。

第二十条 整治河道、湖泊，涉及航道的，应当兼顾航运需要，并事先征求交通主管部门的意见。整治航道，应当符合江河、湖泊防洪安全要求，并事先征求水行政主管部门的意见。

在竹木流放的河流和渔业水域整治河道的，应当兼顾竹木水运和渔业发展的需要，并事先征求林业、渔业行政主管部门的意见。在河道中流放竹木，不得影响行洪和防洪工程设施的安全。

第二十一条 河道、湖泊管理实行按水系统一管理和分级管理相结合的原则，加强防护，确保畅通。

国家确定的重要江河、湖泊的主要河段，跨省、自治区、直辖市的重要河段、湖泊，省、自治区、直辖市之间的省界河道、湖泊以及国(边)界河道、湖泊，由流域管理机构和江河、湖泊所在地的省、自治区、直辖市人民政府水行政主管部门按照国务院水行政主管部门的划定依法实施管理。其他河道、湖泊，由县级以上地方人民政府水行政主管部门按照国务院水行政主管部门或者国务院水行政主管部门授权的机构的划定依法实施管理。

有堤防的河道、湖泊，其管理范围为两岸堤防之间的水域、沙洲、滩地、行洪区和堤防及护堤地；无堤防的河道、湖泊，其管理范围为历史最高洪水位或者设计洪水位之间的水域、沙洲、滩地和行洪区。

流域管理机构直接管理的河道、湖泊管理范围，由流域管理机构会同有关县级以上地方人民政府依照前款规定界定；其他河道、湖泊管理范围，由有关县级以上地方人民政府依照前款规定界定。

第二十二条 河道、湖泊管理范围内的土地和岸线的利用，应当符合行洪、输水的要求。

禁止在河道、湖泊管理范围内建设妨碍行洪的建筑物、构筑物，倾倒垃圾、渣土，从事影响河势稳定、危害河岸堤防安全和其他妨碍河道行洪的活动。

禁止在行洪河道内种植阻碍行洪的林木和高秆作物。

在船舶航行可能危及堤岸安全的河段，应当限定航速。限定航速的标志，由交通主管部门与水行政主管部门商定后设置。

第二十三条 禁止围湖造地。已经围垦的，应当按照国家规定的防洪标准进行治理，有计划地退地还湖。

禁止围垦河道。确需围垦的，应当进行科学论证，经水行政主管部门确认不妨碍行洪、输水后，报省级以上人民政府批准。

第二十四条 对居住在行洪河道内的居民，当地人民政府应当有计划地组织外迁。

第二十五条 护堤护岸的林木，由河道、湖泊管理机构组织营造和管理。护堤护岸林木，不得任意砍伐。采伐护堤护岸林木的，应当依法办理采伐许可手续，并完成规定的更新补种任务。

第二十六条 对壅水、阻水严重的桥梁、引道、码头和其他跨河工程设施，根据防洪标准，有关水行政主管部门可以报请县级以上人民政府按照国务院规定的权限责令建设单位限期改建或者拆除。

第二十七条 建设跨河、穿河、穿堤、临河的桥梁、码头、道路、渡口、管道、缆线、取水、排水等工程设施,应当符合防洪标准、岸线规划、航运要求和其他技术要求,不得危害堤防安全,影响河势稳定、妨碍行洪畅通;其可行性研究报告按照国家规定的基本建设程序报请批准前,其中的工程建设方案应当经有关水行政主管部门根据前述防洪要求审查同意。

前款工程设施需要占用河道、湖泊管理范围内土地,跨越河道、湖泊空间或者穿越河床的,建设单位应当经有关水行政主管部门对该工程设施建设的位置和界限审查批准后,方可依法办理开工手续;安排施工时,应当按照水行政主管部门审查批准的位置和界限进行。

第二十八条　对于河道、湖泊管理范围内依照本法规定建设的工程设施,水行政主管部门有权依法检查;水行政主管部门检查时,被检查者应当如实提供有关的情况和资料。

前款规定的工程设施竣工验收时,应当有水行政主管部门参加。

第四章　防洪区和防洪工程设施的管理

第二十九条　防洪区是指洪水泛滥可能淹及的地区,分为洪泛区、蓄滞洪区和防洪保护区。

洪泛区是指尚无工程设施保护的洪水泛滥所及的地区。

蓄滞洪区是指包括分洪口在内的河堤背水面以外临时贮存洪水的低洼地区及湖泊等。

防洪保护区是指在防洪标准内受防洪工程设施保护的地区。

洪泛区、蓄滞洪区和防洪保护区的范围,在防洪规划或者防御洪水方案中划定,并报请省级以上人民政府按照国务院规定的权限批准后予以公告。

第三十条　各级人民政府应当按照防洪规划对防洪区内的土地利用实行分区管理。

第三十一条　地方各级人民政府应当加强对防洪区安全建设工作的领导,组织有关部门、单位对防洪区内的单位和居民进行防洪教育,普及防洪知识,提高水患意识;按照防洪规划和防御洪水方案建立并完善防洪体系和水文、气象、通信、预警以及洪涝灾害监测系统,提高防御洪水能力;组织防洪区内的单位和居民积极参加防洪工作,因地制宜地采取防洪避洪措施。

第三十二条　洪泛区、蓄滞洪区所在地的省、自治区、直辖市人民政府应当组织有关地区和部门,按照防洪规划的要求,制定洪泛区、蓄滞洪区安全建设计划,控制蓄滞洪区人口增长,对居住在经常使用的蓄滞洪区的居民,有计划地组织外迁,并采取其他必要的安全保护措施。

因蓄滞洪区而直接受益的地区和单位,应当对蓄滞洪区承担国家规定的补偿、救助义务。国务院和有关的省、自治区、直辖市人民政府应当建立对蓄滞洪区的扶持和补偿、救助制度。

国务院和有关的省、自治区、直辖市人民政府可以制定洪泛区、蓄滞洪区安全建设管理办法以及对蓄滞洪区的扶持和补偿、救助办法。

第三十三条　在洪泛区、蓄滞洪区内建设非防洪建设项目,应当就洪水对建设项目可能产生的影响和建设项目对防洪可能产生的影响作出评价,编制洪水影响评价报告,提出防御措施。建设项目可行性研究报告按照国家规定的基本建设程序报请批准时,应当附具有关水行政主管部门审查批准的洪水影响评价报告。

在蓄滞洪区内建设的油田、铁路、公路、矿山、电厂、电信设施和管道，其洪水影响评价报告应当包括建设单位自行安排的防洪避洪方案。建设项目投入生产或者使用时，其防洪工程设施应当经水行政主管部门验收。

在蓄滞洪区内建造房屋应当采用平顶式结构。

第三十四条 大中城市，重要的铁路、公路干线，大型骨干企业，应当列为防洪重点，确保安全。

受洪水威胁的城市、经济开发区、工矿区和国家重要的农业生产基地等，应当重点保护，建设必要的防洪工程设施。

城市建设不得擅自填堵原有河道沟汊、贮水湖塘洼淀和废除原有防洪围堤。确需填堵或者废除的，应当经城市人民政府批准。

第三十五条 属于国家所有的防洪工程设施，应当按照经批准的设计，在竣工验收前由县级以上人民政府按照国家规定，划定管理和保护范围。

属于集体所有的防洪工程设施，应当按照省、自治区、直辖市人民政府的规定，划定保护范围。

在防洪工程设施保护范围内，禁止进行爆破、打井、采石、取土等危害防洪工程设施安全的活动。

第三十六条 各级人民政府应当组织有关部门加强对水库大坝的定期检查和监督管理。对未达到设计洪水标准、抗震设防要求或者有严重质量缺陷的险坝，大坝主管部门应当组织有关单位采取除险加固措施，限期消除危险或者重建，有关人民政府应当优先安排所需资金。对可能出现垮坝的水库，应当事先制定应急抢险和居民临时撤离方案。

各级人民政府和有关主管部门应当加强对尾矿坝的监督管理，采取措施，避免因洪水导致垮坝。

第三十七条 任何单位和个人不得破坏、侵占、毁损水库大坝、堤防、水闸、护岸、抽水站、排水渠系等防洪工程和水文、通信设施以及防汛备用的器材、物料等。

第五章 防汛抗洪

第三十八条 防汛抗洪工作实行各级人民政府行政首长负责制，统一指挥、分级分部门负责。

第三十九条 国务院设立国家防汛指挥机构，负责领导、组织全国的防汛抗洪工作，其办事机构设在国务院水行政主管部门。

在国家确定的重要江河、湖泊可以设立由有关省、自治区、直辖市人民政府和该江河、湖泊的流域管理机构负责人等组成的防汛指挥机构，指挥所管辖范围内的防汛抗洪工作，其办事机构设在流域管理机构。

有防汛抗洪任务的县级以上地方人民政府设立由有关部门、当地驻军、人民武装部负责人等组成的防汛指挥机构，在上级防汛指挥机构和本级人民政府的领导下，指挥本地区的防汛抗洪工作，其办事机构设在同级水行政主管部门；必要时，经城市人民政府决定，防汛指挥机构也可以在建设行政主管部门设城市市区办事机构，在防汛指挥机构的统一领导下,负责城市市区的防汛抗洪日常工作。

第四十条 有防汛抗洪任务的县级以上地方人民政府根据流域综合规划、防洪工程实际状况和国家规定的防洪标准,制定防御洪水方案(包括对特大洪水的处置措施)。

长江、黄河、淮河、海河的防御洪水方案,由国家防汛指挥机构制定,报国务院批准;跨省、自治区、直辖市的其他江河的防御洪水方案,由有关流域管理机构会同有关省、自治区、直辖市人民政府制定,报国务院或者国务院授权的有关部门批准。防御洪水方案经批准后,有关地方人民政府必须执行。

各级防汛指挥机构和承担防汛抗洪任务的部门和单位,必须根据防御洪水方案做好防汛抗洪准备工作。

第四十一条 省、自治区、直辖市人民政府防汛指挥机构根据当地的洪水规律,规定汛期起止日期。

当江河、湖泊的水情接近保证水位或者安全流量,水库水位接近设计洪水位,或者防洪工程设施发生重大险情时,有关县级以上人民政府防汛指挥机构可以宣布进入紧急防汛期。

第四十二条 对河道、湖泊范围内阻碍行洪的障碍物,按照谁设障、谁清除的原则,由防汛指挥机构责令限期清除;逾期不清除的,由防汛指挥机构组织强行清除,所需费用由设障者承担。

在紧急防汛期,国家防汛指挥机构或者其授权的流域、省、自治区、直辖市防汛指挥机构有权对壅水、阻水严重的桥梁、引道、码头和其他跨河工程设施作出紧急处置。

第四十三条 在汛期,气象、水文、海洋等有关部门应当按照各自的职责,及时向有关防汛指挥机构提供天气、水文等实时信息和风暴潮预报;电信部门应当优先提供防汛抗洪通信的服务;运输、电力、物资材料供应等有关部门应当优先为防汛抗洪服务。

中国人民解放军、中国人民武装警察部队和民兵应当执行国家赋予的抗洪抢险任务。

第四十四条 在汛期,水库、闸坝和其他水工程设施的运用,必须服从有关的防汛指挥机构的调度指挥和监督。

在汛期,水库不得擅自在汛期限制水位以上蓄水,其汛期限制水位以上的防洪库容的运用,必须服从防汛指挥机构的调度指挥和监督。

在凌汛期,有防凌汛任务的江河的上游水库的下泄水量必须征得有关的防汛指挥机构的同意,并接受其监督。

第四十五条 在紧急防汛期,防汛指挥机构根据防汛抗洪的需要,有权在其管辖范围内调用物资、设备、交通运输工具和人力,决定采取取土占地、砍伐林木、清除阻水障碍物和其他必要的紧急措施;必要时,公安、交通等有关部门按照防汛指挥机构的决定,依法实施陆地和水面交通管制。

依照前款规定调用的物资、设备、交通运输工具等,在汛期结束后应当及时归还;造成损坏或者无法归还的,按照国务院有关规定给予适当补偿或者作其他处理。取土占地、砍伐林木的,在汛期结束后依法向有关部门补办手续;有关地方人民政府对取土后的土地组织复垦,对砍伐的林木组织补种。

第四十六条 江河、湖泊水位或者流量达到国家规定的分洪标准,需要启用蓄滞洪区时，国务院，国家防汛指挥机构，流域防汛指挥机构，省、自治区、直辖市人民政府，省、自治区、直辖市防汛指挥机构，按照依法经批准的防御洪水方案中规定的启用条件和批准程序，决定启用蓄滞洪区。依法启用蓄滞洪区，任何单位和个人不得阻拦、拖延；遇到阻拦、拖延时，由有关县级以上地方人民政府强制实施。

第四十七条 发生洪涝灾害后，有关人民政府应当组织有关部门、单位做好灾区的生活供给、卫生防疫、救灾物资供应、治安管理、学校复课、恢复生产和重建家园等救灾工作以及所管辖地区的各项水毁工程设施修复工作。水毁防洪工程设施的修复，应当优先列入有关部门的年度建设计划。

国家鼓励、扶持开展洪水保险。

第六章 保障措施

第四十八条 各级人民政府应当采取措施，提高防洪投入的总体水平。

第四十九条 江河、湖泊的治理和防洪工程设施的建设和维护所需投资，按照事权和财权相统一的原则，分级负责，由中央和地方财政承担。城市防洪工程设施的建设和维护所需投资，由城市人民政府承担。

受洪水威胁地区的油田、管道、铁路、公路、矿山、电力、电信等企业、事业单位应当自筹资金，兴建必要的防洪自保工程。

第五十条 中央财政应当安排资金，用于国家确定的重要江河、湖泊的堤坝遭受特大洪涝灾害时的抗洪抢险和水毁防洪工程修复。省、自治区、直辖市人民政府应当在本级财政预算中安排资金，用于本行政区域内遭受特大洪涝灾害地区的抗洪抢险和水毁防洪工程修复。

第五十一条 国家设立水利建设基金，用于防洪工程和水利工程的维护和建设。具体办法由国务院规定。

受洪水威胁的省、自治区、直辖市为加强本行政区域内防洪工程设施建设，提高防御洪水能力，按照国务院的有关规定，可以规定在防洪保护区范围内征收河道工程修建维护管理费。

第五十二条 任何单位和个人不得截留、挪用防洪、救灾资金和物资。

各级人民政府审计机关应当加强对防洪、救灾资金使用情况的审计监督。

第七章 法律责任

第五十三条 违反本法第十七条规定，未经水行政主管部门签署规划同意书，擅自在江河、湖泊上建设防洪工程和其他水工程、水电站的，责令停止违法行为，补办规划同意书手续；违反规划同意书的要求，严重影响防洪的，责令限期拆除；违反规划同意书的要求，影响防洪但尚可采取补救措施的，责令限期采取补救措施，可以处一万元以上十万元以下的罚款。

第五十四条 违反本法第十九条规定，未按照规划治导线整治河道和修建控制引导河水流向、保护堤岸等工程，影响防洪的，责令停止违法行为，恢复原状或者采取其他补救措施，可以处一万元以上十万元以下的罚款。

第五十五条　违反本法第二十二条第二款、第三款规定,有下列行为之一的,责令停止违法行为,排除阻碍或者采取其他补救措施,可以处五万元以下的罚款:

(一)在河道、湖泊管理范围内建设妨碍行洪的建筑物、构筑物的;

(二)在河道、湖泊管理范围内倾倒垃圾、渣土,从事影响河势稳定、危害河岸堤防安全和其他妨碍河道行洪的活动的;

(三)在行洪河道内种植阻碍行洪的林木和高秆作物的。

第五十六条　违反本法第十五条第二款、第二十三条规定,围海造地、围湖造地、围垦河道的,责令停止违法行为,恢复原状或者采取其他补救措施,可以处五万元以下的罚款;既不恢复原状也不采取其他补救措施的,代为恢复原状或者采取其他补救措施,所需费用由违法者承担。

第五十七条　违反本法第二十七条规定,未经水行政主管部门对其工程建设方案审查同意或者未按照有关水行政主管部门审查批准的位置、界限,在河道、湖泊管理范围内从事工程设施建设活动的,责令停止违法行为,补办审查同意或者审查批准手续;工程设施建设严重影响防洪的,责令限期拆除,逾期不拆除的,强行拆除,所需费用由建设单位承担;影响行洪但尚可采取补救措施的,责令限期采取补救措施,可以处一万元以上十万元以下的罚款。

第五十八条　违反本法第三十三条第一款规定,在洪泛区、蓄滞洪区内建设非防洪建设项目,未编制洪水影响评价报告的,责令限期改正;逾期不改正的,处五万元以下的罚款。

违反本法第三十三条第二款规定,防洪工程设施未经验收,即将建设项目投入生产或者使用的,责令停止生产或者使用,限期验收防洪工程设施,可以处五万元以下的罚款。

第五十九条　违反本法第三十四条规定,因城市建设擅自填堵原有河道沟汊、贮水湖塘洼淀和废除原有防洪围堤的,城市人民政府应当责令停止违法行为,限期恢复原状或者采取其他补救措施。

第六十条　违反本法规定,破坏、侵占、毁损堤防、水闸、护岸、抽水站、排水渠系等防洪工程和水文、通信设施以及防汛备用的器材、物料的,责令停止违法行为,采取补救措施,可以处五万元以下的罚款;造成损坏的,依法承担民事责任;应当给予治安管理处罚的,依照治安管理处罚法的规定处罚;构成犯罪的,依法追究刑事责任。

第六十一条　阻碍、威胁防汛指挥机构、水行政主管部门或者流域管理机构的工作人员依法执行职务,构成犯罪的,依法追究刑事责任;尚不构成犯罪,应当给予治安管理处罚的,依照治安管理处罚法的规定处罚。

第六十二条　截留、挪用防洪、救灾资金和物资,构成犯罪的,依法追究刑事责任;尚不构成犯罪的,给予行政处分。

第六十三条　除本法第五十九条的规定外,本章规定的行政处罚和行政措施,由县级以上人民政府水行政主管部门决定,或者由流域管理机构按照国务院水行政主管部门规定的权限决定。但是,本法第六十条、第六十一条规定的治安管理处罚的决定机关,按照治安管理处罚法的规定执行。

第六十四条　国家工作人员,有下列行为之一,构成犯罪的,依法追究刑事责任;尚不

构成犯罪的,给予行政处分:

(一)违反本法第十七条、第十九条、第二十二条第二款、第二十二条第三款、第二十七条或者第三十四条规定,严重影响防洪的;

(二)滥用职权,玩忽职守,徇私舞弊,致使防汛抗洪工作遭受重大损失的;

(三)拒不执行防御洪水方案、防汛抢险指令或者蓄滞洪方案、措施、汛期调度运用计划等防汛调度方案的;

(四)违反本法规定,导致或者加重毗邻地区或者其他单位洪灾损失的。

第八章　附　则

第六十五条　本法自 1998 年 1 月 1 日起施行。

中华人民共和国防汛条例

(1991年7月2日中华人民共和国国务院令第86号发布,根据2005年7月15日《国务院关于修订〈中华人民共和国防汛条例〉的决定》第一次修订,根据2011年1月8日《国务院关于废止和修改部分行政法规的决定》第二次修订)

第一章 总 则

第一条 为了做好防汛抗洪工作,保障人民生命财产安全和经济建设的顺利进行,根据《中华人民共和国水法》,制定本条例。

第二条 在中华人民共和国境内进行防汛抗洪活动,适用本条例。

第三条 防汛工作实行“安全第一,常备不懈,以防为主,全力抢险”的方针,遵循团结协作和局部利益服从全局利益的原则。

第四条 防汛工作实行各级人民政府行政首长负责制,实行统一指挥,分级分部门负责。各有关部门实行防汛岗位责任制。

第五条 任何单位和个人都有参加防汛抗洪的义务。

中国人民解放军和武装警察部队是防汛抗洪的重要力量。

第二章 防汛组织

第六条 国务院设立国家防汛总指挥部,负责组织领导全国的防汛抗洪工作,其办事机构设在国务院水行政主管部门。

长江和黄河,可以设立由有关省、自治区、直辖市人民政府和该江河的流域管理机构(以下简称流域机构)负责人等组成的防汛指挥机构,负责指挥所辖范围的防汛抗洪工作,其办事机构设在流域机构。长江和黄河的重大防汛抗洪事项须经国家防汛总指挥部批准后执行。

国务院水行政主管部门所属的淮河、海河、珠江、松花江、辽河、太湖等流域机构,设立防汛办事机构,负责协调本流域的防汛日常工作。

第七条 有防汛任务的县级以上地方人民政府设立防汛指挥部,由有关部门、当地驻军、人民武装部负责人组成,由各级人民政府首长担任指挥。各级人民政府防汛指挥部在上级人民政府防汛指挥部和同级人民政府的领导下,执行上级防汛指令,制定各项防汛抗洪措施,统一指挥本地区的防汛抗洪工作。

各级人民政府防汛指挥部办事机构设在同级水行政主管部门;城市市区的防汛指挥部办事机构也可以设在城建主管部门,负责管理所辖范围的防汛日常工作。

第八条 石油、电力、邮电、铁路、公路、航运、工矿以及商业、物资等有防汛任务的部门和单位,汛期应当设立防汛机构,在有管辖权的人民政府防汛指挥部统一领导下,负责做好本行业和本单位的防汛工作。

第九条 河道管理机构、水利水电工程管理单位和江河沿岸在建工程的建设单位，必须加强对所辖水工程设施的管理维护，保证其安全正常运行，组织和参加防汛抗洪工作。

第十条 有防汛任务的地方人民政府应当组织以民兵为骨干的群众性防汛队伍，并责成有关部门将防汛队伍组成人员登记造册，明确各自的任务和责任。

河道管理机构和其他防洪工程管理单位可以结合平时的管理任务，组织本单位的防汛抢险队伍，作为紧急抢险的骨干力量。

第三章 防汛准备

第十一条 有防汛任务的县级以上人民政府，应当根据流域综合规划、防洪工程实际状况和国家规定的防洪标准，制定防御洪水方案（包括对特大洪水的处置措施）。

长江、黄河、淮河、海河的防御洪水方案，由国家防汛总指挥部制定，报国务院批准后施行；跨省、自治区、直辖市的其他江河的防御洪水方案，有关省、自治区、直辖市人民政府制定后，经有管辖权的流域机构审查同意，由省、自治区、直辖市人民政府报国务院或其授权的机构批准后施行。

有防汛抗洪任务的城市人民政府，应当根据流域综合规划和江河的防御洪水方案，制定本城市的防御洪水方案，报上级人民政府或其授权的机构批准后施行。

防御洪水方案经批准后，有关地方人民政府必须执行。

第十二条 有防汛任务的地方，应当根据经批准的防御洪水方案制定洪水调度方案。长江、黄河、淮河、海河（海河流域的永定河、大清河、漳卫南运河和北三河）、松花江、辽河、珠江和太湖流域的洪水调度方案，由有关流域机构会同有关省、自治区、直辖市人民政府制定，报国家防汛总指挥部批准。跨省、自治区、直辖市的其他江河的洪水调度方案，由有关流域机构会同有关省、自治区、直辖市人民政府制定，报流域防汛指挥机构批准；没有设立流域防汛指挥机构的，报国家防汛总指挥部批准。其他江河的洪水调度方案，由有管辖权的水行政主管部门会同有关地方人民政府制定，报有管辖权的防汛指挥机构批准。

洪水调度方案经批准后，有关地方人民政府必须执行。修改洪水调度方案，应当报经原批准机关批准。

第十三条 有防汛抗洪任务的企业应当根据所在流域或者地区经批准的防御洪水方案和洪水调度方案，规定本企业的防汛抗洪措施，在征得其所在地县级人民政府水行政主管部门同意后，由有管辖权的防汛指挥机构监督实施。

第十四条 水库、水电站、拦河闸坝等工程的管理部门，应当根据工程规划设计、经批准的防御洪水方案和洪水调度方案以及工程实际状况，在兴利服从防洪，保证安全的前提下，制定汛期调度运用计划，经上级主管部门审查批准后，报有管辖权的人民政府防汛指挥部备案，并接受其监督。

经国家防汛总指挥部认定的对防汛抗洪关系重大的水电站，其防洪库容的汛期调度运用计划经上级主管部门审查同意后，须经有管辖权的人民政府防汛指挥部批准。

汛期调度运用计划经批准后，由水库、水电站、拦河闸坝等工程的管理部门负责执行。

有防凌任务的江河，其上游水库在凌汛期间的下泄水量，必须征得有管辖权的人民政府防汛指挥部的同意，并接受其监督。

第十五条　各级防汛指挥部应当在汛前对各类防洪设施组织检查,发现影响防洪安全的问题,责成责任单位在规定的期限内处理,不得贻误防汛抗洪工作。

各有关部门和单位按照防汛指挥部的统一部署,对所管辖的防洪工程设施进行汛前检查后,必须将影响防洪安全的问题和处理措施报有管辖权的防汛指挥部和上级主管部门,并按照该防汛指挥部的要求予以处理。

第十六条　关于河道清障和对壅水、阻水严重的桥梁、引道、码头和其他跨河工程设施的改建或者拆除,按照《中华人民共和国河道管理条例》的规定执行。

第十七条　蓄滞洪区所在地的省级人民政府应当按照国务院的有关规定,组织有关部门和市、县,制定所管辖的蓄滞洪区的安全与建设规划,并予实施。

各级地方人民政府必须对所管辖的蓄滞洪区的通信、预报警报、避洪、撤退道路等安全设施,以及紧急撤离和救生的准备工作进行汛前检查,发现影响安全的问题,及时处理。

第十八条　山洪、泥石流易发地区,当地有关部门应当指定预防监测员及时监测。雨季到来之前,当地人民政府防汛指挥部应当组织有关单位进行安全检查,对险情征兆明显的地区,应当及时把群众撤离险区。

风暴潮易发地区,当地有关部门应当加强对水库、海堤、闸坝、高压电线等设施和房屋的安全检查,发现影响安全的问题,及时处理。

第十九条　地区之间在防汛抗洪方面发生的水事纠纷,由发生纠纷地区共同的上一级人民政府或其授权的主管部门处理。

前款所指人民政府或者部门在处理防汛抗洪方面的水事纠纷时,有权采取临时紧急处置措施,有关当事各方必须服从并贯彻执行。

第二十条　有防汛任务的地方人民政府应当建设和完善江河堤防、水库、蓄滞洪区等防洪设施,以及该地区的防汛通信、预报警报系统。

第二十一条　各级防汛指挥部应当储备一定数量的防汛抢险物资,由商业、供销、物资部门代储的,可以支付适当的保管费。受洪水威胁的单位和群众应当储备一定的防汛抢险物料。

防汛抢险所需的主要物资,由计划主管部门在年度计划中予以安排。

第二十二条　各级人民政府防汛指挥部汛前应当向有关单位和当地驻军介绍防御洪水方案,组织交流防汛抢险经验。有关方面汛期应当及时通报水情。

第四章　防汛与抢险

第二十三条　省级人民政府防汛指挥部,可以根据当地的洪水规律,规定汛期起止日期。当江河、湖泊、水库的水情接近保证水位或者安全流量时,或者防洪工程设施发生重大险情,情况紧急时,县级以上地方人民政府可以宣布进入紧急防汛期,并报告上级人民政府防汛指挥部。

第二十四条　防汛期内,各级防汛指挥部必须有负责人主持工作。有关责任人员必须坚守岗位,及时掌握汛情,并按照防御洪水方案和汛期调度运用计划进行调度。

第二十五条　在汛期,水利、电力、气象、海洋、农林等部门的水文站、雨量站,必须及时准确地向各级防汛指挥部提供实时水文信息;气象部门必须及时向各级防汛指挥部提供有关天气预报和实时气象信息；水文部门必须及时向各级防汛指挥部提供有关水文预报；海洋部门必须及时向沿海地区防汛指挥部提供风暴潮预报。

第二十六条 在汛期，河道、水库、闸坝、水运设施等水工程管理单位及其主管部门在执行汛期调度运用计划时，必须服从有管辖权的人民政府防汛指挥部的统一调度指挥或者监督。

在汛期，以发电为主的水库，其汛限水位以上的防洪库容以及洪水调度运用必须服从有管辖权的人民政府防汛指挥部的统一调度指挥。

第二十七条 在汛期，河道、水库、水电站、闸坝等水工程管理单位必须按照规定对水工程进行巡查，发现险情，必须立即采取抢护措施，并及时向防汛指挥部和上级主管部门报告。其他任何单位和个人发现水工程设施出现险情，应当立即向防汛指挥部和水工程管理单位报告。

第二十八条 在汛期，公路、铁路、航运、民航等部门应当及时运送防汛抢险人员和物资；电力部门应当保证防汛用电。

第二十九条 在汛期，电力调度通信设施必须服从防汛工作需要；邮电部门必须保证汛情和防汛指令的及时、准确传递，电视、广播、公路、铁路、航运、民航、公安、林业、石油等部门应当运用本部门的通信工具优先为防汛抗洪服务。

电视、广播、新闻单位应当根据人民政府防汛指挥部提供的汛情，及时向公众发布防汛信息。

第三十条 在紧急防汛期，地方人民政府防汛指挥部必须由人民政府负责人主持工作，组织动员本地区各有关单位和个人投入抗洪抢险。所有单位和个人必须听从指挥，承担人民政府防汛指挥部分配的抗洪抢险任务。

第三十一条 在紧急防汛期，公安部门应当按照人民政府防汛指挥部的要求，加强治安管理和安全保卫工作。必要时须由有关部门依法实行陆地和水面交通管制。

第三十二条 在紧急防汛期，为了防汛抢险需要，防汛指挥部有权在其管辖范围内，调用物资、设备、交通运输工具和人力，事后应当及时归还或者给予适当补偿。因抢险需要取土占地、砍伐林木、清除阻水障碍物的，任何单位和个人不得阻拦。

前款所指取土占地、砍伐林木的，事后应当依法向有关部门补办手续。

第三十三条 当河道水位或者流量达到规定的分洪、滞洪标准时，有管辖权的人民政府防汛指挥部有权根据经批准的分洪、滞洪方案，采取分洪、滞洪措施。采取上述措施对毗邻地区有危害的，须经有管辖权的上级防汛指挥机构批准，并事先通知有关地区。

在非常情况下，为保护国家确定的重点地区和大局安全，必须作出局部牺牲时，在报经有管辖权的上级人民政府防汛指挥部批准后，当地人民政府防汛指挥部可以采取非常紧急措施。

实施上述措施时，任何单位和个人不得阻拦，如遇到阻拦和拖延时，有管辖权的人民政府有权组织强制实施。

第三十四条 当洪水威胁群众安全时，当地人民政府应当及时组织群众撤离至安全地带，并做好生活安排。

第三十五条 按照水的天然流势或者防洪、排涝工程的设计标准，或者经批准的运行方案下泄的洪水,下游地区不得设障阻水或者缩小河道的过水能力;上游地区不得擅自增大下泄流量。

未经有管辖权的人民政府或其授权的部门批准,任何单位和个人不得改变江河河势的自然控制点。

第五章　善后工作

第三十六条　在发生洪水灾害的地区,物资、商业、供销、农业、公路、铁路、航运、民航等部门应当做好抢险救灾物资的供应和运输;民政、卫生、教育等部门应当做好灾区群众的生活供给、医疗防疫、学校复课以及恢复生产等救灾工作;水利、电力、邮电、公路等部门应当做好所管辖的水毁工程的修复工作。

第三十七条　地方各级人民政府防汛指挥部,应当按照国家统计部门批准的洪涝灾害统计报表的要求,核实和统计所管辖范围的洪涝灾情,报上级主管部门和同级统计部门,有关单位和个人不得虚报、瞒报、伪造、篡改。

第三十八条　洪水灾害发生后,各级人民政府防汛指挥部应当积极组织和帮助灾区群众恢复和发展生产。修复水毁工程所需费用,应当优先列入有关主管部门年度建设计划。

第六章　防汛经费

第三十九条　由财政部门安排的防汛经费,按照分级管理的原则,分别列入中央财政和地方财政预算。

在汛期,有防汛任务的地区的单位和个人应当承担一定的防汛抢险的劳务和费用,具体办法由省、自治区、直辖市人民政府制定。

第四十条　防御特大洪水的经费管理,按照有关规定执行。

第四十一条　对蓄滞洪区,逐步推行洪水保险制度,具体办法另行制定。

第七章　奖励与处罚

第四十二条　有下列事迹之一的单位和个人,可以由县级以上人民政府给予表彰或者奖励:

(一)在执行抗洪抢险任务时,组织严密,指挥得当,防守得力,奋力抢险,出色完成任务者;

(二)坚持巡堤查险,遇到险情及时报告,奋力抗洪抢险,成绩显著者;

(三)在危险关头,组织群众保护国家和人民财产,抢救群众有功者;

(四)为防汛调度、抗洪抢险献计献策,效益显著者;

(五)气象、雨情、水情测报和预报准确及时,情报传递迅速,克服困难,抢测洪水,因而减轻重大洪水灾害者;

(六)及时供应防汛物料和工具,爱护防汛器材,节约经费开支,完成防汛抢险任务成绩显著者;

(七)有其他特殊贡献,成绩显著者。

第四十三条　有下列行为之一者,视情节和危害后果,由其所在单位或者上级主管机关给予行政处分;应当给予治安管理处罚的,依照《中华人民共和国治安管理处罚法》的规定处罚；构成犯罪的，依法追究刑事责任：

（一）拒不执行经批准的防御洪水方案、洪水调度方案，或者拒不执行有管辖权的防汛指挥机构的防汛调度方案或者防汛抢险指令的；

（二）玩忽职守，或者在防汛抢险的紧要关头临阵逃脱的；

（三）非法扒口决堤或者开闸的；

（四）挪用、盗窃、贪污防汛或者救灾的钱款或者物资的；

（五）阻碍防汛指挥机构工作人员依法执行职务的；

（六）盗窃、毁损或者破坏堤防、护岸、闸坝等水工程建筑物和防汛工程设施以及水文监测、测量设施、气象测报设施、河岸地质监测设施、通信照明设施的；

（七）其他危害防汛抢险工作的。

第四十四条 违反河道和水库大坝的安全管理，依照《中华人民共和国河道管理条例》和《水库大坝安全管理条例》的有关规定处理。

第四十五条 虚报、瞒报洪涝灾情，或者伪造、篡改洪涝灾害统计资料的，依照《中华人民共和国统计法》及其实施细则的有关规定处理。

第四十六条 当事人对行政处罚不服的，可以在接到处罚通知之日起十五日内，向作出处罚决定机关的上一级机关申请复议；对复议决定不服的，可以在接到复议决定之日起十五日内，向人民法院起诉。当事人也可以在接到处罚通知之日起十五日内，直接向人民法院起诉。

当事人逾期不申请复议或者不向人民法院起诉，又不履行处罚决定的，由作出处罚决定的机关申请人民法院强制执行；在汛期，也可以由作出处罚决定的机关强制执行；对治安管理处罚不服的，依照《中华人民共和国治安管理处罚法》的规定办理。

当事人在申请复议或者诉讼期间，不停止行政处罚决定的执行。

第八章　附　则

第四十七条 省、自治区、直辖市人民政府，可以根据本条例的规定，结合本地区的实际情况，制定实施细则。

第四十八条 本条例由国务院水行政主管部门负责解释。

第四十九条 本条例自发布之日起施行。

中华人民共和国水污染防治法

(1984年5月11日第六届全国人民代表大会常务委员会第五次会议通过,根据1996年5月15日第八届全国人民代表大会常务委员会第十九次会议《关于修改〈中华人民共和国水污染防治法〉的决定》修正,根据2008年2月28日第十届全国人民代表大会常务委员会第三十二次会议修订)

第一章 总 则

第一条 为了防治水污染,保护和改善环境,保障饮用水安全,促进经济社会全面协调可持续发展,制定本法。

第二条 本法适用于中华人民共和国领域内的江河、湖泊、运河、渠道、水库等地表水体以及地下水体的污染防治。

海洋污染防治适用《中华人民共和国海洋环境保护法》。

第三条 水污染防治应当坚持预防为主、防治结合、综合治理的原则,优先保护饮用水水源,严格控制工业污染、城镇生活污染,防治农业面源污染,积极推进生态治理工程建设,预防、控制和减少水环境污染和生态破坏。

第四条 县级以上人民政府应当将水环境保护工作纳入国民经济和社会发展规划。

县级以上地方人民政府应当采取防治水污染的对策和措施,对本行政区域的水环境质量负责。

第五条 国家实行水环境保护目标责任制和考核评价制度,将水环境保护目标完成情况作为对地方人民政府及其负责人考核评价的内容。

第六条 国家鼓励、支持水污染防治的科学技术研究和先进适用技术的推广应用,加强水环境保护的宣传教育。

第七条 国家通过财政转移支付等方式,建立健全对位于饮用水水源保护区区域和江河、湖泊、水库上游地区的水环境生态保护补偿机制。

第八条 县级以上人民政府环境保护主管部门对水污染防治实施统一监督管理。

交通主管部门的海事管理机构对船舶污染水域的防治实施监督管理。

县级以上人民政府水行政、国土资源、卫生、建设、农业、渔业等部门以及重要江河、湖泊的流域水资源保护机构,在各自的职责范围内,对有关水污染防治实施监督管理。

第九条 排放水污染物,不得超过国家或者地方规定的水污染物排放标准和重点水污染物排放总量控制指标。

第十条 任何单位和个人都有义务保护水环境,并有权对污染损害水环境的行为进行检举。

县级以上人民政府及其有关主管部门对在水污染防治工作中做出显著成绩的单位和个人给予表彰和奖励。

第二章　水污染防治的标准和规划

第十一条　国务院环境保护主管部门制定国家水环境质量标准。

省、自治区、直辖市人民政府可以对国家水环境质量标准中未作规定的项目，制定地方标准，并报国务院环境保护主管部门备案。

第十二条　国务院环境保护主管部门会同国务院水行政主管部门和有关省、自治区、直辖市人民政府，可以根据国家确定的重要江河、湖泊流域水体的使用功能以及有关地区的经济、技术条件，确定该重要江河、湖泊流域的省界水体适用的水环境质量标准，报国务院批准后施行。

第十三条　国务院环境保护主管部门根据国家水环境质量标准和国家经济、技术条件，制定国家水污染物排放标准。

省、自治区、直辖市人民政府对国家水污染物排放标准中未作规定的项目，可以制定地方水污染物排放标准；对国家水污染物排放标准中已作规定的项目，可以制定严于国家水污染物排放标准的地方水污染物排放标准。地方水污染物排放标准须报国务院环境保护主管部门备案。

向已有地方水污染物排放标准的水体排放污染物的，应当执行地方水污染物排放标准。

第十四条　国务院环境保护主管部门和省、自治区、直辖市人民政府，应当根据水污染防治的要求和国家或者地方的经济、技术条件，适时修订水环境质量标准和水污染物排放标准。

第十五条　防治水污染应当按流域或者按区域进行统一规划。国家确定的重要江河、湖泊的流域水污染防治规划，由国务院环境保护主管部门会同国务院经济综合宏观调控、水行政等部门和有关省、自治区、直辖市人民政府编制，报国务院批准。

前款规定外的其他跨省、自治区、直辖市江河、湖泊的流域水污染防治规划，根据国家确定的重要江河、湖泊的流域水污染防治规划和本地实际情况，由有关省、自治区、直辖市人民政府环境保护主管部门会同同级水行政等部门和有关市、县人民政府编制，经有关省、自治区、直辖市人民政府审核，报国务院批准。

省、自治区、直辖市内跨县江河、湖泊的流域水污染防治规划，根据国家确定的重要江河、湖泊的流域水污染防治规划和本地实际情况，由省、自治区、直辖市人民政府环境保护主管部门会同同级水行政等部门编制，报省、自治区、直辖市人民政府批准，并报国务院备案。

经批准的水污染防治规划是防治水污染的基本依据，规划的修订须经原批准机关批准。

县级以上地方人民政府应当根据依法批准的江河、湖泊的流域水污染防治规划，组织制定本行政区域的水污染防治规划。

第十六条　国务院有关部门和县级以上地方人民政府开发、利用和调节、调度水资源时，应当统筹兼顾，维持江河的合理流量和湖泊、水库以及地下水体的合理水位，维护水体的生态功能。

第三章 水污染防治的监督管理

第十七条 新建、改建、扩建直接或者间接向水体排放污染物的建设项目和其他水上设施，应当依法进行环境影响评价。

建设单位在江河、湖泊新建、改建、扩建排污口的，应当取得水行政主管部门或者流域管理机构同意；涉及通航、渔业水域的，环境保护主管部门在审批环境影响评价文件时，应当征求交通、渔业主管部门的意见。

建设项目的水污染防治设施，应当与主体工程同时设计、同时施工、同时投入使用。水污染防治设施应当经过环境保护主管部门验收，验收不合格的，该建设项目不得投入生产或者使用。

第十八条 国家对重点水污染物排放实施总量控制制度。

省、自治区、直辖市人民政府应当按照国务院的规定削减和控制本行政区域的重点水污染物排放总量，并将重点水污染物排放总量控制指标分解落实到市、县人民政府。市、县人民政府根据本行政区域重点水污染物排放总量控制指标的要求，将重点水污染物排放总量控制指标分解落实到排污单位。具体办法和实施步骤由国务院规定。

省、自治区、直辖市人民政府可以根据本行政区域水环境质量状况和水污染防治工作的需要，确定本行政区域实施总量削减和控制的重点水污染物。

对超过重点水污染物排放总量控制指标的地区，有关人民政府环境保护主管部门应当暂停审批新增重点水污染物排放总量的建设项目的环境影响评价文件。

第十九条 国务院环境保护主管部门对未按照要求完成重点水污染物排放总量控制指标的省、自治区、直辖市予以公布。省、自治区、直辖市人民政府环境保护主管部门对未按照要求完成重点水污染物排放总量控制指标的市、县予以公布。

县级以上人民政府环境保护主管部门对违反本法规定、严重污染水环境的企业予以公布。

第二十条 国家实行排污许可制度。

直接或者间接向水体排放工业废水和医疗污水以及其他按照规定应当取得排污许可证方可排放的废水、污水的企业事业单位，应当取得排污许可证；城镇污水集中处理设施的运营单位，也应当取得排污许可证。排污许可的具体办法和实施步骤由国务院规定。

禁止企业事业单位无排污许可证或者违反排污许可证的规定向水体排放前款规定的废水、污水。

第二十一条 直接或者间接向水体排放污染物的企业事业单位和个体工商户，应当按照国务院环境保护主管部门的规定，向县级以上地方人民政府环境保护主管部门申报登记拥有的水污染物排放设施、处理设施和在正常作业条件下排放水污染物的种类、数量和浓度，并提供防治水污染方面的有关技术资料。

企业事业单位和个体工商户排放水污染物的种类、数量和浓度有重大改变的，应当及时申报登记；其水污染物处理设施应当保持正常使用；拆除或者闲置水污染物处理设施的，应当事先报县级以上地方人民政府环境保护主管部门批准。

第二十二条 向水体排放污染物的企业事业单位和个体工商户，应当按照法律、行政法规和国务院环境保护主管部门的规定设置排污口；在江河、湖泊设置排污口的，还应当遵守国务院水行政主管部门的规定。

禁止私设暗管或者采取其他规避监管的方式排放水污染物。

第二十三条 重点排污单位应当安装水污染物排放自动监测设备，与环境保护主管部门的监控设备联网，并保证监测设备正常运行。排放工业废水的企业，应当对其所排放的工业废水进行监测，并保存原始监测记录。具体办法由国务院环境保护主管部门规定。

应当安装水污染物排放自动监测设备的重点排污单位名录，由设区的市级以上地方人民政府环境保护主管部门根据本行政区域的环境容量、重点水污染物排放总量控制指标的要求以及排污单位排放水污染物的种类、数量和浓度等因素，商同级有关部门确定。

第二十四条 直接向水体排放污染物的企业事业单位和个体工商户，应当按照排放水污染物的种类、数量和排污费征收标准缴纳排污费。

排污费应当用于污染的防治，不得挪作他用。

第二十五条 国家建立水环境质量监测和水污染物排放监测制度。国务院环境保护主管部门负责制定水环境监测规范，统一发布国家水环境状况信息，会同国务院水行政等部门组织监测网络。

第二十六条 国家确定的重要江河、湖泊流域的水资源保护工作机构负责监测其所在流域的省界水体的水环境质量状况，并将监测结果及时报国务院环境保护主管部门和国务院水行政主管部门；有经国务院批准成立的流域水资源保护领导机构的，应当将监测结果及时报告流域水资源保护领导机构。

第二十七条 环境保护主管部门和其他依照本法规定行使监督管理权的部门，有权对管辖范围内的排污单位进行现场检查，被检查的单位应当如实反映情况，提供必要的资料。检查机关有义务为被检查的单位保守在检查中获取的商业秘密。

第二十八条 跨行政区域的水污染纠纷，由有关地方人民政府协商解决，或者由其共同的上级人民政府协调解决。

第四章　水污染防治措施

第一节　一般规定

第二十九条 禁止向水体排放油类、酸液、碱液或者剧毒废液。

禁止在水体清洗装贮过油类或者有毒污染物的车辆和容器。

第三十条 禁止向水体排放、倾倒放射性固体废物或者含有高放射性和中放射性物质的废水。

向水体排放含低放射性物质的废水，应当符合国家有关放射性污染防治的规定和标准。

第三十一条 向水体排放含热废水，应当采取措施，保证水体的水温符合水环境质量标准。

第三十二条 含病原体的污水应当经过消毒处理；符合国家有关标准后，方可排放。

第三十三条 禁止向水体排放、倾倒工业废渣、城镇垃圾和其他废弃物。

禁止将含有汞、镉、砷、铬、铅、氰化物、黄磷等的可溶性剧毒废渣向水体排放、倾倒或者直接埋入地下。

存放可溶性剧毒废渣的场所,应当采取防水、防渗漏、防流失的措施。

第三十四条 禁止在江河、湖泊、运河、渠道、水库最高水位线以下的滩地和岸坡堆放、存贮固体废弃物和其他污染物。

第三十五条 禁止利用渗井、渗坑、裂隙和溶洞排放、倾倒含有毒污染物的废水、含病原体的污水和其他废弃物。

第三十六条 禁止利用无防渗漏措施的沟渠、坑塘等输送或者存贮含有毒污染物的废水、含病原体的污水和其他废弃物。

第三十七条 多层地下水的含水层水质差异大的,应当分层开采;对已受污染的潜水和承压水,不得混合开采。

第三十八条 兴建地下工程设施或者进行地下勘探、采矿等活动,应当采取防护性措施,防止地下水污染。

第三十九条 人工回灌补给地下水,不得恶化地下水质。

第二节 工业水污染防治

第四十条 国务院有关部门和县级以上地方人民政府应当合理规划工业布局,要求造成水污染的企业进行技术改造,采取综合防治措施,提高水的重复利用率,减少废水和污染物排放量。

第四十一条 国家对严重污染水环境的落后工艺和设备实行淘汰制度。

国务院经济综合宏观调控部门会同国务院有关部门,公布限期禁止采用的严重污染水环境的工艺名录和限期禁止生产、销售、进口、使用的严重污染水环境的设备名录。

生产者、销售者、进口者或者使用者应当在规定的期限内停止生产、销售、进口或者使用列入前款规定的设备名录中的设备。工艺的采用者应当在规定的期限内停止采用列入前款规定的工艺名录中的工艺。

依照本条第二款、第三款规定被淘汰的设备,不得转让给他人使用。

第四十二条 国家禁止新建不符合国家产业政策的小型造纸、制革、印染、染料、炼焦、炼硫、炼砷、炼汞、炼油、电镀、农药、石棉、水泥、玻璃、钢铁、火电以及其他严重污染水环境的生产项目。

第四十三条 企业应当采用原材料利用效率高、污染物排放量少的清洁工艺,并加强管理,减少水污染物的产生。

第三节 城镇水污染防治

第四十四条 城镇污水应当集中处理。

县级以上地方人民政府应当通过财政预算和其他渠道筹集资金,统筹安排建设城镇污水集中处理设施及配套管网,提高本行政区域城镇污水的收集率和处理率。

国务院建设主管部门应当会同国务院经济综合宏观调控、环境保护主管部门,根据城乡规划和水污染防治规划,组织编制全国城镇污水处理设施建设规划。县级以上地方人民政府组织建设、经济综合宏观调控、环境保护、水行政等部门编制本行政区域的城镇污水处理设施建设规划。县级以上地方人民政府建设主管部门应当按照城镇污水处理设施建设规划,组织建设城镇污水集中处理设施及配套管网,并加强对城镇污水集中处理设施运营的监督管理。

城镇污水集中处理设施的运营单位按照国家规定向排污者提供污水处理的有偿服务,收取污水处理费用,保证污水集中处理设施的正常运行。向城镇污水集中处理设施排放污水、缴纳污水处理费用的,不再缴纳排污费。收取的污水处理费用应当用于城镇污水集中处理设施的建设和运行,不得挪作他用。

城镇污水集中处理设施的污水处理收费、管理以及使用的具体办法,由国务院规定。

第四十五条 向城镇污水集中处理设施排放水污染物,应当符合国家或者地方规定的水污染物排放标准。

城镇污水集中处理设施的出水水质达到国家或者地方规定的水污染物排放标准的,可以按照国家有关规定免缴排污费。

城镇污水集中处理设施的运营单位,应当对城镇污水集中处理设施的出水水质负责。

环境保护主管部门应当对城镇污水集中处理设施的出水水质和水量进行监督检查。

第四十六条 建设生活垃圾填埋场,应当采取防渗漏等措施,防止造成水污染。

第四节 农业和农村水污染防治

第四十七条 使用农药,应当符合国家有关农药安全使用的规定和标准。

运输、存贮农药和处置过期失效农药,应当加强管理,防止造成水污染。

第四十八条 县级以上地方人民政府农业主管部门和其他有关部门,应当采取措施,指导农业生产者科学、合理地施用化肥和农药,控制化肥和农药的过量使用,防止造成水污染。

第四十九条 国家支持畜禽养殖场、养殖小区建设畜禽粪便、废水的综合利用或者无害化处理设施。

畜禽养殖场、养殖小区应当保证其畜禽粪便、废水的综合利用或者无害化处理设施正常运转,保证污水达标排放,防止污染水环境。

第五十条 从事水产养殖应当保护水域生态环境,科学确定养殖密度,合理投饵和使用药物,防止污染水环境。

第五十一条 向农田灌溉渠道排放工业废水和城镇污水,应当保证其下游最近的灌溉取水点的水质符合农田灌溉水质标准。

利用工业废水和城镇污水进行灌溉,应当防止污染土壤、地下水和农产品。

第五节 船舶水污染防治

第五十二条 船舶排放含油污水、生活污水,应当符合船舶污染物排放标准。从事海洋航运的船舶进入内河和港口的,应当遵守内河的船舶污染物排放标准。

船舶的残油、废油应当回收,禁止排入水体。

禁止向水体倾倒船舶垃圾。

船舶装载运输油类或者有毒货物,应当采取防止溢流和渗漏的措施,防止货物落水造成水污染。

第五十三条 船舶应当按照国家有关规定配置相应的防污设备和器材,并持有合法有效的防止水域环境污染的证书与文书。

船舶进行涉及污染物排放的作业,应当严格遵守操作规程,并在相应的记录簿上如实记载。

第五十四条 港口、码头、装卸站和船舶修造厂应当备有足够的船舶污染物、废弃物的接收设施。从事船舶污染物、废弃物接收作业,或者从事装载油类、污染危害性货物船舱清洗作业的单位,应当具备与其运营规模相适应的接收处理能力。

第五十五条 船舶进行下列活动,应当编制作业方案,采取有效的安全和防污染措施,并报作业地海事管理机构批准:

(一)进行残油、含油污水、污染危害性货物残留物的接收作业,或者进行装载油类、污染危害性货物船舱的清洗作业;

(二)进行散装液体污染危害性货物的过驳作业;

(三)进行船舶水上拆解、打捞或者其他水上、水下船舶施工作业。

在渔港水域进行渔业船舶水上拆解活动,应当报作业地渔业主管部门批准。

第五章 饮用水水源和其他特殊水体保护

第五十六条 国家建立饮用水水源保护区制度。饮用水水源保护区分为一级保护区和二级保护区;必要时,可以在饮用水水源保护区外围划定一定的区域作为准保护区。

饮用水水源保护区的划定,由有关市、县人民政府提出划定方案,报省、自治区、直辖市人民政府批准;跨市、县饮用水水源保护区的划定,由有关市、县人民政府协商提出划定方案,报省、自治区、直辖市人民政府批准;协商不成的,由省、自治区、直辖市人民政府环境保护主管部门会同同级水行政、国土资源、卫生、建设等部门提出划定方案,征求同级有关部门的意见后,报省、自治区、直辖市人民政府批准。

跨省、自治区、直辖市的饮用水水源保护区,由有关省、自治区、直辖市人民政府商有关流域管理机构划定;协商不成的,由国务院环境保护主管部门会同同级水行政、国土资源、卫生、建设等部门提出划定方案,征求国务院有关部门的意见后,报国务院批准。

国务院和省、自治区、直辖市人民政府可以根据保护饮用水水源的实际需要,调整饮用水水源保护区的范围,确保饮用水安全。有关地方人民政府应当在饮用水水源保护区的边界设立明确的地理界标和明显的警示标志。

第五十七条 在饮用水水源保护区内,禁止设置排污口。

第五十八条 禁止在饮用水水源一级保护区内新建、改建、扩建与供水设施和保护水源无关的建设项目;已建成的与供水设施和保护水源无关的建设项目,由县级以上人民政府责令拆除或者关闭。

禁止在饮用水水源一级保护区内从事网箱养殖、旅游、游泳、垂钓或者其他可能污染饮用水水体的活动。

第五十九条 禁止在饮用水水源二级保护区内新建、改建、扩建排放污染物的建设项目;已建成的排放污染物的建设项目,由县级以上人民政府责令拆除或者关闭。

在饮用水水源二级保护区内从事网箱养殖、旅游等活动的,应当按照规定采取措施,防止污染饮用水水体。

第六十条 禁止在饮用水水源准保护区内新建、扩建对水体污染严重的建设项目;改建建设项目,不得增加排污量。

第六十一条 县级以上地方人民政府应当根据保护饮用水水源的实际需要,在准保护区内采取工程措施或者建造湿地、水源涵养林等生态保护措施,防止水污染物直接排入饮用水水体,确保饮用水安全。

第六十二条 饮用水水源受到污染可能威胁供水安全的,环境保护主管部门应当责令有关企业事业单位采取停止或者减少排放水污染物等措施。

第六十三条 国务院和省、自治区、直辖市人民政府根据水环境保护的需要,可以规定在饮用水水源保护区内,采取禁止或者限制使用含磷洗涤剂、化肥、农药以及限制种植养殖等措施。

第六十四条 县级以上人民政府可以对风景名胜区水体、重要渔业水体和其他具有特殊经济文化价值的水体划定保护区,并采取措施,保证保护区的水质符合规定用途的水环境质量标准。

第六十五条 在风景名胜区水体、重要渔业水体和其他具有特殊经济文化价值的水体的保护区内,不得新建排污口。在保护区附近新建排污口,应当保证保护区水体不受污染。

第六章 水污染事故处置

第六十六条 各级人民政府及其有关部门,可能发生水污染事故的企业事业单位,应当依照《中华人民共和国突发事件应对法》的规定,做好突发水污染事故的应急准备、应急处置和事后恢复等工作。

第六十七条 可能发生水污染事故的企业事业单位,应当制定有关水污染事故的应急方案,做好应急准备,并定期进行演练。

生产、储存危险化学品的企业事业单位,应当采取措施,防止在处理安全生产事故过程中产生的可能严重污染水体的消防废水、废液直接排入水体。

第六十八条 企业事业单位发生事故或者其他突发性事件,造成或者可能造成水污染事故的,应当立即启动本单位的应急方案,采取应急措施,并向事故发生地的县级以上地方人民政府或者环境保护主管部门报告。环境保护主管部门接到报告后,应当及时向本级人民政府报告,并抄送有关部门。

造成渔业污染事故或者渔业船舶造成水污染事故的,应当向事故发生地的渔业主管部门报告,接受调查处理。其他船舶造成水污染事故的,应当向事故发生地的海事管理机构报告,接受调查处理;给渔业造成损害的,海事管理机构应当通知渔业主管部门参与调查处理。

第七章 法律责任

第六十九条 环境保护主管部门或者其他依照本法规定行使监督管理权的部门,不依法作出行政许可或者办理批准文件的,发现违法行为或者接到对违法行为的举报后不予查处的,或者有其他未依照本法规定履行职责的行为的,对直接负责的主管人员和其他直接责任人员依法给予处分。

第七十条 拒绝环境保护主管部门或者其他依照本法规定行使监督管理权的部门的监督检查,或者在接受监督检查时弄虚作假的,由县级以上人民政府环境保护主管部门或者其他依照本法规定行使监督管理权的部门责令改正,处一万元以上十万元以下的罚款。

第七十一条 违反本法规定,建设项目的水污染防治设施未建成、未经验收或者验收不合格,主体工程即投入生产或者使用的,由县级以上人民政府环境保护主管部门责令停止生产或者使用,直至验收合格,处五万元以上五十万元以下的罚款。

第七十二条 违反本法规定,有下列行为之一的,由县级以上人民政府环境保护主管部门责令限期改正;逾期不改正的,处一万元以上十万元以下的罚款:

(一)拒报或者谎报国务院环境保护主管部门规定的有关水污染物排放申报登记事项的;

(二)未按照规定安装水污染物排放自动监测设备或者未按照规定与环境保护主管部门的监控设备联网,并保证监测设备正常运行的;

(三)未按照规定对所排放的工业废水进行监测并保存原始监测记录的。

第七十三条 违反本法规定,不正常使用水污染物处理设施,或者未经环境保护主管部门批准拆除、闲置水污染物处理设施的,由县级以上人民政府环境保护主管部门责令限期改正,处应缴纳排污费数额一倍以上三倍以下的罚款。

第七十四条 违反本法规定,排放水污染物超过国家或者地方规定的水污染物排放标准,或者超过重点水污染物排放总量控制指标的,由县级以上人民政府环境保护主管部门按照权限责令限期治理,处应缴纳排污费数额二倍以上五倍以下的罚款。

限期治理期间,由环境保护主管部门责令限制生产、限制排放或者停产整治。限期治理的期限最长不超过一年;逾期未完成治理任务的,报经有批准权的人民政府批准,责令关闭。

第七十五条 在饮用水水源保护区内设置排污口的,由县级以上地方人民政府责令限期拆除,处十万元以上五十万元以下的罚款;逾期不拆除的,强制拆除,所需费用由违法者承担,处五十万元以上一百万元以下的罚款,并可以责令停产整顿。

除前款规定外,违反法律、行政法规和国务院环境保护主管部门的规定设置排污口或者私设暗管的,由县级以上地方人民政府环境保护主管部门责令限期拆除,处二万元以上十万元以下的罚款;逾期不拆除的,强制拆除,所需费用由违法者承担,处十万元以上五十万元以下的罚款;私设暗管或者有其他严重情节的,县级以上地方人民政府环境保护主管部门可以提请县级以上地方人民政府责令停产整顿。

未经水行政主管部门或者流域管理机构同意,在江河、湖泊新建、改建、扩建排污口的,由县级以上人民政府水行政主管部门或者流域管理机构依据职权,依照前款规定采取措施、给予处罚。

第七十六条 有下列行为之一的,由县级以上地方人民政府环境保护主管部门责令停止违法行为,限期采取治理措施,消除污染,处以罚款;逾期不采取治理措施的,环境保护主管部门可以指定有治理能力的单位代为治理,所需费用由违法者承担:

(一)向水体排放油类、酸液、碱液的;

（二）向水体排放剧毒废液，或者将含有汞、镉、砷、铬、铅、氰化物、黄磷等的可溶性剧毒废渣向水体排放、倾倒或者直接埋入地下的；

（三）在水体清洗装贮过油类、有毒污染物的车辆或者容器的；

（四）向水体排放、倾倒工业废渣、城镇垃圾或者其他废弃物，或者在江河、湖泊、运河、渠道、水库最高水位线以下的滩地、岸坡堆放、存贮固体废弃物或者其他污染物的；

（五）向水体排放、倾倒放射性固体废物或者含有高放射性、中放射性物质的废水的；

（六）违反国家有关规定或者标准，向水体排放含低放射性物质的废水、热废水或者含病原体的污水的；

（七）利用渗井、渗坑、裂隙或者溶洞排放、倾倒含有毒污染物的废水、含病原体的污水或者其他废弃物的；

（八）利用无防渗漏措施的沟渠、坑塘等输送或者存贮含有毒污染物的废水、含病原体的污水或者其他废弃物的。

有前款第三项、第六项行为之一的，处一万元以上十万元以下的罚款；有前款第一项、第四项、第八项行为之一的，处二万元以上二十万元以下的罚款；有前款第二项、第五项、第七项行为之一的，处五万元以上五十万元以下的罚款。

第七十七条 违反本法规定，生产、销售、进口或者使用列入禁止生产、销售、进口、使用的严重污染水环境的设备名录中的设备，或者采用列入禁止采用的严重污染水环境的工艺名录中的工艺的，由县级以上人民政府经济综合宏观调控部门责令改正，处五万元以上二十万元以下的罚款；情节严重的，由县级以上人民政府经济综合宏观调控部门提出意见，报请本级人民政府责令停业、关闭。

第七十八条 违反本法规定，建设不符合国家产业政策的小型造纸、制革、印染、染料、炼焦、炼硫、炼砷、炼汞、炼油、电镀、农药、石棉、水泥、玻璃、钢铁、火电以及其他严重污染水环境的生产项目的，由所在地的市、县人民政府责令关闭。

第七十九条 船舶未配置相应的防污染设备和器材，或者未持有合法有效的防止水域环境污染的证书与文书的，由海事管理机构、渔业主管部门按照职责分工责令限期改正，处二千元以上二万元以下的罚款；逾期不改正的，责令船舶临时停航。

船舶进行涉及污染物排放的作业，未遵守操作规程或者未在相应的记录簿上如实记载的，由海事管理机构、渔业主管部门按照职责分工责令改正，处二千元以上二万元以下的罚款。

第八十条 违反本法规定，有下列行为之一的，由海事管理机构、渔业主管部门按照职责分工责令停止违法行为，处以罚款；造成水污染的，责令限期采取治理措施，消除污染；逾期不采取治理措施的，海事管理机构、渔业主管部门按照职责分工可以指定有治理能力的单位代为治理，所需费用由船舶承担：

（一）向水体倾倒船舶垃圾或者排放船舶的残油、废油的；

（二）未经作业地海事管理机构批准，船舶进行残油、含油污水、污染危害性货物残留物的接收作业，或者进行装载油类、污染危害性货物船舱的清洗作业，或者进行散装液体污染危害性货物的过驳作业的；

（三）未经作业地海事管理机构批准，进行船舶水上拆解、打捞或者其他水上、水下船

舶施工作业的;

(四)未经作业地渔业主管部门批准,在渔港水域进行渔业船舶水上拆解的。

有前款第一项、第二项、第四项行为之一的,处五千元以上五万元以下的罚款;有前款第三项行为的,处一万元以上十万元以下的罚款。

第八十一条 有下列行为之一的,由县级以上地方人民政府环境保护主管部门责令停止违法行为,处十万元以上五十万元以下的罚款;并报经有批准权的人民政府批准,责令拆除或者关闭:

(一)在饮用水水源一级保护区内新建、改建、扩建与供水设施和保护水源无关的建设项目的;

(二)在饮用水水源二级保护区内新建、改建、扩建排放污染物的建设项目的;

(三)在饮用水水源准保护区内新建、扩建对水体污染严重的建设项目,或者改建建设项目增加排污量的。

在饮用水水源一级保护区内从事网箱养殖或者组织进行旅游、垂钓或者其他可能污染饮用水水体的活动的,由县级以上地方人民政府环境保护主管部门责令停止违法行为,处二万元以上十万元以下的罚款。个人在饮用水水源一级保护区内游泳、垂钓或者从事其他可能污染饮用水水体的活动的,由县级以上地方人民政府环境保护主管部门责令停止违法行为,可以处五百元以下的罚款。

第八十二条 企业事业单位有下列行为之一的,由县级以上人民政府环境保护主管部门责令改正;情节严重的,处二万元以上十万元以下的罚款:

(一)不按照规定制定水污染事故的应急方案的;

(二)水污染事故发生后,未及时启动水污染事故的应急方案,采取有关应急措施的。

第八十三条 企业事业单位违反本法规定,造成水污染事故的,由县级以上人民政府环境保护主管部门依照本条第二款的规定处以罚款,责令限期采取治理措施,消除污染;不按要求采取治理措施或者不具备治理能力的,由环境保护主管部门指定有治理能力的单位代为治理,所需费用由违法者承担;对造成重大或者特大水污染事故的,可以报经有批准权的人民政府批准,责令关闭;对直接负责的主管人员和其他直接责任人员可以处上一年度从本单位取得的收入百分之五十以下的罚款。

对造成一般或者较大水污染事故的,按照水污染事故造成的直接损失的百分之二十计算罚款;对造成重大或者特大水污染事故的,按照水污染事故造成的直接损失的百分之三十计算罚款。

造成渔业污染事故或者渔业船舶造成水污染事故的,由渔业主管部门进行处罚;其他船舶造成水污染事故的,由海事管理机构进行处罚。

第八十四条 当事人对行政处罚决定不服的,可以申请行政复议,也可以在收到通知之日起十五日内向人民法院起诉;期满不申请行政复议或者起诉,又不履行行政处罚决定的,由作出行政处罚决定的机关申请人民法院强制执行。

第八十五条 因水污染受到损害的当事人,有权要求排污方排除危害和赔偿损失。

由于不可抗力造成水污染损害的,排污方不承担赔偿责任;法律另有规定的除外。

水污染损害是由受害人故意造成的,排污方不承担赔偿责任。水污染损害是由受害人重大过失造成的,可以减轻排污方的赔偿责任。

水污染损害是由第三人造成的,排污方承担赔偿责任后,有权向第三人追偿。

第八十六条 因水污染引起的损害赔偿责任和赔偿金额的纠纷,可以根据当事人的请求,由环境保护主管部门或者海事管理机构、渔业主管部门按照职责分工调解处理;调解不成的,当事人可以向人民法院提起诉讼。当事人也可以直接向人民法院提起诉讼。

第八十七条 因水污染引起的损害赔偿诉讼,由排污方就法律规定的免责事由及其行为与损害结果之间不存在因果关系承担举证责任。

第八十八条 因水污染受到损害的当事人人数众多的,可以依法由当事人推选代表人进行共同诉讼。

环境保护主管部门和有关社会团体可以依法支持因水污染受到损害的当事人向人民法院提起诉讼。

国家鼓励法律服务机构和律师为水污染损害诉讼中的受害人提供法律援助。

第八十九条 因水污染引起的损害赔偿责任和赔偿金额的纠纷,当事人可以委托环境监测机构提供监测数据。环境监测机构应当接受委托,如实提供有关监测数据。

第九十条 违反本法规定,构成违反治安管理行为的,依法给予治安管理处罚;构成犯罪的,依法追究刑事责任。

第八章 附 则

第九十一条 本法中下列用语的含义:

(一)水污染,是指水体因某种物质的介入,而导致其化学、物理、生物或者放射性等方面特性的改变,从而影响水的有效利用,危害人体健康或者破坏生态环境,造成水质恶化的现象。

(二)水污染物,是指直接或者间接向水体排放的,能导致水体污染的物质。

(三)有毒污染物,是指那些直接或者间接被生物摄入体内后,可能导致该生物或者其后代发病、行为反常、遗传异变、生理机能失常、机体变形或者死亡的污染物。

(四)渔业水体,是指划定的鱼虾类的产卵场、索饵场、越冬场、洄游通道和鱼虾贝藻类的养殖场的水体。

第九十二条 本法自 2008 年 6 月 1 日起施行。

中华人民共和国水污染防治法实施细则

(2000年3月20日中华人民共和国国务院令第284号公布,自公布之日起施行)

第一章　总　则

第一条　根据《中华人民共和国水污染防治法》(以下简称水污染防治法),制定本实施细则。

第二章　水污染防治的监督管理

第二条　依照水污染防治法第十条规定编制的流域水污染防治规划,应当包括下列内容:

(一)水体的环境功能要求;

(二)分阶段达到的水质目标及时限;

(三)水污染防治的重点控制区域和重点污染源,以及具体实施措施;

(四)流域城市排水与污水处理设施建设规划。

第三条　县级以上人民政府水行政主管部门在确定大、中型水库坝下最小泄流量时,应当维护下游水体的自然净化能力,并征求同级人民政府环境保护部门的意见。

第四条　向水体排放污染物的企业事业单位,必须向所在地的县级以上地方人民政府环境保护部门提交《排污申报登记表》。

企业事业单位超过国家规定的或者地方规定的污染物排放标准排放污染物的,在提交《排污申报登记表》时,还应当写明超过污染物排放标准的原因及限期治理措施。

第五条　企业事业单位需要拆除或者闲置污染物处理设施的,必须事先向所在地的县级以上地方人民政府环境保护部门申报,并写明理由。环境保护部门应当自收到申报之日起1个月内作出同意或者不同意的决定,并予以批复;逾期不批复的,视为同意。

第六条　对实现水污染物达标排放仍不能达到国家规定的水环境质量标准的水体,可以实施重点污染物排放总量控制制度。

国家确定的重要江河流域的总量控制计划,由国务院环境保护部门会同国务院有关部门商有关省、自治区、直辖市人民政府编制,报国务院批准。其他水体的总量控制计划,由省、自治区、直辖市人民政府环境保护部门会同同级有关部门商有关地方人民政府编制,报省、自治区、直辖市人民政府批准;其中,跨省、自治区、直辖市的水体的总量控制计划,由有关省、自治区、直辖市人民政府协商确定。

第七条　总量控制计划应当包括总量控制区域、重点污染物的种类及排放总量、需要削减的排污量及削减时限。

第八条　对依法实施重点污染物排放总量控制的水体,县级以上地方人民政府应当依据总量控制计划分配的排放总量控制指标，组织制定本行政区域内该水体的总量控制实施方案。

总量控制实施方案应当确定需要削减排污量的单位、每一排污单位重点污染物的种类及排放总量控制指标、需要削减的排污量以及削减时限要求。

第九条 分配重点污染物排放总量控制指标，应当遵循公开、公平、公正的原则，并按照科学、统一的标准执行。总量控制指标分配办法由国务院环境保护部门商国务院有关部门制定。

第十条 县级以上地方人民政府环境保护部门根据总量控制实施方案，审核本行政区域内向该水体排污的单位的重点污染物排放量，对不超过排放总量控制指标的，发给排污许可证；对超过排放总量控制指标的，限期治理，限期治理期间，发给临时排污许可证。具体办法由国务院环境保护部门制定。

第十一条 总量控制实施方案确定的削减污染物排放量的单位，必须按照国务院环境保护部门的规定设置排污口，并安装总量控制的监测设备。

第十二条 国家确定的重要江河流域所在地的省、自治区、直辖市人民政府，应当执行国务院批准的省界水体适用的水环境质量标准。

第十三条 国家确定的重要江河流域的省界水体的水环境质量状况监测，必须按照国务院环境保护部门制定的水环境质量监测规范执行。

第十四条 城市建设管理部门应当根据城市总体规划，组织编制城市排水和污水处理专业规划，并按照规划的要求组织建设城市污水集中处理设施。

第十五条 城市污水集中处理设施出水水质，按照国家规定的或者地方规定的污染物排放标准执行。

城市污水集中处理的营运单位，应当对城市污水集中处理设施的出水水质负责。

环境保护部门应当对城市污水集中处理设施的出水水质和水量进行抽测检查。

第十六条 被责令限期治理的排污单位，应当向作出限期治理决定的人民政府的环境保护部门提交治理计划，并定期报告治理进度。

作出限期治理决定的人民政府的环境保护部门，应当检查被责令限期治理的排污单位的治理情况，对完成限期治理的项目进行验收。

被责令限期治理的排污单位，必须按期完成治理任务；因不可抗力不能在规定的期限内完成治理任务的，必须在不可抗力情形发生后 1 个月内，向作出限期治理决定的人民政府的环境保护部门提出延长治理期限申请，由作出限期治理决定的人民政府审查决定。

第十七条 环境保护部门和海事、渔政管理机构对管辖范围内向水体排放污染物的单位进行现场检查时，应当出示行政执法证件或者佩戴行政执法标志。

第十八条 环境保护部门和海事、渔政管理机构进行现场检查时，根据需要，可以要求被检查单位提供下列情况和资料：

（一）污染物排放情况；

（二）污染物治理设施及其运行、操作和管理情况；

（三）监测仪器、仪表、设备的型号和规格以及检定、校验情况；

（四）采用的监测分析方法和监测记录；

（五）限期治理进展情况；

（六）事故情况及有关记录；

（七）与污染有关的生产工艺、原材料使用的资料；

（八）与水污染防治有关的其他情况和资料。

第十九条　企业事业单位造成水污染事故时，必须立即采取措施，停止或者减少排污，并在事故发生后 48 小时内，向当地环境保护部门作出事故发生的时间、地点、类型和排放污染物的种类、数量、经济损失、人员受害及应急措施等情况的初步报告；事故查清后，应当向当地环境保护部门作出事故发生的原因、过程、危害、采取的措施、处理结果以及事故潜在危害或者间接危害、社会影响、遗留问题和防范措施等情况的书面报告，并附有关证明文件。

环境保护部门收到水污染事故的初步报告后，应当立即向本级人民政府和上一级人民政府环境保护部门报告，有关地方人民政府应当组织有关部门对事故发生的原因进行调查，并采取有效措施，减轻或者消除污染。县级以上人民政府环境保护部门应当组织对事故可能影响的水域进行监测，并对事故进行调查处理。

船舶造成水污染事故时，必须立即向就近的海事管理机构报告。造成渔业水体污染事故的，必须立即向事故发生地的渔政管理机构报告。海事或者渔政管理机构接到报告后，应当立即向本级人民政府的环境保护部门通报情况，并及时开展调查处理工作。

水污染事故发生或者可能发生跨行政区域危害或者损害的，事故发生地的县级以上地方人民政府应当及时向受到或者可能受到事故危害或者损害的有关地方人民政府通报事故发生的时间、地点、类型和排放污染物的种类、数量以及需要采取的防范措施等情况。

第三章　防止地表水污染

第二十条　跨省、自治区、直辖市的生活饮用水地表水源保护区，由有关省、自治区、直辖市人民政府协商划定；协商不成的，由国务院环境保护部门会同国务院水利、国土资源、卫生、建设等有关部门提出划定方案，报国务院批准。

其他生活饮用水地表水源保护区的划定，由有关市、县人民政府协商提出划定方案，报省、自治区、直辖市人民政府批准；协商不成的，由省、自治区、直辖市人民政府环境保护部门会同同级水利、国土资源、卫生、建设等有关部门提出划定方案，报省、自治区、直辖市人民政府批准。

生活饮用水地表水源保护区分为一级保护区和二级保护区。

第二十一条　生活饮用水地表水源一级保护区内的水质，适用国家《地面水环境质量标准》Ⅱ类标准；二级保护区内的水质，适用国家《地面水环境质量标准》Ⅲ类标准。

第二十二条　生活饮用水地表水源一级保护区的保护，依照水污染防治法第二十条的规定执行。

第二十三条　禁止在生活饮用水地表水源二级保护区内新建、扩建向水体排放污染物的建设项目。在生活饮用水地表水源二级保护区内改建项目，必须削减污染物排放量。

禁止在生活饮用水地表水源二级保护区内超过国家规定的或者地方规定的污染物排放标准排放污染物。

禁止在生活饮用水地表水源二级保护区内设立装卸垃圾、油类及其他有毒有害物品的码头。

第二十四条 利用工业废水和城市污水进行灌溉的，县级以上地方人民政府农业行政主管部门应当组织对用于灌溉的水质及灌溉后的土壤、农产品进行定期监测，并采取相应措施，防止污染土壤、地下水和农产品。

第二十五条 在内河航行的船舶，应当配置符合国家规定的防污设备，并持有船舶检验部门签发的合格证书。

船舶无防污设备或者防污设备不符合国家规定的，应当限期达到规定的标准。

第二十六条 在内河航行的船舶，必须持有海事管理机构规定的防污文书或者记录文书。在内河航行的150总吨以上的油轮和400总吨以上的非油轮，必须持有油类记录本。

第二十七条 港口或者码头应当配备含油污水和垃圾的接收与处理设施。接收与处理设施由港口经营单位负责建设、管理和维护。

在内河航行的船舶不得向水体排放废油、残油和垃圾。在内河航行的客运、旅游船舶，必须建立垃圾管理制度。

第二十八条 在港口的船舶进行下列作业，必须事先向海事管理机构提出申请，经批准后，在指定的区域内进行：

（一）冲洗载运有毒货物、有粉尘的散装货物的船舶甲板和舱室；

（二）排放压舱、洗舱和机舱污水以及其他残余物质；

（三）使用化学消油剂。

第二十九条 船舶在港口或者码头装卸油类及其他有毒有害、腐蚀性、放射性货物时，船方和作业单位必须采取预防措施，防止污染水体。

第三十条 船舶发生事故，造成或者可能造成水体污染的，海事管理机构应当组织强制打捞清除或者强制拖航，由此支付的费用由肇事船方承担。

第三十一条 造船、修船、拆船、打捞船舶的单位，必须配备防污设备和器材；进行作业时，应当采取预防措施，防止油类、油性混合物和其他废弃物污染水体。

第四章 防止地下水污染

第三十二条 生活饮用水地下水源保护区，由县级以上地方人民政府环境保护部门会同同级水利、国土资源、卫生、建设等有关行政主管部门，根据饮用水水源地所处的地理位置、水文地质条件、供水量、开采方式和污染源的分布提出划定方案，报本级人民政府批准。

生活饮用水地下水源保护区的水质，适用国家《地下水质标准》Ⅱ类标准。

第三十三条 禁止在生活饮用水地下水源保护区内从事下列活动：

（一）利用污水灌溉；

（二）利用含有毒污染物的污泥作肥料；

（三）使用剧毒和高残留农药；

（四）利用储水层孔隙、裂隙、溶洞及废弃矿坑储存石油、放射性物质、有毒化学品、农药等。

第三十四条 开采多层地下水时,对下列含水层应当分层开采,不得混合开采:

(一)半咸水、咸水、卤水层;

(二)已受到污染的含水层;

(三)含有毒有害元素并超过生活饮用水卫生标准的水层;

(四)有医疗价值和特殊经济价值的地下热水、温泉水和矿泉水。

第三十五条 揭露和穿透含水层的勘探工程,必须按照有关规范要求,严格做好分层止水和封孔工作。

第三十六条 矿井、矿坑排放有毒有害废水,应当在矿床外围设置集水工程,并采取有效措施,防止污染地下水。

第三十七条 人工回灌补给地下饮用水的水质,应当符合生活饮用水水源的水质标准,并经县级以上地方人民政府卫生行政主管部门批准。

第五章 法律责任

第三十八条 依照水污染防治法第四十六条第一款第(一)项、第(二)项、第(四)项规定处以罚款的,按照下列规定执行:

(一)拒报或者谎报国务院环境保护部门规定的有关污染物排放申报登记事项的,可以处1万元以下的罚款;

(二)拒绝环境保护部门或者海事、渔政管理机构现场检查,或者弄虚作假的,可以处1万元以下的罚款;

(三)不按照国家规定缴纳排污费或者超标排污费的,除追缴排污费或者超标排污费及滞纳金外,可以处应缴数额50%以下的罚款。

第三十九条 依照水污染防治法第四十六条第一款第(三)项规定处以罚款的,按照下列规定执行:

(一)向水体排放剧毒废液,或者将含有汞、镉、砷、铬、氰化物、黄磷等可溶性剧毒废渣向水体排放、倾倒或者直接埋入地下的,可以处10万元以下的罚款;

(二)向水体排放、倾倒放射性固体废弃物、油类、酸液、碱液或者含有高、中放射性物质的废水的,可以处5万元以下的罚款;

(三)向水体排放船舶的残油、废油,或者在水体清洗装贮过油类、有毒污染物的车辆和容器的,可以处1万元以下的罚款;

(四)向水体排放、倾倒工业废渣、城市生活垃圾,或者在江河、湖泊、运河、渠道、水库最高水位线以下的滩地和岸坡存贮固体废弃物的,可以处1万元以下的罚款;

(五)向水体倾倒船舶垃圾的,可以处2 000元以下的罚款;

(六)企业事业单位利用溶洞排放、倾倒含病原体的污水或者其他废弃物的,可以处2万元以下的罚款;利用渗井、渗坑、裂隙排放含有毒污染物的废水的,可以处5万元以下的罚款;

(七)企业事业单位使用无防止渗漏措施的沟渠、坑塘等输送或者存贮含病原体的污水或者其他废弃物的,可以处1万元以下的罚款;使用无防止渗漏措施的沟渠、坑塘等输送或者存贮含有毒污染物的废水的,可以处2万元以下的罚款。

第四十条 依照水污染防治法第四十七条规定处以罚款的,可以处10万元以下的罚款。

第四十一条 依照水污染防治法第四十八条规定处以罚款的,可以处10万元以下的罚款。

第四十二条 依照水污染防治法第五十二条第一款处以罚款的,可以处20万元以下的罚款。

第四十三条 依照水污染防治法第五十三条规定处以罚款的,按照下列规定执行:

(一)对造成水污染事故的企业事业单位,按照直接损失的20%计算罚款,但是最高不得超过20万元;

(二)对造成重大经济损失的,按照直接损失的30%计算罚款,但是最高不得超过100万元。

第四十四条 不按照排污许可证或者临时排污许可证的规定排放污染物的,由颁发许可证的环境保护部门责令限期改正,可以处5万元以下的罚款;情节严重的,并可以吊销排污许可证或者临时排污许可证。

第四十五条 违反本细则第十一条的规定,未按照规定设置排污口、安装总量控制监测设备的,由环境保护部门责令限期改正,可以处1万元以下的罚款。

第四十六条 违反本细则第二十三条第一款的规定,在生活饮用水地表水源二级保护区内新建、扩建向水体排放污染物的建设项目的,或者改建项目未削减污染物排放量的,由县级以上人民政府按照规定的权限责令停业或者关闭。

违反本细则第二十三条第二款的规定,在生活饮用水地表水源二级保护区内,超过国家规定的或者地方规定的污染物排放标准排放污染物的,由县级以上人民政府责令限期治理,可以处10万元以下的罚款;逾期未完成治理任务的,由县级以上人民政府按照规定的权限责令停业或者关闭。

违反本细则第二十三条第三款的规定,在生活饮用水地表水源二级保护区内,设立装卸垃圾、油类及其他有毒有害物品码头的,由县级以上人民政府环境保护部门责令限期拆除,可以处10万元以下的罚款。

第四十七条 违反本细则第三十三条第(四)项的规定,利用储水层孔隙、裂隙、溶洞及废弃矿坑储存石油、放射性物质、有毒化学品、农药的,由县级以上地方人民政府环境保护部门责令改正,可以处10万元以下的罚款。

第四十八条 缴纳排污费、超标排污费或者被处以警告、罚款的单位,不免除其消除污染、排除危害和赔偿损失的责任。

第六章 附 则

第四十九条 本细则自发布之日起施行。1989年7月12日国务院批准、国家环境保护局发布的《中华人民共和国水污染防治法实施细则》同时废止。

中华人民共和国河道管理条例

(1988年6月3日国务院第七次常务会议通过,1988年6月10日中华人民共和国国务院令第3号发布施行,根据2011年1月8日《国务院关于废止和修改部分行政法规的决定》修订)

第一章　总　则

第一条　为加强河道管理,保障防洪安全,发挥江河湖泊的综合效益,根据《中华人民共和国水法》,制定本条例。

第二条　本条例适用于中华人民共和国领域内的河道(包括湖泊、人工水道、行洪区、蓄洪区、滞洪区)。

河道内的航道,同时适用《中华人民共和国航道管理条例》。

第三条　开发利用江河湖泊水资源和防治水害,应当全面规划、统筹兼顾、综合利用、讲求效益,服从防洪的总体安排,促进各项事业的发展。

第四条　国务院水利行政主管部门是全国河道的主管机关。

各省、自治区、直辖市的水利行政主管部门是该行政区域的河道主管机关。

第五条　国家对河道实行按水系统一管理和分级管理相结合的原则。

长江、黄河、淮河、海河、珠江、松花江、辽河等大江大河的主要河段,跨省、自治区、直辖市的重要河段,省、自治区、直辖市之间的边界河道以及国境边界河道,由国家授权的江河流域管理机构实施管理,或者由上述江河所在省、自治区、直辖市的河道主管机关根据流域统一规划实施管理。其他河道由省、自治区、直辖市或者市、县的河道主管机关实施管理。

第六条　河道划分等级。河道等级标准由国务院水利行政主管部门制定。

第七条　河道防汛和清障工作实行地方人民政府行政首长负责制。

第八条　各级人民政府河道主管机关以及河道监理人员,必须按照国家法律、法规,加强河道管理,执行供水计划和防洪调度命令,维护水工程和人民生命财产安全。

第九条　一切单位和个人都有保护河道堤防安全和参加防汛抢险的义务。

第二章　河道整治与建设

第十条　河道的整治与建设,应当服从流域综合规划,符合国家规定的防洪标准、通航标准和其他有关技术要求,维护堤防安全,保持河势稳定和行洪、航运通畅。

第十一条　修建开发水利、防治水害、整治河道的各类工程和跨河、穿河、穿堤、临河的桥梁、码头、道路、渡口、管道、缆线等建筑物及设施,建设单位必须按照河道管理权限,将工程建设方案报送河道主管机关审查同意后,方可按照基本建设程序履行审批手续。

建设项目经批准后,建设单位应当将施工安排告知河道主管机关。

第十二条　修建桥梁、码头和其他设施,必须按照国家规定的防洪标准所确定的河宽进行，不得缩窄行洪通道。

桥梁和栈桥的梁底必须高于设计洪水位，并按照防洪和航运的要求，留有一定的超高。设计洪水位由河道主管机关根据防洪规划确定。

跨越河道的管道、线路的净空高度必须符合防洪和航运的要求。

第十三条 交通部门进行航道整治，应当符合防洪安全要求，并事先征求河道主管机关对有关设计和计划的意见。

水利部门进行河道整治，涉及航道的，应当兼顾航运的需要，并事先征求交通部门对有关设计和计划的意见。

在国家规定可以流放竹木的河流和重要的渔业水域进行河道、航道整治，建设单位应当兼顾竹木水运和渔业发展的需要，并事先将有关设计和计划送同级林业、渔业主管部门征求意见。

第十四条 堤防上已修建的涵闸、泵站和埋设的穿堤管道、缆线等建筑物及设施，河道主管机关应当定期检查，对不符合工程安全要求的，限期改建。

在堤防上新建前款所指建筑物及设施，必须经河道主管机关验收合格后方可启用，并服从河道主管机关的安全管理。

第十五条 确需利用堤顶或者戗台兼做公路的，须经上级河道主管机关批准。堤身和堤顶公路的管理和维护办法，由河道主管机关商交通部门制定。

第十六条 城镇建设和发展不得占用河道滩地。城镇规划的临河界限，由河道主管机关会同城镇规划等有关部门确定。沿河城镇在编制和审查城镇规划时，应当事先征求河道主管机关的意见。

第十七条 河道岸线的利用和建设，应当服从河道整治规划和航道整治规划。计划部门在审批利用河道岸线的建设项目时，应当事先征求河道主管机关的意见。

河道岸线的界限，由河道主管机关会同交通等有关部门报县级以上地方人民政府划定。

第十八条 河道清淤和加固堤防取土以及按照防洪规划进行河道整治需要占用的土地，由当地人民政府调剂解决。

因修建水库、整治河道所增加的可利用土地，属于国家所有，可以由县级以上人民政府用于移民安置和河道整治工程。

第十九条 省、自治区、直辖市以河道为边界的，在河道两岸外侧各十公里之内，以及跨省、自治区、直辖市的河道，未经有关各方达成协议或者国务院水利行政主管部门批准，禁止单方面修建排水、阻水、引水、蓄水工程以及河道整治工程。

第三章 河道保护

第二十条 有堤防的河道，其管理范围为两岸堤防之间的水域、沙洲、滩地（包括可耕地）、行洪区，两岸堤防及护堤地。

无堤防的河道，其管理范围根据历史最高洪水位或者设计洪水位确定。河道的具体管理范围，由县级以上地方人民政府负责划定。

第二十一条 在河道管理范围内，水域和土地的利用应当符合江河行洪、输水和航运的要求;滩地的利用,应当由河道主管机关会同土地管理等有关部门制定规划,报县级以上地方人民政府批准后实施。

第二十二条 禁止损毁堤防、护岸、闸坝等水工程建筑物和防汛设施、水文监测和测量设施、河岸地质监测设施以及通信照明等设施。

在防汛抢险期间,无关人员和车辆不得上堤。

因降雨雪等造成堤顶泥泞期间,禁止车辆通行,但防汛抢险车辆除外。

第二十三条 禁止非管理人员操作河道上的涵闸闸门,禁止任何组织和个人干扰河道管理单位的正常工作。

第二十四条 在河道管理范围内,禁止修建围堤、阻水渠道、阻水道路;种植高秆农作物、芦苇、杞柳、荻柴和树木(堤防防护林除外);设置拦河渔具;弃置矿渣、石渣、煤灰、泥土、垃圾等。

在堤防和护堤地,禁止建房、放牧、开渠、打井、挖窖、葬坟、晒粮、存放物料、开采地下资源、进行考古发掘以及开展集市贸易活动。

第二十五条 在河道管理范围内进行下列活动,必须报经河道主管机关批准;涉及其他部门的,由河道主管机关会同有关部门批准:

(一)采砂、取土、淘金、弃置砂石或者淤泥;

(二)爆破、钻探、挖筑鱼塘;

(三)在河道滩地存放物料、修建厂房或者其他建筑设施;

(四)在河道滩地开采地下资源及进行考古发掘。

第二十六条 根据堤防的重要程度、堤基土质条件等,河道主管机关报经县级以上人民政府批准,可以在河道管理范围的相连地域划定堤防安全保护区。在堤防安全保护区内,禁止进行打井、钻探、爆破、挖筑鱼塘、采石、取土等危害堤防安全的活动。

第二十七条 禁止围湖造田。已经围垦的,应当按照国家规定的防洪标准进行治理,逐步退田还湖。湖泊的开发利用规划必须经河道主管机关审查同意。

禁止围垦河流,确需围垦的,必须经过科学论证,并经省级以上人民政府批准。

第二十八条 加强河道滩地、堤防和河岸的水土保持工作,防止水土流失、河道淤积。

第二十九条 江河的故道、旧堤、原有工程设施等,非经河道主管机关批准,不得填堵、占用或者拆毁。

第三十条 护堤护岸林木,由河道管理单位组织营造和管理,其他任何单位和个人不得侵占、砍伐或者破坏。

河道管理单位对护堤护岸林木进行抚育和更新性质的采伐及用于防汛抢险的采伐,根据国家有关规定免交育林基金。

第三十一条 在为保证堤岸安全需要限制航速的河段,河道主管机关应当会同交通部门设立限制航速的标志,通行的船舶不得超速行驶。

在汛期,船舶的行驶和停靠必须遵守防汛指挥部的规定。

第三十二条 山区河道有山体滑坡、崩岸、泥石流等自然灾害的河段,河道主管机关应当会同地质、交通等部门加强监测。在上述河段,禁止从事开山采石、采矿、开荒等危及山体稳定的活动。

第三十三条 在河道中流放竹木，不得影响行洪、航运和水工程安全，并服从当地河道主管机关的安全管理。

在汛期，河道主管机关有权对河道上的竹木和其他漂流物进行紧急处置。

第三十四条 向河道、湖泊排污的排污口的设置和扩大，排污单位在向环境保护部门申报之前，应当征得河道主管机关的同意。

第三十五条 在河道管理范围内，禁止堆放、倾倒、掩埋、排放污染水体的物体。禁止在河道内清洗装贮过油类或者有毒污染物的车辆、容器。

河道主管机关应当开展河道水质监测工作，协同环境保护部门对水污染防治实施监督管理。

第四章 河道清障

第三十六条 对河道管理范围内的阻水障碍物，按照“谁设障，谁清除”的原则，由河道主管机关提出清障计划和实施方案，由防汛指挥部责令设障者在规定的期限内清除。逾期不清除的，由防汛指挥部组织强行清除，并由设障者负担全部清障费用。

第三十七条 对壅水、阻水严重的桥梁、引道、码头和其他跨河工程设施，根据国家规定的防洪标准，由河道主管机关提出意见并报经人民政府批准，责成原建设单位在规定的期限内改建或者拆除。汛期影响防洪安全的，必须服从防汛指挥部的紧急处理决定。

第五章 经　费

第三十八条 河道堤防的防汛岁修费，按照分级管理的原则，分别由中央财政和地方财政负担，列入中央和地方年度财政预算。

第三十九条 受益范围明确的堤防、护岸、水闸、圩垸、海塘和排涝工程设施，河道主管机关可以向受益的工商企业等单位和农户收取河道工程修建维护管理费，其标准应当根据工程修建和维护管理费用确定。收费的具体标准和计收办法由省、自治区、直辖市人民政府制定。

第四十条 在河道管理范围内采砂、取土、淘金，必须按照经批准的范围和作业方式进行，并向河道主管机关缴纳管理费。收费的标准和计收办法由国务院水利行政主管部门会同国务院财政主管部门制定。

第四十一条 任何单位和个人，凡对堤防、护岸和其他水工程设施造成损坏或者造成河道淤积的，由责任者负责修复、清淤或者承担维修费用。

第四十二条 河道主管机关收取的各项费用，用于河道堤防工程的建设、管理、维修和设施的更新改造。结余资金可以连年结转使用，任何部门不得截取或者挪用。

第四十三条 河道两岸的城镇和农村，当地县级以上人民政府可以在汛期组织堤防保护区域内的单位和个人义务出工，对河道堤防工程进行维修和加固。

第六章 罚　则

第四十四条 违反本条例规定，有下列行为之一的，县级以上地方人民政府河道主管机关除责令其纠正违法行为、采取补救措施外,可以并处警告、罚款、没收非法所得;对有关责任人员,由其所在单位或者上级主管机关给予行政处分;构成犯罪的,依法追究刑事责任:

(一)在河道管理范围内弃置、堆放阻碍行洪物体的,种植阻碍行洪的林木或者高秆植物的,修建围堤、阻水渠道、阻水道路的;

(二)在堤防、护堤地建房、放牧、开渠、打井、挖窖、葬坟、晒粮、存放物料、开采地下资源、进行考古发掘以及开展集市贸易活动的;

(三)未经批准或者不按照国家规定的防洪标准、工程安全标准整治河道或者修建水工程建筑物和其他设施的;

(四)未经批准或者不按照河道主管机关的规定在河道管理范围内采砂、取土、淘金、弃置砂石或者淤泥、爆破、钻探、挖筑鱼塘的;

(五)未经批准在河道滩地存放物料、修建厂房或者其他建筑设施,以及开采地下资源或者进行考古发掘的;

(六)违反本条例第二十七条的规定,围垦湖泊、河流的;

(七)擅自砍伐护堤护岸林木的;

(八)汛期违反防汛指挥部的规定或者指令的。

第四十五条　违反本条例规定,有下列行为之一的,县级以上地方人民政府河道主管机关除责令其纠正违法行为、赔偿损失、采取补救措施外,可以并处警告、罚款;应当给予治安管理处罚的,按照《中华人民共和国治安管理处罚法》的规定处罚;构成犯罪的,依法追究刑事责任:

(一)损毁堤防、护岸、闸坝、水工程建筑物,损毁防汛设施、水文监测和测量设施、河岸地质监测设施以及通信照明等设施的;

(二)在堤防安全保护区内进行打井、钻探、爆破、挖筑鱼塘、采石、取土等危害堤防安全的活动的;

(三)非管理人员操作河道上的涵闸闸门或者干扰河道管理单位正常工作的。

第四十六条　当事人对行政处罚决定不服的,可以在接到处罚通知之日起 15 日内,向作出处罚决定的机关的上一级机关申请复议,对复议决定不服的,可以在接到复议决定之日起 15 日内,向人民法院起诉。当事人也可以在接到处罚通知之日起 15 日内,直接向人民法院起诉。当事人逾期不申请复议或者不向人民法院起诉又不履行处罚决定的,由作出处罚决定的机关申请人民法院强制执行。对治安管理处罚不服的,按照《中华人民共和国治安管理处罚法》的规定办理。

第四十七条　对违反本条例规定,造成国家、集体、个人经济损失的,受害方可以请求县级以上河道主管机关处理。受害方也可以直接向人民法院起诉。

当事人对河道主管机关的处理决定不服的,可以在接到通知之日起 15 日内向人民法院起诉。

第四十八条　河道主管机关的工作人员以及河道监理人员玩忽职守、滥用职权、徇私舞弊的,由其所在单位或者上级主管机关给予行政处分;对公共财产、国家和人民利益造成重大损失的,依法追究刑事责任。

第七章　附　则

第四十九条　各省、自治区、直辖市人民政府，可以根据本条例的规定，结合本地区的实际情况，制定实施办法。

第五十条　本条例由国务院水行政主管部门负责解释。

第五十一条　本条例自发布之日起施行。

水库大坝安全管理条例

(1991年3月22日中华人民共和国国务院令第77号发布,根据2011年1月8日《国务院关于废止和修改部分行政法规的决定》修订)

第一章 总 则

第一条 为加强水库大坝安全管理,保障人民生命财产和社会主义建设的安全,根据《中华人民共和国水法》,制定本条例。

第二条 本条例适用于中华人民共和国境内坝高15米以上或者库容100万立方米以上的水库大坝(以下简称大坝)。大坝包括永久性挡水建筑物以及与其配合运用的泄洪、输水和过船建筑等。

坝高15米以下、10米以上或者库容100万立方米以下、10万立方米以上,对重要城镇、交通干线、重要军事设施、工矿区安全有潜在危险的大坝,其安全管理参照本条例执行。

第三条 国务院水行政主管部门会同国务院有关主管部门对全国的大坝安全实施监督。县级以上地方人民政府水行政主管部门会同有关主管部门对本行政区域内的大坝安全实施监督。

各级水利、能源、建设、交通、农业等有关部门,是其所管辖的大坝的主管部门。

第四条 各级人民政府及其大坝主管部门对其所管辖的大坝的安全实行行政领导负责制。

第五条 大坝的建设和管理应当贯彻安全第一的方针。

第六条 任何单位和个人都有保护大坝安全的义务。

第二章 大坝建设

第七条 兴建大坝必须符合由国务院水行政主管部门会同有关大坝主管部门制定的大坝安全技术标准。

第八条 兴建大坝必须进行工程设计。大坝的工程设计必须由具有相应资格证书的单位承担。

大坝的工程设计应当包括工程观测、通信、动力、照明、交通、消防等管理设施的设计。

第九条 大坝施工必须由具有相应资格证书的单位承担。大坝施工单位必须按照施工承包合同规定的设计文件、图纸要求和有关技术标准进行施工。

建设单位和设计单位应当派驻代表,对施工质量进行监督检查。质量不符合设计要求的,必须返工或者采取补救措施。

第十条 兴建大坝时,建设单位应当按照批准的设计,提请县级以上人民政府依照国家规定划定管理和保护范围,树立标志。

已建大坝尚未划定管理和保护范围的，大坝主管部门应当根据安全管理的需要，提请县级以上人民政府划定。

第十一条 大坝开工后，大坝主管部门应当组建大坝管理单位，由其按照工程基本建设验收规程参与质量检查以及大坝分部、分项验收和蓄水验收工作。

大坝竣工后，建设单位应当申请大坝主管部门组织验收。

第三章 大坝管理

第十二条 大坝及其设施受国家保护，任何单位和个人不得侵占、毁坏。大坝管理单位应当加大强坝的安全保卫工作。

第十三条 禁止在大坝管理和保护范围内进行爆破、打井、采石、采矿、挖沙、取土、修坟等危害大坝安全的活动。

第十四条 非大坝管理人员不得操作大坝的泄洪闸门、输水闸门以及其他设施，大坝管理人员操作时应当遵守有关的规章制度。禁止任何单位和个人干扰大坝的正常管理工作。

第十五条 禁止在大坝的集水区域内乱伐林木、陡坡开荒等导致水库淤积的活动。禁止在库区内围垦和进行采石、取土等危及山体的活动。

第十六条 大坝坝顶确需兼做公路的，须经科学论证和大坝主管部门批准，并采取相应的安全维护措施。

第十七条 禁止在坝体修建码头、渠道、堆放杂物、晾晒粮草。在大坝管理和保护范围内修建码头、鱼塘的，须经大坝主管部门批准，并与坝脚和泄水、输水建筑物保持一定距离，不得影响大坝安全、工程管理和抢险工作。

第十八条 大坝主管部门应当配备具有相应业务水平的大坝安全管理人员。

大坝管理单位应当建立、健全安全管理规章制度。

第十九条 大坝管理单位必须按照有关技术标准，对大坝进行安全监测和检查；对监测资料应当及时整理分析，随时掌握大坝运行状况。发现异常现象和不安全因素时，大坝管理单位应当立即报告大坝主管部门，及时采取措施。

第二十条 大坝管理单位必须做好大坝的养护修理工作，保证大坝和闸门启闭设备完好。

第二十一条 大坝的运行，必须在保证安全的前提下，发挥综合效益。大坝管理单位应当根据批准的计划和大坝主管部门的指令进行水库的调度运用。

在汛期，综合利用的水库，其调度运用必须服从防汛指挥机构的统一指挥；以发电为主的水库，其汛限水位以上的防汛库容及其洪水调度运用，必须服从防汛指挥机构的统一指挥。

任何单位和个人不得非法干预水库的调度运用。

第二十二条 大坝主管部门应当建立大坝定期安全检查、鉴定制度。

汛前、汛后，以及暴风、暴雨、特大洪水或者强烈地震发生后，大坝主管部门应当组织对其所管辖的大坝的安全进行检查。

第二十三条 大坝主管部门对其所管辖的大坝应当按期注册登记，建立技术档案大坝注册登记办法由国务院水行政主管部门制定。

第二十四条　大坝管理单位和有关部门应当做好防汛抢险物料的准备和气象水情预报,并保证水情传递、报警以及大坝管理单位与大坝主管部门、上级防汛指挥机构之间联系通畅。

第二十五条　大坝出现险情征兆时,大坝管理单位应当立即报告大坝主管部门和上级防汛指挥机构,并采取抢救措施;有垮坝危险时,应当采取一切措施向预计的垮坝淹没地区发出警报,做好转移工作。

第四章　险坝处理

第二十六条　对尚未达到设计洪水标准、抗震设防标准或者有严重质量缺陷的险坝,大坝主管部门应当组织有关单位进行分类,采取除险加固等措施,或者废弃重建。

在险坝加固前,大坝管理单位应当制定保坝应急措施;经论证必须改变原设计运行方式的,应当报请大坝主管部门审批。

第二十七条　大坝主管部门应当对其所管辖的需要加固的险坝制定加固计划,限期消除危险;有关人民政府应当优先安排所需资金和物料。

险坝加固必须由具有相应设计资格证书的单位作出加固设计,经审批后组织实施。险坝加固竣工后,由大坝主管部门组织验收。

第二十八条　大坝主管部门应当组织有关单位,对险坝可能出现的垮坝方式、淹没范围作出预估,并制定应急方案,报防汛指挥机构批准。

第五章　罚　则

第二十九条　违反本条例规定,有下列行为之一的,由大坝主管部门责令其停止违法行为,赔偿损失,采取补救措施,可以并处罚款;应当给予治安管理处罚的,由公安机关依照《中华人民共和国治安管理处罚法》的规定处罚;构成犯罪的,依法追究刑事责任:

(一)毁坏大坝或者其观测、通信、动力、照明、交通、消防等管理设施的;

(二)在大坝管理和保护范围内进行爆破、打井、采石、采矿、取土、挖沙、修坟等危害大坝安全活动的;

(三)擅自操作大坝的泄洪闸门、输水闸门以及其他设施,破坏大坝正常运行的;

(四)在库区内围垦的;

(五)在坝体修建码头、渠道或者堆放杂物、晾晒粮草的;

(六)擅自在大坝管理和保护范围内修建码头、鱼塘的。

第三十条　盗窃或者抢夺大坝工程设施、器材的,依照刑法规定追究刑事责任。

第三十一条　由于勘测设计失误、施工质量低劣,调度运用不当以及滥用职权、玩忽职守,导致大坝事故的,由其所在单位或其上级主管机关对责任人员给予行政处分;构成犯罪的,依法追究刑事责任。

第三十二条　当事人对行政处罚决定不服的,可以在接到处罚通知之日起 15 日内,向作出处罚决定机关的上一级机关申请复议;对复议决定不服的,可以在接到复议决定之日起 15 日内,向人民法院起诉。当事人也可以在接到处罚通知之日起 15 日内,直接向人民法院起诉。当事人逾期不申请复议或者不向人民法院起诉又不履行处罚决定的,由作出处罚决定的机关申请人民法院强制执行。

对治安管理处罚不服的,依照《中华人民共和国治安管理处罚法》的规定办理。

第六章 附 则

第三十三条 国务院有关部门和各省、自治区、直辖市人民政府可以根据本条例制定实施细则。

第三十四条 本条例自发布之日起施行。

农田水利条例

（2016年4月27日国务院第131次常务会议通过，2016年5月17日中华人民共和国国务院令第669号公布，自2016年7月1日起施行）

第一章　总　则

第一条　为了加快农田水利发展，提高农业综合生产能力，保障国家粮食安全，制定本条例。

第二条　农田水利规划的编制实施、农田水利工程建设和运行维护、农田灌溉和排水等活动，适用本条例。

本条例所称农田水利，是指为防治农田旱、涝、渍和盐碱灾害，改善农业生产条件，采取的灌溉、排水等工程措施和其他相关措施。

第三条　发展农田水利，坚持政府主导、科学规划、因地制宜、节水高效、建管并重的原则。

县级以上人民政府应当加强对农田水利工作的组织领导，采取措施保障农田水利发展。

第四条　国务院水行政主管部门负责全国农田水利的管理和监督工作。国务院有关部门按照职责分工做好农田水利相关工作。

县级以上地方人民政府水行政主管部门负责本行政区域农田水利的管理和监督工作。县级以上地方人民政府有关部门按照职责分工做好农田水利相关工作。

乡镇人民政府应当协助上级人民政府及其有关部门做好本行政区域农田水利工程建设和运行维护等方面的工作。

第五条　国家鼓励和引导农村集体经济组织、农民用水合作组织、农民和其他社会力量进行农田水利工程建设、经营和运行维护，保护农田水利工程设施，节约用水，保护生态环境。

国家依法保护农田水利工程投资者的合法权益。

第二章　规　划

第六条　国务院水行政主管部门负责编制全国农田水利规划，征求国务院有关部门意见后，报国务院或者国务院授权的部门批准公布。

县级以上地方人民政府水行政主管部门负责编制本行政区域农田水利规划，征求本级人民政府有关部门意见后，报本级人民政府批准公布。

第七条　编制农田水利规划应当统筹考虑经济社会发展水平、水土资源供需平衡、农业生产需求、灌溉排水发展需求、环境保护等因素。

农田水利规划应当包括发展思路、总体任务、区域布局、保障措施等内容；县级农田水利规划还应当包括水源保障、工程布局、工程规模、生态环境影响、工程建设和运行维护、技术推广、资金筹措等内容。

第八条 县级以上人民政府应当组织开展农田水利调查。农田水利调查结果是编制农田水利规划的依据。

县级人民政府水行政主管部门编制农田水利规划，应当征求农村集体经济组织、农民用水合作组织、农民等方面的意见。

第九条 下级农田水利规划应当根据上级农田水利规划编制，并向上一级人民政府水行政主管部门备案。

经批准的农田水利规划是农田水利建设和管理的依据。农田水利规划确需修改的，应当按照原审批程序报送审批。

第十条 县级以上人民政府水行政主管部门和其他有关部门按照职责分工负责实施农田水利规划。

县级以上人民政府水行政主管部门应当会同本级人民政府有关部门对农田水利规划实施情况进行评估，并将评估结果向本级人民政府报告。

第十一条 编制土地整治、农业综合开发等规划涉及农田水利，应当与农田水利规划相衔接，并征求本级人民政府水行政主管部门的意见。

第三章 工程建设

第十二条 县级人民政府应当根据农田水利规划组织制定农田水利工程建设年度实施计划，统筹协调有关部门和单位安排的与农田水利有关的各类工程建设项目。

乡镇人民政府应当协调农村集体经济组织、农民用水合作组织以及其他社会力量开展农田水利工程建设的有关工作。

第十三条 农田水利工程建设应当符合国家有关农田水利标准。

农田水利标准由国务院标准化主管部门、水行政主管部门以及省、自治区、直辖市人民政府标准化主管部门、水行政主管部门依照法定程序和权限组织制定。

第十四条 农田水利工程建设应当节约集约使用土地。县级以上人民政府应当根据农田水利规划，保障农田水利工程建设用地需求。

第十五条 农田水利工程建设单位应当建立健全工程质量安全管理制度，对工程质量安全负责，并公示工程建设情况。

县级以上人民政府水行政主管部门和其他有关部门应当按照职责分工加强对农田水利工程建设的监督管理。

第十六条 政府投资建设的农田水利工程由县级以上人民政府有关部门组织竣工验收，并邀请有关专家和农村集体经济组织、农民用水合作组织、农民代表参加。社会力量投资建设的农田水利工程由投资者或者受益者组织竣工验收。政府与社会力量共同投资的农田水利工程，由县级以上人民政府有关部门、社会投资者或者受益者共同组织竣工验收。

大中型农田水利工程应当按照水利建设工程验收规程组织竣工验收。小型农田水利工程验收办法由省、自治区、直辖市人民政府水行政主管部门会同有关部门制定。

农田水利工程验收合格后,由县级以上地方人民政府水行政主管部门组织造册存档。

第十七条　县级以上人民政府水行政主管部门应当会同有关部门加强农田水利信息系统建设,收集与发布农田水利规划、农田水利工程建设和运行维护等信息。

第四章　工程运行维护

第十八条　农田水利工程按照下列规定确定运行维护主体:

(一)政府投资建设的大中型农田水利工程,由县级以上人民政府按照工程管理权限确定的单位负责运行维护,鼓励通过政府购买服务等方式引进社会力量参与运行维护;

(二)政府投资建设或者财政补助建设的小型农田水利工程,按照规定交由受益农村集体经济组织、农民用水合作组织、农民等使用和管理的,由受益者或者其委托的单位、个人负责运行维护;

(三)农村集体经济组织筹资筹劳建设的农田水利工程,由农村集体经济组织或者其委托的单位、个人负责运行维护;

(四)农民或者其他社会力量投资建设的农田水利工程,由投资者或者其委托的单位、个人负责运行维护;

(五)政府与社会力量共同投资建设的农田水利工程,由投资者按照约定确定运行维护主体。

农村土地承包经营权依法流转的,应当同时明确该土地上农田水利工程的运行维护主体。

第十九条　灌区农田水利工程实行灌区管理单位管理与受益农村集体经济组织、农民用水合作组织、农民等管理相结合的方式。灌区管理办法由国务院水行政主管部门会同有关部门制定。

第二十条　县级以上人民政府应当建立农田水利工程运行维护经费合理负担机制。

农田水利工程所有权人应当落实农田水利工程运行维护经费,保障运行维护工作正常进行。

第二十一条　负责农田水利工程运行维护的单位和个人应当建立健全运行维护制度,加强对农田水利工程的日常巡查、维修和养护,按照有关规定进行调度,保障农田水利工程正常运行。

农田水利工程水量调度涉及航道通航的,应当符合《中华人民共和国航道法》的有关规定。

第二十二条　县级以上人民政府水行政主管部门和农田水利工程所有权人应当加强对农田水利工程运行维护工作的监督,督促负责运行维护的单位和个人履行运行维护责任。

农村集体经济组织、农民用水合作组织、农民等发现影响农田水利工程正常运行的情形的,有权向县级以上人民政府水行政主管部门和农田水利工程所有权人报告。接到报告的县级以上人民政府水行政主管部门和农田水利工程所有权人应当督促负责运行维护的单位和个人及时处理。

第二十三条　禁止危害农田水利工程设施的下列行为:

（一）侵占、损毁农田水利工程设施；

（二）危害农田水利工程设施安全的爆破、打井、采石、取土等活动；

（三）堆放阻碍蓄水、输水、排水的物体；

（四）建设妨碍蓄水、输水、排水的建筑物和构筑物；

（五）向塘坝、沟渠排放污水、倾倒垃圾以及其他废弃物。

第二十四条 任何单位和个人不得擅自占用农业灌溉水源、农田水利工程设施。

新建、改建、扩建建设工程确需占用农业灌溉水源、农田水利工程设施的，应当与取用水的单位、个人或者农田水利工程所有权人协商，并报经有管辖权的县级以上地方人民政府水行政主管部门同意。

占用者应当建设与被占用的农田水利工程设施效益和功能相当的替代工程；不具备建设替代工程条件的，应当按照建设替代工程的总投资额支付占用补偿费；造成运行成本增加等其他损失的，应当依法给予补偿。补偿标准由省、自治区、直辖市制定。

第二十五条 农田水利工程设施因超过设计使用年限、灌溉排水功能基本丧失或者严重毁坏而无法继续使用的，工程所有权人或者管理单位应当按照有关规定及时处置，消除安全隐患，并将相关情况告知县级以上地方人民政府水行政主管部门。

第五章 灌溉排水管理

第二十六条 县级以上人民政府水行政主管部门应当加强对农田灌溉排水的监督和指导，做好技术服务。

第二十七条 农田灌溉用水实行总量控制和定额管理相结合的制度。

农作物灌溉用水定额依照《中华人民共和国水法》规定的权限和程序制定并公布。

农田灌溉用水应当合理确定水价，实行有偿使用、计量收费。

第二十八条 灌区管理单位应当根据有管辖权的县级以上人民政府水行政主管部门核定的年度取用水计划，制定灌区内用水计划和调度方案，与用水户签订用水协议。

第二十九条 农田灌溉用水应当符合相应的水质标准。县级以上地方人民政府环境保护主管部门应当会同水行政主管部门、农业主管部门加强对农田灌溉用水的水质监测。

第三十条 国家鼓励采取先进适用的农田排水技术和措施，促进盐碱地和中低产田改造；控制和合理利用农田排水，减少肥料流失，防止农业面源污染。

第三十一条 省、自治区、直辖市人民政府水行政主管部门应当组织做好本行政区域农田灌溉排水试验工作。灌溉试验站应当做好农田灌溉排水试验研究，加强科技成果示范推广，指导用水户科学灌溉排水。

第三十二条 国家鼓励推广应用喷灌、微灌、管道输水灌溉、渠道防渗输水灌溉等节水灌溉技术，以及先进的农机、农艺和生物技术等，提高灌溉用水效率。

第三十三条 粮食主产区和严重缺水、生态环境脆弱地区以及地下水超采地区应当优先发展节水灌溉。

国家鼓励企业、农村集体经济组织、农民用水合作组织等单位和个人投资建设节水灌溉设施，采取财政补助等方式鼓励购买节水灌溉设备。

第三十四条 规划建设商品粮、棉、油、菜等农业生产基地，应当充分考虑当地水资源条件。水资源短缺地区,限制发展高耗水作物;地下水超采区,禁止农田灌溉新增取用地下水。

第六章 保障与扶持

第三十五条 农田水利工程建设实行政府投入和社会力量投入相结合的方式。

县级以上人民政府应当多渠道筹措农田水利工程建设资金,保障农田水利建设投入。

第三十六条 县级人民政府应当及时公布农田水利工程建设年度实施计划、建设条件、补助标准等信息,引导社会力量参与建设农田水利工程。

县级以上地方人民政府应当支持社会力量通过提供农田灌溉服务、收取供水水费等方式,开展农田水利工程经营活动,保障其合法经营收益。

县级以上地方人民政府水行政主管部门应当为社会力量参与建设、经营农田水利工程提供指导和技术支持。

第三十七条 国家引导金融机构推出符合农田水利工程项目特点的金融产品和服务方式,加大对农田水利工程建设的信贷支持力度。

农田灌溉和排水的用电执行农业生产用电价格。

第三十八条 县级人民政府应当建立健全基层水利服务体系,将基层水利服务机构公益性业务经费纳入本级政府预算。基层水利服务机构应当履行农田水利建设管理、科技推广等公益性职能。

国家通过政府购买服务等方式,支持专业化服务组织开展农田灌溉和排水、农田水利工程设施维修等公益性工作。

第三十九条 县级以上人民政府水行政主管部门应当会同本级人民政府有关部门,制定农田水利新技术推广目录和培训计划,加强对基层水利服务人员和农民的培训。

第四十条 对农田水利工作中成绩显著的单位和个人,按照国家有关规定给予表彰。

第七章 法律责任

第四十一条 违反本条例规定,县级以上人民政府水行政主管部门和其他有关部门不依法履行农田水利管理和监督职责的,对负有责任的领导人员和直接责任人员依法给予处分;负有责任的领导人员和直接责任人员构成犯罪的,依法追究刑事责任。

第四十二条 违反本条例规定,县级以上人民政府确定的农田水利工程运行维护单位不按照规定进行维修养护和调度、不执行年度取用水计划的,由县级以上地方人民政府水行政主管部门责令改正;发生责任事故或者造成其他重大损失的,对直接负责的主管人员和其他直接责任人员依法给予处分;直接负责的主管人员和其他直接责任人员构成犯罪的,依法追究刑事责任。

第四十三条 违反本条例规定,有下列行为之一的,由县级以上地方人民政府水行政主管部门责令停止违法行为,限期恢复原状或者采取补救措施;逾期不恢复原状或者采取补救措施的,依法强制执行;造成损失的,依法承担民事责任;构成违反治安管理行为的,依法给予治安管理处罚;构成犯罪的,依法追究刑事责任:

(一)堆放阻碍农田水利工程设施蓄水、输水、排水的物体;

（二）建设妨碍农田水利工程设施蓄水、输水、排水的建筑物和构筑物；

（三）擅自占用农业灌溉水源、农田水利工程设施。

第四十四条 违反本条例规定，侵占、损毁农田水利工程设施，以及有危害农田水利工程设施安全的爆破、打井、采石、取土等行为的，依照《中华人民共和国水法》的规定处理。

违反本条例规定，向塘坝、沟渠排放污水、倾倒垃圾以及其他废弃物的，依照环境保护有关法律、行政法规的规定处理。

第八章 附 则

第四十五条 本条例自2016年7月1日起施行。

中华人民共和国水文条例

(2007年3月28日国务院第172次常务会议通过,自2007年6月1日起施行,根据2013年5月31日《国务院关于废止和修改部分行政法规的决定》修订)

第一章　总　则

第一条　为了加强水文管理,规范水文工作,为开发、利用、节约、保护水资源和防灾减灾服务,促进经济社会的可持续发展,根据《中华人民共和国水法》和《中华人民共和国防洪法》,制定本条例。

第二条　在中华人民共和国领域内从事水文站网规划与建设,水文监测与预报,水资源调查评价,水文监测资料汇交、保管与使用,水文设施与水文监测环境的保护等活动,应当遵守本条例。

第三条　水文事业是国民经济和社会发展的基础性公益事业。县级以上人民政府应当将水文事业纳入本级国民经济和社会发展规划,所需经费纳入本级财政预算,保障水文监测工作的正常开展,充分发挥水文工作在政府决策、经济社会发展和社会公众服务中的作用。

县级以上人民政府应当关心和支持少数民族地区、边远贫困地区和艰苦地区水文基础设施的建设和运行。

第四条　国务院水行政主管部门主管全国的水文工作,其直属的水文机构具体负责组织实施管理工作。

国务院水行政主管部门在国家确定的重要江河、湖泊设立的流域管理机构(以下简称流域管理机构),在所管辖范围内按照法律、本条例规定和国务院水行政主管部门规定的权限,组织实施管理有关水文工作。

省、自治区、直辖市人民政府水行政主管部门主管本行政区域内的水文工作,其直属的水文机构接受上级业务主管部门的指导,并在当地人民政府的领导下具体负责组织实施管理工作。

第五条　国家鼓励和支持水文科学技术的研究、推广和应用,保护水文科技成果,培养水文科技人才,加强水文国际合作与交流。

第六条　县级以上人民政府对在水文工作中做出突出贡献的单位和个人,按照国家有关规定给予表彰和奖励。

第七条　外国组织或者个人在中华人民共和国领域内从事水文活动的,应当经国务院水行政主管部门会同有关部门批准,并遵守中华人民共和国的法律、法规;在中华人民共和国与邻国交界的跨界河流上从事水文活动的,应当遵守中华人民共和国与相关国家缔结的有关条约、协定。

第二章　规划与建设

第八条　国务院水行政主管部门负责编制全国水文事业发展规划,在征求国务院有关部门意见后,报国务院或者其授权的部门批准实施。

流域管理机构根据全国水文事业发展规划编制流域水文事业发展规划,报国务院水行政主管部门批准实施。

省、自治区、直辖市人民政府水行政主管部门根据全国水文事业发展规划和流域水文事业发展规划编制本行政区域的水文事业发展规划,报本级人民政府批准实施,并报国务院水行政主管部门备案。

第九条　水文事业发展规划是开展水文工作的依据。修改水文事业发展规划,应当按照规划编制程序经原批准机关批准。

第十条　水文事业发展规划主要包括水文事业发展目标、水文站网建设、水文监测和情报预报设施建设、水文信息网络和业务系统建设以及保障措施等内容。

第十一条　国家对水文站网建设实行统一规划。水文站网建设应当坚持流域与区域相结合、区域服从流域,布局合理、防止重复、兼顾当前和长远需要的原则。

第十二条　水文站网的建设应当依据水文事业发展规划,按照国家固定资产投资项目建设程序组织实施。

为国家水利、水电等基础工程设施提供服务的水文站网的建设和运行管理经费,应当分别纳入工程建设概算和运行管理经费。

本条例所称水文站网,是指在流域或者区域内,由适当数量的各类水文测站构成的水文监测资料收集系统。

第十三条　国家对水文测站实行分类分级管理。

水文测站分为国家基本水文测站和专用水文测站。国家基本水文测站分为国家重要水文测站和一般水文测站。

第十四条　国家重要水文测站和流域管理机构管理的一般水文测站的设立和调整,由省、自治区、直辖市人民政府水行政主管部门或者流域管理机构报国务院水行政主管部门直属水文机构批准。其他一般水文测站的设立和调整,由省、自治区、直辖市人民政府水行政主管部门批准,报国务院水行政主管部门直属水文机构备案。

第十五条　设立专用水文测站,不得与国家基本水文测站重复;在国家基本水文测站覆盖的区域,确需设立专用水文测站的,应当按照管理权限报流域管理机构或者省、自治区、直辖市人民政府水行政主管部门直属水文机构批准。其中,因交通、航运、环境保护等需要设立专用水文测站的,有关主管部门批准前,应当征求流域管理机构或者省、自治区、直辖市人民政府水行政主管部门直属水文机构的意见。

撤销专用水文测站,应当报原批准机关批准。

第十六条　专用水文测站和从事水文活动的其他单位,应当接受水行政主管部门直属水文机构的行业管理。

第十七条　省、自治区、直辖市人民政府水行政主管部门管理的水文测站,对流域水资源管理和防灾减灾有重大作用的,业务上应当同时接受流域管理机构的指导和监督。

第三章 监测与预报

第十八条 从事水文监测活动应当遵守国家水文技术标准、规范和规程,保证监测质量。未经批准,不得中止水文监测。

国家水文技术标准、规范和规程,由国务院水行政主管部门会同国务院标准化行政主管部门制定。

第十九条 水文监测所使用的专用技术装备应当符合国务院水行政主管部门规定的技术要求。

水文监测所使用的计量器具应当依法经检定合格。水文监测所使用的计量器具的检定规程,由国务院水行政主管部门制定,报国务院计量行政主管部门备案。

第二十条 水文机构应当加强水资源的动态监测工作,发现被监测水体的水量、水质等情况发生变化可能危及用水安全的,应当加强跟踪监测和调查,及时将监测、调查情况和处理建议报所在地人民政府及其水行政主管部门;发现水质变化,可能发生突发性水体污染事件的,应当及时将监测、调查情况报所在地人民政府水行政主管部门和环境保护行政主管部门。

有关单位和个人对水资源动态监测工作应当予以配合。

第二十一条 承担水文情报预报任务的水文测站,应当及时、准确地向县级以上人民政府防汛抗旱指挥机构和水行政主管部门报告有关水文情报预报。

第二十二条 水文情报预报由县级以上人民政府防汛抗旱指挥机构、水行政主管部门或者水文机构按照规定权限向社会统一发布。禁止任何其他单位和个人向社会发布水文情报预报。

广播、电视、报纸和网络等新闻媒体,应当按照国家有关规定和防汛抗旱要求,及时播发、刊登水文情报预报,并标明发布机构和发布时间。

第二十三条 信息产业部门应当根据水文工作的需要,按照国家有关规定提供通信保障。

第二十四条 县级以上人民政府水行政主管部门应当根据经济社会的发展要求,会同有关部门组织相关单位开展水资源调查评价工作。

从事水文、水资源调查评价的单位,应当具备下列条件,并取得国务院水行政主管部门或者省、自治区、直辖市人民政府水行政主管部门颁发的资质证书:

(一)具有法人资格和固定的工作场所;

(二)具有与所从事水文活动相适应并经考试合格的专业技术人员;

(三)具有与所从事水文活动相适应的专业技术装备;

(四)具有健全的管理制度;

(五)符合国务院水行政主管部门规定的其他条件。

第四章 资料的汇交保管与使用

第二十五条 国家对水文监测资料实行统一汇交制度。从事地表水和地下水资源、水量、水质监测的单位以及其他从事水文监测的单位，应当按照资料管理权限向有关水文机构汇交监测资料。

重要地下水源地、超采区的地下水资源监测资料和重要引（退）水口、在江河和湖泊设置的排污口、重要断面的监测资料，由从事水文监测的单位向流域管理机构或者省、自治区、直辖市人民政府水行政主管部门直属水文机构汇交。

取用水工程的取（退）水、蓄（泄）水资料，由取用水工程管理单位向工程所在地水文机构汇交。

第二十六条 国家建立水文监测资料共享制度。水文机构应当妥善存储和保管水文监测资料，根据国民经济建设和社会发展需要对水文监测资料进行加工整理形成水文监测成果，予以刊印。国务院水行政主管部门直属的水文机构应当建立国家水文数据库。

基本水文监测资料应当依法公开，水文监测资料属于国家秘密的，对其密级的确定、变更、解密以及对资料的使用、管理，依照国家有关规定执行。

第二十七条 编制重要规划、进行重点项目建设和水资源管理等使用的水文监测资料应当完整、可靠、一致。

第二十八条 国家机关决策和防灾减灾、国防建设、公共安全、环境保护等公益事业需要使用水文监测资料和成果的，应当无偿提供。

除前款规定的情形外，需要使用水文监测资料和成果的，按照国家有关规定收取费用，并实行收支两条线管理。

因经营性活动需要提供水文专项咨询服务的，当事人双方应当签订有偿服务合同，明确双方的权利和义务。

第五章 设施与监测环境保护

第二十九条 国家依法保护水文监测设施。任何单位和个人不得侵占、毁坏、擅自移动或者擅自使用水文监测设施，不得干扰水文监测。

国家基本水文测站因不可抗力遭受破坏的，所在地人民政府和有关水行政主管部门应当采取措施，组织力量修复，确保其正常运行。

第三十条 未经批准，任何单位和个人不得迁移国家基本水文测站；因重大工程建设确需迁移的，建设单位应当在建设项目立项前，报请对该站有管理权限的水行政主管部门批准，所需费用由建设单位承担。

第三十一条 国家依法保护水文监测环境。县级人民政府应当按照国务院水行政主管部门确定的标准划定水文监测环境保护范围，并在保护范围边界设立地面标志。

任何单位和个人都有保护水文监测环境的义务。

第三十二条 禁止在水文监测环境保护范围内从事下列活动：

（一）种植高秆作物、堆放物料、修建建筑物、停靠船只；

（二）取土、挖砂、采石、淘金、爆破和倾倒废弃物；

（三）在监测断面取水、排污或者在过河设备、气象观测场、监测断面的上空架设线路；

（四）其他对水文监测有影响的活动。

第三十三条　在国家基本水文测站上下游建设影响水文监测的工程,建设单位应当采取相应措施,在征得对该站有管理权限的水行政主管部门同意后方可建设。因工程建设致使水文测站改建的,所需费用由建设单位承担。

第三十四条　在通航河道中或者桥上进行水文监测作业时,应当依法设置警示标志。

第三十五条　水文机构依法取得的无线电频率使用权和通信线路使用权受国家保护。任何单位和个人不得挤占、干扰水文机构使用的无线电频率,不得破坏水文机构使用的通信线路。

第六章　法律责任

第三十六条　违反本条例规定,有下列行为之一的,对直接负责的主管人员和其他直接责任人员依法给予处分;构成犯罪的,依法追究刑事责任:

(一)错报水文监测信息造成严重经济损失的;

(二)汛期漏报、迟报水文监测信息的;

(三)擅自发布水文情报预报的;

(四)丢失、毁坏、伪造水文监测资料的;

(五)擅自转让、转借水文监测资料的;

(六)不依法履行职责的其他行为。

第三十七条　未经批准擅自设立水文测站或者未经同意擅自在国家基本水文测站上下游建设影响水文监测的工程的,责令停止违法行为,限期采取补救措施,补办有关手续;无法采取补救措施、逾期不补办或者补办未被批准的,责令限期拆除违法建筑物;逾期不拆除的,强行拆除,所需费用由违法单位或者个人承担。

第三十八条　违反本条例规定,未取得水文、水资源调查评价资质证书从事水文活动的,责令停止违法行为,没收违法所得,并处5万元以上10万元以下罚款。

第三十九条　违反本条例规定,超出水文、水资源调查评价资质证书确定的范围从事水文活动的,责令停止违法行为,没收违法所得,并处3万元以上5万元以下罚款;情节严重的,由发证机关吊销资质证书。

第四十条　违反本条例规定,使用不符合规定的水文专用技术装备和水文计量器具的,责令限期改正。

第四十一条　违反本条例规定,有下列行为之一的,责令停止违法行为,处1万元以上5万元以下罚款:

(一)拒不汇交水文监测资料的;

(二)非法向社会传播水文情报预报,造成严重经济损失和不良影响的。

第四十二条　违反本条例规定,侵占、毁坏水文监测设施或者未经批准擅自移动、擅自使用水文监测设施的,责令停止违法行为,限期恢复原状或者采取其他补救措施,可以处5万元以下罚款;构成违反治安管理行为的,依法给予治安管理处罚;构成犯罪的,依法追究刑事责任。

第四十三条　违反本条例规定,从事本条例第三十二条所列活动的,责令停止违法行为,限期恢复原状或者采取其他补救措施,可以处1万元以下罚款;构成违反治安管理行为的，依法给予治安管理处罚；构成犯罪的，依法追究刑事责任。

第四十四条 本条例规定的行政处罚，由县级以上人民政府水行政主管部门或者流域管理机构依据职权决定。

第七章 附 则

第四十五条 本条例中下列用语的含义是：

水文监测，是指通过水文站网对江河、湖泊、渠道、水库的水位、流量、水质、水温、泥沙、冰情、水下地形和地下水资源，以及降水量、蒸发量、墒情、风暴潮等实施监测，并进行分析和计算的活动。

水文测站，是指为收集水文监测资料在江河、湖泊、渠道、水库和流域内设立的各种水文观测场所的总称。

国家基本水文测站，是指为公益目的统一规划设立的对江河、湖泊、渠道、水库和流域基本水文要素进行长期连续观测的水文测站。

国家重要水文测站，是指对防灾减灾或者对流域和区域水资源管理等有重要作用的基本水文测站。

专用水文测站，是指为特定目的设立的水文测站。

基本水文监测资料，是指由国家基本水文测站监测并经过整编后的资料。

水文情报预报，是指对江河、湖泊、渠道、水库和其他水体的水文要素实时情况的报告和未来情况的预告。

水文监测设施，是指水文站房、水文缆道、测船、测船码头、监测场地、监测井、监测标志、专用道路、仪器设备、水文通信设施以及附属设施等。

水文监测环境，是指为确保监测到准确水文信息所必需的区域构成的立体空间。

第四十六条 中国人民解放军的水文工作，按照中央军事委员会的规定执行。

第四十七条 本条例自 2007 年 6 月 1 日起施行。

中华人民共和国水土保持法

(1991年6月29日第七届全国人民代表大会常务委员会第二十次会议通过,根据2009年8月27日第十一届全国人民代表大会常务委员会第十次会议《关于修改部分法律的决定》修正;2010年12月25日第十一届全国人民代表大会常务委员会第十八次会议修订通过,自2011年3月1日起施行)

第一章 总 则

第一条 为了预防和治理水土流失,保护和合理利用水土资源,减轻水、旱、风沙灾害,改善生态环境,保障经济社会可持续发展,制定本法。

第二条 在中华人民共和国境内从事水土保持活动,应当遵守本法。

本法所称水土保持,是指对自然因素和人为活动造成水土流失所采取的预防和治理措施。

第三条 水土保持工作实行预防为主、保护优先、全面规划、综合治理、因地制宜、突出重点、科学管理、注重效益的方针。

第四条 县级以上人民政府应当加强对水土保持工作的统一领导,将水土保持工作纳入本级国民经济和社会发展规划,对水土保持规划确定的任务,安排专项资金,并组织实施。

国家在水土流失重点预防区和重点治理区,实行地方各级人民政府水土保持目标责任制和考核奖惩制度。

第五条 国务院水行政主管部门主管全国的水土保持工作。

国务院水行政主管部门在国家确定的重要江河、湖泊设立的流域管理机构(以下简称流域管理机构),在所管辖范围内依法承担水土保持监督管理职责。

县级以上地方人民政府水行政主管部门主管本行政区域的水土保持工作。

县级以上人民政府林业、农业、国土资源等有关部门按照各自职责,做好有关的水土流失预防和治理工作。

第六条 各级人民政府及其有关部门应当加强水土保持宣传和教育工作,普及水土保持科学知识,增强公众的水土保持意识。

第七条 国家鼓励和支持水土保持科学技术研究,提高水土保持科学技术水平,推广先进的水土保持技术,培养水土保持科学技术人才。

第八条 任何单位和个人都有保护水土资源、预防和治理水土流失的义务,并有权对破坏水土资源、造成水土流失的行为进行举报。

第九条 国家鼓励和支持社会力量参与水土保持工作。

对水土保持工作中成绩显著的单位和个人,由县级以上人民政府给予表彰和奖励。

第二章 规 划

第十条 水土保持规划应当在水土流失调查结果及水土流失重点预防区和重点治理

区划定的基础上，遵循统筹协调、分类指导的原则编制。

第十一条 国务院水行政主管部门应当定期组织全国水土流失调查并公告调查结果。

省、自治区、直辖市人民政府水行政主管部门负责本行政区域的水土流失调查并公告调查结果，公告前应当将调查结果报国务院水行政主管部门备案。

第十二条 县级以上人民政府应当依据水土流失调查结果划定并公告水土流失重点预防区和重点治理区。

对水土流失潜在危险较大的区域，应当划定为水土流失重点预防区；对水土流失严重的区域，应当划定为水土流失重点治理区。

第十三条 水土保持规划的内容应当包括水土流失状况、水土流失类型区划分、水土流失防治目标、任务和措施等。

水土保持规划包括对流域或者区域预防和治理水土流失、保护和合理利用水土资源作出的整体部署，以及根据整体部署对水土保持专项工作或者特定区域预防和治理水土流失作出的专项部署。

水土保持规划应当与土地利用总体规划、水资源规划、城乡规划和环境保护规划等相协调。

编制水土保持规划，应当征求专家和公众的意见。

第十四条 县级以上人民政府水行政主管部门会同同级人民政府有关部门编制水土保持规划，报本级人民政府或者其授权的部门批准后，由水行政主管部门组织实施。

水土保持规划一经批准，应当严格执行；经批准的规划根据实际情况需要修改的，应当按照规划编制程序报原批准机关批准。

第十五条 有关基础设施建设、矿产资源开发、城镇建设、公共服务设施建设等方面的规划，在实施过程中可能造成水土流失的，规划的组织编制机关应当在规划中提出水土流失预防和治理的对策和措施，并在规划报请审批前征求本级人民政府水行政主管部门的意见。

第三章 预 防

第十六条 地方各级人民政府应当按照水土保持规划，采取封育保护、自然修复等措施，组织单位和个人植树种草，扩大林草覆盖面积，涵养水源，预防和减轻水土流失。

第十七条 地方各级人民政府应当加强对取土、挖砂、采石等活动的管理，预防和减轻水土流失。

禁止在崩塌、滑坡危险区和泥石流易发区从事取土、挖砂、采石等可能造成水土流失的活动。崩塌、滑坡危险区和泥石流易发区的范围，由县级以上地方人民政府划定并公告。崩塌、滑坡危险区和泥石流易发区的划定，应当与地质灾害防治规划确定的地质灾害易发区、重点防治区相衔接。

第十八条 水土流失严重、生态脆弱的地区，应当限制或者禁止可能造成水土流失的生产建设活动，严格保护植物、沙壳、结皮、地衣等。

在侵蚀沟的沟坡和沟岸、河流的两岸以及湖泊和水库的周边，土地所有权人、使用权人或者有关管理单位应当营造植物保护带。禁止开垦、开发植物保护带。

第十九条 水土保持设施的所有权人或者使用权人应当加强对水土保持设施的管理与维护,落实管护责任,保障其功能正常发挥。

第二十条 禁止在二十五度以上陡坡地开垦种植农作物。在二十五度以上陡坡地种植经济林的,应当科学选择树种,合理确定规模,采取水土保持措施,防止造成水土流失。

省、自治区、直辖市根据本行政区域的实际情况,可以规定小于二十五度的禁止开垦坡度。禁止开垦的陡坡地的范围由当地县级人民政府划定并公告。

第二十一条 禁止毁林、毁草开垦和采集发菜。禁止在水土流失重点预防区和重点治理区铲草皮、挖树兜或者滥挖虫草、甘草、麻黄等。

第二十二条 林木采伐应当采用合理方式,严格控制皆伐;对水源涵养林、水土保持林、防风固沙林等防护林只能进行抚育和更新性质的采伐;对采伐区和集材道应当采取防止水土流失的措施,并在采伐后及时更新造林。

在林区采伐林木的,采伐方案中应当有水土保持措施。采伐方案经林业主管部门批准后,由林业主管部门和水行政主管部门监督实施。

第二十三条 在五度以上坡地植树造林、抚育幼林、种植中药材等,应当采取水土保持措施。

在禁止开垦坡度以下、五度以上的荒坡地开垦种植农作物,应当采取水土保持措施。具体办法由省、自治区、直辖市根据本行政区域的实际情况规定。

第二十四条 生产建设项目选址、选线应当避让水土流失重点预防区和重点治理区;无法避让的,应当提高防治标准,优化施工工艺,减少地表扰动和植被损坏范围,有效控制可能造成的水土流失。

第二十五条 在山区、丘陵区、风沙区以及水土保持规划确定的容易发生水土流失的其他区域开办可能造成水土流失的生产建设项目,生产建设单位应当编制水土保持方案,报县级以上人民政府水行政主管部门审批,并按照经批准的水土保持方案,采取水土流失预防和治理措施。没有能力编制水土保持方案的,应当委托具备相应技术条件的机构编制。

水土保持方案应当包括水土流失预防和治理的范围、目标、措施和投资等内容。

水土保持方案经批准后,生产建设项目的地点、规模发生重大变化的,应当补充或者修改水土保持方案并报原审批机关批准。水土保持方案实施过程中,水土保持措施需要作出重大变更的,应当经原审批机关批准。

生产建设项目水土保持方案的编制和审批办法,由国务院水行政主管部门制定。

第二十六条 依法应当编制水土保持方案的生产建设项目,生产建设单位未编制水土保持方案或者水土保持方案未经水行政主管部门批准的,生产建设项目不得开工建设。

第二十七条 依法应当编制水土保持方案的生产建设项目中的水土保持设施,应当与主体工程同时设计、同时施工、同时投产使用;生产建设项目竣工验收,应当验收水土保持设施;水土保持设施未经验收或者验收不合格的,生产建设项目不得投产使用。

第二十八条 依法应当编制水土保持方案的生产建设项目,其生产建设活动中排弃的砂、石、土、矸石、尾矿、废渣等应当综合利用;不能综合利用,确需废弃的,应当堆放在水土保持方案确定的专门存放地，并采取措施保证不产生新的危害。

第二十九条 县级以上人民政府水行政主管部门、流域管理机构，应当对生产建设项目水土保持方案的实施情况进行跟踪检查，发现问题及时处理。

第四章 治 理

第三十条 国家加强水土流失重点预防区和重点治理区的坡耕地改梯田、淤地坝等水土保持重点工程建设，加大生态修复力度。

县级以上人民政府水行政主管部门应当加强对水土保持重点工程的建设管理，建立和完善运行管护制度。

第三十一条 国家加强江河源头区、饮用水水源保护区和水源涵养区水土流失的预防和治理工作，多渠道筹集资金，将水土保持生态效益补偿纳入国家建立的生态效益补偿制度。

第三十二条 开办生产建设项目或者从事其他生产建设活动造成水土流失的，应当进行治理。

在山区、丘陵区、风沙区以及水土保持规划确定的容易发生水土流失的其他区域开办生产建设项目或者从事其他生产建设活动，损坏水土保持设施、地貌植被，不能恢复原有水土保持功能的，应当缴纳水土保持补偿费，专项用于水土流失预防和治理。专项水土流失预防和治理由水行政主管部门负责组织实施。水土保持补偿费的收取使用管理办法由国务院财政部门、国务院价格主管部门会同国务院水行政主管部门制定。

生产建设项目在建设过程中和生产过程中发生的水土保持费用，按照国家统一的财务会计制度处理。

第三十三条 国家鼓励单位和个人按照水土保持规划参与水土流失治理，并在资金、技术、税收等方面予以扶持。

第三十四条 国家鼓励和支持承包治理荒山、荒沟、荒丘、荒滩，防治水土流失，保护和改善生态环境，促进土地资源的合理开发和可持续利用，并依法保护土地承包合同当事人的合法权益。

承包治理荒山、荒沟、荒丘、荒滩和承包水土流失严重地区农村土地的，在依法签订的土地承包合同中应当包括预防和治理水土流失责任的内容。

第三十五条 在水力侵蚀地区，地方各级人民政府及其有关部门应当组织单位和个人，以天然沟壑及其两侧山坡地形成的小流域为单元，因地制宜地采取工程措施、植物措施和保护性耕作等措施，进行坡耕地和沟道水土流失综合治理。

在风力侵蚀地区，地方各级人民政府及其有关部门应当组织单位和个人，因地制宜地采取轮封轮牧、植树种草、设置人工沙障和网格林带等措施，建立防风固沙防护体系。

在重力侵蚀地区，地方各级人民政府及其有关部门应当组织单位和个人，采取监测、径流排导、削坡减载、支挡固坡、修建拦挡工程等措施，建立监测、预报、预警体系。

第三十六条 在饮用水水源保护区，地方各级人民政府及其有关部门应当组织单位和个人，采取预防保护、自然修复和综合治理措施，配套建设植物过滤带，积极推广沼气，开展清洁小流域建设，严格控制化肥和农药的使用，减少水土流失引起的面源污染，保护饮用水水源。

第三十七条 已在禁止开垦的陡坡地上开垦种植农作物的,应当按照国家有关规定退耕,植树种草;耕地短缺、退耕确有困难的,应当修建梯田或者采取其他水土保持措施。

在禁止开垦坡度以下的坡耕地上开垦种植农作物的,应当根据不同情况,采取修建梯田、坡面水系整治、蓄水保土耕作或者退耕等措施。

第三十八条 对生产建设活动所占用土地的地表土应当进行分层剥离、保存和利用,做到土石方挖填平衡,减少地表扰动范围;对废弃的砂、石、土、矸石、尾矿、废渣等存放地,应当采取拦挡、坡面防护、防洪排导等措施。生产建设活动结束后,应当及时在取土场、开挖面和存放地的裸露土地上植树种草、恢复植被,对闭库的尾矿库进行复垦。

在干旱缺水地区从事生产建设活动,应当采取防止风力侵蚀措施,设置降水蓄渗设施,充分利用降水资源。

第三十九条 国家鼓励和支持在山区、丘陵区、风沙区以及容易发生水土流失的其他区域,采取下列有利于水土保持的措施:

(一)免耕、等高耕作、轮耕轮作、草田轮作、间作套种等;

(二)封禁抚育、轮封轮牧、舍饲圈养;

(三)发展沼气、节柴灶,利用太阳能、风能和水能,以煤、电、气代替薪柴等;

(四)从生态脆弱地区向外移民;

(五)其他有利于水土保持的措施。

第五章 监测和监督

第四十条 县级以上人民政府水行政主管部门应当加强水土保持监测工作,发挥水土保持监测工作在政府决策、经济社会发展和社会公众服务中的作用。县级以上人民政府应当保障水土保持监测工作经费。

国务院水行政主管部门应当完善全国水土保持监测网络,对全国水土流失进行动态监测。

第四十一条 对可能造成严重水土流失的大中型生产建设项目,生产建设单位应当自行或者委托具备水土保持监测资质的机构,对生产建设活动造成的水土流失进行监测,并将监测情况定期上报当地水行政主管部门。

从事水土保持监测活动应当遵守国家有关技术标准、规范和规程,保证监测质量。

第四十二条 国务院水行政主管部门和省、自治区、直辖市人民政府水行政主管部门应当根据水土保持监测情况,定期对下列事项进行公告:

(一)水土流失类型、面积、强度、分布状况和变化趋势;

(二)水土流失造成的危害;

(三)水土流失预防和治理情况。

第四十三条 县级以上人民政府水行政主管部门负责对水土保持情况进行监督检查。流域管理机构在其管辖范围内可以行使国务院水行政主管部门的监督检查职权。

第四十四条 水政监督检查人员依法履行监督检查职责时,有权采取下列措施:

(一)要求被检查单位或者个人提供有关文件、证照、资料;

（二）要求被检查单位或者个人就预防和治理水土流失的有关情况作出说明；

（三）进入现场进行调查、取证。

被检查单位或者个人拒不停止违法行为，造成严重水土流失的，报经水行政主管部门批准，可以查封、扣押实施违法行为的工具及施工机械、设备等。

第四十五条 水政监督检查人员依法履行监督检查职责时，应当出示执法证件。被检查单位或者个人对水土保持监督检查工作应当给予配合，如实报告情况，提供有关文件、证照、资料；不得拒绝或者阻碍水政监督检查人员依法执行公务。

第四十六条 不同行政区域之间发生水土流失纠纷应当协商解决；协商不成的，由共同的上一级人民政府裁决。

第六章 法律责任

第四十七条 水行政主管部门或者其他依照本法规定行使监督管理权的部门，不依法作出行政许可决定或者办理批准文件的，发现违法行为或者接到对违法行为的举报不予查处的，或者有其他未依照本法规定履行职责的行为的，对直接负责的主管人员和其他直接责任人员依法给予处分。

第四十八条 违反本法规定，在崩塌、滑坡危险区或者泥石流易发区从事取土、挖砂、采石等可能造成水土流失的活动的，由县级以上地方人民政府水行政主管部门责令停止违法行为，没收违法所得，对个人处一千元以上一万元以下的罚款，对单位处二万元以上二十万元以下的罚款。

第四十九条 违反本法规定，在禁止开垦坡度以上陡坡地开垦种植农作物，或者在禁止开垦、开发的植物保护带内开垦、开发的，由县级以上地方人民政府水行政主管部门责令停止违法行为，采取退耕、恢复植被等补救措施；按照开垦或者开发面积，可以对个人处每平方米二元以下的罚款、对单位处每平方米十元以下的罚款。

第五十条 违反本法规定，毁林、毁草开垦的，依照《中华人民共和国森林法》、《中华人民共和国草原法》的有关规定处罚。

第五十一条 违反本法规定，采集发菜，或者在水土流失重点预防区和重点治理区铲草皮、挖树兜、滥挖虫草、甘草、麻黄等的，由县级以上地方人民政府水行政主管部门责令停止违法行为，采取补救措施，没收违法所得，并处违法所得一倍以上五倍以下的罚款；没有违法所得的，可以处五万元以下的罚款。

在草原地区有前款规定违法行为的，依照《中华人民共和国草原法》的有关规定处罚。

第五十二条 在林区采伐林木不依法采取防止水土流失措施的，由县级以上地方人民政府林业主管部门、水行政主管部门责令限期改正，采取补救措施；造成水土流失的，由水行政主管部门按照造成水土流失的面积处每平方米二元以上十元以下的罚款。

第五十三条 违反本法规定，有下列行为之一的，由县级以上人民政府水行政主管部门责令停止违法行为，限期补办手续；逾期不补办手续的，处五万元以上五十万元以下的罚款；对生产建设单位直接负责的主管人员和其他直接责任人员依法给予处分：

（一）依法应当编制水土保持方案的生产建设项目，未编制水土保持方案或者编制的

水土保持方案未经批准而开工建设的;

(二)生产建设项目的地点、规模发生重大变化,未补充、修改水土保持方案或者补充、修改的水土保持方案未经原审批机关批准的;

(三)水土保持方案实施过程中,未经原审批机关批准,对水土保持措施作出重大变更的。

第五十四条 违反本法规定,水土保持设施未经验收或者验收不合格将生产建设项目投产使用的,由县级以上人民政府水行政主管部门责令停止生产或者使用,直至验收合格,并处五万元以上五十万元以下的罚款。

第五十五条 违反本法规定,在水土保持方案确定的专门存放地以外的区域倾倒砂、石、土、矸石、尾矿、废渣等的,由县级以上地方人民政府水行政主管部门责令停止违法行为,限期清理,按照倾倒数量处每立方米十元以上二十元以下的罚款;逾期仍不清理的,县级以上地方人民政府水行政主管部门可以指定有清理能力的单位代为清理,所需费用由违法行为人承担。

第五十六条 违反本法规定,开办生产建设项目或者从事其他生产建设活动造成水土流失,不进行治理的,由县级以上人民政府水行政主管部门责令限期治理;逾期仍不治理的,县级以上人民政府水行政主管部门可以指定有治理能力的单位代为治理,所需费用由违法行为人承担。

第五十七条 违反本法规定,拒不缴纳水土保持补偿费的,由县级以上人民政府水行政主管部门责令限期缴纳;逾期不缴纳的,自滞纳之日起按日加收滞纳部分万分之五的滞纳金,可以处应缴水土保持补偿费三倍以下的罚款。

第五十八条 违反本法规定,造成水土流失危害的,依法承担民事责任;构成违反治安管理行为的,由公安机关依法给予治安管理处罚;构成犯罪的,依法追究刑事责任。

第七章　附　则

第五十九条 县级以上地方人民政府根据当地实际情况确定的负责水土保持工作的机构,行使本法规定的水行政主管部门水土保持工作的职责。

第六十条 本法自2011年3月1日起施行。

取水许可和水资源费征收管理条例

（2006年2月21日国务院第460号令发布，自2006年4月15日起施行）

第一章　总　则

第一条　为加强水资源管理和保护，促进水资源的节约与合理开发利用，根据《中华人民共和国水法》，制定本条例。

第二条　本条例所称取水，是指利用取水工程或者设施直接从江河、湖泊或者地下取用水资源。

取用水资源的单位和个人，除本条例第四条规定的情形外，都应当申请领取取水许可证，并缴纳水资源费。

本条例所称取水工程或者设施，是指闸、坝、渠道、人工河道、虹吸管、水泵、水井以及水电站等。

第三条　县级以上人民政府水行政主管部门按照分级管理权限，负责取水许可制度的组织实施和监督管理。

国务院水行政主管部门在国家确定的重要江河、湖泊设立的流域管理机构（以下简称流域管理机构），依照本条例规定和国务院水行政主管部门授权，负责所管辖范围内取水许可制度的组织实施和监督管理。

县级以上人民政府水行政主管部门、财政部门和价格主管部门依照本条例规定和管理权限，负责水资源费的征收、管理和监督。

第四条　下列情形不需要申请领取取水许可证：

（一）农村集体经济组织及其成员使用本集体经济组织的水塘、水库中的水的；

（二）家庭生活和零星散养、圈养畜禽饮用等少量取水的；

（三）为保障矿井等地下工程施工安全和生产安全必须进行临时应急取（排）水的；

（四）为消除对公共安全或者公共利益的危害临时应急取水的；

（五）为农业抗旱和维护生态与环境必须临时应急取水的。

前款第（二）项规定的少量取水的限额，由省、自治区、直辖市人民政府规定；第（三）项、第（四）项规定的取水，应当及时报县级以上地方人民政府水行政主管部门或者流域管理机构备案；第（五）项规定的取水，应当经县级以上人民政府水行政主管部门或者流域管理机构同意。

第五条　取水许可应当首先满足城乡居民生活用水，并兼顾农业、工业、生态与环境用水以及航运等需要。

省、自治区、直辖市人民政府可以依照本条例规定的职责权限，在同一流域或者区域内，根据实际情况对前款各项用水规定具体的先后顺序。

第六条　实施取水许可必须符合水资源综合规划、流域综合规划、水中长期供求规划和水功能区划，遵守依照《中华人民共和国水法》规定批准的水量分配方案；尚未制定水量分配方案的,应当遵守有关地方人民政府间签订的协议。

第七条　实施取水许可应当坚持地表水与地下水统筹考虑,开源与节流相结合、节流优先的原则,实行总量控制与定额管理相结合。

流域内批准取水的总耗水量不得超过本流域水资源可利用量。

行政区域内批准取水的总水量,不得超过流域管理机构或者上一级水行政主管部门下达的可供本行政区域取用的水量。其中,批准取用地下水的总水量,不得超过本行政区域地下水可开采量,并应当符合地下水开发利用规划的要求。制定地下水开发利用规划应当征求国土资源主管部门的意见。

第八条　取水许可和水资源费征收管理制度的实施应当遵循公开、公平、公正、高效和便民的原则。

第九条　任何单位和个人都有节约和保护水资源的义务。

对节约和保护水资源有突出贡献的单位和个人,由县级以上人民政府给予表彰和奖励。

第二章　取水的申请和受理

第十条　申请取水的单位或者个人(以下简称申请人),应当向具有审批权限的审批机关提出申请。申请利用多种水源,且各种水源的取水许可审批机关不同的,应当向其中最高一级审批机关提出申请。

取水许可权限属于流域管理机构的,应当向取水口所在地的省、自治区、直辖市人民政府水行政主管部门提出申请。省、自治区、直辖市人民政府水行政主管部门,应当自收到申请之日起 20 个工作日内提出意见,并连同全部申请材料转报流域管理机构;流域管理机构收到后,应当依照本条例第十三条的规定作出处理。

第十一条　申请取水应当提交下列材料:

(一)申请书;

(二)与第三者利害关系的相关说明;

(三)属于备案项目的,提供有关备案材料;

(四)国务院水行政主管部门规定的其他材料。

建设项目需要取水的,申请人还应当提交由具备建设项目水资源论证资质的单位编制的建设项目水资源论证报告书。论证报告书应当包括取水水源、用水合理性以及对生态与环境的影响等内容。

第十二条　申请书应当包括下列事项:

(一)申请人的名称(姓名)、地址;

(二)申请理由;

(三)取水的起始时间及期限;

(四)取水目的、取水量、年内各月的用水量等;

(五)水源及取水地点;

(六)取水方式、计量方式和节水措施;

(七)退水地点和退水中所含主要污染物以及污水处理措施;

(八)国务院水行政主管部门规定的其他事项。

第十三条 县级以上地方人民政府水行政主管部门或者流域管理机构,应当自收到取水申请之日起5个工作日内对申请材料进行审查,并根据下列不同情形分别作出处理:

(一)申请材料齐全、符合法定形式、属于本机关受理范围的,予以受理;

(二)提交的材料不完备或者申请书内容填注不明的,通知申请人补正;

(三)不属于本机关受理范围的,告知申请人向有受理权限的机关提出申请。

第三章 取水许可的审查和决定

第十四条 取水许可实行分级审批。

下列取水由流域管理机构审批:

(一)长江、黄河、淮河、海河、滦河、珠江、松花江、辽河、金沙江、汉江的干流和太湖以及其他跨省、自治区、直辖市河流、湖泊的指定河段限额以上的取水;

(二)国际跨界河流的指定河段和国际边界河流限额以上的取水;

(三)省际边界河流、湖泊限额以上的取水;

(四)跨省、自治区、直辖市行政区域的取水;

(五)由国务院或者国务院投资主管部门审批、核准的大型建设项目的取水;

(六)流域管理机构直接管理的河道(河段)、湖泊内的取水。

前款所称的指定河段和限额以及流域管理机构直接管理的河道(河段)、湖泊,由国务院水行政主管部门规定。

其他取水由县级以上地方人民政府水行政主管部门按照省、自治区、直辖市人民政府规定的审批权限审批。

第十五条 批准的水量分配方案或者签订的协议是确定流域与行政区域取水许可总量控制的依据。

跨省、自治区、直辖市的江河、湖泊,尚未制定水量分配方案或者尚未签订协议的,有关省、自治区、直辖市的取水许可总量控制指标,由流域管理机构根据流域水资源条件,依据水资源综合规划、流域综合规划和水中长期供求规划,结合各省、自治区、直辖市取水现状及供需情况,商有关省、自治区、直辖市人民政府水行政主管部门提出,报国务院水行政主管部门批准;设区的市、县(市)行政区域的取水许可总量控制指标,由省、自治区、直辖市人民政府水行政主管部门依据本省、自治区、直辖市取水许可总量控制指标,结合各地取水现状及供需情况制定,并报流域管理机构备案。

第十六条 按照行业用水定额核定的用水量是取水量审批的主要依据。

省、自治区、直辖市人民政府水行政主管部门和质量监督检验管理部门对本行政区域行业用水定额的制定负责指导并组织实施。

尚未制定本行政区域行业用水定额的,可以参照国务院有关行业主管部门制定的行业用水定额执行。

第十七条 审批机关受理取水申请后,应当对取水申请材料进行全面审查,并综合考虑取水可能对水资源的节约保护和经济社会发展带来的影响,决定是否批准取水申请。

第十八条 审批机关认为取水涉及社会公共利益需要听证的,应当向社会公告,并举行听证。

取水涉及申请人与他人之间重大利害关系的，审批机关在作出是否批准取水申请的决定前，应当告知申请人、利害关系人。申请人、利害关系人要求听证的，审批机关应当组织听证。

因取水申请引起争议或者诉讼的，审批机关应当书面通知申请人中止审批程序；争议解决或者诉讼终止后，恢复审批程序。

第十九条　审批机关应当自受理取水申请之日起45个工作日内决定批准或者不批准。决定批准的，应当同时签发取水申请批准文件。

对取用城市规划区地下水的取水申请，审批机关应当征求城市建设主管部门的意见，城市建设主管部门应当自收到征求意见材料之日起5个工作日内提出意见并转送取水审批机关。

本条第一款规定的审批期限，不包括举行听证和征求有关部门意见所需的时间。

第二十条　有下列情形之一的，审批机关不予批准，并在作出不批准的决定时，书面告知申请人不批准的理由和依据：

(一)在地下水禁采区取用地下水的；

(二)在取水许可总量已经达到取水许可控制总量的地区增加取水量的；

(三)可能对水功能区水域使用功能造成重大损害的；

(四)取水、退水布局不合理的；

(五)城市公共供水管网能够满足用水需要时，建设项目自备取水设施取用地下水的；

(六)可能对第三者或者社会公共利益产生重大损害的；

(七)属于备案项目，未报送备案的；

(八)法律、行政法规规定的其他情形。

审批的取水量不得超过取水工程或者设施设计的取水量。

第二十一条　取水申请经审批机关批准，申请人方可兴建取水工程或者设施。需由国家审批、核准的建设项目，未取得取水申请批准文件的，项目主管部门不得审批、核准该建设项目。

第二十二条　取水申请批准后3年内，取水工程或者设施未开工建设，或者需由国家审批、核准的建设项目未取得国家审批、核准的，取水申请批准文件自行失效。

建设项目中取水事项有较大变更的，建设单位应当重新进行建设项目水资源论证，并重新申请取水。

第二十三条　取水工程或者设施竣工后，申请人应当按照国务院水行政主管部门的规定，向取水审批机关报送取水工程或者设施试运行情况等相关材料；经验收合格的，由审批机关核发取水许可证。

直接利用已有的取水工程或者设施取水的，经审批机关审查合格，发给取水许可证。

审批机关应当将发放取水许可证的情况及时通知取水口所在地县级人民政府水行政主管部门，并定期对取水许可证的发放情况予以公告。

第二十四条　取水许可证应当包括下列内容：

（一）取水单位或者个人的名称（姓名）；

（二）取水期限；

（三）取水量和取水用途；

（四）水源类型；

（五）取水、退水地点及退水方式、退水量。

前款第（三）项规定的取水量是在江河、湖泊、地下水多年平均水量情况下允许的取水单位或者个人的最大取水量。

取水许可证由国务院水行政主管部门统一制作，审批机关核发取水许可证只能收取工本费。

第二十五条 取水许可证有效期限一般为5年，最长不超过10年。有效期届满，需要延续的，取水单位或者个人应当在有效期届满45日前向原审批机关提出申请，原审批机关应当在有效期届满前，作出是否延续的决定。

第二十六条 取水单位或者个人要求变更取水许可证载明的事项的，应当依照本条例的规定向原审批机关申请，经原审批机关批准，办理有关变更手续。

第二十七条 依法获得取水权的单位或者个人，通过调整产品和产业结构、改革工艺、节水等措施节约水资源的，在取水许可的有效期和取水限额内，经原审批机关批准，可以依法有偿转让其节约的水资源，并到原审批机关办理取水权变更手续。具体办法由国务院水行政主管部门制定。

第四章 水资源费的征收和使用管理

第二十八条 取水单位或者个人应当缴纳水资源费。

取水单位或者个人应当按照经批准的年度取水计划取水。超计划或者超定额取水的，对超计划或者超定额部分累进收取水资源费。

水资源费征收标准由省、自治区、直辖市人民政府价格主管部门会同同级财政部门、水行政主管部门制定，报本级人民政府批准，并报国务院价格主管部门、财政部门和水行政主管部门备案。其中，由流域管理机构审批取水的中央直属和跨省、自治区、直辖市水利工程的水资源费征收标准，由国务院价格主管部门会同国务院财政部门、水行政主管部门制定。

第二十九条 制定水资源费征收标准，应当遵循下列原则：

（一）促进水资源的合理开发、利用、节约和保护；

（二）与当地水资源条件和经济社会发展水平相适应；

（三）统筹地表水和地下水的合理开发利用，防止地下水过量开采；

（四）充分考虑不同产业和行业的差别。

第三十条 各级地方人民政府应当采取措施，提高农业用水效率，发展节水型农业。

农业生产取水的水资源费征收标准应当根据当地水资源条件、农村经济发展状况和促进农业节约用水需要制定。农业生产取水的水资源费征收标准应当低于其他用水的水资源费征收标准，粮食作物的水资源费征收标准应当低于经济作物的水资源费征收标准。农业生产取水的水资源费征收的步骤和范围由省、自治区、直辖市人民政府规定。

第三十一条 水资源费由取水审批机关负责征收,其中,流域管理机构审批的,水资源费由取水口所在地省、自治区、直辖市人民政府水行政主管部门代为征收。

第三十二条 水资源费缴纳数额根据取水口所在地水资源费征收标准和实际取水量确定。

水力发电用水和火力发电贯流式冷却用水可以根据取水口所在地水资源费征收标准和实际发电量确定缴纳数额。

第三十三条 取水审批机关确定水资源费缴纳数额后,应当向取水单位或者个人送达水资源费缴纳通知单,取水单位或者个人应当自收到缴纳通知单之日起7日内办理缴纳手续。

直接从江河、湖泊或者地下取用水资源从事农业生产的,对超过省、自治区、直辖市规定的农业生产用水限额部分的水资源,由取水单位或者个人根据取水口所在地水资源费征收标准和实际取水量缴纳水资源费;符合规定的农业生产用水限额的取水,不缴纳水资源费。取用供水工程的水从事农业生产的,由用水单位或者个人按照实际用水量向供水工程单位缴纳水费,由供水工程单位统一缴纳水资源费;水资源费计入供水成本。

为了公共利益需要,按照国家批准的跨行政区域水量分配方案实施的临时应急调水,由调入区域的取用水的单位或者个人,根据所在地水资源费征收标准和实际取水量缴纳水资源费。

第三十四条 取水单位或者个人因特殊困难不能按期缴纳水资源费的,可以自收到水资源费缴纳通知单之日起7日内向发出缴纳通知单的水行政主管部门申请缓缴;发出缴纳通知单的水行政主管部门应当自收到缓缴申请之日起5个工作日内作出书面决定并通知申请人;期满未作决定的,视为同意。水资源费的缓缴期限最长不得超过90日。

第三十五条 征收的水资源费应当按照国务院财政部门的规定分别解缴中央和地方国库。因筹集水利工程基金,国务院对水资源费的提取、解缴另有规定的,从其规定。

第三十六条 征收的水资源费应当全额纳入财政预算,由财政部门按照批准的部门财政预算统筹安排,主要用于水资源的节约、保护和管理,也可以用于水资源的合理开发。

第三十七条 任何单位和个人不得截留、侵占或者挪用水资源费。

审计机关应当加强对水资源费使用和管理的审计监督。

第五章　监督管理

第三十八条 县级以上人民政府水行政主管部门或者流域管理机构应当依照本条例规定,加强对取水许可制度实施的监督管理。

县级以上人民政府水行政主管部门、财政部门和价格主管部门应当加强对水资源费征收、使用情况的监督管理。

第三十九条 年度水量分配方案和年度取水计划是年度取水总量控制的依据,应当根据批准的水量分配方案或者签订的协议,结合实际用水状况、行业用水定额、下一年度预测来水量等制定。

国家确定的重要江河、湖泊的流域年度水量分配方案和年度取水计划,由流域管理机构会同有关省、自治区、直辖市人民政府水行政主管部门制定。

县级以上各地方行政区域的年度水量分配方案和年度取水计划，由县级以上地方人民政府水行政主管部门根据上一级地方人民政府水行政主管部门或者流域管理机构下达的年度水量分配方案和年度取水计划制定。

第四十条 取水审批机关依照本地区下一年度取水计划、取水单位或者个人提出的下一年度取水计划建议，按照统筹协调、综合平衡、留有余地的原则，向取水单位或者个人下达下一年度取水计划。

取水单位或者个人因特殊原因需要调整年度取水计划的，应当经原审批机关同意。

第四十一条 有下列情形之一的，审批机关可以对取水单位或者个人的年度取水量予以限制：

（一）因自然原因，水资源不能满足本地区正常供水的；

（二）取水、退水对水功能区水域使用功能、生态与环境造成严重影响的；

（三）地下水严重超采或者因地下水开采引起地面沉降等地质灾害的；

（四）出现需要限制取水量的其他特殊情况的。

发生重大旱情时，审批机关可以对取水单位或者个人的取水量予以紧急限制。

第四十二条 取水单位或者个人应当在每年的12月31日前向审批机关报送本年度的取水情况和下一年度取水计划建议。

审批机关应当按年度将取用地下水的情况抄送同级国土资源主管部门，将取用城市规划区地下水的情况抄送同级城市建设主管部门。

审批机关依照本条例第四十一条第一款的规定，需要对取水单位或者个人的年度取水量予以限制的，应当在采取限制措施前及时书面通知取水单位或者个人。

第四十三条 取水单位或者个人应当依照国家技术标准安装计量设施，保证计量设施正常运行，并按照规定填报取水统计报表。

第四十四条 连续停止取水满2年的，由原审批机关注销取水许可证。由于不可抗力或者进行重大技术改造等原因造成停止取水满2年的，经原审批机关同意，可以保留取水许可证。

第四十五条 县级以上人民政府水行政主管部门或者流域管理机构在进行监督检查时，有权采取下列措施：

（一）要求被检查单位或者个人提供有关文件、证照、资料；

（二）要求被检查单位或者个人就执行本条例的有关问题作出说明；

（三）进入被检查单位或者个人的生产场所进行调查；

（四）责令被检查单位或者个人停止违反本条例的行为，履行法定义务。

监督检查人员在进行监督检查时，应当出示合法有效的行政执法证件。有关单位和个人对监督检查工作应当给予配合，不得拒绝或者阻碍监督检查人员依法执行公务。

第四十六条 县级以上地方人民政府水行政主管部门应当按照国务院水行政主管部门的规定，及时向上一级水行政主管部门或者所在流域的流域管理机构报送本行政区域上一年度取水许可证发放情况。

流域管理机构应当按照国务院水行政主管部门的规定，及时向国务院水行政主管部门报送其上一年度取水许可证发放情况，并同时抄送取水口所在地省、自治区、直辖市人民政府水行政主管部门。

上一级水行政主管部门或者流域管理机构发现越权审批、取水许可证核准的总取水量超过水量分配方案或者协议规定的数量、年度实际取水总量超过下达的年度水量分配方案和年度取水计划的,应当及时要求有关水行政主管部门或者流域管理机构纠正。

第六章 法律责任

第四十七条 县级以上地方人民政府水行政主管部门、流域管理机构或者其他有关部门及其工作人员,有下列行为之一的,由其上级行政机关或者监察机关责令改正;情节严重的,对直接负责的主管人员和其他直接责任人员依法给予行政处分;构成犯罪的,依法追究刑事责任:

(一)对符合法定条件的取水申请不予受理或者不在法定期限内批准的;

(二)对不符合法定条件的申请人签发取水申请批准文件或者发放取水许可证的;

(三)违反审批权限签发取水申请批准文件或者发放取水许可证的;

(四)对未取得取水申请批准文件的建设项目,擅自审批、核准的;

(五)不按照规定征收水资源费,或者对不符合缓缴条件而批准缓缴水资源费的;

(六)侵占、截留、挪用水资源费的;

(七)不履行监督职责,发现违法行为不予查处的;

(八)其他滥用职权、玩忽职守、徇私舞弊的行为。

前款第(六)项规定的被侵占、截留、挪用的水资源费,应当依法予以追缴。

第四十八条 未经批准擅自取水,或者未依照批准的取水许可规定条件取水的,依照《中华人民共和国水法》第六十九条规定处罚;给他人造成妨碍或者损失的,应当排除妨碍、赔偿损失。

第四十九条 未取得取水申请批准文件擅自建设取水工程或者设施的,责令停止违法行为,限期补办有关手续;逾期不补办或者补办未被批准的,责令限期拆除或者封闭其取水工程或者设施;逾期不拆除或者不封闭其取水工程或者设施的,由县级以上地方人民政府水行政主管部门或者流域管理机构组织拆除或者封闭,所需费用由违法行为人承担,可以处5万元以下罚款。

第五十条 申请人隐瞒有关情况或者提供虚假材料骗取取水申请批准文件或者取水许可证的,取水申请批准文件或者取水许可证无效,对申请人给予警告,责令其限期补缴应当缴纳的水资源费,处2万元以上10万元以下罚款;构成犯罪的,依法追究刑事责任。

第五十一条 拒不执行审批机关作出的取水量限制决定,或者未经批准擅自转让取水权的,责令停止违法行为,限期改正,处2万元以上10万元以下罚款;逾期拒不改正或者情节严重的,吊销取水许可证。

第五十二条 有下列行为之一的,责令停止违法行为,限期改正,处5 000元以上2万元以下罚款;情节严重的,吊销取水许可证:

(一)不按照规定报送年度取水情况的;

(二)拒绝接受监督检查或者弄虚作假的;

(三)退水水质达不到规定要求的。

第五十三条 未安装计量设施的,责令限期安装,并按照日最大取水能力计算的取水量和水资源费征收标准计征水资源费,处5 000元以上2万元以下罚款;情节严重的,吊销取水许可证。

计量设施不合格或者运行不正常的,责令限期更换或者修复;逾期不更换或者不修复的,按照日最大取水能力计算的取水量和水资源费征收标准计征水资源费,可以处1万元以下罚款;情节严重的,吊销取水许可证。

第五十四条 取水单位或者个人拒不缴纳、拖延缴纳或者拖欠水资源费的,依照《中华人民共和国水法》第七十条规定处罚。

第五十五条 对违反规定征收水资源费、取水许可证照费的,由价格主管部门依法予以行政处罚。

第五十六条 伪造、涂改、冒用取水申请批准文件、取水许可证的,责令改正,没收违法所得和非法财物,并处2万元以上10万元以下罚款;构成犯罪的,依法追究刑事责任。

第五十七条 本条例规定的行政处罚,由县级以上人民政府水行政主管部门或者流域管理机构按照规定的权限决定。

第七章 附 则

第五十八条 本条例自2006年4月15日起施行。1993年8月1日国务院发布的《取水许可制度实施办法》同时废止。

取水许可管理办法

(2008年3月13日水利部部务会议审议通过,2008年4月9日水利部令第34号公布)

第一章 总 则

第一条 为加强取水许可管理,规范取水的申请、审批和监督管理,根据《中华人民共和国水法》和《取水许可和水资源费征收管理条例》(以下简称《取水条例》)等法律法规,制定本办法。

第二条 取用水资源的单位和个人以及从事取水许可管理活动的水行政主管部门和流域管理机构及其工作人员,应当遵守本办法。

第三条 水利部负责全国取水许可制度的组织实施和监督管理。

水利部所属流域管理机构(以下简称流域管理机构),依照法律法规和水利部规定的管理权限,负责所管辖范围内取水许可制度的组织实施和监督管理。

县级以上地方人民政府水行政主管部门按照省、自治区、直辖市人民政府规定的分级管理权限,负责本行政区域内取水许可制度的组织实施和监督管理。

第四条 流域内批准取水的总耗水量不得超过国家批准的本流域水资源可利用量。

行政区域内批准取水的总水量,不得超过流域管理机构或者上一级水行政主管部门下达的可供本行政区域取用的水量。

第二章 取水的申请和受理

第五条 实行政府审批制的建设项目,申请人应当在报送建设项目(预)可行性研究报告前,提出取水申请。

纳入政府核准项目目录的建设项目,申请人应当在报送项目申请报告前,提出取水申请。

纳入政府备案项目目录的建设项目以及其他不列入国家基本建设管理程序的建设项目,申请人应当在取水工程开工前,提出取水申请。

第六条 申请取水并需要设置入河排污口的,申请人在提出取水申请的同时,应当按照《入河排污口监督管理办法》的有关规定一并提出入河排污口设置申请。

第七条 直接取用其他取水单位或者个人的退水或者排水的,应当依法办理取水许可申请。

第八条 需要申请取水的建设项目,申请人应当委托具备相应资质的单位编制建设项目水资源论证报告书。其中,取水量较少且对周边环境影响较小的建设项目,申请人可不编制建设项目水资源论证报告书,但应当填写建设项目水资源论证表。

不需要编制建设项目水资源论证报告书的情形以及建设项目水资源论证表的格式及

填报要求,由水利部规定。

第九条 县级以上人民政府水行政主管部门或者流域管理机构应当组织有关专家对建设项目水资源论证报告书进行审查,并提出书面审查意见,作为审批取水申请的技术依据。

第十条 《取水条例》第十一条第一款第四项所称的国务院水行政主管部门规定的其他材料包括:

(一)取水单位或者个人的法定身份证明文件;

(二)有利害关系第三者的承诺书或者其他文件;

(三)建设项目水资源论证报告书的审查意见;

(四)不需要编制建设项目水资源论证报告书的,应当提交建设项目水资源论证表;

(五)利用已批准的入河排污口退水的,应当出具具有管辖权的县级以上地方人民政府水行政主管部门或者流域管理机构的同意文件。

第十一条 申请人应当向具有审批权限的审批机关提出申请。申请利用多种水源,且各种水源的取水审批机关不同的,应当向其中最高一级审批机关提出申请。

申请在地下水限制开采区开采利用地下水的,应当向取水口所在地的省、自治区、直辖市人民政府水行政主管部门提出申请。

取水许可权限属于流域管理机构的,应当向取水口所在地的省、自治区、直辖市人民政府水行政主管部门提出申请;其中,取水口跨省、自治区、直辖市的,应当分别向相关省、自治区、直辖市人民政府水行政主管部门提出申请。

第十二条 取水许可权限属于流域管理机构的,接受申请材料的省、自治区、直辖市人民政府水行政主管部门应当自收到申请之日起20个工作日内提出初审意见,并连同全部申请材料转报流域管理机构。申请利用多种水源,且各种水源的取水审批机关为不同流域管理机构的,接受申请材料的省、自治区、直辖市人民政府水行政主管部门应当同时分别转报有关流域管理机构。

初审意见应当包括建议审批水量、取水和退水的水质指标要求,以及申请取水项目所在水系本行政区域已审批取水许可总量、水功能区水质状况等内容。

第十三条 县级以上地方人民政府水行政主管部门或者流域管理机构,应当按照《取水条例》第十三条的规定对申请材料进行审查,并作出处理决定。

第十四条 《取水条例》第四条规定的为保障矿井等地下工程施工安全和生产安全必须进行临时应急取(排)水的以及为消除对公共安全或者公共利益的危害临时应急取水的,取水单位或者个人应当在危险排除或者事后10日内,将取水情况报取水口所在地县级以上地方人民政府水行政主管部门或者流域管理机构备案。

第十五条 《取水条例》第四条规定的为农业抗旱和维护生态与环境必须临时应急取水的,取水单位或者个人应当在开始取水前向取水口所在地县级人民政府水行政主管提出申请,经其同意后方可取水;涉及到跨行政区域的,须经共同的上一级地方人民政府水行政主管部门或者流域管理机构同意后方可取水。

第三章　取水许可的审查和决定

第十六条　申请在地下水限制开采区开采利用地下水的，由取水口所在地的省、自治区、直辖市人民政府水行政主管部门负责审批；其中，由国务院或者国务院投资主管部门审批、核准的大型建设项目取用地下水限制开采区地下水的，由流域管理机构负责审批。

第十七条　取水审批机关审批的取水总量，不得超过本流域或者本行政区域的取水许可总量控制指标。

在审批的取水总量已经达到取水许可总量控制指标的流域和行政区域，不得再审批新增取水。

第十八条　取水审批机关应当根据本流域或者本行政区域的取水许可总量控制指标，按照统筹协调、综合平衡、留有余地的原则核定申请人的取水量。所核定的取水量不得超过按照行业用水定额核定的取水量。

第十九条　取水审批机关在审查取水申请过程中，需要征求取水口所在地有关地方人民政府水行政主管部门或者流域管理机构意见的，被征求意见的地方人民政府水行政主管部门或者流域管理机构应当自收到征求意见材料之日起10个工作日内提出书面意见并转送取水审批机关。

第二十条　《取水条例》第二十条第一款第三项、第四项规定的不予批准的情形包括：

(一)因取水造成水量减少可能使取水口所在水域达不到水功能区水质标准的；

(二)在饮用水水源保护区内设置入河排污口的；

(三)退水中所含主要污染物浓度超过国家或者地方规定的污染物排放标准的；

(四)退水可能使排入水域达不到水功能区水质标准的；

(五)退水不符合排入水域限制排污总量控制要求的；

(六)退水不符合地下水回补要求的。

第二十一条　取水审批机关决定批准取水申请的，应当签发取水申请批准文件。取水申请批准文件应当包括下列内容：

(一)水源地水量水质状况，取水用途，取水量及其对应的保证率；

(二)退水地点、退水量和退水水质要求；

(三)用水定额及有关节水要求；

(四)计量设施的要求；

(五)特殊情况下的取水限制措施；

(六)蓄水工程或者水力发电工程的水量调度和合理下泄流量的要求；

(七)申请核发取水许可证的事项；

(八)其他注意事项。

申请利用多种水源，且各种水源的取水审批机关为不同流域管理机构的，有关流域管理机构应当联合签发取水申请批准文件。

第二十二条　未取得取水许可申请批准文件的，申请人不得兴建取水工程或者设施；需由国家审批、核准的建设项目，项目主管部门不得审批、核准该建设项目。

第四章　取水许可证的发放和公告

第二十三条　取水工程或者设施建成并试运行满30日的，申请人应当向取水审批机关报送以下材料，申请核发取水许可证：

（一）建设项目的批准或者核准文件；

（二）取水申请批准文件；

（三）取水工程或者设施的建设和试运行情况；

（四）取水计量设施的计量认证情况；

（五）节水设施的建设和试运行情况；

（六）污水处理措施落实情况；

（七）试运行期间的取水、退水监测结果。

拦河闸坝等蓄水工程，还应当提交经地方人民政府水行政主管部门或者流域管理机构批准的蓄水调度运行方案。

地下水取水工程，还应当提交包括成井抽水试验综合成果图、水质分析报告等内容的施工报告。

取水申请批准文件由不同流域管理机构联合签发的，申请人可以向其中任何一个流域管理机构报送材料。

第二十四条　取水审批机关应当自收到前条规定的有关材料后20日内，对取水工程或者设施进行现场核验，出具验收意见；对验收合格的，应当核发取水许可证。

取水申请批准文件由不同流域管理机构联合签发的，有关流域管理机构应当联合核验取水工程或者设施；对验收合格的，应当联合核发取水许可证。

第二十五条　同一申请人申请取用多种水源的，经统一审批后，取水审批机关应当区分不同的水源，分别核发取水许可证。

第二十六条　取水审批机关在核发取水许可证时，应当同时明确取水许可监督管理机关，并书面通知取水单位或者个人取水许可监督管理和水资源费征收管理的有关事项。

第二十七条　按照《取水条例》第二十五条规定，取水单位或者个人向原取水审批机关提出延续取水申请时应当提交下列材料：

（一）延续取水申请书；

（二）原取水申请批准文件和取水许可证。

取水审批机关应当对原批准的取水量、实际取水量、节水水平和退水水质状况以及取水单位或者个人所在行业的平均用水水平、当地水资源供需状况等进行全面评估，在取水许可证届满前决定是否批准延续。批准延续的，应当核发新的取水许可证；不批准延续的，应当书面说明理由。

第二十八条　在取水许可证有效期限内，取水单位或者个人需要变更其名称（姓名）的或者因取水权转让需要办理取水权变更手续的，应当持法定身份证明文件和有关取水权转让的批准文件，向原取水审批机关提出变更申请。取水审批机关审查同意的，应当核发新的取水许可证；其中，仅变更取水单位或者个人名称（姓名）的，可以在原取水许可证上注明。

第二十九条 在取水许可证有效期限内出现下列情形之一的,取水单位或者个人应当重新提出取水申请:

(一)取水量或者取水用途发生改变的(因取水权转让引起的取水量改变的情形除外);

(二)取水水源或者取水地点发生改变的;

(三)退水地点、退水量或者退水方式发生改变的;

(四)退水中所含主要污染物及污水处理措施发生变化的。

第三十条 连续停止取水满2年的,由原取水审批机关注销取水许可证。由于不可抗力或者进行重大技术改造等原因造成停止取水满2年且取水许可证有效期尚未届满的,经原取水审批机关同意,可以保留取水许可证。

第三十一条 取水审批机关应当于每年的1月31日前向社会公告其上一年度新发放取水许可证以及注销和吊销取水许可证的情况。

第五章　监督管理

第三十二条 流域管理机构审批的取水,可以委托其所属管理机构或者取水口所在地省、自治区、直辖市人民政府水行政主管部门实施日常监督管理。

县级以上地方人民政府水行政主管部门审批的取水,可以委托其所属具有管理公共事务职能的单位或者下级地方人民政府水行政主管部门实施日常监督管理。

第三十三条 县级以上地方人民政府水行政主管部门应当按照上一级地方人民政府水行政主管部门规定的时间,向其报送本行政区域下一年度取水计划建议。

省、自治区、直辖市人民政府水行政主管部门应当按照流域管理机构规定的时间,按水系向所在流域管理机构报送本行政区域该水系下一年度取水计划建议。

第三十四条 流域管理机构应当会同有关省、自治区、直辖市人民政府水行政主管部门制定国家确定的重要江河、湖泊的流域年度水量分配方案和年度取水计划,并报水利部备案。

县级以上地方人民政府水行政主管部门应当根据上一级地方人民政府水行政主管部门或者流域管理机构下达的年度水量分配方案和年度取水计划,制定本行政区域的年度水量分配方案和年度取水计划,并报上一级人民政府水行政主管部门或者流域管理机构备案。

第三十五条 取水单位或者个人应当在每年的12月31日前向取水审批机关报送其本年度的取水情况总结(表)和下一年度的取水计划建议(表)。

水力发电工程,还应当报送其下一年度发电计划。

公共供水工程,还应当附具供水范围内重要用水户下一年度用水需求计划。

取水情况总结(表)和取水计划建议(表)的格式及填报要求,由省、自治区、直辖市水行政主管部门或者流域管理机构制定。

第三十六条 取水审批机关应当于每年的1月31日前向取水单位或者个人下达当年取水计划。

取水审批机关下达的年度取水计划的取水总量不得超过取水许可证批准的取水量,

并应当明确可能依法采取的限制措施。

第三十七条 新建、改建、扩建建设项目,取水单位或者个人应当在取水工程或者设施经验收合格后、开始取水前30日内,向取水审批机关提出其该年度的取水计划建议。取水审批机关批准后,应当及时向取水单位或者个人下达年度取水计划。

第三十八条 取水单位或者个人应当严格按照批准的年度取水计划取水。因扩大生产等特殊原因需要调整年度取水计划的,应当报经原取水审批机关同意。

第三十九条 取水单位或者个人应当按照取水审批机关下达的年度取水计划核定的退水量,在规定的退水地点退水。

因取水单位或者个人的责任,致使退水量减少的,取水审批机关应当责令其限期改正;期满无正当理由不改正的,取水审批机关可以根据年度取水计划核定的应当退水量相应核减其取水量。

第四十条 流域管理机构应当商相关省、自治区、直辖市人民政府水行政主管部门及其他相关单位,根据流域下一年度水量分配方案和年度预测来水量、水库蓄水量,按照总量控制、丰增枯减、以丰补枯的原则,统筹考虑地表水和地下水,制订本流域重要水系的年度水量调度计划或者枯水时段的调度方案。

县级以上地方人民政府水行政主管部门应当根据上一级地方人民政府水行政主管部门或者流域管理机构下达的年度水量分配方案和年度水量调度计划,制订本行政区域的年度水量调度计划或者枯水时段的调度方案,并报上一级人民政府水行政主管部门或者流域管理机构备案。

第四十一条 县级以上地方人民政府水行政主管部门和流域管理机构按照管理权限,负责所辖范围内的水量调度工作。

蓄水工程或者水力发电工程,应当服从下达的调度计划或者调度方案,确保下泄流量达到规定的控制指标。

第四十二条 取水单位或者个人应当安装符合国家法律法规或者技术标准要求的计量设施,对取水量和退水量进行计量,并定期进行检定或者核准,保证计量设施正常使用和量值的准确、可靠。

利用闸坝等水工建筑物系数或者泵站开机时间、电表度数计算水量的,应当由具有相应资质的单位进行率定。

第四十三条 有下列情形之一的,可以按照取水设施日最大取水能力计算取(退)水量:

(一)未安装取(退)水计量设施的;

(二)取(退)水计量设施不合格或者不能正常运行的;

(三)取水单位或者个人拒不提供或者伪造取(退)水数据资料的。

第四十四条 取水许可监督管理机关应当按月或者按季抄录取水单位或者个人的实际取水量、退水量或者实际发电量,一式二份,双方签字认可,取水许可监督管理机关和取水单位或者个人各持一份。

取水单位或者个人拒绝签字的,取水许可监督管理机关应当派两名以上工作人员到现场查验,记录存档,并当场留置一份给取水单位或者个人。

第四十五条　取水单位或者个人应当根据国家技术标准对用水情况进行水平衡测试,改进用水工艺或者方法,提高水的重复利用率和再生水利用率。

第四十六条　省、自治区、直辖市人民政府水行政主管部门应当按照流域管理机构的要求,定期报送由其负责监督管理的取水单位或者个人的取用水情况;流域管理机构应当定期将由其所属管理机构负责监督管理的取水单位或者个人的取用水情况抄送省、自治区、直辖市人民政府水行政主管部门。

第四十七条　省、自治区、直辖市人民政府水行政主管部门应当于每年的 2 月 25 日前向流域管理机构报送本行政区域相关水系上一年度保有的、新发放的和吊销的取水许可证数量以及审批的取水总量等取水审批的情况。

流域管理机构应当按流域水系分区建立取水许可登记簿,于每年的 4 月 15 日前向水利部报送本流域水系分区取水审批情况和取水许可证发放情况。

第六章　罚　则

第四十八条　水行政主管部门和流域管理机构及其工作人员,违反本办法规定的,按照《中华人民共和国水法》和《取水条例》的有关规定予以处理。

第四十九条　取水单位或者个人违反本办法规定的,按照《中华人民共和国水法》和《取水条例》的有关规定予以处罚。

第五十条　取水单位或者个人违反本办法规定,有下列行为之一的,由取水审批机关责令其限期改正,并可处 1 000 元以下罚款:

(一)擅自停止使用节水设施的;

(二)擅自停止使用取退水计量设施的;

(三)不按规定提供取水、退水计量资料的。

第七章　附　则

第五十一条　本办法自公布之日起施行。1994 年 6 月 9 日水利部发布的《取水许可申请审批程序规定》(水利部令第 4 号)、1996 年 7 月 29 日水利部发布的《取水许可监督管理办法》(水利部令第 6 号)以及 1995 年 12 月 23 日水利部发布并经 1997 年 12 月 23 日水利部修正的《取水许可水质管理规定》(水政资〔1995〕485 号、水政资〔1997〕525 号)同时废止。

水行政处罚实施办法

（1997 年 12 月 26 日水利部令第 8 号发布）

第一章　总　则

第一条　为规范水行政处罚行为，保障和监督水行政主管部门有效实施水行政管理，保护公民、法人或者其他组织的合法权益，维护公共利益和社会秩序，根据《中华人民共和国行政处罚法》（以下简称《行政处罚法》）、《中华人民共和国水法》、《中华人民共和国水土保持法》、《中华人民共和国防洪法》、《中华人民共和国电力法》及有关法律、法规，制定本办法。

第二条　公民、法人或者其他组织违反水行政管理秩序的行为，依法应当给予水行政处罚的，由县级以上人民政府水行政主管部门或者法律、法规授权的组织（以下统称水行政处罚机关）依照法律、法规和本办法的规定实施。

第三条　水行政处罚遵循公正、公开的原则。实施水行政处罚必须以事实为依据，与违法行为的事实、性质、情节以及社会危害程度相当。实施水行政处罚，纠正违法行为，应当坚持处罚与教育相结合，教育公民、法人或者其他组织自觉守法。

第二章　水行政处罚的种类和适用

第四条　水行政处罚的种类有：警告、罚款、吊销许可证、没收非法所得以及法律、法规规定的其他水行政处罚。

第五条　当事人有下列情形之一的，应当依法从轻或者减轻水行政处罚：

（一）主动消除或者减轻违法行为危害后果的；

（二）受他人胁迫有违法行为的；

（三）配合水行政处罚机关查处违法行为有立功表现的；

（四）其他有依法从轻或者减轻水行政处罚作为的。

违法行为轻微并及时纠正，没有造成危害后果的，不予水行政处罚。

第六条　对当事人的同一个违法行为，不得给予两次以上罚款的水行政处罚。两个以上当事人共同实施违法行为的，应当根据各自的违法情节，分别给予水行政处罚。

第七条　违法行为在二年内未被发现的，不再给予水行政处罚。法律另有规定的除外。

前款规定的期限，从违法行为发生之日起计算；违法行为有连续或者继续状态的，从行为终了之日起计算。

第八条　依据法律、法规设定的罚款实施水行政处罚的，罚款限额按法律、法规的规定执行。

依据国务院水行政主管部门规章设定的罚款实施水行政处罚的，罚款限额按以下标准执行：

(一)对非经营活动中的违法行为,罚款不得超过一千元;

(二)对经营活动中的违法行为,有违法所得的,罚款不得超过违法所得的三倍,但是最高不得超过三万元,没有违法所得的,罚款不得超过一万元。

国务院另有规定或者特别批准的除外。

第三章　水行政处罚的实施机关和执法人员

第九条　依照法律、法规的规定,下列机关以自己的名义独立行使水行政处罚权:

(一)县级以上人民政府水行政主管部门;

(二)法律、法规授权的流域管理机构;

(三)地方性法规授权的水利管理单位;

(四)地方人民政府设立的水土保持机构;

(五)法律、法规授权的其他组织。

第十条　县级以上人民政府水行政主管部门可以在其法定权限内委托符合本办法第十一条规定条件的水政监察专职执法队伍或者其他组织实施水行政处罚。委托实施水行政处罚,委托水行政主管部门必须公布。

第十一条　受委托的组织应当符合下列条件:

(一)是依法成立的管理水利事务的事业组织;

(二)具有熟悉有关法律、法规、规章和水利业务的工作人员;

(三)对违法行为需要进行技术检查或者技术鉴定的,应当有条件组织进行相应的技术检查或者技术鉴定。

第十二条　委托实施水行政处罚,委托水行政主管部门应当同受委托组织签署委托书。

委托书应当载明下列事项:

(一)委托水行政主管部门和受委托组织的名称、地址、法定代表人姓名;

(二)委托实施水行政处罚的权限和委托期限;

(三)违反委托事项的责任;

(四)其他需载明的事项。

委托书自双方盖章之日起生效。

委托书应当报上一级水行政主管部门备案。

第十三条　受委托组织在委托权限内应当以委托水行政主管部门的名义,依照法律、法规和本办法的规定实施水行政处罚。受委托组织实施水行政处罚,不得超越委托书载明的权限和期限;超越权限和期限进行处罚的,水行政处罚无效。受委托组织不得再委托其他组织或者个人实施水行政处罚。

第十四条　委托水行政主管部门应当对受委托组织实施水行政处罚的行为负责监督,并对受委托组织在委托权限和期限内行为的后果承担法律责任。

委托不免除委托水行政主管部门的水行政处罚权。

第十五条　委托水行政主管部门发现受委托组织不符合委托条件的,应当解除委托,收回委托书。

第十六条 水政监察人员是水行政处罚机关和受委托组织实施水行政处罚的执法人员。

第四章 水行政处罚的管辖

第十七条 国务院水行政主管部门及其所属的流域管理机构管辖法律、行政法规规定的水行政处罚。

第十八条 除法律、行政法规另有规定的外，水行政处罚由违法行为发生地的县级以上地方人民政府水行政主管部门管辖。

上级水行政主管部门有权管辖下级水行政主管部门管辖的水行政处罚。下一级水行政主管部门对其管辖的水行政处罚，认为需要由上一级水行政主管部门管辖的，可以报请上一级水行政主管部门决定。

对管辖发生争议的，应当协商解决或者报请共同的上一级水行政主管部门指定管辖。

第十九条 法律、法规授权组织管辖其职权范围内的水行政处罚。

第五章 水行政处罚的决定

第二十条 公民、法人或者其他组织违反水行政管理秩序的行为，依法应当给予水行政处罚的，水行政处罚机关应当全面、公正、客观地调查，收集有关证据，查明事实。

第二十一条 证据有以下几种：

(一)书证；

(二)物证；

(三)视听资料；

(四)证人证言；

(五)当事人的陈述；

(六)鉴定结论；

(七)勘验笔录、现场笔录。

证据未经查证核实，不得作为认定事实的依据。

第一节 简易程序

第二十二条 违法事实确凿并有法定依据，对公民处以五十元以下、对法人或者其他组织处以一千元以下罚款或者警告的，可以当场作出水行政处罚决定。当场作出水行政处罚决定的，水政监察人员应当遵守下列程序：

(一)向当事人出示水政监察证件。

(二)口头告知当事人违法事实、处罚理由和依据，并告知当事人依法享有陈述和申辩的权利。

(三)听取当事人的陈述和申辩。对当事人提出的事实、理由和证据进行复核(当事人放弃陈述或者申辩权利的除外)。

(四)填写预定格式、编有号码的水行政处罚决定书。

(五)将水行政处罚决定书当场交当事人。

(六)在五日内(在水上当场处罚，自抵岸之日起五日内)将水行政处罚决定报所属水行政处罚机关备案。

第二十三条 当场作出的水行政处罚决定书须载明下列事项：

(一)当事人的姓名或者名称；

(二)违法事实；

(三)水行政处罚的种类、罚款数额和依据；

(四)罚款的履行方式和期限；

(五)不服水行政处罚决定，申请行政复议或者提起行政诉讼的途径和期限；

(六)水政监察人员的签名或者盖章；

(七)作出水行政处罚决定的日期、地点和水行政处罚机关名称。

第二节 一般程序

第二十四条 除依法可以当场作出水行政处罚决定的以外，公民、法人或者其他组织有符合下列条件的违法行为的，水行政处罚机关应当立案查处：

(一)具有违反水法规事实的；

(二)依照法律、法规、规章的规定应当给予水行政处罚的；

(三)属水行政处罚机关管辖的；

(四)违法行为未超过追究时效的。

第二十五条 对立案查处的案件，水行政处罚机关应当及时指派两名以上水政监察人员进行调查；必要时，依据法律、法规的规定，可以进行检查。

第二十六条 调查人员与本案有直接利害关系的，应当回避。

被调查人认为调查人员与本案有直接利害关系的，可以向水行政处罚机关申请其回避；是否回避，由水行政处罚机关决定。

第二十七条 水政监察人员依法调查案件，应当遵守下列程序：

(一)向被调查人出示水政监察证件；

(二)告知被调查人要调查的范围或者事项；

(三)进行调查(包括询问当事人、证人，进行现场勘验、检查等)；

(四)制作调查笔录，笔录由被调查人核对后签名或者盖章，被调查人拒绝签名或者盖章的，应当有两名以上水政监察人员在笔录上注明情况并签名。

第二十八条 水政监察人员收集证据时，可以采取抽样取证的方法。在证据可能灭失或者以后难以取得的情况下，经水行政处罚机关负责人批准，可以先行登记保存。

水行政处罚机关对先行登记保存的证据，应当在七日内作出下列处理决定：

(一)需要进行技术检验或者鉴定的送交检验或者鉴定；

(二)依法应当移送有关部门处理的，移送有关部门；

(三)依法需退还当事人的，退还当事人；

(四)法律、法规规定的其他处理方式。

第二十九条 水政监察人员进行取证或者登记保存，应当有当事人在场。当事人不在场或者拒绝到场的，水政监察人员可以邀请有关人员参加。

对抽样取证或者登记保存的物品应当开列清单，一式两份，写明物品名称、数量、规格等事项，由水政监察人员、当事人签名或者盖章，一份清单交当事人。当事人不在场或者拒绝到场的，应有邀请的有关人员签名或者盖章；当事人拒绝签名、盖章或者接收的，应当有两名以上水政监察人员在清单上注明情况。

登记保存物品时,在原地保存可能妨害公共秩序、公共安全或者对证据保存不利的可以异地保存。

第三十条 对违法行为调查终结,水政监察人员应当就案件的事实、证据、处罚依据和处罚意见等,向水行政处罚机关提出书面报告,水行政处罚机关应当对调查结果进行审查,并根据情况分别作出如下决定:

(一)确有应受水行政处罚的违法行为的,根据情节轻重及具体情况,作出水行政处罚决定;

(二)违法行为轻微,依法可以不予水行政处罚的,不予水行政处罚;

(三)违法事实不能成立的,不得给予水行政处罚;

(四)违法行为依法应当给予治安管理处罚的,移送公安机关,违法行为已构成犯罪的,移送司法机关。

法律、法规、规章规定应当经有关部门批准的水行政处罚,报经批准后决定。

对情节复杂或者重大违法行为给予较重的水行政处罚,水行政处罚机关负责人应当集体讨论决定。

前款所称较重的水行政处罚是指对公民处以超过三千元罚款、对法人或者其他组织处以超过三万元罚款、吊销许可证等。

第三十一条 水行政处罚机关在作出水行政处罚决定之前,应当口头或者书面告知当事人给予水行政处罚的事实、理由、依据和拟作出的水行政处罚决定,并告知当事人依法享有的权利。

当事人有权进行陈述和申辩。水行政处罚机关应当充分听取当事人的意见,对当事人提出的事实、理由和证据进行复核。

水行政处罚机关不得因当事人申辩而加重处罚。

第三十二条 水行政处罚机关作出水行政处罚决定,应当制作水行政处罚决定书。水行政处罚决定书须载明下列事项:

(一)当事人的姓名或者名称、地址;

(二)违法事实和认定违法事实的证据;

(三)水行政处罚的种类和依据;

(四)水行政处罚的履行方式和期限;

(五)不服水行政处罚决定,申请行政复议或者提起行政诉讼的途径和期限;

(六)作出水行政处罚决定的水行政处罚机关名称和日期。

水行政处罚决定书应盖有水行政处罚机关印章。

经有关部门批准的水行政处罚,应当在水行政处罚决定书中写明。

第三十三条 水行政处罚决定应当向当事人宣告,并当场交付当事人;当事人不在场的,应当在七日内按照民事诉讼法的有关规定送达当事人。

第三节 听证程序

第三十四条 水行政处罚机关作出对公民处以超过五千元、对法人或者其他组织处以超过五万元罚款以及吊销许可证等水行政处罚之前,应当告知当事人有要求举行听证的权利;当事人要求听证的,水行政处罚机关应当组织听证。

第三十五条 听证由作出水行政处罚决定的水行政处罚机关负责,具体工作由水政机构组织。

第三十六条 水行政处罚机关向当事人告知听证权利时,应当送达听证告知书。听证告知书应当载明认定当事人违法的基本事实、给予水行政处罚的依据、拟作出的水行政处罚决定和当事人要求听证的期限。

当事人要求听证的,可以在听证告知书的送达回证上签署意见,也可以在收到告知书三日内以其他书面方式向水行政处罚机关提出听证要求。水行政处罚机关应当在听证的七日前,通知当事人举行听证的时间、地点。

当事人逾期未提出听证要求的,视为放弃听证权利。

当事人放弃听证权利的,不得对本案再次提出听证要求。

第三十七条 除涉及国家秘密、商业秘密或者个人隐私外,听证应当公开举行。

举行听证的三日前,水行政处罚机关应当将听证的内容、时间、地点以及有关事项,予以公告。

第三十八条 听证参加人包括听证主持人、听证记录人、案件当事人及其委托代理人、案件调查人员、证人以及与案件处理结果有直接利害关系的第三人等。

当事人委托代理人参加听证的,应当在举行听证前向水行政处罚机关提交委托书。

当事人无正当理由不参加听证又不委托代理人参加听证的或者当事人及委托代理人在听证中无正当理由退场的,视为放弃听证权利。

第三十九条 听证主持人由水行政处罚机关指定水政机构非本案调查人员担任。

听证记录人由听证主持人指定非本案调查人员担任。听证记录人负责听证记录和协助听证主持人办理有关事务。

当事人认为听证主持人、听证记录人与本案有直接利害关系,可以向水行政处罚机关提出回避申请;听证主持人是否回避,由水行政处罚机关决定;听证记录人是否回避,由听证主持人决定。

第四十条 案件当事人在听证中的权利和义务:

(一)对案件涉及的事实、适用法律及有关情况进行陈述和申辩;

(二)对案件调查人员提出的证据进行质证和提出新的证据;

(三)如实陈述案件事实和回答听证主持人的提问;

(四)遵守听证会场纪律;

(五)对听证笔录进行核对、签字或者盖章;

(六)法律、法规规定的其他权利和义务。

第四十一条 听证按下列步骤进行:

(一)听证主持人宣布听证事由和听证纪律。

(二)听证主持人核对案件调查人和当事人身份。

(三)听证主持人宣布听证组成人员,告知当事人在听证中的权利和义务,询问当事人是否申请回避。当事人申请听证主持人回避的,听证主持人应当宣布暂停听证,报请水行政处罚机关负责人决定是否回避;申请其他人员回避的,由听证主持人当场决定;宣布听证开始。

（四）案件调查人提出当事人的违法事实、证据、法律依据和水行政处罚建议。

（五）当事人进行陈述、申辩和质证。

（六）听证主持人就案件事实、证据和法律依据进行询问。

（七）案件调查人、当事人作最后陈述。

（八）听证主持人宣布听证结束。

听证主持人在听证中有权对参加人不当言行予以制止，维护正常的听证秩序。

第四十二条 听证应当制作听证笔录。听证笔录应当载明下列事项：

（一）案由；

（二）当事人的姓名或者名称、法定代理人及委托代理人、案件调查人的姓名；

（三）听证主持人、听证记录人姓名；

（四）举行听证的时间、地点和方式；

（五）案件调查人提出的事实、证据、法律依据和水行政处罚建议；

（六）当事人陈述、申辩和质证的内容；

（七）其他需要载明的事项。

听证笔录交当事人和调查人员核对后签名或者盖章。听证笔录中有关证人证言部分应当经证人核对后签名或者盖章。

听证笔录应经听证主持人审核后由听证主持人和记录人签名或者盖章。

第四十三条 听证主持人可以根据情况，作出延期、中止或者终止听证的决定。

第四十四条 听证结束后，听证主持人应当依据听证情况，向水行政处罚机关提出书面意见，书面意见应包括案件的事实、证据、处罚依据和处罚建议。

水行政处罚机关按照本办法第三十条的规定，作出决定。

第四十五条 水行政处罚机关举行听证，不得向当事人收取费用。

第六章 水行政处罚的执行

第四十六条 水行政处罚决定作出后，当事人应当履行。

第四十七条 当事人对水行政处罚决定不服的，可以依法申请行政复议或者提起行政诉讼。

复议或者行政诉讼期间，水行政处罚不停止执行。法律另有规定的除外。

第四十八条 当场处罚时，依法给予二十元以下罚款或者不当场收缴罚款事后难以执行的，水政监察人员可以当场收缴罚款。

当事人提出异议的，不停止当场执行。法律、法规另有规定的除外。

第四十九条 在边远、水上、交通不便地区，水行政处罚机关及其水政监察人员依法作出罚款的决定后，当事人向指定银行缴纳罚款确有困难，经当事人提出，水行政处罚机关及其水政监察人员可以当场收缴罚款。

第五十条 除依法可以当场收缴罚款的外，决定罚款的水行政处罚机关应当书面告之当事人向指定银行缴纳罚款。

银行代收罚款的具体办法，按照国务院《罚款决定与罚款收缴分离实施办法》的规定执行。

第五十一条　当事人逾期不履行水行政处罚决定的,作出水行政处罚决定的水行政处罚机关可以申请人民法院强制执行。

当事人到期不缴纳罚款的,作出水行政处罚决定的水行政处罚机关可以从到期之日起每日按罚款数额的百分之三加处罚款。

第五十二条　当事人确有经济困难,需要延期或者分期缴纳罚款的,应当提出书面申请,经作出水行政处罚决定的水行政处罚机关批准后,可以暂缓或者分期缴纳。

第五十三条　水行政处罚机关及其水政监察人员违反《行政处罚法》和本办法实施水行政处罚的,按照《行政处罚法》的规定,追究法律责任。

第七章　附　则

第五十四条　本办法由水利部负责解释。

第五十五条　本办法自发布之日起施行。

1990年8月15日水利部发布的《违反水法规行政处罚暂行规定》和《违反水法规行政处罚程序暂行规定》同时废止。

参考文献

[1] 樊万辉.实用水法学[M].郑州:黄河水利出版社,2011.

[2] 沈宗灵.法学基础理论[M].北京:北京大学出版社,1989.

[3] 朱登臣,王素云.法律基础[M].北京:知识产权出版社,1997.

[4] 章武生.民事诉讼法学[M].开封:河南大学出版社,1991.

[5] 胡建淼.行政法教程[M].杭州:杭州大学出版社,1990.

[6] 穆生秦.民法通则释义.北京:法律出版社,1987.

[7] 冯煜章,吕泰峰.行政法学导论[M].西安:西北大学出版社,1990.

[8] 吕振勇.水法教程[M].太原:山西人民出版社,1988.

[9] 陈庆恒.水法简明教程[M].济南:济南出版社,1992.

[10] 宋明南.中国水法教程[M].南京:河海大学出版社,1992.

[11] 水利部政策法规司.水事案例选编[M].北京:中国民主法制出版社,2000.

[12] 李树田,高树德.水行政管理与法律实务[M].北京:人民法院出版社,1997.

[13] 陈维达,彭绪鼎.黄河——过去、现在和未来[M].郑州:黄河水利出版社,2001.

[14] 任顺平,张松,薛建民.水法学概论[M].郑州:黄河水利出版社,1999.

[15] 水利部政策法规司.中华人民共和国水法学习材料[M].北京:中国水利水电出版社,2002.

[16] 水利部政策法规司,水法研究会.中华人民共和国水法讲话[M].北京:中国水利水电出版社,2002.

[17] 钱燮铭,裘江海.水政监察务实[M].北京:中国水利水电出版社,1999.

[18] 穆宏强.水法规与水行政[M].北京:中国水利水电出版社,1999.

[19] 水利部政策法规司.水事案例选编(第二辑)[M].北京:中国民主法制出版社,2000.